MONICA
SON HISTOIRE

DU MÊME AUTEUR

Diana : son histoire, Plon

Andrew Morton

MONICA SON HISTOIRE

Traduction de Zoé Delcourt

Document

PRESSES DE LA CITÉ

Titre original : *Monica's story*

CREDITS PHOTOGRAPHIQUES

Couverture : © Timothy Greenfield-Sanders; maquillage : Tatijana Suljic-Shoan; coiffure : Harry King; styliste : Wendy Goodman.

Hors-texte : la plupart des photographies ont été obligeamment fournies par Monica Lewinsky, sa famille et ses amis. Pour les autres, leur crédit est porté sur le côté de la photo.

Première édition : Michael O'Hara Books Limited
9 Lion Yard, Tremadoc Road Londres SN47NQ, 1999

ISBN 2-258-05158-4

Tout cela – toute cette méchanceté et la souffrance sans fin,
assis je les observe,
Vois, entends, et me tais.

Walt Whitman,
Feuilles d'herbe

Remerciements de l'auteur

Il a fallu une bonne dose de confiance à Monica Lewinsky pour accepter de discuter avec un quasi-inconnu, venu d'un autre pays et d'une autre culture, de tous les détails de sa courte – mais tumultueuse – existence. A la fin, elle ne me considérait plus que comme le grand frère irritant qu'elle n'avait jamais eu, ce qui prouve sa patience et son endurance, après des jours d'enquête et de questions parfois inutiles.

Sa mère, Marcia Lewis, et son père, le Dr Bernie Lewinsky, ont fait preuve d'une semblable force morale, en particulier lorsqu'ils parlaient de la souffrance et de l'humiliation que leur famille a endurées durant l'année qui vient de s'écouler.

Je leur adresse mes remerciements les plus sincères, ainsi qu'à Barbara Lewinsky, Peter Straus, Michael Lewinsky et Debra Finerman; tous leurs souvenirs concernant cette jeune femme qu'ils connaissent si bien et qu'ils aiment ont beaucoup enrichi le texte.

Si la famille de Monica l'a soutenue lors de sa pénible épreuve, ses amies ont elles aussi été pour elle une source de réconfort et d'appui. Catherine Allday Davis, Neysa DeMann Erbland, Linda Estergard, Carly Henderson, Lenore Reese et Nancy Krasne ont toutes parlé ouvertement et affectueusement de Monica, de ses nombreuses qualités et de ses imperfections. Merci aussi à l'équipe juridique de Monica Lewinsky, Jake Stein, Plato Cacheris,

Sydney Hoffman, Preston Burton et, bien sûr, Billy Martin.

Comme toujours, je remercie mon éditeur, Michael O'Mara, qui a été à mon côté du début à la fin de cette aventure, ainsi que l'équipe éditoriale, Jacquie Wines, Toby Buchan, Emma Haynes, Martin Bristow, Helen Simpson et Hope Dellon, qui a travaillé sans relâche pour terminer le livre en dépit des délais serrés.

Enfin, merci à mon épouse Lynne et à mes filles, Alexandra et Lydia, qui ont su garder leur calme quand je perdais le mien.

Andrew Morton
Londres
Février 1999

Introduction

Je tiens à la main un verre d'eau gravé du sceau du président des Etats-Unis, dans une pièce située au dixième étage d'un immeuble cossu de Beverly Hills. Le soleil de cette fin novembre se réfléchit sur les gratte-ciel étincelants du centre de Los Angeles, à quelques kilomètres plus au sud.

L'appartement est élégamment sophistiqué, un peu à l'orientale ; l'un des murs du salon est recouvert d'un immense miroir, la moquette et les autres murs sont blancs. Une porte donne sur une cuisine américaine, blanche elle aussi, et une autre sur une chambre sans traits distinctifs. Autour de nous, les traces d'un déménagement encore en cours sont partout visibles – mer désordonnée de cartons à moitié vidés, de papiers d'emballage jetés dans les coins, de journaux pas encore ouverts et de colis scellés.

La nouvelle occupante s'est efforcée d'imposer ses goûts plus chaleureux, plus « décontractés chic », comme elle dirait elle-même, à cet intérieur peu attrayant ; une armoire ancienne décorée de roses, des lampes aux abat-jour couverts de roses et des tissus roses contrastent avec la décoration insipide, tandis que les murs blancs sont égayés par de nombreux tableaux dans des cadres anciens – dont un acheté au marché de Portobello Road, à Londres, pour moins de vingt livres – représentant... oui, encore des roses. Cette jeune personne aime beaucoup les roses, tout comme elle aime chiner dans les marchés aux puces à la recherche d'antiquités.

C'est la nouvelle demeure de Monica Samille Lewinsky, la jeune femme dont la liaison avec Bill Clinton a entraîné la première procédure d'*impeachment* contre un président élu de l'histoire des Etats-Unis. Pourtant, l'intéressée semble l'antithèse parfaite d'une courtisane sophistiquée : assise dans un fauteuil en tissu couleur crème qu'elle vient juste d'acheter en solde, elle tricote une écharpe bleue qu'elle compte offrir à une amie pour Noël. Elle est de taille moyenne, environ 1,67 m, avec une superbe masse de cheveux auburn foncé, et est confortablement vêtue d'un jogging bleu marine Old Navy, ses pieds nus repliés sous ses cuisses. Ses lèvres sont pleines, ses mains petites mais expressives dans leurs mouvements, sa voix est légère et jeune, et quand elle rit, une fossette se creuse sur sa joue droite.

En bruit de fond, la télévision retransmet en direct une intervention du procureur spécial Kenneth Starr, l'homme qui, depuis un an, a fait de la vie de Monica un enfer ; il présente au Comité judiciaire de la Chambre les preuves qu'il a accumulées. Tandis que, dans un rapport détaillé, il exprime son opinion sur la pertinence d'une procédure d'*impeachment* contre le président William Jefferson Clinton, Monica raconte son enfance, le cliquetis de ses aiguilles rythmant ses paroles. Cette scène domestique peut paraître surprenante. Starr parle devant cette auguste commission du Congrès de démettre le président – son intervention durera douze heures en tout – ; il a en permanence le nom de Lewinsky au bord des lèvres. Monica, elle, se demande si elle ne devrait pas utiliser des aiguilles plus fines, afin que l'écharpe soit moins volumineuse.

Elle ne s'anime que lorsque Starr est soumis à un contre-interrogatoire par l'avocat du président, David Kendall, à propos du pire jour de la jeune existence de Monica. En janvier 1998, en effet, elle avait dû faire face à deux agents du FBI armés, qui l'avaient emmenée dans une chambre d'hôtel et détenue pendant douze heures tandis que des délégués de Starr la questionnaient. Lorsque, à la télévision, Starr nie à plusieurs reprises qu'elle ait été retenue prisonnière au cours de cette « opération d'arnaque », Monica pose son ouvrage et crie à l'écran : « Qu'est-ce que vous en savez ? Vous n'étiez même pas là ! »

A première vue, donc, Monica est une jeune femme maîtresse d'elle-même, pleine de cran et qui, quand elle parle en détail de ses jeunes années, fait preuve d'une capacité remarquable à se souvenir avec précision et justesse des heures, des endroits et des dates. Son esprit est aussi vif que ses petits doigts lorsqu'ils tricotent. « Vous devriez demander de l'aide à Linda Tripp ! » suggère-t-elle, caustique, lorsque je lui fais part d'un problème avec le magnétophone que j'utilise pour enregistrer nos conversations. La colère de Monica vis-à-vis de la femme qui l'a trahie en enregistrant leurs conversations téléphoniques est toujours latente, prête à refaire surface.

On comprend aisément pourquoi les procureurs assistants de Starr ont vu en elle un témoin si convaincant et irrésistible lorsque, au cours de vingt-deux longs entretiens, elle leur a parlé de son aventure avec le président. Tous les membres de sa famille respectent sa mémoire photographique ; à de nombreuses questions, je me suis entendu répondre : « Demandez à Monica quand ça s'est produit, elle saura. » Comme le président, elle aime résoudre des jeux et des énigmes logiques, bien que ce ne soit pas une intellectuelle ; il est d'ailleurs amusant de constater qu'elle s'intéresse fort peu aux problèmes politiques, celui de l'éducation excepté.

Pourtant, en feuilletant ses dissertations scolaires et universitaires, qui témoignent d'une ligne de pensée et d'argumentation très claire, on comprend sans peine qu'elle ait pu être l'auteur du fameux « *Talking Points* », ce mémo qu'elle écrivit pour donner des conseils à Linda Tripp quant à la structure de sa déclaration sous serment, dans l'affaire de harcèlement sexuel engagée contre le président par Paula Jones.

Si l'esprit de Monica est férocement ordonné et logique, l'organisation de son existence au quotidien est chaotique

– elle passe son temps à chercher ses clés, ses listes de courses et tout ce dont elle a besoin dans sa vie quotidienne. C'est l'une des personnes les plus désordonnées que j'aie rencontrées ; elle met cela sur le compte de son éducation, soulignant que sa famille a toujours eu une employée de maison pour s'occuper du rangement. Monica fait partie de ces gens qui ont moins de mal à argumenter sur les mérites des « preuves disculpatoires » dans un procès qu'à faire cuire un œuf.

C'est une jeune femme qui sait ce qu'elle veut. Elle a plus de mal, en revanche, à maîtriser ses émotions. Cette incertitude affective devient vite apparente lorsque nous entreprenons de feuilleter les albums photos familiaux : « Mon Dieu, je suis énorme sur cette photo ! » ; « Regardez comme j'avais grossi cet été-là » ; « Là, j'avais perdu neuf kilos », etc. Ces photographies révèlent les origines anciennes de son insécurité et de son manque d'estime de soi, tout en témoignant d'un environnement familial malheureux – ses parents ont divorcé alors qu'elle était adolescente –, autant de facteurs traduits en termes de fluctuations de poids et d'inquiétudes à ce sujet. Par ailleurs, il suffit de fréquenter Monica pendant quelques jours pour comprendre que sa tendance au désordre et son attitude névrosée vis-à-vis de son poids expliquent parfaitement qu'elle n'ait jamais nettoyé la célèbre robe Gap bleue tachée du sperme du président.

En vérité, ce fut le fossé existant entre la véritable Monica Lewinsky et son image de « starlette de Beverly Hills poursuivant le président de ses assiduités » qui nous a rapprochés. Je l'avais rencontrée la semaine précédente dans le bureau de son avocat new-yorkais, Richard Hofstetter. J'aimerais pouvoir affirmer qu'elle avait vu en moi le biographe idéal après avoir lu mon livre sur Diana, la princesse de Galles, et adoré ma prose ; qu'elle avait à la suite de cela insisté pour que j'écrive son histoire. Mais en vérité, elle n'avait jamais ouvert *Diana : sa véritable histoire*, ni même accordé beaucoup d'attention à la princesse défunte. Nous nous sommes rencontrés pour une raison plus prosaïque, mais aussi bien plus amusante.

Un samedi matin pluvieux et venteux au début de novembre 1998, un reporter d'un journal dominical britannique s'était présenté sur le seuil de ma demeure dans le nord de Londres et m'avait annoncé que son journal savait de source sûre que j'écrivais un livre sur Monica Lewinsky. J'ignorais totalement de quoi il parlait, et je le lui dis, mais le journal en question, fidèle à la devise de Fleet Street [1] – « Ne laissez jamais les faits se mettre en travers d'une bonne histoire » –, s'empressa tout de même de publier la nouvelle le lendemain. Cette histoire inventée de toutes pièces finit par traverser l'Atlantique et parvint aux oreilles de l'avocat de Monica, Richard Hofstetter. De manière inattendue, le vendredi soir suivant, ce dernier contacta mon éditeur, Michael O'Mara, dans ses bureaux de Londres, et lui demanda si cela m'intéresserait de rencontrer réellement Monica. C'est là l'une des ironies de ce projet : au départ, il fut le résultat d'un mensonge complet.

Mike et moi, entre deux éclats de rire, réservâmes des billets d'avion pour New York, afin de rencontrer la demoiselle en question. Puis, tout en sirotant une ou deux coupes de champagne dans l'avion, nous élaborâmes une stratégie rusée et complexe – si Monica était aussi désagréable que tout le monde l'affirmait, nous étions résolus à nous excuser et à passer un jour ou deux à faire tranquillement quelques courses de Noël.

C'est ainsi que, dans une toute petite pièce de réunion du cabinet de son avocat, nous rencontrâmes pour la première fois Monica Lewinsky – une jeune femme réservée et polie, à mille lieues de la « minette » effrontée de Beverly Hills présentée par les médias. La Monica que je découvris alors est brillante, vivante et pleine d'esprit, et elle ne se considère pas comme vaincue, même si elle porte toujours les cicatrices de l'humiliation publique dont elle fait constamment l'objet. C'est une fille bien éduquée, qui aime la poésie – son poète préféré est T.S. Eliot –, le chant et le shopping, et qui a vu son existence jaugée, non pas au

1. Fleet Street est la rue de Londres où, traditionnellement, tous les grands journaux anglais avaient leur siège. (*N.d.T.*)

nombre de petites cuillères qu'elle possédait, mais au contenu de son courrier électronique, du disque dur de son ordinateur et de son placard. Déterminée et pleine de caractère, elle fit preuve d'un immense courage et d'une grande confiance en me permettant de fouiller dans les recoins de son cœur sans demander à exercer de contrôle éditorial sur le texte final – sinon pour vérifier les faits.

Une fois ces conditions de travail établies, il était évident que nous nous trouvions devant une passionnante histoire d'amour, de trahison et d'obsession, même si elle avait été obscurcie par le débat légal sur l'*impeachment* du président. En définitive, ce livre raconte comment une jeune femme immature et vulnérable sur le plan affectif se rendit à Washington et tomba amoureuse de l'homme le plus puissant du monde – un individu lui-même imparfait, plein de doutes et de désirs. Leur liaison secrète fut de toute évidence bien davantage qu'une brève aventure sexuelle : dans l'intervalle entre deux rencontres (il y en eut une vingtaine au total en l'espace de deux ans), d'innombrables coups de fil, émanant toujours du président, entretenaient la relation. Tous deux refusaient d'admettre la véritable nature de cette dernière et leur obsession mutuelle; tous deux avaient payé et continuaient à payer un lourd tribut, elle pour sa loyauté et son amour, lui pour ses désirs et ses mensonges. Lorsqu'elle repense à sa liaison aujourd'hui, Monica admet : « Nous étions tous les deux responsables, nous le voulions tous les deux. C'était mal parce qu'il était marié, mais j'étais jeune. C'était une erreur, mais elle s'est produite. Je me rends compte que je me suis mise dans une situation que je ne contrôlais absolument pas. C'était lui qui tenait les rênes lorsqu'il me parlait, lorsqu'il me voyait. Il dirigeait toute notre relation... »

Le prix que Monica a eu à payer pour cette « erreur » est incroyablement élevé, comme nous avons pu le constater quand nous sommes allés dîner dans un restaurant italien près de Central Park avec sa mère, Marcia Lewis, son beau-père Peter Straus et elle. Pendant le repas, la conversation fut légère et vivante ; Peter Straus, ancien secrétaire d'Etat adjoint à l'Afrique durant la présidence de Kennedy, s'intéressa à mon dernier livre, sur le président du Kenya, Daniel T.Arap Moi, tandis que Mike O'Mara parlait d'opéra avec la mère de Monica, elle-même auteur d'un ouvrage sur les Trois Ténors.

L'humeur festive s'évapora instantanément, cependant, lorsque Monica, sa mère et son beau-père quittèrent le restaurant, un peu avant nous. Ils furent aussitôt agressés par une haie de flashes, tandis que les reporters des journaux à scandales new-yorkais leur lançaient des insultes. Ils mitraillaient Monica avec leurs appareils tout en débitant des horreurs dans l'espoir de la faire réagir. Le lendemain matin, sa photo était en couverture du *New York Daily News*, accompagnée d'une histoire fabriquée de toutes pièces, sous le titre « La Grosse Crise de Monica », racontant qu'elle avait fait un scandale dans un autre restaurant – le tout parsemé des traditionnels commentaires désobligeants sur son poids. (Cette histoire lui valut un protecteur inattendu. Un sans-abri vivant sous un porche près de son hôtel et auquel elle apportait tous les jours à manger et à boire promit de prendre en chasse tous les paparazzi qui l'ennuieraient.)

Les incidents déplaisants comme celui-ci font partie du quotidien de Monica, qui en est arrivée – et c'est peut-être ce qu'il y a là de plus triste – à les accepter ; elle est aujourd'hui devenue un morceau de viande que s'arrachent les médias, le procureur spécial Starr et la Maison-Blanche. « Encore heureux que vous ne m'ayez pas emmenée dans un bar à cigares », plaisanta-t-elle malicieusement par la suite, en référence à ce qu'elle fit avec l'un des cigares du président, épisode relaté avec délectation par le juge Kenneth Starr dans son fameux rapport.

En fait, cet humour noir, à ses propres dépens, qui la caractérise l'a aidée à survivre à la crise. Son sens de la dérision lui a permis de supporter les moments les plus difficiles de sa lutte constante pour ne pas devenir une sorte d'agneau sacrificiel dans la bataille opposant deux hommes très puissants, Bill Clinton et Kenneth Starr. Elle-même raconte des blagues sur « Monica et Bill » et lorsque, après Thanksgiving l'année dernière, elle séjourna chez son père à Los Angeles, elle s'amusa beaucoup en lisant la parodie humoristique du scandale écrite par un ami de la famille, Paul Horner, auteur de textes comiques pour la télévision.

Durant les sombres jours de l'année écoulée, ce sont avant tout l'amour et le soutien de sa famille et de ses amis qui l'ont aidée à tenir le coup, alors que les détails intimes de sa relation avec le président étaient étalés de façon exhaustive et humiliante par le procureur spécial et les médias. Sa mère, une femme calme et réservée qui ne vit que pour sa famille, a été durant cette période le « punching-ball affectif » de Monica, acceptant ses crises de rage, ses larmes et son tourment. Sans pour autant perdre son esprit critique, cependant : « Quels que soient notre amour pour Monica et notre désir de la défendre, admet Marcia, nous sommes conscients qu'elle est responsable de ce qui lui est arrivé. » Il y a également, dans cette remarque, un peu de cette lassitude qui vient avec la défaite. En effet, même si elle a soutenu Monica sans faiblir, Marcia Lewis a elle-même beaucoup souffert lorsque Kenneth Starr s'est employé à dresser la mère contre la fille devant la Cour dans ses efforts pour piéger le président. Cela lui a laissé une cicatrice indélébile. Quant au père de Monica, le Dr Bernie Lewinsky, il fait encore aujourd'hui des cauchemars dans lesquels sa fille est jetée en prison. L'histoire de la stagiaire et du président illustre au moins une chose : combien il est facile pour l'Etat moderne high-tech de disséquer et de détruire non seulement des individus, mais la structure de base de la société, la famille.

Seul résultat positif d'une année durant laquelle Monica et sa famille ont été poussées à bout presque jusqu'à l'annihilation : elle s'est rapprochée de son père, dont elle s'était éloignée à l'adolescence, quand Marcia et lui avaient divorcé. Depuis que le scandale a éclaté, Monica a passé beaucoup de temps avec lui et sa belle-mère Barbara chez eux, à Los Angeles, renouant le lien affectif brisé. D'ailleurs, quand elle est en sa compagnie, elle est visiblement plus calme et fait preuve de davantage de déférence et de précautions qu'avec sa mère, avec qui elle entretient une relation très affectueuse mais aussi parfois explosive.

Le scandale a tout à la fois détruit et régénéré la famille Lewinsky. De même, il a rapproché Monica de celles de ses amies qui l'ont soutenue durant ses pires moments. Afin de maintenir ces liens, cependant, et de ne pas devenir folle, il lui faut planifier ses visites à ses proches comme des opérations militaires. Son beau-père Peter Straus explique les effets isolants de l'attention universelle, permanente, et pour l'essentiel hostile des médias : « Elle a été blessée et montrée du doigt, si bien qu'elle ne peut pas prendre l'avion normalement ou voir des gens. Elle est très solitaire. » Aussi, lorsqu'en novembre dernier Monica et moi nous sommes envolés pour Portland, dans l'Oregon – où elle a fait ses études, à l'université Lewis and Clark –, afin de rendre visite à ses amis, il nous a fallu nous comporter comme deux fugitifs pour être sûrs que nul ne la reconnaisse : faux noms, têtes baissées, casquettes de base-ball enfoncées jusqu'aux yeux et regard fuyant.

Ce fut un week-end de renouveau pour Monica, enfin capable de se détendre en compagnie de gens connaissant sa véritable personnalité, et non celle que lui ont attribuée les gros titres ; des gens l'acceptant telle quelle, avec ses erreurs et ses faiblesses, mais aussi ses nombreuses qualités. Cela lui fit beaucoup de bien de parler avec des amies comme Catherine Allday Davis, Linda Estergard et Carly Henderson, de rire et chanter avec elles à l'arrière de la voiture qui les conduisait dans un restaurant thaï. Comme le dit Catherine : « Elle est mûre, elle est attentionnée et affectueuse, mais elle commet des erreurs, de grosses erreurs. Mais avant tout, elle est réellement différente de la personne qu'on a décrite au moment du scandale. »

La fille qui a su attirer l'attention du président Clinton, un homme au charisme sexuel notoire et deux fois plus âgé qu'elle, est pleine de contrastes : sûre de ce qu'elle veut, mais pas sûre d'elle-même ; consciente de ce qui lui est dû, mais pas de ce qu'elle vaut ; dotée d'un sens de la loyauté extrême et parfois pervers dès qu'il est question des autres, mais attachant peu d'importance à sa propre survie. Elle est guidée par sa volonté, mais aussi par son cœur : aussi désire-t-elle désespérément nouer une relation digne de ce nom, tout en étant agacée par le rituel de séduction moderne. Ce n'est pas une coïncidence si ses deux liaisons sérieuses en tant qu'adulte ont été avec des hommes mariés.

Pour une femme qui semble, à première vue, mondaine et sophistiquée, elle demeure assez naïve, douloureusement honnête et confiante ; le vernis « Beverly Hills » dissimule une personne vulnérable. Sa proche amie d'enfance, Neysa DeMann Erbland, déclare : « C'est une femme imparfaite mais bonne », et elle souligne que Monica « a dû endurer la mise à sac publique des aspects les plus intimes de son existence ». En public, elle est toujours radieuse, pleine de sollicitude et serviable (presque trop) ; seule, elle se retrouve souvent en proie au pessimisme et au désespoir.

Ce fut, cependant, le visage public de Monica, jeune femme de vingt-deux ans brillante, vivante, drôle et n'hésitant pas à se faire mousser un peu, qui attira de prime abord l'attention du président durant l'été 1995, lorsqu'un extraordinaire enchaînement de circonstances les mit en présence l'un de l'autre à la Maison-Blanche. Aujourd'hui, Monica se souvient de ce moment avec une clarté presque douloureuse : « Il y a eu un rapport de séduction incroyable, une alchimie intense entre nous, mais je ne pense pas que ça ait été très différent avec les autres femmes avec qui il a flirté, qu'il a fréquentées, ou par qui il a été attiré. Je crois que c'était une combinaison d'attirance mutuelle et de bon timing. »

Si « bon » est l'adjectif adéquat, alors Monica était la bonne personne, au bon endroit, au mauvais moment. Le reste, comme on dit, appartient à l'Histoire.

Préface

Trahison à Pentagon City

Etouffant un bâillement, Monica Lewinsky enfila un caleçon noir et un T-shirt gris et se dirigea vers la porte en s'efforçant d'éviter les cartons à moitié éparpillés sur le sol de son appartement, au rez-de-chaussée de l'immeuble Watergate, dans le centre de Washington. Une fois dehors, elle grimpa dans la Jeep Cherokee de son frère et se mêla à la circulation matinale pour se diriger vers sa nouvelle salle de gym, sur l'élégante Connecticut Avenue, à un quart d'heure de là.

Se trouvant, comme toujours, trop grosse, elle voulait se remettre en forme avant de commencer son nouveau travail au service des Relations publiques de Revlon, la compagnie de cosmétiques, à New York. C'était là une perspective excitante et motivante ; pourtant, si elle avait hâte de commencer sa nouvelle vie, elle ne l'appréhendait pas sans regrets. Elle laissait en effet derrière elle celui qu'elle aimait, l'homme qui avait occupé tous ses moments de veille et hanté ses nuits sans sommeil durant les deux dernières années – le président des Etats-Unis.

Elle avait un autre sujet d'inquiétude, plus pressant celui-là ; et tandis qu'elle participait au cours d'aérobic du matin, elle était trop préoccupée pour songer avec mélancolie à l'homme qu'elle avait aimé et semblait désormais sur le point de perdre. On lui avait ordonné de faire une déposition sous serment dans le cadre d'un procès civil engagé par Paula Jones, une employée administrative de l'Etat d'origine de Bill Clinton, l'Arkansas. Paula Jones affirmait qu'en mai 1991, quand il était encore gouverneur de l'Etat, Clinton l'avait harcelée sexuellement et violentée. Monica avait obéi à l'ordre, mais menti dans sa déclaration sous serment. Elle pensait en effet que le fait qu'elle ait eu une liaison avec un homme marié, fût-il l'individu le plus puissant du monde libre, ne regardait qu'elle.

Le rythme disco faisait vibrer les murs couverts de miroirs de la salle de sport tandis que Monica, elle, songeait qu'elle était confrontée à un gros problème, une situation difficile qui la tourmentait depuis près d'un mois. Elle avait parlé de sa liaison à une amie, secrétaire d'âge moyen rencontrée au Pentagone, où elle travaillait. A présent, cette amie la menaçait de rendre l'affaire publique. Depuis un mois, Monica avait tout essayé pour s'assurer de son silence, allant même jusqu'à lui offrir un appartement en copropriété en Australie.

Ce qu'elle ignorait encore à ce moment-là, cependant, c'est que son amie, Linda Tripp, avait en réalité projeté de la trahir depuis près d'un an. Elle avait même enregistré ses conversations téléphoniques avec Monica, dans l'intention d'utiliser les indiscrétions de la jeune femme pour un livre de révélations intimes qu'elle comptait écrire. Pis encore, elle avait conspiré avec un espion politique de droite, un journaliste de magazine et les avocats de Paula Jones afin de démasquer Monica. Durant les deux derniers jours, Linda Tripp avait également conclu un pacte faustien avec le procureur spécial Kenneth Starr, un ancien vendeur de bibles devenu avocat qui, depuis quatre ans, poursuivait avec acharnement l'illustre amant de Monica. Starr garantissait à Linda Tripp l'immunité contre toutes poursuites (il est en effet illégal d'enregistrer des conversations privées) si elle lui racontait tout – à la suite de quoi Monica risquerait la prison pour faux témoignage.

Monica, cependant, ne savait rien de tout cela lorsqu'elle s'arrêta ce matin-là vendredi 16 janvier, au café Starbucks pour son petit déjeuner habituel, un grand café au lait écrémé avec un édulcorant et un soupçon de chocolat et de cannelle. Tandis qu'elle sirotait sa boisson en lisant le *Washington Post*, son bipeur sonna, et le prénom « Mary » apparut. C'était le nom de code utilisé par Linda Tripp quand elle voulait lui parler. Dernièrement, leurs conversations avaient été de plus en plus tendues.

Monica la rappela immédiatement, espérant que son amie avait enfin recouvré la raison et accepté de faire une déposition – certes mensongère – qui les disculperait toutes les deux. De sa voix aux accents traînants du New Jersey, Tripp lui annonça son intention de voir son nouvel avocat plus tard ce jour-là. Elle souhaitait, dit-elle, rencontrer Monica auparavant pour une discussion cruciale, au cours de laquelle elles détermineraient ce qu'elle devrait dire dans sa déposition. Monica accepta avec empressement et convint de la retrouver dans le centre commercial de Pentagon City à onze heures. Soulagée, elle reprit sa lecture du journal, presque aussitôt interrompue de nouveau par un appel de « Mary » ; celle-ci souhaitait repousser le rendez-vous à une heure moins le quart. De nouveau, Monica accepta.

Ce ne furent pas les seuls appels qu'elle reçut en ce matin funeste. Elle fut ensuite bipée par « Kay » – le nom de code utilisé par la secrétaire personnelle du président, Betty Currie. Celle-ci dit à Monica qu'elle avait parlé au président ; des journalistes, et en particulier Michael Isikoff, du magazine *Newsweek*, avaient en effet posé des questions qui semblaient indiquer qu'ils étaient au courant de certaines choses en rapport avec la liaison illicite. En retour, le message du président était : « Silence. » Monica demanda à Betty de souhaiter bonne chance au président, sachant qu'il devait témoigner sous serment dans l'affaire Paula Jones le lendemain.

Elle finit son café, puis décida d'aller chercher d'autres cartons pour son déménagement à New York avant de rentrer à l'appartement. Si Linda Tripp se montrait ferme dans sa déclaration sous serment et si le président faisait de même au cours de sa déposition du lendemain, elle espérait pouvoir enfin se réveiller de cet absurde cauchemar et tirer un trait sur la ridicule affaire Paula Jones.

Après avoir tué le temps, Monica arriva quand même en avance au centre commercial du Pentagone. Elle s'installa donc près du *sushi bar* et entreprit de lire un magazine féminin. Elle commençait cependant à se sentir mal – franchement nauséeuse, en fait. Une affreuse angoisse lui nouait l'estomac ; elle avait perdu toute confiance en Linda Tripp, dont l'attitude et les dispositions envers elle s'étaient transformées de façon radicale au cours des derniers mois. En vérité, elle était désormais bien différente de l'amie à qui, un funeste jour, un an plus tôt, Monica avait avec réticence avoué son amour pour le président.

A présent, elle en avait sincèrement assez de Linda Tripp et était écœurée par ses tergiversations et ses mensonges ; elle détestait de surcroît l'idée d'être redevable envers une femme qu'elle n'appréciait plus et en qui elle n'avait plus confiance. Un ou deux jours plus tôt, elles avaient déjeuné ensemble durant trois heures et cela avait été pour Monica, contrainte de se montrer agréable et d'écouter les excuses sournoises et les dérobades de son interlocutrice, un véritable calvaire. A présent, pour couronner le tout, Linda Tripp était en retard.

L'idée de quitter le centre commercial et de rentrer chez elle pour finir ses cartons traversa l'esprit de Monica. Elle se retint, inquiète de l'expression qu'arborerait son « Handsome [1] » – le surnom affectueux qu'elle avait donné au président – s'il devait découvrir un jour qu'elle avait révélé leur secret intime. Et il l'apprendrait forcément si Linda Tripp affirmait dans sa déclaration sous serment qu'elle était au courant de sa liaison avec Monica...

Alors qu'elle continuait à feuilleter son journal près du *sushi bar*, elle repéra enfin la silhouette massive de Linda Tripp, vêtue d'un strict tailleur brun-gris, qui descendait lentement par l'escalator. Monica ferma son magazine et se dirigea vers elle, dissimulant son irritation derrière un masque d'amitié. Elle espérait que leur rencontre serait aussi brève que couronnée de succès. « Bonjour », dit-elle en tendant les bras pour embrasser Linda Tripp. L'autre,

---

1. Littéralement « beau », « élégant ». *(N.d.T.)*

cependant, l'accueillit avec raideur et ne répondit pas à son geste ; pis, elle lui désigna du regard deux hommes aux visages glacés, en costumes sombres et chemises blanches, qui étaient descendus à sa suite par l'escalator.

Tandis qu'ils s'approchaient, une sensation de panique incontrôlable saisit Monica à la gorge, l'étouffant presque. Ils se présentèrent comme des agents du Federal Bureau of Investigation, le fameux FBI ; plutôt que de lui tendre la main, ils brandirent leurs badges en acier brillant afin de confirmer leur identité. Puis, avec des phrases heurtées qu'elle avait du mal à saisir dans le brouhaha du centre commercial à l'heure du déjeuner, ils déclarèrent qu'ils avaient été chargés par le ministre de la Justice, Janet Reno, d'enquêter sur les crimes commis en relation avec le procès Paula Jones.

« Madame, vous avez de sérieux ennuis », lui dirent-ils d'un air inquiétant, avant d'ajouter : « Mais nous aimerions vous donner la possibilité de vous tirer d'affaire. » Haletante, Monica regarda d'un air suppliant les deux agents, puis Linda Tripp. « Comment a-t-elle pu me faire ça ? Comment ai-je pu lui faire confiance, et pendant si longtemps ? » pensa-t-elle. A peine capable de respirer, le cœur battant plus fort qu'elle ne l'aurait cru possible, elle parvint seulement à balbutier la phrase entendue dans presque tous les films policiers qu'elle avait vus : « Je ne parlerai qu'en présence de mon avocat. »

Les deux hommes ne se décontenancèrent pas et répondirent avec la certitude issue d'une longue pratique : « C'est parfait. Mais en faisant ça, vous ne vous rendez guère service. Nous voulons juste vous parler. Vous serez libre de partir quand vous le voudrez. » Monica abandonna vite son attitude de défi symbolique ; choquée et apeurée, elle éclata en sanglots. C'est alors que Linda Tripp parla pour la première fois. De sa voix rauque, elle dit à sa jeune amie : « Crois-moi, Monica, c'est pour ton propre bien. Contente-toi de les écouter. Ils m'ont fait la même chose. » Puis elle tendit les bras et, comme un Judas moderne, elle voulut embrasser Monica. Ecœurée, cette dernière se dégagea.

Les hommes du FBI lui affirmèrent clairement que, si elle se montait coopérative, elle pourrait s'en sortir sans trop de problèmes, et il lui fallut quelques secondes pour comprendre ce que cela signifiait. Tous ses instincts lui soufflaient de s'enfuir ; cependant, elle se disait qu'alors elle ne découvrirait jamais ce qui se passait et ne pourrait donc rien faire pour s'en sortir ou pour aider le président. Elle accepta donc d'accompagner les agents du FBI dans leur chambre du Ritz-Carlton Hotel, adjacent au hall. En cet instant, dans son esprit, une pensée dominait toutes les autres : il fallait qu'elle mette le président en garde.

Tout en empruntant l'escalator à la suite de ses étranges compagnons, Monica criait silencieusement aux passants : « Au secours ! Ces monstres ont mis la main sur moi. Je vous en prie, sauvez-moi. Mon Dieu, par pitié, aidez-moi. » Mais les gens venus faire leurs courses la dépassaient sans lui accorder un regard, sans lui tendre une main secourable, sans même se douter du malheur qui venait de s'abattre sur elle.

Elle était en état de choc et paniquée ; mais avant tout, elle avait de gros, gros ennuis. Dans l'ascenseur qui la conduisait, en compagnie de sa traîtresse « amie » et de deux hommes du FBI au regard glacial, vers la chambre 1 012 du Ritz-Carlton, elle se surprit à penser :

« Comment en suis-je arrivée là ? »

1

« Ma petite *Farfel* »

C'est par une chaude journée de l'été 73, le 23 juillet, après d'interminables heures de travail dans l'hôpital de San Francisco où elle-même avait vu le jour, que Marcia Lewinsky donna naissance à son premier enfant, Monica Samille. Sous le regard empli de fierté du père, Bernard, lui-même médecin, les infirmières qui avaient assisté Marcia tout au long de cette difficile journée s'extasièrent devant les cils démesurés de ce beau bébé de trois kilos quatre cents. Bernard la surnomma « Ma petite *Farfel* » – mot yiddish signifiant « boulette ».

Les parents de Bernard Lewinsky avaient tous deux fui l'Allemagne dans les années 20 pour échapper au harcèlement croissant des juifs par le parti nazi, alors en plein essor. Son père, George, avait décidé de se bâtir une existence nouvelle en Amérique centrale, à El Salvador, où il était devenu comptable dans une société d'import-export de café. C'est au cours d'un voyage à Londres en 1939, à la veille de la Seconde Guerre mondiale, qu'il rencontra Susi, un jeune professeur allemand qui avait quitté Hambourg lorsque la Gestapo avait raflé toute sa classe d'enfants juifs durant un raid sur l'école où elle enseignait l'hébreu.

Deux semaines plus tard, George et Susi se mariaient. Ils s'installèrent à El Salvador, où ils menèrent une existence aisée, loin des horreurs de la guerre qui allait dévaster l'Europe. Cependant, même si leur patrie d'origine était à des milliers de kilomètres, ils s'appliquèrent à inculquer à leur fils Bernard, né en 1943, ces vertus typiquement germaniques que sont le travail, l'autodiscipline et le respect de la loi.

Bernard avait quatorze ans lorsque toute la famille émigra en Californie. Là, après le lycée, il étudia la médecine à Berkeley et Irvine. C'est à cette époque qu'il rencontra Marcia Vilensky ; il avait vingt-cinq ans, et elle vingt.

A l'instar de George Lewinsky, le père de Marcia, Samuel, avait fui sa terre natale – dans son cas, la Lituanie, en proie aux purges staliniennes des années 30. Samuel Vilensky s'était tout d'abord installé à San Francisco, et Marcia y avait vu le jour en 1948. Alors qu'elle était âgée de quatre ans, cependant, toute la famille avait déménagé pour Tokyo ; Samuel avait en effet décidé de profiter des perspectives commerciales alléchantes qu'offrait le Japon de l'après-guerre.

Samuel Vilensky développa à Tokyo une affaire d'import-export prospère, et sa famille et lui bénéficièrent d'une existence aisée mais aussi très cosmopolite, étant donné leurs racines russes, le cercle d'expatriés au sein duquel ils évoluaient, et leurs amis japonais. Marcia et sa sœur Debra, née trois ans après le départ de la famille au Japon, ne manquaient de rien ; à la maison, les domestiques étaient nombreux – il y avait même un chauffeur. Les fillettes étaient bien intégrées à la communauté locale, et toutes deux parlaient couramment le japonais. Mais cette existence idyllique n'allait pas tarder à connaître une fin abrupte.

En 1964, Samuel Vilensky succomba brutalement à une crise cardiaque. Après sa mort, l'affaire familiale périclita, et Marcia, Debra et leur mère, Bernice, furent contraintes de retourner en Californie, où elles s'installèrent chez la mère de Bernice, Olga Polack, dans le comté de Sonoma, aux abords de San Francisco. Pour subvenir aux besoins de sa famille, Bernice prit un emploi de secrétaire juridique ; mais celui-ci lui permettait à peine de joindre les deux bouts. L'époque de la grande maison, du train de vie mondain et des domestiques était bel et bien révolue. Ce fut, comme le raconte Marcia, un amer déchirement. « Cela représente un changement colossal que de quitter le pays dans lequel on a grandi. »

Les coffres de la famille étant désormais vides, elle s'inscrivit après le lycée dans une université publique. Au bout de deux ans, toutefois, l'un de ses oncles intervint et entreprit de payer ses droits de scolarité afin qu'elle puisse étudier à l'université californienne de Northridge, où elle s'orienta vers les « Etudes urbaines », dans le but de devenir urbaniste. Néanmoins, ces rêves furent mis au placard pour de bon lorsque, durant les vacances de Pâques 1968, elle rencontra Bernard Lewinsky, un étudiant en médecine calme et réservé de cinq ans son aîné. « C'est le fait d'avoir tous deux vécu à l'étranger qui nous a rapprochés », se souvient Marcia, qui admet également qu'à l'époque, traumatisée par la mort de son père, elle recherchait une certaine sécurité affective.

Bernard s'apprêtait à commencer son internat; les deux familles estimèrent donc qu'il était préférable pour Marcia et lui, aussi jeunes fussent-ils, de se marier avant le début de cette période stressante de travail acharné et de manque de sommeil, afin qu'ils puissent, au moins pendant quelque temps, profiter d'une vie de couple normale. Dans l'agitation et l'excitation entourant le mariage, leurs différences de caractères – elle était maternelle, docile, anxieuse, originale et créative, et lui réservé, terre à terre, pratique et travailleur – furent mises de côté, et ils s'unirent au cours d'une cérémonie juive à l'hôtel Fairmont de San Francisco, en février 1969.

Peu de temps après ils s'installèrent à Londres, où Bernard occupa pendant un an le poste de chef de clinique au Royal Marsden Hospital. Là, il se concentra sur sa spécialité, les tumeurs cancéreuses. Tous deux gardent de cette période un souvenir agréable; Marcia, anglophile jusqu'au bout des ongles, aimait l'histoire et les traditions de son pays d'accueil, tandis que Bernard se réjouissait des défis que présentait son travail dans l'un des meilleurs services de cancérologie du monde. C'est à cette époque que Monica fut conçue. Marcia, rentrée à San Francisco peu de temps avant la fin du séjour de Bernard au Royal Marsden, s'empressa de lui envoyer un télégramme à l'hôpital : « Cher Bernard. Nous attendons un bébé. Tendrement, Marcia. »

Pour Marcia, l'arrivée de Monica constituait une sorte d'aboutissement personnel. Comme elle le souligne : « A l'instar de beaucoup de femmes de ma génération, je ne me suis jamais réellement assigné de carrière. Mon but était d'être mère. Mes enfants sont importants pour moi – on pourrait même dire trop importants. »

Très tôt, Monica se révéla une enfant brillante : elle put s'exprimer avant même de savoir marcher, et elle parlait couramment avant son deuxième anniversaire. Néanmoins, même si elle était folle de sa fille, Marcia ne tarda pas à découvrir qui était le chef... « Monica, dit-elle avec un sourire résigné, c'était une enfant à la volonté très affirmée, qui savait toujours ce qu'elle souhaitait. Cependant, elle ne se servait jamais de sa volonté et de sa détermination pour contrôler les autres ; simplement, Monica savait ce qui était bon pour Monica. »

Tant sa mère que sa tante Debra ne manquent pas d'anecdotes illustrant cette inébranlable détermination. Ainsi, alors que Monica avait deux ans, Debra l'emmena jouer sur les balançoires dans le parc près de chez elle, à San Francisco. L'heure de repartir arrivée, la fillette refusa de descendre de sa balançoire, ignorant toutes les injonctions de sa tante, que pourtant elle adorait – tout au long de la vie de Monica, Debra a été pour elle une confidente et une amie indéfectible. En désespoir de cause, Debra essaya de ruser en lançant « Au revoir ! » et en s'éloignant, certaine que la petite fille courrait derrière elle pour la rattraper. Elle se trompait. Bien que la nuit fût sur le point de tomber, Monica resta accrochée à sa balançoire. Ce n'est que lorsque, enfin, elle en eut assez qu'elle accepta de partir. « Pour moi, dit Debra, ce n'est pas nécessairement " mal " – même à deux ans, elle savait ce qu'elle voulait. Je pense que c'est quelqu'un d'exceptionnel, de vraiment fascinant. A l'époque, elle était charmante, douce, extrêmement brillante et difficile, très déterminée ; et c'est encore vrai aujourd'hui. »

Cette volonté, que l'on pourrait qualifier d'entêtement chez une enfant aussi jeune, se manifesta de nouveau le jour du mariage de Debra avec son fiancé, Bill Finerman, un cardiologue. La réception avait lieu chez la grand-mère de Bill, à Beverly Hills. Monica, alors âgée de trois ans, avait été choisie comme demoiselle d'honneur. Vingt minutes avant le début de la cérémonie, elle décréta que sa robe bleu pâle à manches longues serait plus jolie sans manches – elle avait déjà l'œil en matière de mode. La mariée mettant la dernière touche à sa propre toilette, il ne restait pas assez de temps pour faire changer Monica d'avis. Marcia décida donc de se plier aux exigences de sa fille et alla chercher ses ciseaux. Les manches incriminées une fois ôtées, Monica enfila gaiement sa robe. Ce jour-là, selon sa tante, « elle éclipsa tout le monde ».

Marcia reconnaît que le caractère à la fois déterminé et affectivement exigeant de sa fille, combiné avec son propre désir d'éviter des histoires, peut expliquer en partie l'attitude de Monica à l'âge adulte. « Par nature, je déteste les confrontations. Quant à Bernard, il était très despotique, très austère, à cause de son éducation... Alors, vous voyez sans peine les influences. »

En 1976, après que Bernard eut terminé un engagement de deux ans au Letterman Hospital de San Francisco, la famille quitta son modeste quatre-pièces pour aller s'installer à Los Angeles, où le père de Monica avait obtenu un poste bien payé dans le secteur privé. Un an plus tard, Marcia accouchait de nouveau, d'un garçon cette fois, qu'il prénommèrent Michael. Monica était ravie. Les Lewinsky avaient délibérément choisi de mettre ces quatre années d'écart entre leurs enfants afin d'éviter tout risque de rivalités fraternelles, mais Monica adora son petit frère dès le premier instant. Elle le surnomma « Jo Jo ». Lorsque la maman et le bébé quittèrent l'hôpital pour la maison de style espagnol que les Lewinsky avaient achetée à Beverly Hills, ils trouvèrent sur la porte d'entrée des rubans et une immense bannière proclamant « Bienvenue, Jo Jo ». Elle aimait tellement son petit frère qu'elle se cachait souvent dans un placard de sa chambre avant que sa nourrice hispanique, très stricte, vienne le mettre au lit pour la nuit. Elle sortait alors de son placard et jouait avec Michael jusqu'à ce qu'on les découvre. « Elle le maternait à mort », se souvient Marcia qui souligne également que, à l'inverse de sa grande sœur, Michael a toujours eu une approche très décontractée des difficultés de la vie et des décisions à prendre.

En général, se souvient Michael, Monica était « excessivement attentive » et « toujours inquiète pour moi », même s'il ajoute que c'était « une chouette grande sœur ». Pour sa part, il confirme qu'il est de loin celui des deux qui a le plus de sang-froid : « Monica peut parcourir tout l'éventail des émotions en très peu de temps », dit-il avec pudeur. Tandis qu'il se remémore avec tendresse leur quatre-pièces à North Hillcrest Drive, évoquant les jours passés à barboter dans leur piscine privée avec leur père, Monica se rappelle le fait que la banlieue était infestée de ratons laveurs qui pénétraient dans les maisons.

Certains ont présenté Marcia comme une mondaine volage – peut-être parce que, sous le nom de « Marcia Lewis », elle écrivait un article mensuel dans le *Hollywood Reporter Magazine* –, mais c'était en réalité une femme casanière, heureuse de consacrer son temps et son énergie à ses enfants.

Peu après l'arrivée de Michael, un autre changement significatif se produisit dans la vie de Monica : à l'âge de six ans, elle alla à l'école pour la première fois. John Thomas Dye, à Bel Air, est une école privée de renom, qui jouit d'une excellente réputation. Avec ses bâtiments et ses terrains impeccablement entretenus, son personnel enseignant de grande qualité et la longue liste de ses anciens élèves occupant aujourd'hui des postes-clés dans les milieux politiques et économiques américains, c'est un exemple typique de la culture « WASP [1] ». Parmi ces

1. WASP : *White Anglo-Saxon Protestant.* Acronyme utilisé pour caractériser la classe sociale dominante aux Etats-Unis. *(N.d.T.)*

« anciens », on trouve des amis politiques de l'ancien président Ronald Reagan et de son épouse Nancy, le fils de Katharine Graham, propriétaire du *Washington Post*, ainsi que des membres du Congrès et des sénateurs californiens.

Pendant un certain temps, la petite fille juive, aussi vive que brillante, s'intégra bien dans cette école. Elle excellait en mathématiques, son travail écrit lui rapportait régulièrement les meilleures notes, et elle se signala très tôt par son goût de la poésie. Le fait que ses parents lui aient beaucoup fait la lecture alors qu'elle était enfant et l'aient toujours encouragée à lire par elle-même se révéla un facteur déterminant pour son développement intellectuel.

Dans l'atmosphère de serre de John Thomas Dye, il n'est sans doute pas étonnant qu'elle ait déclaré que son ambition était de devenir présidente des Etats-Unis. Cependant, elle avait d'autres rêves, plus modestes. A sept ans, elle écrivit qu'elle voulait être professeur afin d'« aider les autres à apprendre ». « Je serais gentille mais stricte », précisa-t-elle.

Nancy Krasne, une amie des Lewinsky, qui connaît la famille depuis vingt ans – avec d'autres parents, ils avaient mis au point un système de roulement pour emmener les enfants à l'école –, se souvient de Monica comme d'une fillette « très particulière » au sein d'un groupe dynamique. « De tous les enfants, j'ai toujours pensé que ce serait elle qui réussirait, ajoute Nancy. Monica était très brillante, et très expressive. Elle était travailleuse, consciencieuse, une véritable adulte par certains côtés, mais elle se montrait en même temps très immature sur le plan affectif. Le problème, c'est qu'elle n'entrait pas dans le moule de Beverly Hills, malgré son désir de plaire, de s'intégrer. » Une anecdote illustre ce besoin permanent qu'avait Monica de ne pas être séparée de ses camarades – ou, pire, exclue par eux : elle passa une fois un week-end entier chez elle à apprendre à sauter à la corde afin de pouvoir se joindre à ses petites camarades durant la semaine. De la part d'une fille qui se qualifie elle-même de « nulle en sport », c'est la preuve indéniable d'un désir immense de s'intégrer au groupe.

En tout cas, d'un point de vue scolaire, Monica était incontestablement à la hauteur : son travail lui valait régulièrement des félicitations, et elle rapportait toujours à la maison des carnets de notes excellents. Elle se souvient de John Thomas Dye comme d'une école « formidable... très stimulante, et qui favorisait l'ouverture d'esprit ».

Il y avait cependant des inconvénients. Comme elle vivait assez loin de l'école, il était difficile pour ses camarades de classe de venir jouer chez elle – à l'époque, les poupées Barbie et Olivia Newton-John, la star de la comédie musicale *Grease*, faisaient fureur. Par ailleurs, elle avait neuf ans, et entrait en Third Grade [1], lorsque quelques incidents se produisirent à l'école. On ne peut parler de brimades physiques ; c'était simplement la manifestation de cette cruauté et de cet esprit de clan fréquents chez les enfants, surtout les filles, et qui demeurent souvent, même à l'âge adulte, comme un chancre dans le psychisme de ceux qui en ont été victimes. Pour ne rien arranger, Monica commençait à être un peu ronde. Un de ses camarades de classe, Matthew Spaulding, la surnommait « Big Mac » – une plaisanterie d'autant plus blessante qu'à l'époque la fillette avait secrètement le béguin pour lui.

Monica se souvient aussi très bien du jour où Tori Spelling, la fille du richissime producteur hollywoodien Aaron Spelling, organisa une fête d'anniversaire dans la somptueuse demeure de ses parents. La superstar Michael Jackson et le plus petit poney du monde étaient deux des attractions de cet événement, auquel tous les élèves de la classe de Tori furent invités – sauf Monica. Ignorant si cette omission était un simple oubli ou un rejet délibéré, la mère de Monica téléphona à la secrétaire privée des Spelling pour vérifier. En retour, une invitation fut aussitôt envoyée, bien que Monica n'eût pas figuré à l'origine sur la liste des invités.

1. L'équivalent de notre CM1. *(N.d.T.)*

Marcia Lewinsky, cela n'a rien de surprenant, préféra dissimuler l'incident à sa fille, et ce n'est que lorsque deux camarades de classe se moquèrent d'elle au sujet de son invitation tardive que Monica découvrit la vérité. Monica ne comprit pas pourquoi Tori, qui était scout comme elle, avait choisi de l'exclure. Quoi qu'il en soit, elle refusa de se rendre à la fête, « par principe ». Ce fut une décision difficile à prendre pour cette fillette si désireuse de plaire et qui souhaitait tant s'intégrer, mais elle illustre un de ses traits de caractère essentiels : sa détermination inébranlable. Comme elle le dit : « Maman m'a toujours appris à traiter les autres comme j'aimerais qu'eux me traitent. C'est pourquoi il est important de toujours inviter tout le monde aux fêtes d'anniversaires, d'offrir à tous les élèves de la classe une carte pour la Saint-Valentin... Il ne faut exclure personne. Non seulement c'est impoli, mais c'est très blessant. »

Cet accent mis sur les bonnes manières et sur la « forme », et qui reflète en partie l'origine européenne des parents de Monica, ne passait pas inaperçu de ceux qui rendaient visite aux Lewinsky dans leur maison de Beverly Hills. Michelle Glazov, une camarade de classe de Monica, se souvient que son amie était censée se conduire chez elle avec un « décorum presque victorien », contrairement à la plupart des autres enfants de leur âge. De plus, bien que non ouvertement religieux, Bernard et Marcia se conformaient aux traditions culturelles juives ; aussi envoyèrent-ils Monica étudier l'hébreu au très strict Sinaï Temple, alors qu'elle aurait souhaité se rendre dans une autre synagogue, moins orthodoxe, que fréquentaient ses amis de l'école.

Le sentiment que « tout vous est dû » qui va de pair avec la vie à Beverly Hills était aussi à l'origine de nombreux conflits familiaux, en particulier entre Monica et son père. Ainsi, par exemple, lorsque sa meilleure amie reçut de ses parents un téléphone Snoopy avec sa propre ligne, Monica réclama la même chose, afin de ne pas être en reste. Il y eut des crises de rage et de larmes quand son père refusa d'accéder à sa demande, tout comme le jour où, lors d'une visite à Disneyland, il refusa de lui acheter une robe Minnie. « Je crois qu'en grandissant j'ai eu le sentiment que maman était la personne qui disait toujours oui, et papa celle qui disait non – c'est, j'imagine, le cas dans de nombreuses familles », observe-t-elle. Bernard acquiesce : « Oh, oui, mes enfants m'appelaient souvent " Dr No ", ce genre de choses. »

L'accent mis sur le matérialisme, sur le fait de posséder les derniers gadgets ou des vêtements de grands couturiers est une composante incontournable de la vie à Beverly Hills. Les apparences y sont au centre de la vie sociale et, pour nombre de ceux qui y vivent, être mince, blond et conduire la toute dernière BMW représente la norme. Cette importance de l'argent ne tarda d'ailleurs pas à se révéler trop pesante pour Debra, la tante de Monica, qui décida de déménager dans l'est du pays avec son mari et son fils Alex afin de pouvoir mener une existence moins axée sur le statut social. « Beverly Hills est un endroit très agréable lorsqu'on a une vingtaine d'années, mais pas pour élever les enfants, dit-elle. Monica ne s'y est jamais réellement intégrée. Si elle avait été très mince et avait fréquenté les gens les plus populaires, elle s'en serait sortie; mais ce n'était pas son genre. »

Avec le recul, Marcia regrette également les années passées à Beverly Hills, consciente que ni l'un ni l'autre de ses enfants, et surtout pas Monica, n'était fait pour ce mode de vie. « Moi-même, je n'ai jamais été heureuse à Los Angeles. J'avais l'impression que ce n'était pas le bon endroit, et je suis sûre que j'ai communiqué ce sentiment – peut-être inconsciemment – à mes enfants. »

Monica se montre plus pragmatique : selon elle, lorsque les enfants sont élevés dans un certain environnement, leurs parents doivent accepter les conséquences de cette éducation. Elle reconnaît cependant qu'il y a un côté « âpre au gain » chez elle qu'elle ne posséderait peut-être pas si elle avait grandi dans une autre ville, une autre culture. « Je ne me considère pas comme une enfant gâtée, et je ne corresponds pas au stéréotype de la fille de

Beverly Hills – en fait, ça a même été un de mes problèmes, là-bas. Néanmoins, j'ai bel et bien un certain niveau d'attentes, une conscience de ce que je mérite qui vient de la façon dont j'ai été élevée, et de l'environnement dans lequel j'ai été élevée. »

Ces « attentes » provoquèrent une confrontation classique entre le père et la fille lorsque Monica réclama une célébration de grande envergure à l'occasion de sa bat-mitzva, cérémonie juive marquant le passage rituel à l'âge adulte. Il est de coutume à Beverly Hills pour les enfants juifs d'organiser des fêtes très élaborées pour leur bar (ou bat)-mitzva, dans une salle de bal ou dans le salon de la synagogue, avec leurs amis et les amis de leurs parents. « C'est exactement comme un mariage », rappelle Monica. Quelquefois la fête est centrée autour d'une attraction principale, par exemple un magicien. Bernard avait prévu de dépenser cinq cents dollars pour organiser une grande fête dans le jardin de la maison familiale. Il avait les moyens d'organiser une réception plus importante, mais il trouvait cela largement suffisant pour une cérémonie qui était avant tout religieuse. Monica, qui savait bien qu'elle ne parviendrait pas à impressionner ses amis de cette façon, lui fit savoir sans ambages que non, ce ne serait pas suffisant, et que ce n'était pas ce qu'elle souhaitait. Lorsque sa mère prit son parti, la discussion dégénéra en douloureuse querelle familiale, au cours de laquelle, inévitablement, furent prononcées des paroles impossibles à rattraper. Finalement, Monica eut une fête en règle, avec DJ et stand de hot-dogs, et admet que « ce fut amusant ».

Cependant, on aurait tort de penser que la relation de Monica avec son père se résumait à un affrontement perpétuel. Monica se rappelle avoir passé des heures à regarder avec fascination Bernard se consacrer à son hobby, l'ébénisterie, bien qu'elle n'ait jamais été autorisée à l'aider. Elle se souvient également avec grand plaisir du jour où il lui offrit sa première bicyclette – un engin rose avec un siège en forme de banane – avant de l'emmener voir le film *E.T.*, à la suite de quoi il prépara pour le dîner un pique-nique à base de poulet au barbecue.

Une chose est sûre : Bernard était loin du cliché du professionnel surmené de Beverly Hills, davantage préoccupé par sa carrière que par ses enfants. Il réveillait souvent Monica tard dans la nuit ou à l'aube pour qu'elle puisse assister en direct à des événements importants retransmis par la télévision, comme le lancement de la navette spaciale ou le mariage du prince et de la princesse de Galles. En d'autres occasions, ils s'asseyaient ensemble à l'extérieur, dans la chaude nuit californienne, et il lui nommait les différentes étoiles, planètes et constellations. A l'âge de onze ans, elle lui écrivit pour la fête des pères un poème touchant : « Mon papa est le plus chouette de l'Ouest. Il est très gentil et attentionné, vingt-quatre heures sur vingt-quatre. Peut-être certains pères ne méritent-ils pas d'être traités spécialement, mais le mien le mérite vraiment. »

Monica se souvient avec tendresse du T-shirt rose qu'elle portait et sur lequel étaient inscrits les mots *Daddy's Little Girl* (« La Petite Fille chérie de Papa ») et déclare : « J'ai toujours voulu être la petite fille chérie de mon père. » Elle admet également avoir constamment quêté l'approbation de Bernard, sans jamais y être réellement parvenue. Elle prenait très à cœur la moindre critique ou le moindre commentaire désobligeant de son père. A sa manière, calme et discrète, Bernard l'aimait – et l'aime toujours – tendrement mais, aux yeux de Monica, il ne se montrait jamais assez démonstratif.

On comprend donc aisément que cette enfant en perpétuelle demande affective – une enfant, de surcroît, si exigeante vis-à-vis de ceux qu'elle aimait – se soit maintes fois sentie déçue ou rejetée en n'obtenant pas de réponse à ses souhaits. « Je me rappelle mes disputes avec mon père, généralement à l'heure des repas. Je finissais le plus souvent par quitter la table en pleurant. » Dans ses souvenirs d'enfance, elle revoit invariablement son père rentrer du travail fatigué et irascible. Néanmoins, elle reconnaît aujourd'hui que les tensions épuisantes liées à un métier qui mettait Bernard en contact permanent avec des personnes gravement malades ont contribué à rendre leur relation de plus en plus conflictuelle. « Monica avait tellement envie d'être la petite fille chérie de son papa, dit Marcia. Elle avait des attentes immenses, auxquelles son père ne répondait pas. Ce n'est pourtant pas un homme méchant ; simplement, il n'est pas du genre à dire : " Viens t'asseoir sur mes genoux, ma jolie petite fille. " Ce n'est pas dans ses manières, voilà tout. »

Tandis que ses relations avec son père étaient – et continuent d'être – délicates, un lien très étroit et affectueux se tissait entre Monica et sa mère. Cette dernière prenait systématiquement le parti de sa fille durant les discussions familiales. « Maman et moi nous ressemblons beaucoup, dit Monica. Nous parlons de la même façon, nous avons les mêmes intonations. » Cependant, si Monica pouvait paraître dominante dans sa relation avec sa mère, elle avait besoin de Marcia bien plus qu'elle ne voulait l'admettre. Comme le fait observer sa tante Debra : « Je pense que c'est une relation mère/fille typique, avec beaucoup d'amour mais aussi d'inévitables conflits d'opinion. »

Monica évoqua le profond lien l'unissant à sa mère dans une dissertation scolaire sur Hannah Senesh, poétesse juive née en Hongrie qui travailla pour les services secrets britanniques durant la Seconde Guerre mondiale. En 1944, elle fut capturée en Hongrie par les nazis, torturée et abattue. La jeune Monica s'emmêla un peu dans l'histoire après avoir vu en 1988 le film *Hanna's Story*, et crut que les nazis avaient menacé de tuer la mère d'Hannah si celle-ci ne leur révélait pas les détails du réseau d'espionnage britannique. Dans un passage révélateur, Monica écrivit : « J'aimerais avoir autant de conviction intérieure qu'Hannah Senesh. Je ne possède même pas la moitié de sa bravoure. Cependant, ce que j'ai en commun avec elle, c'est la relation très intense qui me lie à ma mère. Hannah et sa mère étaient unies par un lien très fort que rien ne pouvait rompre, et il en va de même pour moi. »

Monica s'était peut-être trompée quant aux faits, déformés par le film – lorsque Senesh fut arrêtée, sa mère vivait en effet non pas en Hongrie mais en Palestine –, mais l'amour et la loyauté illustrés par sa version de l'histoire d'Hannah Senesh la touchèrent profondément. Ces deux vertus devinrent plus importantes encore pour elle le jour où son « amie » Linda Tripp la trahit.

Toutefois, si l'interdépendance entre sa mère, son père et elle-même et les profondes dynamiques émotionnelles qui y sont liées contiennent indéniablement la clé permettant de comprendre la personnalité de Monica, il ne faut pas voir dans ces relations la source de toutes ses actions. Son désir forcené d'être respectée et appréciée par ses pairs et, lié à cela, son complexe par rapport à son poids sont autant d'influences sur son caractère et son comportement qui ne doivent pas être négligées.

Quels qu'aient été ses problèmes affectifs, il est impossible de nier ses capacités intellectuelles. Lorsque vint pour elle le moment de quitter l'école primaire de Beverly Hills, il était déjà clair qu'elle possédait une remarquable mémoire photographique, en particulier pour les chiffres, tandis que son esprit logique – une qualité qu'elle attribue au côté paternel de sa famille – et son éloquence faisaient d'elle une élève brillante. « Elle était sans conteste faite pour les meilleures universités », reconnaît Nancy Krasne. Quand, à l'âge de douze ans, Monica quitta John Thomas Dye pour Hawthorne Elementary School, également à Beverly Hills, elle se révéla très vite une excellente élève. Mais les classes de CM2 et de 6e furent difficiles pour elle. Même si elle se faisait des amis, elle était de plus en plus gênée par un sentiment d'inadaptation et, comme chez beaucoup d'adolescentes, son poids devint une obsession. Dans un univers où la minceur est un critère d'évaluation de la valeur personnelle et du statut d'un individu, la silhouette peu sportive de Monica ne cessait de la perturber. De plus, elle avait atteint la puberté plus tôt que ses camarades. Elle souhaitait désespérément s'intégrer ; et pourtant, son côté « potelée » lui donnait l'impression d'être exclue et ajoutait à ses problèmes affectifs. C'est aussi à cette époque que Monica commença à s'intéresser aux garçons. Mark Streams, un camarade de classe, lui offrit une sucette au chocolat en forme de cœur et dès lors elle le considéra comme son « petit ami ».

En classe de 5e, Monica était devenue populaire auprès de ses camarades, et un gros effort effectué l'été précédent lui avait donné une silhouette plus mince. Cependant, ses problèmes de poids persistèrent.

Aussi fut-elle enchantée quand, avant d'entrer en 3e, sa mère lui suggéra de se rendre dans un « fat camp [1] » à Santa Barbara. Il s'agissait d'une école d'été pour adolescents trop enrobés, proposant un régime sain et de l'exercice régulier. « Je ne peux pas dire que c'était amusant, se souvient Monica, mais bien sûr, je mourais d'envie d'y aller. Maman aussi y tenait, parce qu'elle-même avait souvent eu à lutter contre son poids au cours de sa vie et comprenait ce que j'éprouvais. Lorsqu'on vit à L.A., l'apparence est très importante. Pour moi, c'était un problème, car je ne voulais pas être considérée comme grosse. » Lorsqu'elle revint à Hawthorne à la rentrée, elle se sentait plus mince, plus adaptée et avait beaucoup plus confiance en elle. « C'était pour moi une grande année qui commençait », confie-t-elle.

Cette année-là, Monica fut élue vice-présidente de sa classe. C'est alors que le premier président entra dans sa vie. Il ne s'agissait pas de Bill Clinton, naturellement, mais du président de sa classe, Danny Shabani. Etant donné leurs rôles respectifs de vice-présidente et de président, Monica – alors âgée de treize ans – et lui passaient beaucoup de temps ensemble, à organiser des événements et à bavarder au téléphone. Ils devinrent des amis proches. « Il était intelligent, mignon et tendre à la fois, ce qui n'est pas fréquent », raconte Monica. Elle avait été amoureuse de lui l'année précédente, mais à présent elle appréciait leur amitié. La seule fois où ils faillirent sortir ensemble, ce fut l'été du quatorzième anniversaire de Monica, lorsqu'il l'invita au cinéma. Quand il la ramena chez elle, elle découvrit que, très gentleman, il lui avait

---

1. Littéralement, un « camp pour gros ». *(N.d.T.)*

fait livrer en secret une douzaine de roses rouges, ses fleurs préférées. « C'est, dit-elle, l'une des choses les plus romantiques que l'on ait faites pour moi. C'était tellement adorable. » Seule petite fausse note de cette journée : son frère Michael, qui adorait Danny, ne les quitta pas d'une semelle, imposant sa présence alors que Monica espérait recevoir un baiser.

Sa relation avec Danny était demeurée platonique, mais bientôt elle tomba amoureuse d'un adolescent qui devait devenir son premier véritable petit ami : Adam Dave. « Adam était très, très brillant. J'ai toujours été attirée par les hommes intelligents », déclare-t-elle. Lorsqu'il jouait au base-ball, Monica était là pour le soutenir, et elle passait des heures le soir à bavarder avec lui au téléphone. Certaines nuits, elle se cachait même dans son armoire à vêtements pour chuchoter dans l'appareil, à des heures où elle était censée dormir. Néanmoins, leur aventure adolescente préfigurait le modèle de toutes ses relations : des montagnes russes émotionnelles caractérisées par des ruptures orageuses suivies de soupirs et de regrets.

Cette attitude, qu'elle allait reproduire avec les deux hommes mariés de sa vie, Monica l'explique ainsi : « Je suis à la fois très romantique, dirigée par mes émotions, et pragmatique, logique. La combinaison de ces éléments fait que j'ai envie de tomber amoureuse et de vivre une relation parfaite, mais que je n'arrive pas à croire qu'une relation puisse être “ vraie ” si mon partenaire ne se met pas en colère contre moi lorsque je fais quelque chose de mal. Si un homme n'est jamais furieux contre moi, c'est qu'il n'est pas sincère avec ses propres sentiments ni avec moi, et j'ai alors l'impression que la relation est faussée. Je ressens aussi cela avec les hommes qui sont toujours d'accord avec moi. » Elle eut donc une scène avec Adam Dave parce que – aussi illogique que cela puisse paraître – il refusait de se disputer avec elle, et donc de confirmer que leur aventure était réelle, « vraie ». Elle y mit un terme, puis passa des mois à languir après Adam, lequel refusait de se réconcilier avec elle. Ainsi, très tôt, elle démontra qu'aussi déterminée fût-elle, elle n'avait guère de contrôle sur ses émotions.

Alors même que Monica était aux prises avec les doutes et les tribulations de l'adolescence, ses parents essayaient pour leur part de faire face à la désintégration de leur couple. Depuis des années, leurs amis avaient constaté le fossé qui existait entre leurs caractères et leurs aspirations respectifs. « Ils n'auraient jamais dû se marier au départ, ils n'étaient tout simplement pas faits l'un pour l'autre », observe un ami de la famille. Monica, qui admet qu'elle intériorisait littéralement les tensions familiales en dévorant la nourriture, parle ainsi de cette période : « Notre vie de famille n'était pas agréable. Mon père travaillait beaucoup et subissait un stress important au contact de patients malades ou mourants. Cela ne l'aidait pas à affronter les relations familiales. Nous dînions toujours ensemble, mais mes parents étaient souvent désagréables. Ils se disputaient, mais pas nécessairement en notre présence. Je ne les ai jamais vraiment vus se donner des preuves d'affection. Nous faisions des choses, tous les quatre, mais nous n'avons jamais été une famille typique. Je crois que c'était dur, pour moi, car j'en rêvais vraiment. J'adore l'idée de fêter Thanksgiving ou Noël en famille. Je suis très famille ; j'ai grandi en regardant *The Brady Bunch* [1] à la télé, et j'avais dans la tête un idéal familial très précis. C'est là une des choses que j'aimerais le plus changer, chez moi : cette tendance à écrire le script, à décider dans ma tête de la façon dont les autres devraient agir, de ce qu'ils devraient dire et éprouver. Ensuite, je suis toujours déçue quand, inévitablement, ils ne se conforment pas au script parce que c'est un scénario impossible. »

Monica avait vu quasiment toutes les scènes du drame se dérouler sous ses yeux. Pourtant, elle ne se rendait pas compte que le rideau s'apprêtait à tomber sur le mariage de ses parents. Bernard non plus, d'ailleurs.

---

1. Série humoristique américaine narrant les aventures d'une famille nombreuse très soudée. *(N.d.T.)*

En septembre 1987, Bernard Lewinsky était dans son cabinet et expliquait avec douceur à une patiente qu'elle souffrait d'un cancer du poumon qui risquait de se révéler fatal lorsque, tout à coup, la réceptionniste interrompit la consultation en lui signalant que quelqu'un souhaitait le voir, et que c'était urgent. Comme il sortait dans le hall, un homme de petite taille se précipita vers lui, cria : « Documents de divorce ! », et lui jeta un paquet à la poitrine avant de décamper.

Le commentaire de Bernard sur l'incident est aussi sobre qu'explicite : « C'est arrivé comme un coup de tonnerre dans un ciel bleu. »

2

Tremblements de terre

Ç'aurait dû être une soirée heureuse et paisible, mais ce fut en définitive le jour le plus triste de la jeune existence de Monica. Le 21 septembre 1987, Marcia Lewinsky emmena la jeune fille et son frère Michael à leur restaurant préféré, Hamburger Hamlet, sur Sunset Boulevard, à Beverly Hills. Ils dégustaient leurs frites et leurs milk-shakes lorsqu'elle leur annonça que leur père et elle divorçaient.

La nouvelle, pensait-elle, serait bien accueillie par ses enfants. Marcia s'imaginait en effet que la relation conflictuelle qu'ils entretenaient avec leur père prouvait qu'ils ne l'aimaient pas, et qu'ils ne seraient donc pas contrariés par son départ. Au contraire, ils le verraient comme la fin d'une période malheureuse et le commencement d'une ère nouvelle, idyllique, où tous les trois vivraient libres, ensemble. Oui, elle pensait qu'ils se réjouiraient. Elle se trompait lourdement.

Tandis que Michael éclatait en sanglots, Monica courut aux toilettes, où elle fut presque aussitôt malade. Quand, pâle et secouée, elle revint à la table, elle laissa toute sa colère déferler sur sa mère, qui fut complètement abasourdie par la véhémence de la tirade de sa fille. Ils étaient sur le point de quitter le restaurant lorsque Marcia, blessée par les critiques de Monica, la prit à part et lui déclara que, si son père et elle divorçaient, c'était en raison de l'infidélité de Bernard, qui la trompait avec une infirmière de son cabinet. Marcia reconnaît aujourd'hui que si elle n'avait pas été aussi contrariée, aussi ébranlée par la réaction de sa fille, elle ne se serait jamais montrée aussi directe. Mais le mal était fait.

Sonnés par le choc et l'incrédulité, Monica et son frère rentrèrent chez eux, pour trouver leur père installé dans le bureau familial. Comme elle s'asseyait près de lui, pour la première fois de sa vie Monica le vit pleurer, verser des larmes de regrets sur son mariage raté et sur ses enfants. « C'était affreux, se souvient-elle. C'était choquant, déstabilisant – un moment vraiment douloureux et l'un des jours les plus tristes de ma vie. »

Peu après, le 1er octobre, Los Angeles fut secouée par un tremblement de terre qui fit six morts et une centaine de blessés. Pour Monica, c'était comme si la nature elle-même reflétait sa vie. « C'était symbolique », dit-elle.

Monica, toujours romantique, avait jusque-là nourri un espoir secret : celui de voir ses parents – qui, pourtant, s'entendaient mal depuis un certain temps déjà – former un jour la famille idéale dont elle rêvait. D'ailleurs, elle fait aujourd'hui encore des rêves très explicites dans lesquels ses parents sont toujours ensemble, et les souffrances du passé de lointains souvenirs. « L'une des choses les plus difficiles pour moi a été de faire une croix sur mon fantasme d'une vraie vie de famille », admet-elle, consciente qu'il lui reste encore beaucoup de travail à accomplir pour surmonter ce traumatisme, en particulier au niveau de ses relations avec son père.

Selon la loi californienne, un couple doit demeurer légalement séparé durant un an avant que le divorce puisse être prononcé. Aussi Bernard, après avoir dormi une ou deux nuits dans la chambre de Michael, quitta-t-il la maison pour prendre un appartement sur Wilshire Boulevard. Inévitablement, l'anxiété et la tension qui régnèrent chez eux durant cette période affectèrent Michael et Monica, obligés de lutter pour s'habituer à l'absence de leur père. « Le divorce fut très difficile à vivre pour Michael et moi. Pendant de nombreuses années, et parfois encore aujourd'hui, nous nous sommes retrouvés au centre du conflit. J'ai souvent l'impression de prendre parti. Quand je regarde cette période de ma vie, je vois de la colère, de la confusion et de la déception », dit Monica. Le souvenir que Michael a du divorce de ses parents est sensiblement différent de celui de sa sœur, ce qui n'est pas étonnant si l'on considère leurs différences d'âge et de caractère : « Au début, il y avait beaucoup de problèmes entre mes parents, se rappelle Michael, et je me suis retrouvé au milieu de ces problèmes, tandis que Monica a eu tendance à prendre le parti de notre mère. Je me sentais vraiment pris entre deux feux. » Durant la semaine, il entendait sa mère et sa tante Debra casser du sucre sur le dos de son père, et devait passer le week-end avec l'objet de leurs critiques qui essayait de savoir ce que les deux femmes disaient de lui. La famille était désormais divisée, et Michael, alors élève au Carnegie Mellon College, admet que le changement d'existence fut difficile à accepter, notamment parce que Marcia et ses enfants changeaient tous les ans d'appartement. En même temps, Michael, contrairement à sa sœur, voit le côté positif de leur vie. Tandis qu'il considère qu'il a eu une enfance heureuse et relativement calme, Monica, malgré son caractère apparemment optimiste et plein de vie, a tendance à ne retenir que la face sombre des choses.

Cette rupture familiale coïncida avec les débuts de Monica à Beverly Hills High School – le lycée qui sert de décor au célèbre feuilleton pour adolescents *Beverly Hills 90210*, un code postal devenu synonyme de « beau et surfait ». Déjà nerveuse et pleine d'appréhension à l'idée d'étudier dans une école dont la liste d'anciens élèves prend parfois des allures de casting, et célèbre pour l'accent qu'on y met sur le statut social et le « glamour », Monica vit sa confiance en elle tomber en chute libre. Comme le souligne son amie Lenore Reese, fille d'un ingénieur de l'armée américaine : « Beverly Hills est un endroit impitoyable. Très dur pour les personnes un peu enrobées. »

Pour Monica, ces tensions, couplées avec le cauchemar que constituait le divorce de ses parents, se révélèrent quasi intolérables. Michael se souvient qu'à l'époque elle était constamment contrariée et souvent en larmes. Après le divorce, la douce grande sœur devint morose et taciturne. Elle n'était pas seulement déprimée par le traumatisme familial, mais aussi par l'atmosphère snob et élitiste de Beverly Hills High. Elle se mit à sécher les cours, à négliger ses devoirs, allant chez des amis ou passant des journées entières au cinéma. Elle commença aussi à manger pour se réconforter – au point qu'elle prit plus de vingt-deux kilos en moins d'un an. A mesure que son poids augmentait, son rejet d'elle-même et de son existence s'accentuait. Son désespoir atteignit son comble lorsqu'elle obtint un D [1] en anglais – note humiliante pour une adolescente longtemps considérée comme une intellectuelle de choc.

Une fois le divorce prononcé et la maison familiale de Hillcrest Road vendue – en 1988, elle fut estimée à 1,2 million de dollars –, Marcia et les deux enfants vécurent dans une série d'appartements de location à Beverly Hills. Ce fut là une expérience déstabilisante de plus, en particulier pour Michael, qui souhaitait vivre dans une maison. « C'était accablant, pour lui, se souvient Monica. Il a été très affecté lorsque nous avons déménagé. »

Dans la lutte que se livraient les deux parents séparés, il n'est guère étonnant que les enfants, vivant uniquement avec Marcia, aient souvent pris le parti de celle-ci. L'hostilité croissante que ressentait Monica envers son père ne fit qu'augmenter lorsqu'elle lut les documents de divorce, que sa mère avait par inadvertance laissés sur la table de la cuisine, dans leur appartement. En étudiant ces documents, elle fut à la fois désorientée et profondément choquée par les mots amers utilisés par ces deux êtres qu'elle aimait si tendrement pour parler l'un de l'autre. Par exemple, Marcia accusait Bernard d'avoir un tempérament violent et de rabaisser les enfants, complétant ces affirmations par d'écrasantes exigences finan-

1. Note correspondant environ à 8/20. *(N.d.T.)*

cières. Dans son inventaire, elle demandait 720 dollars par mois pour faire prendre des cours de tennis à Monica et Michael – qui n'aime pas plus le sport que sa sœur –, ainsi que 720 dollars de frais de thérapie pour ses deux enfants, anticipant leur besoin d'aide psychologique pendant le divorce et après. Ajoutez à cela 20 000 dollars par an pour les vacances, 100 dollars par mois de frais de coiffeur pour Monica et 2 400 dollars par mois pour les vêtements et les chaussures de la famille, tout cumulé, Marcia demandait 25 000 dollars par mois de pension alimentaire. Ce dernier contre-attaquait en accusant sa femme de jeter l'argent par les fenêtres, racontant qu'elle l'avait convaincu de lui acheter une nouvelle Mercedes et un manteau de fourrure à 3 000 dollars quelques jours seulement avant de lui avoir fait parvenir les papiers du divorce.

Aujourd'hui, tous deux affirment que les documents de divorce (jetés de façon si embarrassante en pâture au public lorsque le scandale impliquant Monica a éclaté, en 1998) avaient été rédigés par leurs avocats, dans le seul but d'être utilisés lors des marchandages qui accompagnent inévitablement les discussions financières. Ils ne reflétaient pas la réalité de leurs vies ; certes, leur divorce fut douloureux, mais pas aussi virulent que beaucoup l'imaginent. Quoi qu'il en soit, toute l'affaire illustre bien ce qu'il ne faut pas faire en cas de divorce. Comme l'admet Marcia : « Il n'y a pas de quoi être fière. Si seulement j'avais su alors ce que je sais aujourd'hui sur les souffrances qu'endurent les enfants ! A l'époque, je pensais qu'ils s'adaptaient facilement. Je me trompais lourdement. »

L'effet produit sur Monica – en particulier après qu'elle eut lu en cachette les sentiments nus, durs, exprimés par les documents de divorce – fut en vérité profond. De plus en plus en colère, désemparée et attristée, elle dirigea sa rage contre son père, lui reprochant l'échec de son couple et refusant de le voir, les week-ends où c'était lui qui avait la garde des enfants. « J'éprouvais une hostilité secrète envers mon père, avoue-t-elle. Il ignorait que j'étais au courant de la liaison qu'il avait eue, et que je lui en voulais. Il souhaitait me voir beaucoup plus, mais moi, je refusais. Nous passions vraiment peu de temps ensemble. J'étais en colère contre lui – très en colère. A l'époque, je soutenais beaucoup ma mère ; elle jouait le rôle du gentil, et papa celui du méchant. Maintenant, cependant, je vois les choses différemment – il y avait eu des fautes de part et d'autre. »

Son animosité envers son père était, et reste, une source de tristesse pour lui. Il se souvient qu'au moment du divorce, il écrivit deux lettres, une à chacun de ses enfants, exprimant ses réflexions par rapport à son mariage et ses sentiments, son amour pour Monica et Michael. Il les a gardées, attendant le moment propice pour faire lire à ses enfants ses impressions sur leur vie commune. Bien qu'ils soient au courant de l'existence de ses lettres, elles demeurent à ce jour cachetées. « Après le divorce, raconte Bernard, Michael est venu chez moi un week-end sur deux, et parfois durant la semaine, mais pas Monica. Elle était en colère. Je me suis dit que le meilleur moyen de gérer cette situation était de la laisser démêler ses propres sentiments, en espérant qu'elle finirait par venir discuter de ses problèmes avec moi. Mais elle a choisi de ne pas le faire. »

Michael, ignorant tout de l'infidélité de son père, noua avec lui un lien très fort, tandis que Monica, furieuse, malheureuse et blessée, cherchait la consolation dans la nourriture. Elle explique cela ainsi : « Ce qui me plaît, avec la nourriture, c'est que l'on peut compter sur elle. Vous savez toujours quel goût aura votre biscuit préféré. Vous savez toujours qu'il sera bon, et très facile à obtenir. Cela procure une certaine sécurité. »

A l'époque où elle séchait les cours de sa classe de seconde, elle découvrit également une source de renouvellement dans le Département d'Art dramatique de Beverly Hills High. Elle se jeta à corps perdu dans la fabrication de costumes, apprenant à dessiner et à coudre des vêtements pour les spectacles de l'école. Durant sa première année, elle gagna un troisième prix pour une robe élizabéthaine de sa conception, qui fut utilisée lors du Festival Shakespeare de l'école. Quant à jouer... Dans un département modèle, qui peut se targuer d'avoir eu pour élèves des acteurs comme Nicholas Cage ou Richard Dreyfuss, la compétition pour décrocher le moindre rôle est naturellement féroce. La première année, Monica ne fut pas autorisée à passer les auditions ; aussi fut-elle ravie lorsque, l'année suivante, elle fut choisie pour interpréter un petit rôle dans la comédie musicale *The Music Man.* « Ce fut vraiment une expérience extraordinaire pour moi », dit-elle.

C'est bien sûr parmi les personnes prenant une part active au travail du Département d'Art dramatique que Monica rencontra ses plus proches amies de l'époque, comme Michelle Glazov, Natalie Ungvari (qui serait plus tard contrainte de témoigner contre elle devant le Grand Jury), Pamela Revel et Susie Morris. « Ma vie entière se déroulait au sein du Département d'Art dramatique, se souvient Monica. C'était comme une famille. Tout le monde se réunissait dans la salle 181 pour le déjeuner. Après les cours et le week-end, nous nous retrouvions tous pour les répétitions – que nous travaillions devant ou derrière les projecteurs. C'était un des endroits à Beverly où les première, deuxième, troisième et dernière années se mêlaient vraiment les uns aux autres. »

Mais si elle se sentait à l'aise dans le monde du théâtre et de l'illusion, Monica « détestait » (c'est son expression) les aspects sociaux de la scolarité à Beverly Hills High. « Une lycéenne “ normale ” était mince, majorette, avait des tas de petits amis et ne cessait d'aller de soirée en soirée. Je ne me reconnaissais pas là-dedans. Tout le monde était beau, là-bas, tout le monde avait une conscience aiguë de son physique, et être gros était inacceptable. C'était horrible », dit-elle. On a beaucoup souligné le fait que, dans sa promotion, se trouvaient les désormais célèbres frères Menendez, Erik et Lyle, qui en 1989 ont assassiné leurs riches parents pour leur argent.

A cette époque, le poids de Monica devint un problème central dans son existence, affectant son attitude vis-à-vis des garçons, de l'école et d'elle-même. Son amie Michelle Glazov ne l'ignorait pas. « Je pense que Monica souffrait de son physique. Elle ne se trouvait pas aussi jolie que les autres filles, ni aussi courtisée par les garçons. » Hélas, rien ne semblait marcher : lorsque Monica entra en troisième année à Beverly Hills High, son poids continua d'augmenter. En fin de compte, sa mère, consciente de son chagrin et de sa dépression de plus en plus profonde, lui suggéra une solution.

La Rice House[1], à Los Angeles, est une institution spécialisée dans les désordres alimentaires où les étudiants sont soumis à un régime strict uniquement composé de riz. Le but est de leur faire perdre treize kilos en un mois. Si Monica s'y inscrivait pour quelques semaines, soutenait Marcia, et prenait des cours supplémentaires à l'Université de Californie-Los Angeles (UCLA), cela l'aiderait à se reprendre tant physiquement que scolairement. Au grand désarroi et à la grande fureur de Monica, toutefois, son père se déclara en total désaccord avec ce projet.

Il était clair malgré tout qu'elle avait besoin de l'aide de professionnels et de conseils pour assumer ce fardeau affectif qui gâchait ses années d'adolescence. En conséquence, ses parents et elle allèrent voir un thérapeute à l'UCLA – sur l'insistance de Bernard. Celui-ci recommanda à cette jeune fille de seize ans bien perturbée d'entrer dans un service spécialisé dans les troubles de l'alimentation de la Rader Clinic de Culver City, Los Angeles.

Ce fut un tournant dans son existence. Elle passa un mois à la clinique ; chaque jour, elle discutait de ses problèmes avec des thérapeutes tout en se rendant aux réunions d'un groupe d'entraide nommé « *Overeaters*[2] *Anonymous* ». Le chemin de la guérison se révéla semé d'embûches. Monica, dotée d'un indéracinable esprit de contradiction, engageait quotidiennement une véritable guerre des nerfs contre la thérapeute spécialisée dans les troubles alimentaires, Lisa Ladin. Cette dernière parvint

---

1. Littéralement, la « Maison du Riz ». *(N.d.T.)*
2. *Overeater* : littéralement, « personne qui mange trop ». *(N.d.T.)*

néanmoins à gagner l'estime durable de sa patiente en insistant pour établir des limites et une discipline stricte.

Durant son séjour à la clinique Rader, Monica explora ses sentiments vis-à-vis de ses parents et de ce divorce qui l'avait si profondément marquée. Dans un travail écrit, qui lui permit d'exprimer ses désirs les plus secrets, elle raconta comment une sorcière avait jeté un sort à son père. Cela expliquait pourquoi il s'était toujours montré si indifférent à son égard. Dans son récit, le sort était brisé, laissant Bernard libre d'aimer sa fille, et de le lui montrer enfin.

Aussi difficile et parfois douloureuse que cette thérapie ait pu être, Monica sortit de la clinique non seulement beaucoup plus mince, mais aussi fermement déterminée à reprendre sa vie en main. « Je me sentais pleine d'énergie et soutenue », se souvient-elle. Néanmoins, elle continua à voir une thérapeute pendant un certain temps.

La décision de l'arracher à l'atmosphère de serre de Beverly Hills High pour l'inscrire dans une école où elle aurait moins de difficultés à s'intégrer joua aussi un rôle essentiel dans sa rééducation. Le choix se porta sur Bel Air Prep, une école privée beaucoup plus petite où l'accent était mis sur un enseignement personnalisé. Cela présentait d'évidents avantages sur le plan scolaire ; de surcroît, à Bel Air, on attachait sensiblement moins d'importance au physique et à la minceur ainsi qu'à la fortune et au statut social que dans son ancien lycée.

Dans cette ambiance, Monica, alors âgée de seize ans, s'épanouit. Son professeur d'anglais, Everol Butterworth, réveilla son amour des mots, et particulièrement de la poésie. Monica lisait beaucoup et des textes très variés, trouvant dans la poésie de Walt Whitman, d'Ezra Pound, de Robert Frost, de T.S. Eliot surtout – son œuvre intitulée « La Chanson d'Amour de J. Alfred Prufrock » est son poème préféré – et de bien d'autres une source d'inspiration pour ses propres rêveries. « Cela a transformé ma vie », dit-elle.

Dans une compilation qu'elle établit de ses poésies et poètes préférés, elle fit alterner les œuvres de ces derniers avec des poèmes de son cru. L'un d'eux, en particulier, qu'elle intitula « La Guerre des émotions », exprime bien les tourments de l'âme adolescente :

> Je m'accroupis dans un coin, entièrement seule, et fais la guerre de l'émotion,
> Me battant contre la PEUR, L'ENVIE, LA DEPRESSION et le REJET,
> Je lutte.
> J'essaie de survivre mais ils me bousculent et me malmènent.
> Plus ils tirent, et plus je m'affaiblis.
> Je prie pour survivre.

La poésie savait séduire l'irréductible romantique en Monica ; elle faisait partie intégrante de sa quête éternelle d'un preux chevalier, prêt à venir l'enlever sur son blanc destrier. Cette jeune femme sentimentale, qui aime les antiquités, les roses et les décorations très féminines, admet sans honte : « Je pleure très facilement. »

Elle sut mettre sa nature expressive à profit puisque à l'école elle gagna un concours de jeunes talents grâce à son interprétation de « On my Own [1] », une chanson extraite de la comédie musicale à succès *Les Misérables*. En vérité, elle chantait si bien que l'une de ses camarades déclara que c'était elle qui avait le plus de chances de voir un jour son nom en grosses lettres.

En dépit de la confusion qui régnait dans sa propre vie, Monica, toujours très déterminée, ne perdit jamais une occasion d'exprimer ses opinions sur les sujets qui lui tenaient à cœur. Un incident illustre bien une de ses qualités fondamentales : son empressement à prouver sa loyauté. En mai 1991, peu de temps avant son dix-huitième anniversaire, elle adressa une requête passionnée au directeur de l'école de Bel Air. Celui-ci avait décidé de renvoyer un camarade de classe de Monica issu d'un milieu défavorisé parce qu'il était à l'origine

---

1. *On my Own* signifie « toute seule ». *(N.d.T.)*

d'une bagarre. « Je vous supplie de faire preuve de compassion et de lui permettre de finir ses études, afin qu'il puisse connaître la Vie, et non pas la vie dans la rue », écrivit-elle. Le garçon avait toujours été bon élève, et elle-même avait beaucoup appris grâce à lui, plaidait-elle encore.

Pourtant, sous ce vernis de confiance en elle et en dépit de sa vigueur scolaire recouvrée, elle conservait toujours, sous la surface, un complexe concernant son poids. Son amie Neysa DeMann Erbland, qui elle aussi quitta Beverly Hills pour étudier à Bel Air, s'en souvient : « Elle était toujours tourmentée par son poids. C'était une fille petite et ronde, qui mangeait en fonction de ses émotions. Lorsque quelque chose la contrariait, elle se réconfortait en mangeant. Elle se désolait de ne pas avoir de petit ami ; alors, elle mangeait davantage, devenait moins séduisante, et c'était un cercle vicieux. »

L'esprit romantique de Monica et son besoin de sécurité et d'amour, de véritables nourritures émotionnelles, la conduisirent à se lancer dans une série de relations peu concluantes. A Beverly Hills High, elle avait nourri une passion sans espoir pour un adolescent de quatre ans son aîné ; un autre jeune homme auquel elle s'était intéressée avait fini par lui préférer une de ses amies. La fille en question était, naturellement, blonde et mince, mais surtout elle était son amie, ce qui avait rendu ce rejet plus difficile encore à supporter pour Monica.

Cette déception l'amena à renouer son idylle avec Adam Dave, avec qui elle était restée en contact depuis Hawthorne Elementary School. D'une certaine manière, il constituait une fenêtre ouverte sur sa vie d'« avant », une époque où ses parents étaient encore mariés, où elle était plus mince et où elle réussissait à l'école. Par ailleurs, elle appréciait la compagnie d'Adam et lui envoyait régulièrement de petits cadeaux, ainsi que des poèmes de sa composition. « Je me croyais amoureuse de lui, je ne pensais qu'à lui », dit-elle.

Pour sa part, Adam était un ami peu fiable, lui permettant parfois de l'approcher, parfois la bannissant de sa vie. Les sentiments romantiques de Monica n'étaient certainement pas partagés, et Adam Dave la traitait avec la cruauté désinvolte d'un jeune homme indifférent qui sait que, quoi qu'il fasse, on lui pardonnera. Pour Monica, peu sûre d'elle, trop grosse et dotée d'une piètre estime de soi combinée à une inextinguible soif d'approbation, cette relation se révéla aussi humiliante qu'inutile. En résumé, comme elle le dit elle-même : « C'était tout simplement nul. » La situation se poursuivit pendant la fin des années de collège de Monica et sa première année de lycée, puis prit fin d'elle-même lorsque les chemins de Monica et d'Adam se séparèrent.

Tandis que se déroulait ce drame personnel, Monica, bien qu'elle soit maintenant au collège, continuait à participer aux activités de la troupe de théâtre de Beverly Hills High. N'étant plus élève à l'école, elle était désormais rémunérée lorsqu'elle aidait à fabriquer des costumes pour les spectacles. Peu de temps auparavant, l'école avait embauché un nouveau technicien quand le précédent titulaire du poste, un homme mûr et digne de confiance qui avait travaillé là pendant des années, avait pris sa retraite. Andy Bleiler, jeune homme mince aux cheveux clairs alors âgé de vingt-cinq ans, ne tarda pas à être connu pour ses flirts avec les élèves, bien qu'il fût notoirement impliqué dans une relation durable avec Kate Nason, une femme divorcée de huit ans son aînée, mère d'une fille. Durant les années où Monica avait étudié à Beverly Hills, elle n'avait connu Andy qu'à travers l'une de ses amies, avec qui il entretenait une relation secrète.

Après son départ de l'école, cependant, elle fit à son tour l'objet des tentatives de séduction de Bleiler. Lorsqu'elle rendait visite au Département d'Art dramatique, elle était flattée par ses attentions mais, connaissant sa réputation, n'y attachait pas trop d'importance. Puis, par une nuit de printemps, en mai 1991, à l'issue d'une représentation, il la raccompagna à sa voiture. Encouragée par son attitude, elle lui parla des problèmes douloureux auxquels elle avait à faire face, et trouva en lui un auditeur compréhensif. Comme elle était sur le point de partir, il l'embrassa, après quoi, selon la propre expression de Monica : « On s'est pelotés » – sans pour autant aller jusqu'au rapport sexuel. Monica demeura en effet par choix vierge jusqu'à ses dix-neuf ans.

Andy Bleiler n'était pas marié et ne donnait pas non plus l'impression d'être fiancé à Kate, bien que ce fût en réalité le cas. Pendant cet été-là, en dépit du fait que Monica avait huit ans de moins que lui, il continua à flirter avec elle, lui demanda son numéro de téléphone et lui accorda une attention flatteuse – attitude pour le moins surprenante de la part d'un homme sur le point de se marier. Pour Monica, ce flirt innocent constituait un intermède bienvenu dans une existence une fois de plus en crise. En effet, non seulement sa relation avec Adam Dave se dégradait à vue d'œil, mais ses rapports avec son père étaient au plus bas.

La tension qui régnait dans la famille s'était déjà manifestée à l'occasion de la bar-mitzva de Michael en 1991, durant la dernière année de Monica à Bel Air. Bien que le rabbin eût recommandé que les membres de la famille soient tous assis ensemble dans la synagogue pour la cérémonie, Bernard avait préféré s'installer derrière son ex-femme et ses enfants, au côté de sa nouvelle petite amie, Barbara Lerner, qui devait devenir sa seconde épouse. Des mots très durs avaient été prononcés ; l'animosité de la famille Lewinsky à l'égard de Marcia était presque palpable. Monica avait chanté à la synagogue. « Sa voix était si incroyablement belle que, durant la cérémonie, des hommes adultes pleuraient », raconte sa mère. Monica, elle, se remémore toute cette journée avec tristesse : « C'était si embarrassant – j'étais affreusement contrariée, ça me détruisait. J'en garde un souvenir vraiment, vraiment traumatisant. » Cependant, elle n'était pas contrariée que Michael puisse avoir une cérémonie de bar-mitzva : « Je n'en ai jamais voulu à Michael pour ce qu'il a eu. Jamais je n'ai pensé : " Vous n'auriez pas dû donner ça à Michael, mais à moi. " »

Le pire restait à venir. Lorsqu'elle reçut son diplôme de Bel Air Prep – ce fut elle qui prononça le discours de fin d'année, devant tous les parents, élèves et professeurs assemblés –, elle était persuadée que son père paierait ses quatre ans de scolarité à l'université. Sans le consulter, elle posa donc sa candidature dans divers établissements, tant en Californie que dans d'autres Etats. Elle ne tarda pas à apprendre, cependant, qu'en dépit de ses bons résultats à Bel Air, ayant eu une mauvaise note en anglais durant sa première année de lycée – l'année du divorce de ses parents –, elle ne pouvait prétendre s'inscrire dans les universités californiennes, qui refusent les lycéens ayant eu un D dans une matière principale. En définitive, elle obtint une place à l'université de Boston mais son père, estimant que la Californie offrait une qualité d'enseignement suffisante, refusa de payer ses frais de scolarité. « Pour moi, ça a été une expérience absolument dévastatrice. C'était si frustrant... J'étais incroyablement amère », raconte-t-elle.

Finalement, Monica décida que la seule solution – une fois exclue celle de l'emprunt étudiant – était d'aller étudier au Community College de Santa Monica (un « Junior College », c'est-à-dire une institution proposant seulement deux années d'études, correspondant aux deux premières années d'université), où les frais de scolarité seraient sensiblement plus faibles. En travaillant en dehors des heures de cours, elle espérait économiser assez d'argent pour financer ensuite ses deux dernières années à l'université. Ses parents l'avaient déjà encouragée à prendre un job à mi-temps – elle travaillait dans une boutique de cravates, The Knot Shop, pour payer les traites de la Jeep qu'elle avait rachetée à sa mère durant ses dernières années de lycée, et qu'elle voulait garder.

Son passage au Santa Monica City College, de 1991 à 1993, se révéla aussi malheureux que frustrant. Elle se sentait suffisamment douée pour étudier dans une véritable université plutôt que dans ce « Community College ». A cette humiliation intellectuelle s'ajoutait la jalousie qu'elle éprouvait vis-à-vis de ceux de ses amis d'école qui étaient partis à l'université. Déprimée et instable, Monica était fragile, littéralement au bout du rouleau.

En fin de compte, l'inévitable se produisit et elle craqua, s'effondrant dans un torrent de larmes à la suite d'un incident parfaitement insignifiant : un autre conducteur occupait sa place de parking. Elle rentra chez elle anéantie, et sa mère, voyant qu'elle réagissait de façon excessive à un événement aussi mineur, comprit qu'elle avait besoin d'être prise en charge par un médecin. En effet, Monica avait cessé de voir son ancienne thérapeute à l'âge de dix-huit ans.

Marcia avait entendu parler d'une psychothérapeute, le Dr Irene Kassorla, qui avait la réputation de donner à ses patients l'aide pratique qui leur permettait de continuer à vivre sans se lancer dans une psychothérapie de longue haleine. Comme le dit Marcia : « C'est moi qui ai pris la décision, et j'en assume l'entière responsabilité. Même si elle [le Dr Kassorla] s'est révélée en définitive plus médiatique et superficielle que je ne l'avais espéré, elle a obtenu trois bons résultats : elle a recentré Monica sur ses études, l'a incitée à restaurer de meilleures relations avec Bernard et l'a aidée à perdre du poids. » Monica continua à consulter le Dr Kassorla, tant en personne que par téléphone, durant cinq ans à partir de 1992, et entra avec elle dans le détail de ses rapports avec le président.

C'est à peu près à la même époque – tandis qu'elle poursuivait son aventure humiliante et frustrante avec Adam Dave, que sa relation avec son père était au plus bas, qu'elle était affreusement malheureuse au Santa Monica City College et que son poids recommençait à augmenter – qu'Andy Bleiler le séducteur se mit à prendre une importance croissante dans sa vie.

Bleiler avait épousé Kate Nason en octobre 1991. Quelques mois plus tard seulement, en février de l'année suivante, Monica et lui se retrouvèrent lors d'une représentation de *West Side Story* à Beverly Hills High. Andy commença à flirter avec Monica. Celle-ci savait qu'il était marié, désormais, mais découvrit que ses flatteuses attentions lui remontaient énormément le moral et lui donnaient confiance en elle. « C'était génial, parce qu'il me trouvait très sexy. Pour une fille grosse, c'est très agréable de rencontrer quelqu'un qui vous trouve attirante », se souvient-elle. Lenore Reese se rappelle toutes les réflexions que faisait son amie à propos de son embonpoint : « Elle luttait vraiment contre son poids ; qu'un homme comme Andy Bleiler puisse la trouver belle représentait un compliment énorme. Il a été le premier amour de Monica, et il a totalement profité d'elle. C'était un adulte avec de nombreuses années d'expérience, et elle n'était qu'une jeune fille pas du tout sûre d'elle. »

Le jeune marié continua à la flatter et à flirter avec elle, lui demandant même une fois de lui donner sa culotte. Au-delà de l'alchimie sexuelle, elle le trouvait très brillant, vif d'esprit et créatif – une combinaison qui l'attirait et l'intriguait tout à la fois. Ils passaient ensemble des après-midi volés dans des motels des alentours, à bavarder et à se caresser, sans aller jusqu'au bout. En même temps, le travail de costumière de Monica pour Beverly Hills High leur fournissait une excuse parfaitement innocente pour se voir. Peu à peu, elle tomba amoureuse de lui, trouvant les attentions qu'il lui prodiguait plus satisfaisantes que sa relation sans intérêt et de toute façon condamnée avec Adam Dave. « Plus nous nous retrouvions ensemble, et plus il devenait important pour moi », se souvient-elle. Un obstacle insurmontable se dressait cependant entre eux : Andy était marié.

Etrangement peut-être, étant donné la force des sentiments que Monica éprouvait pour Bleiler, ils ne devinrent amants qu'en décembre 1992. La jeune femme perdit sa virginité dans les bras d'un homme dont l'épouse était tombée enceinte peu de temps auparavant.

Monica était bien plus âgée que ne l'avaient été la plupart de ses camarades lorsqu'elles avaient fait l'amour pour la première fois. Elle avait en effet délibérément attendu de se sentir un peu plus mûre, consciente que ses jeunes amies n'avaient pas réellement apprécié l'expérience. (Des années plus tard, au cours d'une conversation sur le sexe chez les adolescents, en février 1996, elle devait dire au président qu'elle se réjouissait d'avoir attendu, car cela lui permettait d'être bien plus à l'aise avec elle-même, et bien plus au fait des réponses de son corps. Lui admit également avoir commencé tard.)

La relation de Monica avec Bleiler résume le conflit permanent entre ses rêves romantiques et les compromis imposés par la réalité – une contradiction au cœur de ses besoins émotionnels. Elle désirait une relation parfaite avec un homme exclusivement à elle, capable de la combler d'amour et d'affection. Malgré cela, elle qui, pourtant, est de son propre aveu une « maniaque du contrôle » commença sa vie amoureuse adulte au côté d'un homme inaccessible, dans une situation qu'elle maîtrisait à peine et ne dirigeait certainement pas. « Avec le recul, je me rends compte que c'était simplement un manque d'estime de moi. Je pensais que je ne méritais pas mieux. Au fond de moi, je ne me trouvais pas assez bien pour connaître une véritable relation. Ça a été pour moi une période très difficile. Je crois que beaucoup de femmes connaissent des relations de ce type à un moment ou à un autre de leur vie », observe-t-elle.

Ironie cruelle, alors que Monica devait par la suite étudier la psychologie à l'université et accéder à une compréhension intellectuelle profonde de l'esprit et de la condition humaine, elle était incapable d'appliquer ses connaissances à sa propre vie et à ses décisions. C'est sans doute l'une de ses caractéristiques les plus touchantes et en même temps les plus horripilantes : quoi que sa tête lui conseille de faire, son cœur indiscipliné la tire dans la direction opposée. En conséquence, sa loyauté, aussi pervertie fût-elle, finit invariablement par triompher de son instinct de survie.

Monica a toujours eu tendance – et cela devait causer son malheur – à confier à divers degrés sa vie amoureuse à sa famille et à ses amis proches. Des voix ne tardèrent pas à s'élever, la mettant en garde contre cette relation avec un homme marié. Sa psychothérapeute, le Dr Kassorla, déconseilla à sa patiente de poursuivre son aventure, plus pour son propre bien que par jugement moral, mais ne lui suggéra pas d'y mettre fin. Son père, lui, se montra bien plus direct : « Je lui ai dit en termes très clairs que c'était mal, et d'interrompre immédiatement cette aventure, explique-t-il. Je ne me doutais absolument pas qu'elle s'était poursuivie. »

Sa mère, de son côté, luttait pour mettre en perspective son devoir en tant que parent et son amour pour sa fille, voyant, impuissante, Monica s'engager dans une liaison « destructrice » avec un homme que Marcia décrit comme « une ordure », qui séduisait de jeunes étudiantes alors même que sa femme était enceinte. Elle ne s'épargne pas non plus : « Je pense que l'on pourrait me reprocher de ne pas être allée porter plainte contre lui à l'école. En tant que parent, il était, en un sens, de ma responsabilité de le faire. Mais on n'a pas envie de faire un scandale, de voir le nom de sa fille circuler. Cela aurait été embarrassant pour notre famille. »

« Je me disais : " Maintenant, le mal est fait, il faut la tirer de là en privé. " Ironie du sort, cette même situation s'est répétée quelques années plus tard, d'une manière bien plus horrible encore. Je me suis longuement interrogée : y avait-il des leçons à tirer de l'affaire Bleiler ? Si Monica avait vu sa mère s'opposer publiquement à cet homme, cela ne lui aurait-il pas transmis un meilleur message ? Au lieu de cela, j'ai essayé de l'en sortir sans éclats, en faisant très attention, j'ai eu une approche bien plus " douce ". »

La discussion que Monica avait eue un peu plus tôt avec son père, qui avait commencé comme une franche conversation à propos de sa vie et s'était terminée lorsque Bernard lui avait ordonné de laisser tomber Bleiler, l'avait sévèrement secouée. Elle était déchirée entre son attirance pour cet homme et sa conscience de ce que la situation avait de désespéré. Au début du mois de février 1993, alors que l'épouse de Bleiler était enceinte de quatre mois, Monica décida de mettre un terme à cette liaison. « Je m'en voulais beaucoup, admet-elle. En même temps, quand je lui ai parlé quelques jours plus tard, il a dit qu'il se sentait mieux, parce qu'il était débarrassé de sa culpabilité. D'une manière assez perverse, cela m'a déprimée. »

Leur séparation ne dura guère. En février 1993, juste avant le vingt-septième anniversaire de Bleiler, Monica et lui travaillaient sur la comédie musicale *Oliver!*, à Beverly Hills High, lorsque, durant une pause dans la production, il lui fit de nouveau des avances. Leur relation reprit, presque comme si elle ne s'était jamais interrompue. Pour sa soirée d'anniversaire, qui eut lieu à l'école, Monica commanda un gâteau en forme d'iguane, le reptile préféré d'Andy. Puis ils firent l'amour dans la cabine d'éclairage du théâtre, et, ensuite, elle chanta « Happy Birthday, Andy », avec les mêmes accents sensuels que Marilyn Monroe. Après la chanson, Andy remarqua en plaisantant qu'elle aurait dû chanter « Happy Birthday, Mr President » – ce qu'elle fit aussitôt.

A l'époque, alors que Monica se préparait à passer ses examens de fin d'études au Santa Monica College, Bleiler et elle se voyaient environ deux fois par semaine. Leur liaison, cependant, avait des hauts et des bas, et les amies de Monica, qui se méfiaient de plus en plus de son amant, sentaient à quel point elle était contrariée et blessée. Toutes tenaient à elle et s'inquiétaient pour elle, lui conseillant régulièrement de mettre un terme à cette relation, pour son propre bien. Neysa DeMann Erbland, son amie depuis le lycée, qui admet avoir elle-même été une adolescente « déchaînée », se souvient que la liaison d'Andy et Monica était constamment tumultueuse ; vis-à-vis de son amant marié, Monica passait tour à tour des larmes de colère au pardon ému. Neysa avait une piètre opinion de Bleiler. « J'estimais que c'était un salaud, et je l'ai dit à Monica. Il se conduisait plus comme un gamin que comme un adulte », dit-elle.

La mère de Monica fut également « écœurée » d'apprendre que sa fille avait repris sa liaison contre l'avis de ses parents. Mais, selon elle, essayer de détourner Monica de son obsession pour Bleiler s'apparentait à désintoxiquer un drogué. « Si vous avez déjà essayé d'aider quelqu'un à se sortir d'une mauvaise histoire d'amour, vous savez que ce n'est pas si facile. »

Peu avant la naissance du fils d'Andy et de Kate Bleiler en juillet 1993, Monica et Andy se séparèrent de nouveau – cette fois, à sa demande à lui. Il déclara qu'il se sentait coupable de sa liaison et souhaitait être un bon père. Sa résolution ne dura pas, cependant, ce qui n'est sans doute guère surprenant. Quelques semaines plus tard seulement, il contacta de nouveau Monica et leur liaison reprit de plus belle. Cela enseigna à la jeune femme une leçon dont elle devait se souvenir au moment de son aventure avec le Président. « J'ai appris ceci sur les hommes mariés : ils se sentent coupables, disent qu'ils veulent arrêter, puis succombent quand même à la tentation. Alors, ils reviennent toujours. »

A l'époque, cependant, Monica savait – pour une fois – qu'elle avait un moyen de mettre un terme définitif à cette liaison insatisfaisante. Même si elle avait détesté ses études au Santa Monica College, elle avait obtenu de bonnes notes au cours de ses deux années, si bien qu'elle avait été acceptée pour poursuivre ses études dans un certain nombre d'établissements californiens, parmi lesquels Berkeley, l'université où son père avait étudié. Par ailleurs, Bernard avait accepté de la laisser partir étudier dans l'Oregon, l'Etat voisin, si elle le souhaitait. L'université qui la séduisit le plus fut Lewis and Clark, à Portland, dans l'Oregon, car elle lui rappelait Bel Air Prep. Elle était petite, intime et amicale, contrairement à Berkeley, immense et anonyme, dont la taille à elle seule lui rappelait ses mauvais souvenirs de Beverly Hills High.

En outre, elle avait une autre raison, plus personnelle, de choisir Lewis and Clark. « Je voulais quitter Los Angeles », dit-elle. Et elle ajoute : « C'était en partie pour fuir Andy. Pas parce que j'avais cessé d'éprouver des sentiments pour lui ou parce que je ne voulais plus poursuivre ma liaison avec lui ; mais j'avais l'impression que je n'arriverais pas à faire une croix sur lui tant que je resterais à Los Angeles. Ça semblait trop dur. Je voulais prendre un nouveau départ et commencer une nouvelle vie. »

Cet automne-là, elle prit le chemin du nord.

3

« J'adore apprendre »

Portland, la plus grande ville de l'Oregon, sur la côte nord-ouest des Etats-Unis, est un endroit décontracté, très « jeans-baskets » – ce qui est sans doute logique, puisque le siège mondial de Nike est installé tout près. La ville se flatte de posséder la plus importante concentration de cafés et de librairies d'Amérique, dont Powells, la plus grande librairie du monde, qui occupe tout un pâté de maisons dans le centre-ville.

Ce n'est pas Beverly Hills. Avec plus de cent dix centimètres de précipitations par an, les bottes de caoutchouc arrivent loin devant les lunettes de soleil dans la liste des accessoires de mode indispensables. Les chirurgiens esthétiques sont rares, tout comme les costumes Armani – seuls deux des restaurants de la ville exigent de leurs clients une tenue de ville. Rien d'étonnant, donc, à ce que Portland ait été la ville natale de feu Kurt Cobain, le chanteur légendaire du groupe grunge culte Nirvana.

C'est un endroit relax, où « recyclage » n'est pas un vain mot et où le rodéo n'est pas mort. A Portland, les gens se réunissent pour pleurer lorsqu'un de leurs arbres préférés est abattu, tandis que dans le centre de Los Angeles, seuls les meurtres les plus sanglants attirent encore les badauds.

On ne peut donc pas en vouloir à Monica d'avoir eu l'impression, durant ses premières semaines là-bas à l'automne 1993, d'avoir atterri sur la Lune. Le choc entre le chic L.A. et le grunge de l'Oregon ne rendait pas la transition aisée. Par exemple, lorsque son tour arriva de faire le ménage dans la maison qu'elle partageait avec d'autres étudiants, elle appela sa mère, paniquée, pour lui demander comment nettoyer la salle de bains.

Alors que Marcia lui prodiguait de bien nécessaires conseils domestiques, son père s'occupait des autres arrangements. Avec Barbara – qu'il avait épousée en 1991, lors d'une cérémonie durant laquelle Monica avait chanté –, il accompagna Monica jusqu'à sa nouvelle demeure et lui acheta un lit, ainsi que des casseroles, de la vaisselle et d'autres accessoires ménagers indispensables. Elle avait décidé de s'installer avec deux autres étudiants, Kurt Carpenter et Karl Fulmer, après avoir repéré sur le campus une petite annonce demandant un ou une colocataire. Ils choisirent de louer une agréable maison en bardeaux dotée de quatre chambres qui, par une étrange coïncidence, n'était guère éloignée de la demeure de l'oncle d'Andy Bleiler.

Lorsque Monica emménagea, le contraste entre son style de vie et celui de ses colocataires fut immédiatement manifeste. Tandis que Kurt et Karl vivaient comme deux hippies, achetant du mobilier d'occasion dans des brocantes paroissiales et jouant du rock jusque tard dans la nuit, Monica, non-fumeuse, décorait sa chambre dans le style « chic décontracté » alors à la mode, dominé par son amour de la couleur, des roses, des décorations florales et des coussins brodés. « C'était mon refuge », dit-elle, bien que sa chambre ressemblât à un véritable capharnaüm. « Elle était flemmarde, comme nous tous, se souvient son amie Lenore Reese qui étudiait avec elle à Lewis and Clark. Cependant, quand sa mère lui rendait visite, elle faisait toujours le ménage, allait chez le coiffeur et se faisait épiler. » Même si Monica ne ressemblait guère à ses colocataires, il ne fallut pas longtemps pour qu'elle soit sous le charme de l'ambiance de l'université et de la ville. Durant les deux années qui suivirent, elle connut la période la plus heureuse et la plus stimulante de sa vie.

Les changements qui se produisirent en elle furent vite évidents. Elle avait déjà perdu neuf kilos avant d'arriver à Portland, mais, une fois là-bas, sa silhouette se transforma de façon frappante. Pour la première fois de sa vie, elle vivait séparée de ses parents ; par ailleurs, elle avait laissé derrière elle les pressions de Beverly Hills et mis un terme à une histoire d'amour malheureuse. « Grandir à Beverly Hills n'était pas super, je m'en serais bien passée », reconnaît-elle.

Elle s'inscrivit dans un club de sport réservé aux femmes, fit régulièrement de l'exercice et commença à se nourrir presque exclusivement de salades et de pâtes au poulet au citron, sa spécialité. Il ne lui fallut pas longtemps pour perdre neuf kilos supplémentaires. « Je me sentais bien mieux dans ma peau », confesse-t-elle. Autre point positif : The Knot Shop, pour qui elle avait travaillé à Los Angeles, venait d'ouvrir une nouvelle succursale à Portland lorsqu'elle y arriva, et elle n'eut aucun mal à se faire embaucher à mi-temps. Elle complétait ses revenus en faisant du baby-sitting chez des voisins. Sa tante Debra constata bientôt les transformations qui s'étaient opérées en elle : « Elle commençait à s'épanouir. Elle était plus solide, mieux dans sa peau. »

Il faut également souligner qu'elle se passionnait pour ses études de psychologie, ce qui avait une influence positive sur son moral. Si, jusque-là, sa vie affective s'était toujours révélée chaotique et douloureuse, son esprit, lui, était demeuré concentré, analytique et axé sur la recherche. Ses études à Lewis and Clark surent combiner son intérêt pour la condition humaine avec son esprit logique, curieux – même si elle avait tendance à sauter sur des conclusions sans avoir au préalable assimilé toutes les informations pertinentes. « Dès le premier semestre, j'ai su que j'avais pris la bonne décision. J'adore apprendre, et ce cursus a vraiment constitué pour moi une bouffée d'air frais », dit-elle. De fait, elle fit une si forte impression à ses enseignants que plusieurs lui envoyèrent de touchantes lettres de soutien lorsque le scandale concernant sa liaison avec le président éclata.

Une expérience pratique faisait partie intégrante du cursus ; aussi Monica travailla-t-elle auprès de malades mentaux durant son avant-dernière année d'études. En compagnie d'un ou deux autres étudiants, elle aidait les responsables du Phoenix Club de Portland, un lieu où se réunissaient des patients souffrant de maladies mentales. Là, ils apprenaient les règles élémentaires de la vie en société. En plus des ateliers d'art et d'artisanat, il y avait des tables de billard et d'autres jeux, ainsi qu'un snack-bar. Monica trouva cette expérience « très gratifiante », aussi enrichissante que stimulante, puisqu'elle l'obligeait à faire face à ses peurs et à ses a priori concernant les handicapés mentaux.

Ce fut une période d'apprentissage intensif. Elle dut travailler en cuisine avec des couteaux aux côtés de patients au passé violent, calmer une femme en pleine crise d'hystérie, et apprendre à réagir avec tact aux avances sexuelles directes et déplaisantes d'un patient envers une de ses camarades et elle. Son intérêt pour le théâtre la poussa à organiser une sortie pour les membres du Phoenix Club : elle les emmena voir une représentation de *HMS Pinafore*, de Gilbert et Sullivan. Ce devait avant tout être une soirée agréable, mais cette sortie avait également pour but d'aider les patients à comprendre que la société est fondée sur tout un réseau de règles tacites – comme ne pas parler durant une représentation – qu'il convient de suivre lorsqu'on veut s'y intégrer.

La visite au théâtre fut un succès. En revanche, l'enthousiasme de Monica la poussa à se surestimer le jour où elle se porta volontaire pour préparer de la soupe aux boulettes pour les membres du club (qui étaient environ quatre-vingts). Bien qu'elle eût demandé des conseils à sa mère, Monica – qui ne compte pas la cuisine parmi ses centres d'intérêt – reconnaît elle-même que les boulettes étaient quasiment immangeables. Toujours aussi critique envers elle-même, elle déclare, d'un air très « Beverly Hills » : « Il y a un truc que je fais vraiment bien, pour dîner... les réservations. »

En effet, s'il fut aisé d'enlever Monica à Los Angeles, il fut plus difficile d'extirper Los Angeles de Monica. Ses camarades d'université se souviennent de leurs premières impressions en la voyant : ils l'avaient trouvée d'une franchise et d'une sincérité désarmantes – en particulier en ce qui concernait son poids et le sexe –, directe dans la discussion, charmeuse, mais fondamentalement bonne. C'était un personnage outrancier, trop bruyant et impertinent au goût de certains. Comme le dit Lenore Reese : « Elle est cultivée, très vive et intelligente, et parfaitement à l'aise avec sa sexualité, que certains trouvent un peu agressive. »

D'autres sentaient que, derrière les bavardages débridés et les provocations sexuelles, se cachait un être humain loyal, sensible et sincèrement gentil. « C'était le genre de fille qui vous apportait du bouillon de poulet quand vous étiez malade, souligne Linda Estergard qui fit la connaissance de Monica durant son premier semestre à Lewis and Clark. Je la place parmi mes trois " anges " préférés de ce monde. Elle ferait n'importe quoi pour vous, tant elle est généreuse et protectrice. »

Linda, qui était mariée, s'était inscrite à Lewis and Clark en tant qu'étudiante d'âge mûr. Elle se souvient avec tendresse de sa première rencontre avec Monica, dans un amphithéâtre. La jeune femme était assise à côté de Jason Lesner, un étudiant de Los Angeles dont elle fut proche durant quelque temps. Elle se montra relativement hostile lorsqu'on lui présenta Linda, craignant que celle-ci ne fasse des avances à son nouveau petit ami. Cependant, elle se détendit de façon visible lorsqu'elle comprit que Linda était mariée. Cette anecdote illustre bien le sentiment d'insécurité de Monica, et sa piètre opinion d'elle-même. Cela, Linda le comprit mieux encore à l'occasion d'une discussion à cœur ouvert de deux heures sur le parking de l'université, au cours de laquelle Monica aborda franchement son problème de toujours : sa lutte contre les kilos. Etant donné cette confiance mutuelle, il n'est pas étonnant que les deux femmes aient noué une amitié solide ; Linda devint bientôt une sorte de figure maternelle pour un groupe très soudé d'étudiants qui comprenait à la fin, en plus de Monica, Catherine

Allday Davis, Carly Henderson, Moana Kruschwitz, Zach Isenberg, Bradford Duvall, Jason Lesner et Lenore Reese.

Monica commença à élargir son cercle social, même si elle ne sortit avec aucun des étudiants de l'université. Elle eut quelques rendez-vous avec des hommes de la ville, mais cela se résuma à fort peu de chose. Il y eut, inévitablement, des périodes de solitude ; elle décrochait alors son téléphone pour entendre l'une ou l'autre des voix familières d'autrefois. Parmi elles, celle d'Andy Bleiler. Tout en sachant que c'était une erreur, elle n'avait pas coupé les ponts avec lui, et le vit durant quelques heures volées lorsqu'elle retourna à Los Angeles pour passer Thanksgiving en famille, en novembre 1993.

Ils demeurèrent en contact tout l'hiver, et elle le vit de nouveau l'année suivante, pendant les vacances de printemps. Au cours de cette entrevue, son intuition féminine lui souffla qu'il fréquentait une autre femme – en plus de son épouse, Kate. Ce fut une rencontre violente et pleine de larmes ; en effet, l'instinct de Monica ne la trompait pas. Elle découvrit plus tard qu'Andy avait bel et bien noué une relation intime avec une jeune fille du lycée, qu'elle-même avait connue à l'époque où elle vivait à Los Angeles. Cette liaison secrète allait bientôt pousser la loyauté de Monica envers Andy jusqu'à sa limite.

Peu après cette rencontre, Bleiler téléphona à Monica et lui annonça que lui aussi envisageait de s'installer à Portland, arguant qu'il ne voulait pas élever son fils à Los Angeles, ville qu'il trouvait trop chère. Monica accueillit la nouvelle avec un mélange de désir et de crainte ; à la griserie qui l'envahissait à l'idée de revoir son ancien amant s'opposait la peur de retomber dans la routine classique des liaisons extraconjugales, avec ses moments volés, ses disputes douloureuses, ses trahisons amères, ses réconciliations dans les larmes et son excitation coupable.

Linda Estergard se souvient d'avoir discuté avec Monica peu de temps après le coup de téléphone de Bleiler. « Le jour où elle a découvert qu'il allait s'installer ici, elle était très contrariée, dit Linda. C'est une fille très sensible, et elle était ennuyée parce qu'elle ne voulait pas qu'il vienne. Si elle avait quitté Los Angeles, c'était notamment pour s'arracher à ses griffes, et voilà qu'il revenait la hanter. Elle savait que s'il déménageait, elle serait trop faible émotionnellement pour résister à la tentation de reprendre leur liaison. »

Monica confia ses inquiétudes à d'autres amies proches. Sa camarade de psychologie, Carly Henderson, témoigne : « Elle ne voulait pas qu'il vienne, parce qu'elle savait au fond de son cœur que s'il le faisait, elle recommencerait à coucher avec lui. » C'est un refrain que repend Neysa DeMann Erbland : « Elle était inquiète de le voir arriver. Je me rappelle l'avoir entendue dire : “ Oh, mon Dieu, il va revenir. ” Elle savait que s'il lui faisait de nouveau des avances, elle succomberait aussitôt. Monica était vraiment inquiète de le voir monter à Portland. » D'autres camarades de l'université, comme Lenore Reese, racontent la même histoire – témoignage qui contraste de façon frappante avec la version des faits rendue publique par Bleiler lui-même, peu après le scandale Lewinsky-Clinton.

En juin 1994, Bleiler, laissant son épouse et ses enfants derrière lui, quitta Los Angeles pour chercher du travail et un logement à Portland. L'inévitable se produisit : aussitôt arrivé, il rendit visite à Monica. « Il se montra très pressant et, pour la première fois, me dit qu'il était amoureux de moi. J'étais une personne formidable, il était vraiment attaché à moi, et il m'aimait. C'était incroyable – il ne cessait de se montrer doux et romantique. » Puis, après cinq jours « merveilleux », il rentra à Los Angeles, où son épouse Kate était engagée dans une bataille juridique de longue haleine contre son ex-mari pour la garde de leur fille. Quelques semaines plus tard, Bleiler retournait néanmoins à Portland, résolu à passer l'été à chercher du travail tandis que Kate s'occuperait de ses problèmes à Los Angeles.

Ces mois d'été furent les plus tumultueux, les plus intenses et les plus douloureux de la relation – qui dura en tout cinq ans – de Monica avec Andy, une époque dont elle se souvient avec un mélange de tendresse, de chagrin, de colère et d'amertume. Elle s'était imaginé que cet interlude serait une version longue du week-end qu'ils avaient passé ensemble en juin. Ce ne devait pas être le cas, cependant. « J'y repense aujourd'hui ; c'était un été tellement horrible ! Si douloureux pour moi... Notre relation était extrêmement instable – Andy ne cessait de souffler le chaud et le froid, un instant il me couvrait d'attentions, et l'instant d'après il m'ignorait. »

La présence de Bleiler, cet été-là, la poussa également à négliger ses études. Elle avait l'intention d'entreprendre un cursus plus poussé en psychologie légale et devait pour cela passer ce qu'on appelle un GRE (Graduate Record Examination), un test de qualification préliminaire. L'esprit entièrement occupé par Bleiler, elle fut incapable de s'appliquer autant qu'elle l'aurait dû, et échoua à l'examen. Ceux de ses amis qui reconnurent dans son attitude les signes révélateurs de son trouble s'empressèrent de la mettre en garde contre Andy. « Quand elle a commencé à le fréquenter de nouveau, je lui ai dit qu'elle était folle, raconte Neysa Erbland. Par moments, elle était heureuse comme tout, et à d'autres elle était rongée par la culpabilité. Ce n'était pas bon pour elle. »

Lorsque Kate et les enfants rejoignirent Bleiler, à l'automne de cette année 1994, la nature de sa relation avec Monica se transforma de façon sensible, d'une manière que les amis de la jeune femme trouvèrent difficile à accepter, ou même à comprendre. Bien que Bleiler et elle se soient de nouveau séparés – à sa demande à lui, cette fois –, elle devint amie avec sa femme et se mit même à faire de temps en temps du baby-sitting pour le couple, comme elle l'avait fait chez l'oncle d'Andy. Il ne fallut pas longtemps à Monica pour éprouver autant d'affection pour la famille de Bleiler que pour Andy lui-même. Sachant qu'ils n'avaient pas beaucoup d'argent, elle achetait régulièrement des vêtements pour les enfants et aidait le couple de diverses manières. Elle était désormais quasiment considérée comme un membre de la famille; elle, de son côté, aimait beaucoup Kate et adorait les enfants.

La mère de Monica, qui était de plus en plus tourmentée par l'obsession de sa fille, explique ainsi son attitude : « Elle parvenait à dissocier sa relation sexuelle avec cet homme de l'amour qu'elle éprouvait pour sa femme et ses enfants. Elle aimait vraiment ces petits, elle les gardait parce qu'elle les adorait, et elle ne voyait pas de paradoxe là-dedans. Dans le monde adulte, ce paradoxe est évident, mais à son stade de développement, elle n'en était pas consciente. » L'opinion de Monica, c'est naturel, diffère de celle de Marcia, même si elle ne s'épargne pas : « Durant les premières années, Kate était presque inexistante pour moi; à l'époque où j'avais commencé à éprouver de l'attirance pour Andy, il n'était pas marié. C'était très différent d'une situation où j'aurais rencontré un couple et commencé à avoir une liaison avec le mari. Kate et moi ne sommes devenues des amies proches que lorsqu'elle a emménagé à Portland. Je dois avouer que ma relation avec elle était malsaine, parce que j'ai fini par beaucoup l'apprécier en tant que personne, et à beaucoup l'apprécier aussi parce que j'aimais Andy à la folie. »

Son amitié avec Kate, son affection pour les enfants et son conflit permanent avec Bleiler – ils n'étaient alors plus amants – finirent par raffermir la résolution de Monica. En novembre 1994, peu avant de quitter Portland pour aller passer les vacances de Noël en famille, elle écrivit une longue lettre à Andy, lui expliquant qu'elle ne voulait plus qu'il fasse partie de sa vie, même en tant qu'ami. Après une nouvelle entrevue orageuse, ils décidèrent tout de même de rester amis, mais Monica partit chez sa famille avec le sentiment que sa liaison était enfin terminée.

Elle allait cependant connaître une cruelle désillusion. A l'instant où elle revint, le téléphone sonna; c'était Andy Bleiler, la suppliant et l'implorant d'être son amie, disant que sa femme haïssait Portland et qu'il ne pouvait pas vivre sans Monica. « Il m'a manipulée, il a joué sur ma faiblesse en sachant que j'avais un gros penchant pour lui », raconte-t-elle.

Tandis que leur relation reprenait, sans que le cœur y soit vraiment, Monica continuait à avoir le sentiment que son amant fréquentait quelqu'un d'autre. Finalement, suivant son instinct, elle contacta la jeune fille en question à Los Angeles, qui lui avoua toute l'histoire. Bien plus jeune et encore plus naïve que Monica, la fille se sentit trahie ; Bleiler, pensait-elle, avait profité d'elle. Pis encore, elle songeait sérieusement à raconter à Kate toute cette sordide affaire de séduction.

Horrifiée, Monica appela Bleiler et convint d'un rendez-vous avec lui. Lorsqu'ils se virent, en février 1995, elle lui dit sans ambages ce qu'elle pensait de son comportement. Il se mit à pleurer « comme un bébé », implorant non seulement son pardon, mais aussi son aide. Monica raconte : « Il pleurait parce qu'elle [sa maîtresse lycéenne] était mineure et qu'il craignait de finir en prison [la jeune fille n'avait pas encore atteint l'âge légal du consentement en Californie]. Il disait : " Je ne veux pas aller en prison, je vais me tuer. " J'étais là, le cœur brisé parce qu'il m'avait trahie et qu'il avait trahi sa femme avec cette lycéenne, et lui, une fois de plus, jouait sur la corde sensible, et je me retrouvais devant ce dilemme : " Dois-je penser à Andy ou à moi ? " Alors, j'ai pensé à lui et à ses sentiments. Il s'est servi de moi, il n'y a pas d'autres mots. »

A la suite de cette rencontre, Monica accepta de parler à la jeune lycéenne et réussit à lui faire promettre de garder le silence. Par ailleurs, à trois mois de la fin de ses études à l'université, Monica décréta qu'elle ne continuerait à fréquenter Bleiler que si elle le voyait régulièrement, comme si leur relation était « normale ». Elle prit également un plaisir pervers à se venger de l'infidélité d'Andy en ayant une aventure avec le jeune frère de celui-ci, Chris – qui, d'après ce qu'avait dit Bleiler, « ne m'aimerait jamais, car seules les filles grandes et minces le séduisaient ». Monica lui avait donc permis de connaître autre chose.

Lorsqu'elle revient aujourd'hui sur toute l'histoire de sa relation avec Andy Bleiler, Monica reconnaît : « C'est là que se situe tout le conflit, en moi : j'éprouve des sentiments profonds pour quelqu'un comme si nous avions une relation normale, alors que la réalité est complètement différente, pleine de compromissions et de mensonges. » Ironie du sort, alors qu'elle fréquentait Andy Bleiler, elle étudia dans le cadre de son cursus de psychologie le film de François Truffaut *L'Histoire d'Adèle H.*, racontant la tragédie de la fille de Victor Hugo, qui parcourut des milliers de kilomètres pour suivre un homme qui la fuyait. Monica trouva que l'obsession de cette femme et la façon dont elle la poussait vers la folie n'étaient pas sans rappeler sa propre situation. « Ce fut pour moi, dit-elle, un film très révélateur. »

Une de ses plus proches amies, Catherine Allday Davis, qui apprit à bien la connaître durant sa dernière année à l'université et qui discuta régulièrement avec elle durant sa liaison avec le président Clinton, explique ainsi le comportement de Monica : « Sa relation avec Andy lui faisait du mal, et on peut en dire autant de sa liaison avec le président. Elle se montait la tête à propos d'un homme qui ne serait jamais à elle, et cela l'empêchait d'être une femme normale, d'avoir des rendez-vous normaux. D'une certaine manière, elle pensait qu'elle n'était pas assez bien pour être aimée. Monica est une fille brillante. Elle parvient à exprimer ce qui se passe, mais pas à agir en conséquence. Pour sa défense, il faut rappeler qu'elle est loin d'être la seule femme à avoir ce genre de problèmes dans ses relations avec les hommes. C'est un cas typique de " femmes intelligentes, décisions stupides ". »

Une de ces décisions faillit coûter son diplôme universitaire à Monica. Elle fut la conséquence d'une série de choix qui, considérés individuellement, ne sont que la preuve de sa générosité et de sa loyauté; mais qui, lorsqu'ils furent examinés dans le cadre du scandale présidentiel, prirent une allure bien plus sinistre.

Un problème se posait aux amants : Bleiler était constamment obligé de trouver des excuses pour quitter la maison familiale afin de pouvoir voir Monica. Lorsqu'il était arrivé à Portland, Monica lui avait présenté David Bliss, directeur technique du département théâtral de Lewis and Clark, afin de l'aider à trouver du travail ou au moins à établir des contacts professionnels. Bliss proposa par la suite ponctuellement du travail à Bleiler. Pendant un certain temps, en conséquence, Bleiler raconta à Kate que David Bliss avait téléphoné en son absence et qu'il avait du travail supplémentaire à lui confier, un mensonge qui lui permettait de retrouver Monica en secret. Lorsque cette excuse commença à être éculée, Monica prit une feuille de papier à l'en-tête du Département d'Art dramatique et écrivit une lettre à Bleiler affirmant qu'on aurait besoin de ses services à trois reprises en avril et mai 1995. Elle imita la signature de David Bliss au bas de la lettre et l'expédia à Bleiler, pensant que cela fournirait à ce dernier une excuse en béton pour venir la retrouver.

Malheureusement, pour une raison ou une autre, la lettre n'arriva jamais à destination et finit par être retournée à son expéditeur supposé, David Bliss. Celui-ci menaça de faire renvoyer Monica quand il découvrit qu'elle était coupable de la supercherie. Sachant Bliss sur le point de contacter Bleiler à propos de cette affaire – ce qui aurait conduit Kate à découvrir la vérité –, Monica essaya de protéger son amant en racontant un nouveau mensonge. Elle déclara donc au directeur théâtral qu'Andy n'était pas au courant de cette affaire de lettre, et Bliss accepta ses excuses écrites.

Seules ses plus proches amies – et, bien sûr, Andy Bleiler, qui par la suite n'hésita pourtant pas à déformer la vérité au cours d'une célèbre conférence de presse – étaient au courant de la véritable histoire. Il est intéressant de souligner que cet épisode préfigure les lendemains de la liaison de Monica avec le président Clinton ; là encore, elle était prête à se sacrifier en signant une fausse déclaration sous serment pour éviter des ennuis à son amant. Comme toujours, sa loyauté envers les personnes importantes pour elle passait avant son désir de protéger ses propres intérêts – et cela, comme toujours, devait se retourner contre elle.

Si la liaison de Monica avec Bleiler est importante pour comprendre la psychologie de sa relation avec le président, il ne faut pas s'imaginer pour autant qu'elle ait été au centre de son existence. Nombreuses furent les périodes durant lesquelles ils ne se virent pas, ou durant lesquelles leur relation redevint purement amicale. D'ailleurs, après sa première année d'installation à Lewis and Clark, Monica parle de sa seconde et dernière année d'université comme de la période la plus heureuse et la plus épanouissante de son existence.

Pour l'essentiel, son expérience domestique fut un succès, et elle appréciait la compagnie d'un groupe soudé d'amis fidèles, toujours prêts à l'aider, avec qui elle passait le week-end à se rendre à des barbecues, à des soirées, au cinéma ou dans les restaurants des alentours. Un hiver, les amis allèrent même passer un week-end à Timberline, à deux heures de route de Portland, où ils firent des bonshommes de neige et des batailles de boules de neige – bref, où ils s'amusèrent comme des fous.

C'est en voyant ce que fit Monica le lendemain de sa remise de diplômes, en mai 1995, qu'on mesure le chemin parcouru depuis son départ de Los Angeles. Ce jour-là, la toute fraîche diplômée de psychologie, qui souffre du vertige et se qualifie elle-même de « froussarde », décida d'aller regarder son ami Zach Isenberg et son frère Josh sauter à l'élastique au-dessus du fleuve Lewis, dans l'Etat de Washington. L'organisateur s'employa à convaincre Monica d'essayer aussi et, presque malgré elle, elle s'entendit répondre « O.K ». Ce fut, dit-elle « une expérience absolument incroyable »; quelque chose qu'elle n'aurait jamais imaginé pouvoir faire à l'époque où elle vivait à Beverly Hills.

Durant cette dernière année d'université, elle était devenue particulièrement proche d'une autre étudiante en psychologie. Toutes deux se confiaient leurs secrets, en particulier en ce qui concernait les hommes; toutes deux désespéraient de trouver jamais un petit ami. Un jour, en conséquence, elles payèrent quarante dollars chacune pour assister à une conférence donnée par une femme sur le thème : « Trouver un compagnon. »

L'assistance, composée pour l'essentiel de personnes entre deux âges, s'entendit déclarer qu'il était bien plus difficile de rencontrer quelqu'un en vieillissant que, par exemple, lorsqu'on était jeune et qu'on allait à l'université. Hilares, Monica et son amie en déduisirent qu'elles étaient de vraies ratées et se dirigèrent aussitôt vers le bar le plus proche. Elles finirent par bavarder avec un groupe de jeunes gens, burent plus que de raison et dansèrent en discothèque jusqu'à l'aube. « C'est une des soirées les plus amusantes que nous ayons passées », se souvient l'étudiante (qui, soit dit en passant, est aujourd'hui mariée).

Bien que Monica soit sortie avec un certain nombre de garçons durant ses années d'université, elle demeura presque perversement fidèle à Andy Bleiler – exception faite de son « aventure-vengeance » avec le frère de celui-ci. « En fait, c'est quelqu'un de très fidèle, souligne Linda Estergard, aujourd'hui assistante sociale. Simplement, elle fait les mauvaix choix. »

Sur le plan universitaire, en tout cas, elle avait commencé à s'affirmer. Elle avait suivi et beaucoup apprécié de nombreux cours en plus de ceux de son cursus obligatoire, et avait établi des rapports aussi solides qu'affectueux avec ses professeurs, notamment Tom Schoeneman et Nancy King Hunt. D'ailleurs, lorsqu'elle parle de sa vie, c'est au moment d'évoquer sa dernière année à Lewis and Clark qu'elle est le plus animée et le plus enthousiaste.

Dans le cadre du cours de « Psychologie sexuelle », elle mena des discussions de groupes dans un « sex lab [1] », où les étudiants exploraient les relations entre sexualité, individualisme et société. Tandis que les autres étudiants hésitaient à s'exprimer, Monica brisa la glace en donnant franchement son avis, forgé à partir de ses propres expériences malheureuses, sur les liens entre apparence physique, poids et sexualité – un avis qui impressionna nombre des personnes présentes.

---

1. Littéralement : « laboratoire de sexe ». *(N.d.T.)*

Bien que Monica ait été traitée de « femme de mauvaise vie » – ou pire – durant tout le scandale Clinton, elle demeure fermement persuadée que nul ne devrait avoir honte de sa sexualité. « Je ne vois pas la sexualité comme quelque chose qu'il faudrait dissimuler, ou dont il faudrait avoir honte. Je pense que notre sexualité doit être honorée, chérie et respectée. C'est en partie une question de génération : je suis d'une génération de filles dont les mères ont brûlé leurs soutiens-gorge en proclamant « Faites l'amour, pas la guerre ». La même génération qui a grandi avec la peur du sida, et pour qui méfiance et prévention font partie intégrante de la vie sexuelle. »

Monica fut également profondément influencée par un autre cours auquel elle assista, « La construction sociale de la folie ». Celui-là portait sur la notion d' « autrui », et sur la façon dont la société segmente les gens en différents groupes pour qu'ils n'aient pas à assumer leur ressemblances fondamentales. C'est une théorie fréquemment utilisée dans l'armée, afin d'avilir l'ennemi et de lui dénier sa qualité d'être humain. Le principe est que les soldats seront prêts à tuer ceux qu'on aura ainsi diabolisés.

Un an après avoir terminé ce cours, Monica se retrouva en train de discuter de ces mêmes théories avec Bill Clinton lui-même, suggérant qu'un psychologue soit ajouté au panel d'experts qui, à la demande expresse – et très médiatisée – du président, examinait les moyens d'améliorer les relations entre les races aux Etats-Unis. Elle lui donna même un livre, *Maladie et Déformation de la réalité*, au cas où il souhaiterait explorer le sujet plus avant. Cruelle ironie, depuis qu'a éclaté le scandale Clinton-Lewinsky, Monica, elle aussi, a été contrainte de réfléchir davantage au concept d' « autrui », tandis qu'elle observait avec douleur la façon dont elle-même était diabolisée et « mythologisée » par les médias, pour être finalement méprisée et ridiculisée, cataloguée comme en marge de la vie familiale américaine.

Sa suggestion au président montre clairement que Monica s'intéressait non seulement aux aspects intellectuels de la psychologie, mais aussi à ses applications pratiques. D'ailleurs, quand vint le moment de réfléchir à l'après Lewis and Clark, elle songea une nouvelle fois à poursuivre ses études pour obtenir un doctorat en psychologie juridique et en jurisprudence.

Dans le cadre de son stage pratique de dernière année, elle avait travaillé pour le Bureau du procureur, à Portland, sous la direction de Marsha Gruehler. Cette expérience attira son attention sur les carrières possibles dans ce secteur. Durant son stage, elle avait analysé l'impact d'une nouvelle législation concernant les jeunes délinquants sur le travail des psychologues de la Cour, et élaboré un questionnaire permettant d'évaluer les coûts engagés pour mettre cette mesure en œuvre. Ce travail concret, satisfaisant sur le plan intellectuel, avait eu le mérite de mettre efficacement à profit ses talents analytiques. Son père, qui était, avec sa femme Barbara, venu assister à la cérémonie de remise de sa licence de psychologie en mai 1995, encouragea Monica à envisager une carrière au Bureau du procureur, lui conseillant d'y travailler à plein temps. A la satisfaction d'exercer un métier épanouissant s'ajoutaient d'autres avantages : elle possédait déjà un logement et des amis à Portland, et, plus important encore, elle semblait bien plus équilibrée et en paix avec elle-même depuis qu'elle y vivait.

Ce que le Dr Lewinsky ignorait, cependant, c'est qu'Andy Bleiler avait emménagé dans la même ville que Monica, et qu'ils continuaient à se voir. Marcia, elle, était au courant et, consciente du mal que cette relation faisait à sa fille, elle avait essayé sans succès de la pousser à rompre. En réalité, l' « effet Bleiler » était très présent à l'esprit de Monica tandis qu'elle examinait ses possibilités futures. « J'aimais sincèrement Andy, mais notre relation était tumultueuse, pénible sur le plan affectif, et immorale. Quitter Portland semblait le seul moyen de tourner la page », dit-elle.

D'autres facteurs entraient en ligne de compte : beaucoup de ses amis s'apprêtaient à déménager; il lui faudrait de nouveau passer son GRE si elle voulait poursuivre ses études ; elle ne voulait pas rentrer à Los Angeles ; et sa mère, Michael et sa tante Debra lui manquaient.

En définitive, c'est Marcia – et non Monica, son père, ou même Andy Bleiler – qui fut à l'origine de la décision fatidique. Au cours d'une conversation avec sa fille, en effet, elle lui raconta que le petits-fils de son ami Walker Kaye, un riche magnat de l'assurance de Manhattan, bienfaiteur du Parti démocrate et ami éloigné de la First Lady, avait fait un stage qui l'avait beaucoup intéressé à la Maison-Blanche (stage non rémunéré, dont le seul but était de conférer un certain prestige aux étudiants sélectionnés). Si l'idée séduisait Monica, déclara Marcia, elle parlerait à Kaye afin de voir s'il pourrait donner un petit coup de pouce à sa candidature. L'aide lui vint aussi d'un autre côté. Jay Footlik, qui travaillait alors à la Maison-Blanche et venait souvent au Knot Shop, lui promit de l'appuyer au moment où les candidatures seraient examinées.

Plus Monica réfléchissait à la suggestion de sa mère, plus celle-ci l'enthousiasmait. Travailler à la Maison-Blanche pendant six semaines l'été lui permettrait de faire une courte pause avant de reprendre ses études et lui donnerait l'occasion de passer du temps avec sa mère. Marcia avait pendant longtemps souhaité quitter Los Angeles mais, durant la période de turbulences qui avait suivi le divorce, Monica et Michael avaient, comme le dit leur mère, « voulu rester là où ils se sentaient " chez eux ", et ils avaient eu raison ». Cependant, lorsque Debra et Bill Finerman étaient partis s'installer en Virginie, Monica se trouvait à l'université à Portland et Michael « s'était un peu remis du divorce. Cette fois, quand j'ai mentionné la possibilité d'un déménagement, les enfants ont été ravis ». Afin d'être près de sa sœur, Marcia s'était installée à Washington et avait pris un appartement dans l'immeuble du Watergate. Debra et Bill y avaient un pied-à-terre, où ils passaient de temps en temps la nuit ou le week-end. Ainsi, si elle travaillait à la Maison-Blanche, Monica pourrait vivre chez sa mère et voir souvent sa tante Debra.

Elle passa donc les examens requis et aborda dans une épreuve écrite le sujet de la nécessité pour les psychologues de travailler au gouvernement pour mieux comprendre la « dimension humaine » de la société. Elle fut ravie de faire partie des deux cents jeunes stagiaires sélectionnés pour cette année-là. Avant de quitter Portland, elle fit des adieux déchirants à Andy Bleiler. Fier et enthousiasmé de la voir partir à Washington, il lui souhaita bonne chance. Pour sa part, bien qu'elle l'aimât toujours, elle avait peu d'espoir de le revoir un jour. « J'ai pleuré pendant tout le trajet jusqu'à San Francisco, avoue-t-elle. J'étais très triste de le quitter. C'était très dur pour moi. Je lui avais dit que je ne voulais plus le revoir. »

Pendant le long vol qui l'emmenait à Washington, elle se sentait, naturellement, triste de laisser sa vie d'avant derrière elle – mais elle était aussi heureuse à l'idée de tout ce qui l'attendait. Songeant à son stage à la Maison-Blanche, elle se dit : « C'est un superbe atout sur mon C.V. Ce sera passionnant. Et puis, ça ne durera pas très longtemps, et ça ne peut pas faire de mal. »

Avec un sourire triste, elle observe aujourd'hui : « Comme je me trompais. »

Sa mère a encore plus de raisons de regretter cette décision fatidique, car c'est elle qui a encouragé Monica à se rendre à Washington, non seulement pour l'éloigner de Portland et d'Andy Bleiler, mais aussi pour qu'elle vienne vivre avec elle. Et puis, il y avait aussi un autre motif, secret, qui avait poussé Marcia à décider ainsi de l'avenir de sa fille.

« Comme toutes les mères, avoue-t-elle, je pensais qu'elle rencontrerait un brave jeune homme. »

4

Monica à Washington

Ce fut l'odeur d'eucalyptus flottant le long des corridors aux tapis bleu pastel qui séduisit tout d'abord Monica. Puis elle vit un agent des services secrets debout, l'air vaguement blasé, à côté d'une porte en acajou lourdement encadrée, et son cœur bondit dans sa poitrine. Car derrière cette porte se trouvait le sacro-saint Bureau Ovale.

Tracey Beckett, le superviseur de Monica, qui l'accompagnait pour sa première visite dans l'Aile Ouest de la Maison-Blanche, lui expliqua que la porte du Bureau Ovale était fermée parce que le président était à l'intérieur, en train de travailler – c'est aussi pourquoi il y avait un agent en faction. « J'étais incroyablement intimidée, se souvient Monica. Je n'arrivais à penser qu'une chose : " Waouh ! " Pas parce que c'était le président Clinton, de l'autre côté de la porte – simplement parce que c'était *le* président. » Les yeux écarquillés, elle n'avait plus qu'une idée en tête : raconter à ses amies que, après tout juste deux semaines de stage à la Maison-Blanche, elle s'était trouvée séparée de l'homme le plus puissant du monde par la seule épaisseur d'une porte.

Le 10 juillet 1995, Monica avait rejoint dans le bureau 450 du Old Executive Office Building (OEOB) les deux cents autres jeunes diplômés qui bavardaient nerveusement en attendant de se voir distribuer leurs tâches de stagiaires bénévoles pour les six semaines suivantes. La plupart d'entre eux possédaient des diplômes en science politique ou en d'autres sujets liés ; Monica, cependant, avait souvent affirmé en plaisantant à ses amis d'université que seul un diplôme en psychologie était vraiment indispensable dans l'atmosphère fébrile de Washington.

Après que la nouvelle promotion eut écouté une série de discours, chacun reçut son affectation. Monica, elle, avait été choisie pour travailler à la section « correspondance » du bureau du chef du personnel de la Maison-Blanche, Leon Panetta. Elle fut ravie d'apprendre qu'elle aurait son propre coin privé avec ordinateur dans le bureau 93 de l'OEOB et que, en raison de ses excellents résultats aux tests écrits, sa tâche ne se cantonnerait pas simplement à répondre au téléphone et à faire des photocopies. Elle pourrait aussi, de temps en temps, distribuer du courrier dans l'Aile Ouest, là où se trouve le Bureau Ovale. Néanmoins, le laissez-passer rose qu'elle portait autour du cou – comme c'est obligatoire pour tous les stagiaires – signifiait clairement qu'elle se trouvait tout en bas de l'échelle hiérarchique de la Maison-Blanche, et ne pouvait se déplacer dans le bâtiment sans être accompagnée par un superviseur. A la Maison-Blanche, un laissez-passer orange donnait accès à l'OEOB mais pas aux Ailes Est et Ouest ; un administrateur doté d'un laissez-passer bleu pouvait aller n'importe où. Naturellement, Monica, toujours certaine de mériter ce qui se faisait de mieux, décida sur-le-champ qu'elle obtiendrait un laissez-passer bleu. Et ce, c'est important de le souligner, avant même d'avoir vu le président – sans parler de l'avoir rencontré.

Contrairement à d'autres stagiaires, Monica n'avait pas d'ambition politique – en vérité, c'était même un domaine qui ne l'intéressait pas du tout –, et n'était en aucune façon arrivée à Washington avec des projets précis, qu'ils soient sexuels ou non. Dans une communauté aussi secrète que conventionnelle, où chaque action est calculée, elle se révéla un peu trop pleine de bonne volonté, trop directe et trop maladroite. Lorsque, toujours désireuse de faire plaisir, elle préparait le café pour ses collègues ou leur offrait de petits cadeaux, elle n'avait pas conscience des sourcils qui se haussaient d'un air intrigué, ni des regards soupçonneux s'interrogeant sur les raisons cachées de cette générosité spontanée. « Je ne savais pas que c'était un crime d'être gentil avec les gens, à Washington », dit-elle.

Monica flirta innocemment avec un ou deux autres stagiaires et participa à des jeux et des pique-niques. Néanmoins, même si elle se plaisait à la Maison-Blanche, elle sentait qu'elle n'était pas vraiment faite pour la vie à Washington. Elle avait beau être brillante, vivante et motivée, elle n'entra jamais dans le moule de l'employée typique de la Maison-Blanche.

Dans un univers où toute action, aussi banale pût-elle paraître, était examinée et contrôlée, elle ouvrait son cœur trop imprudemment, était trop vulnérable à la critique et doutait trop d'elle-même ; par ailleurs, la patience et la modération n'ont jamais vraiment fait partie de son répertoire. Surtout, elle n'avait pas l'expérience du monde, comme le fait remarquer sa mère : « Même si les deux années qu'elle avait passées à Portland lui avaient fait du bien, elle ne savait toujours pas grand-chose du monde réel. C'était une innocente lâchée dans une ville très cynique et sophistiquée. »

Lorsque Monica arriva à Washington, durant cet été 1995, elle était trop préoccupée pour remarquer ou même envisager les courants politiques et sociaux souterrains entourant la Maison-Blanche. Avant le début de son stage, sa mère, Michael et elle avaient séjourné plusieurs semaines en Virginie chez sa tante Debra et son mari. Monica avait passé le plus clair de son temps à regretter Andy Bleiler et ses amis de Portland, à tel point que durant le week-end du 4 juillet [1], quelques jours seulement avant de prendre son poste à la Maison-Blanche, elle était retournée dans l'Oregon pour voir ses copains et passer quelques heures volées avec son amant. Cette visite n'avait rien résolu, mais Monica était retournée à

1. Fête nationale américaine *(N.d.T.)*.

Washington bien décidée à se jeter à corps perdu dans son stage d'été, avant de reprendre ses études pour passer le GRE qui, si elle l'obtenait, lui permettrait de préparer un doctorat.

Pour l'essentiel, elle trouva son travail stimulant et excitant. Cependant, il ne lui fallut pas longtemps pour s'apercevoir que l'usine à commérages de la Maison-Blanche était en pleine surproduction dès que la conversation se portait sur Bill Clinton. Le président avait une réputation de séducteur et de don Juan ; ses multiples admiratrices échangeaient des ragots et des remarques entendues au sujet de certaines femmes de la Maison-Blanche qui auraient ou n'auraient pas fait partie de ses nombreuses maîtresses supposées.

Monica était abasourdie. « Je ne l'avais vu qu'à la télévision, et je ne l'avais jamais considéré comme séduisant, dit-elle. Avec son gros nez rouge et ses cheveux gris raides comme des fils de fer, pour moi, c'était un vieux. Il y avait des tonnes et des tonnes de femmes à la Maison-Blanche qui avaient le béguin pour lui, et je pensais : " Elles sont complètement folles. Elles ont vraiment mauvais goût en matière d'hommes. " Quand j'entendais des filles de mon âge affirmer que ce vieux type était mignon, sexy, je me disais : " Bon sang, cet endroit est bizarre. Qu'est-ce qui ne tourne pas rond, à Washington ? " »

Durant ce mois de juillet, cependant, elle vit pour la première fois le président Clinton en chair et en os et comprit exactement ce que ressentaient ces « tonnes de femmes ». L'ami de sa mère, Walter Kaye, avait invité Monica et Marcia à assister à la cérémonie de bienvenue organisée pour le président de Corée du Sud sur la Pelouse Sud de la Maison-Blanche. C'était une journée extrêmement chaude et humide ; debout derrière les cordes dorées de la section VIP, Monica, en robe d'été et chapeau de paille à large bord, songeait davantage à ne pas s'évanouir qu'à regarder la parade qui défilait devant ses yeux.

Soudain, les haut-parleurs grésillèrent et une voix annonça : « Mesdames et messieurs, le président des

Etats-Unis et la First Lady. » Tandis que l'orchestre entonnait « Hail to the Chief[1] », Bill Clinton apparut sur l'estrade. « Je me rappelle avoir été très surprise. Les battements de mon cœur se sont accélérés, j'avais l'estomac noué et le souffle court, raconte Monica. Il y avait autour de lui une espèce d'aura magnétique. Il émanait de lui une incroyable énergie sexuelle. Je me suis dit : " Je comprends à présent de quoi parlaient toutes les filles. " »

Elle avait désormais hâte de voir de plus près cet homme qui, en fin de compte, était son patron. L'occasion se présenta vers la fin du mois de juillet, lorsqu'un superviseur donna aux stagiaires la permission d'assister à une cérémonie de départ. Durant ces cérémonies, qui ont lieu chaque fois que le président quitte la Maison-Blanche pour plus de quelques heures, il avance sur un chemin balisé par des cordes entre deux rangées de personnes, serrant des mains au passage, avant de monter dans un hélicoptère militaire bleu marine étincelant, *Marine One*, qui l'emporte à toute vitesse, généralement vers la retraite présidentielle de Camp David dans le Maryland.

Après son premier aperçu du président Clinton, Monica fut cette fois très déçue. Tandis qu'il passait entre les rangs d'admirateurs amassés le long des cordes, Bill Clinton se trouvait de toute évidence en pilote automatique ; il saluait de façon mécanique, sans réellement s'intéresser à toutes les personnes venues l'encourager. Lorsqu'il atteignit l'endroit où se tenait Monica, son regard la traversa sans même la voir. « C'était décevant parce que, de près, il n'avait l'air de rien », se souvient-elle.

Sachant qu'elle devait assister à une seconde cérémonie de départ, le mercredi 9 août, Monica décida de donner une autre chance à l'homme devant lequel elle était presque tombée en pâmoison la première fois, afin de voir s'il était réellement si fascinant que cela. Elle décida de porter un nouveau tailleur-pantalon vert cendré que sa

1. « Salut au Chef. » *(N.d.T.)*

mère venait juste de lui acheter chez J. Crew, une chaîne de magasins à la mode – un tailleur qui lui donnait confiance en elle.

Tandis que le président avançait le long de la corde retenant les invités, il s'arrêta pour dire quelques mots à une autre stagiaire et à son père, debout juste devant Monica. Il leur parlait lorsque, tout à coup, il remarqua la jeune femme. Alors, comme elle le dit elle-même, « il me fit la totale Bill Clinton... Son regard, c'est sa façon de séduire les femmes. Au moment de me serrer la main, son sourire a disparu, le reste de la foule a disparu, et nous avons connu un échange sexuel intense mais bref. Il me déshabillait des yeux ». Il ne s'agit pas là d'un fantasme juvénile. Plus tard, durant leur liaison, le président devait dire à Monica qu'il se souvenait avec précision de ce moment. « J'ai su dès lors que je t'embrasserais », déclara-t-il un jour qu'ils étaient assis dans son bureau.

L'instant de grâce passé, Monica se détourna et se heurta à Jay Footlik, qui avait soutenu sa candidature pour le stage. Pendant leur conversation, elle remarqua que le président continuait à regarder dans sa direction.

Le lendemain, toujours surexcitée par son échange silencieux avec le président, Monica fut ravie d'apprendre que, à la dernière minute, les stagiaires avaient été invités à assister à une fête surprise organisée cet après-midi-là sur la Pelouse Sud de la Maison-Blanche pour le quarante-neuvième anniversaire de Bill Clinton. Songeant que ce dernier la reconnaîtrait peut-être si elle portait la même tenue que la veille, Monica rentra chez elle, repassa son « tailleur vert porte-bonheur », et retourna à la Maison-Blanche.

La fête, décontractée et légère, avait pour thème le Far West. Les quelque deux cents internes et les employés permanents de la Maison-Blanche s'amusèrent des pitreries de leurs supérieurs, qui avaient organisé une série de sketches parodiques en l'honneur du « Chef ». Le vice-président Al Gore arriva dans un vieux break fatigué, tandis qu'un certain nombre de conseillers au rang élevé, dont Leon Panetta et Harold Ickes, faisaient leur entrée à cheval. Même le président était déguisé en cow-boy. L'animation musicale, c'est logique, était assurée par un chanteur de musique country et western, Jimmy Buffett.

Pendant le spectacle d'anniversaire, le président repéra Monica très tôt, et ne cessa de regarder dans sa direction en souriant – même si elle ne fut pas la seule à bénéficier de la « totale Bill Clinton ». Lorsque le moment fut arrivé pour lui de saluer ses supporters alignés, Monica se plaça au premier rang, et fut récompensée par une poignée de main de Bill Clinton tandis qu'elle lui disait « Happy Birthday, M. le Président ». En réponse, « il plongea son regard dans le mien. Je devins aussitôt accro », se souvient-elle. Alors qu'il s'éloignait, son bras, négligemment mais sans nécessité, effleura la poitrine de Monica. Continuant à descendre le long de la rangée, il se retourna vers la jeune femme et chercha à l'identifier grâce au laissez-passer en plastique pendu à son cou. Elle s'en aperçut et, voyant que le passe était du mauvais côté, s'empressa de le retourner. Ainsi, le président saurait grâce à sa couleur – rose – qu'elle était stagiaire. Il lui adressa un petit sourire satisfait.

Flattée et excitée de l'attention qu'il lui portait, Monica décida de se joindre à un de ses collègues pour aller jusqu'au bout de la rangée. Elle espérait ainsi pouvoir prendre une photo du président (de nombreux invités avaient apporté des appareils photo). Lorsque Bill Clinton arriva à sa hauteur, il aperçut Tom Campbell, un ami proche rencontré à l'université, à Washington. Ils discutèrent du bon vieux temps pendant vingt bonnes minutes, entourés d'une douzaine de personnes – parmi lesquelles Monica et son ami – qui les écoutaient échanger des souvenirs. La fête était terminée, et la plupart des invités s'étaient retirés, ne laissant que Monica et quelques autres sur la pelouse. Quand le président s'éloigna en direction de la Maison-Blanche, il se retourna et croisa le regard de Monica. Dans l'excitation du moment, elle lui envoya un baiser du bout des doigts, et il rejeta la tête en arrière, hilare.

De retour chez elle, la jeune femme s'empressa de raconter à sa mère et à sa tante Debra les événements de la journée, après quoi elle passa le plus clair de la soirée à lire l'autobiographie de Gennifer Flowers, une chanteuse de boîte de nuit avec qui Clinton avait eu une longue liaison, quand il était gouverneur de l'Arkansas. « A l'époque, il y avait tant d'autres femmes qui le trouvaient séduisant que je ne voyais rien de mal à éprouver la même chose, dit Monica. Je me consumais toujours pour Andy, et ce n'était que du flirt – un flirt à la fois amusant et agréable. »

C'est ainsi également que sa mère et Debra virent les choses – rien de plus qu'un flirt frivole, un répit bienvenu pour Monica, occupée à panser ses blessures après sa douloureuse liaison avec Andy Bleiler. « Pour elle, c'était très flatteur, mais ça ressemblait surtout à une histoire de lycéenne, dit Debra Finerman. On n'a pas pris ça au sérieux : tout le monde savait que le président Clinton était un séducteur invétéré et avait des tas d'aventures. Je me rappelle avoir pensé : " Je n'arrive pas à croire qu'un type de son âge se conduise de manière aussi immature. " »

Monica a toujours eu un penchant pour le romanesque et tendance à considérer la vie comme un scénario de film. Aussi, le lendemain, s'attendait-elle à tout instant à ce que les services secrets l'appellent discrètement pour lui annoncer que le président souhaitait la voir. Après tout, le héros de Clinton, John F. Kennedy, s'était ainsi servi des services secrets pour lui amener des femmes durant sa présidence. Chaque fois que le téléphone sonnait, l'estomac de Monica se nouait. La journée s'écoula cependant sans que le président réclame sa compagnie.

Ce bref flirt avec le président faisait du bien à l'ego de la jeune femme, mais, ce qui était plus important, c'est qu'elle appréciait beaucoup son travail. Sa capacité remarquable à mémoriser les chiffres, les dates et les noms lui permettait de se rendre utile en dépit de son inexpérience, et ses supérieurs ne tardèrent pas à remarquer combien elle était consciencieuse et enthousiaste. Monica songeait désormais à travailler à la Maison-Blanche de façon permanente, bien qu'elle ne se considérât toujours pas « faite pour Washington ». Après une conversation avec son superviseur, Tracey Beckett, qui l'encourageait dans cette voie et lui avait promis son appui, elle décida de poser sa candidature pour un second stage, dans l'espoir de décrocher ensuite un poste à temps plein.

C'est avec ce projet en tête qu'elle assista à la mi-août à une autre cérémonie de départ, durant laquelle le président s'arrêta pour bavarder avec un groupe de jeunes gens sur le point de terminer leurs six semaines de stage. Prenant son courage à deux mains, Monica se présenta et se débrouilla pour faire savoir au président qu'elle restait pour une deuxième période. Puis, après une photo de groupe, Bill Clinton s'envola pour ses vacances d'été. Quelques semaines plus tard, Monica et plusieurs autres stagiaires pique-niquaient et profitaient des derniers rayons du soleil d'été sur la West Executive Avenue, qui sépare le Old Executive Office Building de l'Aile Ouest, lorsque, tout à coup, le président sortit de la Maison-Blanche. Les stagiaires, déconcertés par son arrivée inattendue, se levèrent en signe de respect. Au moment de passer devant eux, Bill Clinton sourit à Monica, et ils se firent un petit signe de la main.

A ce moment-là, elle avait déjà révélé à plusieurs de ses amies, dont son ancienne camarade de classe de Beverly Hills, Natalie Ungvari (qui lui rendit visite à Washington en septembre 1995), qu'elle avait le béguin pour le président. Elle avait même écrit à ce dernier un poème pour la Journée Nationale des Patrons, qu'elle avait fait imprimer sur une carte et signer par tous les stagiaires. Cependant, lorsque la directrice du programme de stages, Karin Abramson, avait suggéré qu'elle aille le donner au président, Monica, contrairement à ses habitudes, avait fait une soudaine crise de timidité et avait insisté pour que Mme Abramson l'accompagne. En fin de compte, elles avaient remis le poème à l'un des aides du président, et Monica avait reçu quelque temps plus tard une lettre de remerciements standard en guise de réponse.

La chance lui sourit, cependant, durant le séjour de Natalie Ungvari. Monica avait organisé pour son amie une visite particulière de l'Aile Ouest. Elle-même, toujours stagiaire, n'avait pas le droit de s'aventurer dans ce secteur ; aussi laissa-t-elle Natalie effectuer la visite sans elle et revint-elle la chercher quarante minutes plus tard, dans le hall situé au sous-sol de l'Aile Ouest. Tout en l'attendant, elle bavarda avec Lewis Fox, un officier des services secrets en uniforme, qui lui dit que le président ne tarderait pas à passer par là. Effectivement, une ou deux minutes plus tard, il pénétra dans le hall, où il engagea la conversation avec deux invitées. Puis il se tourna vers Monica. Dès qu'elle lui dit son nom, Bill Clinton, une étincelle dans le regard, répondit : « Je sais. » On prit une photo d'eux ensemble, et tandis qu'ils bavardaient de tout et de rien, Monica remarqua qu'il la détaillait des pieds à la tête. Flattée par cette attention, elle ne put néanmoins s'empêcher de craindre, fidèle à elle-même, qu'il ne la trouve trop grosse ; aussi s'efforça-t-elle de rentrer le ventre tout en lui parlant. Elle remercia sa bonne étoile de lui avoir soufflé de s'habiller en noir, une couleur amincissante, ce matin-là. Ce détail, aussi insignifiant qu'il puisse sembler, résume parfaitement le paradoxe au cœur du caractère de Monica : une jeune femme pleine d'espoir, en apparence sûre d'elle et presque téméraire, et qui est en réalité comprimée intérieurement par son manque de confiance en elle.

Monica avait beau trouver amusants ses rapports de séduction avec le président, elle était avant tout préoccupée, comme tous les jeunes de son âge, par son avenir à long terme. Elle prit deux semaines de congés en octobre 1995 pour passer son GRE, bien décidée à retourner à l'université l'année suivante afin de préparer un doctorat. Elle voulait se ménager une porte de sortie si son projet d'emploi à la Maison-Blanche échouait. Pourtant, si son esprit semblait concentré sur son avenir, elle avait beau essayer d'oublier Andy Bleiler, elle n'y parvenait pas – une fois de plus, son cœur l'emportait sur sa raison. Elle tentait de faire une croix sur leur liaison, mais rien n'y faisait. Abandonnant toute prudence, elle décida de retourner brièvement dans l'Oregon pour le voir. Il ne lui fallut pas longtemps pour comprendre que ce voyage était une terrible erreur.

Dès qu'elle le retrouva, en effet, elle sentit que Bleiler, qui avait été embauché de façon permanente à Canby High School, à Portland, avait repris ses vieilles habitudes et sortait avec une autre fille, maintenant qu'elle-même n'était plus dans les parages. Ses soupçons devaient se révéler horriblement fondés quelques mois plus tard. A l'époque, cependant, afin de lui cacher l'existence de sa nouvelle maîtresse, Bleiler eut recours à la technique bien rodée qu'il avait maintes fois utilisée pour mettre un terme à leur relation : il déclara à Monica qu'il se sentait coupable et voulait se consacrer à sa femme et à leurs enfants. Anéantie par ce rejet, Monica fondit en larmes hystériques, inconsolables, et rentra à Washington déprimée et malheureuse. Elle ne devait plus revoir Andy Bleiler pendant plus d'un an.

Son humeur morose se dissipa néanmoins dès l'instant où elle arriva à l'appartement de sa mère. Sur son répondeur téléphonique l'attendait un message de Jennifer Palmieri, assistante spéciale du chef du personnel de la Maison-Blanche, qui avait appris par Tracey Beckett que Monica cherchait un emploi et lui annonçait qu'un poste se libérait aux Affaires législatives. Elle avait, disait-elle, recommandé Monica à Tim Keating, l'un des assistants du président et le directeur du personnel des Affaires législatives, chargé des embauches et des licenciements.

Quelque temps plus tard, Monica le rencontra autour d'un café. Keating déclara que si Monica – qui n'était pas la seule candidate au poste – était choisie, il lui faudrait s'engager à demeurer en place au moins jusqu'au lendemain des élections prévues en novembre 1996. Monica lui signala qu'elle souhaitait commencer son doctorat à l'automne 96, mais il répondit qu'ils régleraient ce problème le moment venu. Quelques jours plus tard, on invita la jeune femme à rencontrer deux cadres occupant des postes élevés aux Affaires législatives, preuve que son premier entretien s'était bien passé.

Le samedi 11 novembre 1995, jour où l'on célèbre les Vétérans aux Etats-Unis, Monica était dans sa chambre et se morfondait en pensant à Andy Bleiler lorsqu'elle reçut le coup de téléphone qui allait changer sa vie – et, peut-être, le cours de l'histoire américaine – à jamais. Il émanait de Tim Keating ; il avait, disait-il, une bonne et une mauvaise nouvelle pour elle. La bonne était qu'elle avait obtenu le poste et travaillerait au secteur correspondance du Bureau des Affaires législatives de la Maison-Blanche, pour un salaire de 25 000 dollars par an ; la mauvaise, qu'il ignorait quand elle pourrait commencer, en raison d'une mise à pied imminente du gouvernement.

Monica parvint difficilement à contenir sa joie. Dès qu'elle eut raccroché, elle poussa un cri, avant de s'empresser d'appeler ses amis et sa famille. « J'étais surexcitée, se souvient-elle. Moi, tout juste sortie de l'université, je me retrouvais avec un travail rémunéré à plein temps à la Maison-Blanche ! De plus, cela signifiait que j'aurais un de ces laissez-passer bleus tant convoités. J'étais incroyablement fière de moi. »

Le seul problème était cette mise à pied du gouvernement. Celle-ci résultait d'un conflit budgétaire entre le Congrès et le président. Concrètement, le Congrès n'avait pas voté de crédits suffisants au gouvernement pour payer l'administration. Jusqu'à ce que le problème soit résolu, la Maison-Blanche allait donc devoir fonctionner avec un personnel minimal, uniquement composé de quelques conseillers clés. Cependant, dans la mesure où Monica était encore officiellement stagiaire bénévole, elle pouvait être mise à contribution pour combler les vides laissés par les employés permanents obligés de rentrer chez eux.

C'est dans cette atmosphère de crise que Monica Lewinsky prit ses nouvelles fonctions, travaillant au côté des hommes et des femmes les plus puissants du pays, dont le président. C'était une situation hautement inhabituelle – en vérité, extraordinaire ; jamais, en temps normal, un employé « junior » de la Maison-Blanche n'était associé aussi étroitement avec les plus hauts décisionnaires de la nation, travaillant tôt le matin jusqu'à très tard le soir.

Le premier jour – mercredi 15 novembre 1995 –, Monica vit passer le président devant la porte du bureau du chef du personnel, où elle travaillait. Elle articula silencieusement « Bonjour », et il lui sourit en retour avant de se diriger vers le Bureau Ovale.

Etrangement, ce jour-là, le président, qui d'ordinaire ne se rendait au bureau du chef du personnel qu'une fois par semaine, y fit quatre ou cinq apparitions. Au cours d'une de ces visites, Monica, qui savait que Walter Kaye, l'ami de sa mère, devait apporter le matin même au président des chemises faites sur mesure, demanda à Bill Clinton si ses nouvelles chemises lui plaisaient. Le président parut dérouté par la question, et Monica se maudit intérieurement. « Tu as tout gâché – il doit te prendre pour une idiote », songea-t-elle.

En fin de journée, les employés du service, qui formaient un groupe très soudé, avaient prévu de célébrer l'anniversaire de Jennifer Palmieri, l'assistante qui avait aidé Monica à obtenir son poste. Chose surprenante, le président se joignit à cette fête impromptue, et passa une bonne partie de son temps à regarder Monica et à lui sourire ; elle bénéficiait, dans le jargon de la Maison-Blanche, d'une grosse proportion du « temps facial » présidentiel. Pendant un certain temps, elle dut se consacrer à répondre au téléphone : un animateur de débats radiodiffusés controversé avait en effet donné à l'antenne le numéro de téléphone de Leon Panetta en encourageant ses auditeurs à appeler le chef du personnel pour se plaindre de la mise à pied du gouvernement. Aussi, tandis que le président souriait à Monica, celle-ci s'ingéniait-elle à apaiser des correspondants irrités, qui souvent n'hésitaient pas à accabler Bill Clinton d'insultes.

Au bout d'un moment, le président entra dans le bureau privé du chef du personnel. S'en apercevant, et enfin libérée des appels des auditeurs mécontents, Monica décida de faire monter d'un cran l'enjeu de leur rituel de séduction. Elle portait un élégant tailleur-pantalon bleu marine et se tenait debout dos à la porte du bureau. Lorsqu'il en ressortit, elle mit ses mains sur ses hanches et, du bout du pouce, releva sa veste, lui laissant entrevoir son string, qui dépassait un peu de la ceinture de son pantalon. Cet incident, aujourd'hui tristement célèbre, ne constituait pour elle qu'une étape de plus dans leur flirt. Cela ne dura qu'un instant, mais elle fut récompensée par un regard appréciateur du président, quand il passa près d'elle.

C'était un pari calculé, qui aurait pu avoir pour elle des conséquences immédiates et désastreuses. Son amie Neysa DeMann Erbland déclare : « Lorsqu'elle m'a parlé de cette histoire de string, j'ai été choquée. Je la savais sensuelle et joueuse (par nature), mais là, elle était allée très loin. Pour agir ainsi, elle avait dû sentir instinctivement ce qu'il désirait la voir faire. Si elle avait mal lu les signaux qu'il lui envoyait, elle aurait été mise à la porte, cela ne fait aucun doute. Elle était donc certaine que cela lui plairait, et son instinct ne l'a pas trompée. »

A mesure que la soirée se poursuivait, le président fit des apparitions de plus en plus fréquentes dans le bureau où travaillait Monica ; il demandait des gens qui n'étaient même pas dans la Maison-Blanche, puisque tous les aides présidentiels se trouvaient au Capitole, où ils essayaient de négocier avec le Congrès un moyen de sortir le gouvernement de l'impasse. Plus tard, Monica passa devant le bureau de George Stephanopoulos, conseiller en Politique et Stratégie ; jetant un coup d'œil à l'intérieur, elle vit que le président s'y trouvait, seul. Il lui fit un petit signe et dit : « Entrez donc ici une seconde. » Elle obéit et se retrouva seule dans un bureau vide avec le président des Etats-Unis. De manière totalement incongrue, il lui demanda alors où elle avait fait ses études. S'efforçant avec nervosité de faire la conversation, Monica lâcha : « Vous savez, vous me faites vraiment craquer. » Il rit, puis hésita un moment avant de répondre : « Venez avec moi dans le bureau de derrière. »

Le souvenir que garde Monica des moments qui suivirent est aussi vif que romantique. Dans le bureau intérieur, le président s'approcha d'elle avant de l'entourer de ses bras et de la serrer contre lui. « Je me rappelle l'avoir regardé et avoir découvert une personne tout à fait différente de celle que je m'attendais à voir. Il y avait une telle douceur, une telle tendresse en lui... Ses yeux fouillaient votre âme, ils exprimaient une réelle demande, un besoin, et beaucoup d'amour. J'ai également remarqué chez lui une tristesse inattendue. »

D'autres pensées se bousculaient dans son esprit : « Oh, mon Dieu, il est tellement beau – je n'arrive pas à croire que je suis là, debout, toute seule avec le président des Etats-Unis. » Ils parlèrent de ses études, d'où elle venait, et il lui dit qu'elle était superbe et que son énergie semblait rayonner lorsqu'elle se trouvait dans une pièce. « Il raconte probablement ça à tout le monde, mais à l'époque, je me suis vraiment sentie très spéciale. Après, il s'est contenté de me tenir contre lui, comme pour absorber ma valeur et mon énergie de femme, d'être humain. Il m'a demandé s'il pouvait m'embrasser, et quand il l'a fait, c'était doux, profond, romantique. Merveilleux. Tout en l'embrassant, je pensais : " Je n'arrive pas à le croire, " et aussi : " Il embrasse d'une façon incroyablement sensuelle. " »

Puis, tandis qu'il lui caressait le visage et les cheveux, Monica lui déclara d'un ton taquin qu'elle avait déjà fait ça – c'est-à-dire, qu'elle connaissait les règles d'une liaison avec un homme marié. « Je ne voulais pas qu'il s'inquiète, je voulais qu'il se sente à l'aise avec moi, dit-elle. J'avais envie qu'il me fasse confiance. » Elle pensait cependant, réaliste, que la petite amie régulière du président avait dû être « mise à pied » – et qu'il retournerait dans les bras de cette maîtresse dès que la crise politique serait résolue. Cette supposition en dit moins sur la situation que sur le manque de confiance en elle de Monica – elle se considérait toujours comme un pis-aller dans ses relations avec les hommes. A la Maison-Blanche elle s'imaginait, comme à l'école ou à l'université, qu'un homme ne pouvait s'intéresser à elle que par pitié, ou parce que personne d'autre n'était disponible. Aussi profita-t-elle tout simplement de l'instant, de l'excitation qu'elle éprouvait à embrasser le président des Etats-Unis, tout en sachant qu'objectivement il n'y avait guère de chances pour que leur relation aille plus loin.

Le président et la stagiaire récemment promue bavardèrent quelques instants, puis l'un des deux déclara qu'il lui fallait retourner travailler. Il n'allait pas se passer longtemps, cependant, avant qu'ils connaissent une expérience physique plus intime. Deux heures plus tard environ – il était à peu près 22 heures –, Bill Clinton apparut sur le seuil du bureau du chef du personnel et entra, après s'être assuré qu'ils étaient seuls. Monica avait déjà inscrit son nom et son numéro de téléphone sur un papier, qu'elle lui donna. Il y jeta un coup d'œil, sourit et dit : « Si vous voulez me retrouver dans le bureau de George dans cinq ou dix minutes, vous pouvez. » Elle acquiesça. Après avoir attendu nerveusement quelques minutes, Monica fut soulagée lorsque le président lui ouvrit la porte du bureau intérieur de Stephanopoulos, plongé dans l'obscurité, et lui fit signe d'entrer. Ils échangèrent un sourire et s'embrassèrent sur-le-champ. Bientôt, dans l'intensité du moment, leurs gestes se firent beaucoup plus intimes ; ils déboutonnèrent leurs vêtements, commencèrent à se toucher. Puis, pour reprendre les termes dégradants et froids du rapport de Kenneth Starr, « elle lui fit une fellation ».

Pendant ce temps-là, le président prit un coup de téléphone émanant d'un membre du Congrès, sans que Monica cesse de lui donner du plaisir. Le public américain devait par la suite se déclarer tout particulièrement choqué par ce comportement, mais Monica, elle, affirme avoir compris à ce moment-là que Bill Clinton était son « âme sœur sexuelle ». Comme elle le dit : « Nous étions complètement en phase. Certains ont prétendu que c'était avilissant, mais pas du tout, c'était excitant ! Comble de l'ironie, j'ai connu à ce moment-là le premier orgasme de notre liaison. » Ensuite, ils bavardèrent quelques instants. Puis, avant qu'elle quitte le bureau, le président remarqua son laissez-passer rose de stagiaire – elle ne faisait toujours pas officiellement partie du personnel – et observa : « Cela pourrait poser un problème. »

Monica le vit de nouveau plus tard cette nuit-là, en présence cette fois de sa secrétaire personnelle, Betty

Currie, et d'autres employés – passage étrange de leur intimité précédente au formalisme plus habituel de la Maison-Blanche. Elle rentra chez elle sur un petit nuage, encore enivrée par l'odeur de son eau de toilette et euphorique d'avoir passé cette première soirée seule avec lui. Elle réveilla sa mère et sa tante, leur révélant que le président l'avait embrassée. Les deux femmes, pensant qu'elle ne faisait référence qu'à un traditionnel baiser sur la joue, ne furent guère ravies d'avoir été tirées de leur sommeil pour si peu.

Le lendemain, ce fut une Monica inquiète qui arriva au bureau. Nerveuse, elle s'efforçait d'interpréter le langage du corps du président. Tout d'abord, en passant dans le bureau du chef du personnel, il l'ignora ; puis lorsque, en retour, elle feignit elle aussi l'indifférence, il se montra beaucoup plus intéressé, à tel point qu'à la fin de la journée l'une des stagiaires qui travaillait dans le bureau dit à Monica : « Je crois que le président craque pour toi. » Cela fit aussitôt tinter une sonnette d'alarme dans la tête de la jeune femme. « J'ai sursauté et je me suis sentie nerveuse », rapporte-t-elle.

Elle éprouva un certain soulagement, en conséquence – mais aussi de l'anxiété –, quand le président s'abstint de rendre la moindre visite au bureau le 17 novembre. A mesure que la journée avançait, elle se faisait à l'idée qu'ils avaient passé un bon moment, point final.

Ce soir-là, débordés, les employés du bureau travaillèrent fort tard, et Monica commanda des pizzas pour tous. Malheureusement, son collègue Barry Toiv la heurta avec sa pizza et elle dut se précipiter aux toilettes pour nettoyer sa veste rouge toute neuve. Le président la vit sans doute passer dans le couloir, car lorsqu'elle ressortit, elle le trouva debout sur le seuil du bureau de Betty Currie. Comme elle passait devant lui, il lui dit : « Tenez, vous pouvez sortir par ici. »

Pour la première fois, Monica pénétra dans le saint des saints, le Bureau Ovale. Puis ils passèrent dans le bureau de derrière du président, où ils bavardèrent et « batifolèrent ». « J'étais complètement déboussolée, je me disais :

“ Oh, mon Dieu, je traverse le Bureau Ovale. C’est incroyable ! ” »

De nouveau, ils bavardèrent un moment, et Monica lui proposa de l’appeler chez elle. Lorsqu’il lui répondit qu’il était inquiet à cause de ses parents, elle le rassura : « C’est bon, j’ai ma propre ligne téléphonique, pas de problème. » Puis, aussi peu sûre d’elle-même qu’à son habitude, elle ajouta : « Je parie que vous ne vous souvenez même pas de mon nom », ce à quoi il répondit : « Lewinsky, quel genre de nom est-ce là, au fait ? » « C’est juif », riposta-t-elle aussitôt.

Elle sortit pour aller lui chercher quelques tranches de pizza végétarienne, ce qui lui permit de se retrouver de nouveau seule avec lui, quand elle eut réussi à passer le bureau de Betty Currie. A portée de voix de cette dernière, le président dit alors à Monica qu’elle pouvait passer par ses quartiers privés pour retourner dans le couloir principal – ce qui signifiait que la secrétaire ne la verrait pas partir.

Le couple « batifola » ensuite dans la salle de bains du président, et ce fut alors que Monica déboutonna pour la première fois la chemise de Bill Clinton. « Ce fut un moment délicieux. C’était la première fois que je le voyais sans sa chemise, et il a rentré le ventre. J’ai trouvé ça absolument adorable. J’ai dit : “ Oh, vous n’avez pas besoin de faire ça, j’aime votre ventre. ” C’était très mignon, attachant – pour moi, ça le rendait davantage réel. » Ce fut également à cette occasion que le président fit prendre à la relation un tour plus sérieux en déclarant à Monica qu’en général, il était là le week-end, quand la Maison-Blanche était relativement calme. « Tu peux venir me voir à ce moment-là », lui dit-il, sans pour autant expliquer comment une rencontre aussi clandestine pouvait être arrangée. Elle se souvient d’avoir pensé : « Je peux difficilement arriver et frapper comme ça à la porte de la Maison-Blanche. »

Un peu plus tard, ce soir-là, elle lui proposa de venir rejoindre les autres employés pour bavarder autour d’une pizza, et il accepta. Elle demanda alors à quelqu’un de la prendre en photo avec lui. Sur cette photographie, elle qui d'ordinaire est accoutumée à donner le change en public pour dissimuler son malheur privé sourit pour une fois de tout son cœur à l'appareil. Déjà, l'excitation troublante de cette nouvelle relation, aussi temporaire dût-elle être, commençait à chasser la noire dépression causée par son ex-amant, Andy Bleiler. Cette aventure arrivait à point nommé, même si, de toute évidence, Monica ignorait si elle allait durer. En vérité, elle n'était même pas sûre que le président se souvenait de son nom. Ses soupçons s'accrurent lorsque, une fois la crise de la mise à pied terminée, elle prit ses nouvelles fonctions au Bureau des Affaires législatives. Elle le croisa une fois ou deux dans le couloir ; or, s'il la salua toujours, il l'appela invariablement « Kiddo [1] ».

Elle ne souffrit pas trop de cette négligence. « J'étais vraiment très contente de ne plus penser à Andy. En quelque sorte, je me disais : " Il y a quelqu'un d'autre qui s'intéresse à moi, maintenant. " Cela n'a rien d'extraordinaire, beaucoup de filles oublient un type grâce à un autre. C'est comme ça que ça se passe – sauf qu'en général, l'autre type n'est pas le président des Etats-Unis. »

En fait, après leur seconde entrevue privée, le 17 novembre, Monica commençait à considérer Bill Clinton davantage comme un homme que comme le président des Etats-Unis, et elle était plus sensible à sa vulnérabilité et à ses faiblesses qu'impressionnée par sa fonction. Cette jeune femme qui se considère elle-même comme une véritable « patrouille de mode » se donna alors pour mission de rajeunir l'image du président. Ce n'était pas la première fois qu'elle prenait en main le « look » de quelqu'un : son père, son frère et ses divers petits amis avaient déjà tous, par le passé, été soumis à son regard impitoyable.

Vers la fin de la période de mise à pied, Monica contacta Betty Currie, dont le bureau était adjacent à celui du président, et lui demanda de donner de sa part

---

1. Diminutif affectueux de *kid*, qui signifie « petite fille », « gamine ». (*N.d.T.*)

une cravate à Bill Clinton. Monica expliqua qu'elle avait vendu des cravates durant toutes ses études et serait ravie d'en choisir une pour lui. Betty accepta.

Dans sa tête, Monica voyait clairement une cravate qui serait à la fois « classe et présidentielle » et en même temps « jeune, avec un peu de punch et du tonus ». Elle souhaitait aussi, bien sûr, que le président pense à elle chaque fois qu'il la porterait. Après des heures de recherches, elle finit par opter pour une cravate italienne en soie cousue main de chez Zegna et l'apporta à Betty Currie, qui lui promit de la donner au président. Monica fut aux anges lorsque, quelques jours plus tard, elle tomba par hasard sur Betty Currie, qui lui dit que Clinton, qui se trouvait à ce moment-là en visite en Irlande, avait non seulement dit qu'il « adorait » la cravate mais s'était fait photographier avec – photo qu'il comptait offrir à Monica.

Au début du mois de décembre, peu après le retour d'Irlande du président, Monica traversait l'Aile Ouest quand elle le vit discuter avec quelques-uns de ses conseillers. L'apercevant, il se détourna du groupe et demanda : « Avez-vous reçu la photo où je porte la cravate ? » Déconcertée et assez gênée qu'il ait interrompu sa conversation pour s'adresser à elle, elle répondit que non, et passa son chemin. Plus tard ce jour-là, cependant, Betty Currie l'appela et lui demanda de venir. Lorsqu'elle arriva, la secrétaire lui dit d'aller voir le président, qui voulait lui dédicacer la photographie. Elle entra dans son bureau, et il inscrivit sur la photo : « A Monica Lewinsky, Merci pour la jolie cravate, Bill Clinton. » Il semblait connaître son nom, en définitive...

Monica se souvient de leur rencontre, cet après-midi-là, comme d'un moment très humain. Sachant, à la suite de leurs précédentes conversations, combien son poids était un sujet sensible pour elle, Clinton la complimenta sur les kilos qu'elle avait perdus depuis leur dernière entrevue : « Vous êtes vraiment très mince. » « Il pouvait se montrer vraiment adorable, dit-elle. C'est de son côté tendre, petit garçon, que je suis tombée amoureuse. » Ils se rendirent dans le bureau de derrière, où il lui offrit un Coca Light ; ils s'embrassèrent puis se mirent à parler.

Monica se souvient : « Il était si réel, tellement plus doux et gentil qu'Andy... C'est ainsi que je l'ai perçu, et c'est de cette partie de lui que je suis tombée amoureuse. »

Avant qu'ils se séparent, cet après-midi-là, elle lui dit : « Je suis probablement la seule personne dans le monde entier qui souhaiterait que vous ne soyez pas président. »

5

« Il était comme un rayon de soleil. »

Le dimanche 7 janvier 1996, le mercure était descendu bien en dessous de zéro. En raison de la neige, qui arrivait en tourbillonnant de l'ouest en cette matinée, les rues demeuraient vides et les autoroutes presque désertes. A la télévision, les présentateurs des bulletins météo prévoyaient que le blizzard qui sévissait sur Washington ce jour-là durerait plusieurs jours. « Restez chez vous et maintenez-vous au chaud » était le morose refrain général.

Chez sa mère, dans l'immeuble du Watergate, Monica était allongée sur son lit. Elle feuilletait paresseusement un livre, s'arrêtant de temps en temps pour regarder tomber les flocons, lorsque le téléphone sonna. Elle tendit le bras pour répondre, mais son correspondant raccrocha. Deux ou trois minutes plus tard, le téléphone sonna de nouveau. Cette fois, son répondeur se mit en marche avant qu'elle ait pu décrocher. Comme elle appuyait sur le bouton pour arrêter le message, une voix d'homme dit : « Ah ! donc j'imagine que tu es là. » Monica pensa qu'il s'agissait de Jason Lesner, son ami de l'université. « Ouais, je suis là. Comment vas-tu ? Quoi de neuf ? » répondit-elle en se roulant en boule sur son lit, prête à bavarder confortablement pendant un long moment.

Soudain, cependant, elle comprit la vérité. Elle n'en croyait pas ses oreilles : le président l'avait appelée chez elle ! « Oh, mon Dieu, dit-elle, c'est vous... Euh, bonjour. Je suis désolée de ne pas avoir reconnu votre voix. » Après quelques minutes de menus propos, il lui dit qu'il comptait aller travailler quarante-cinq minutes plus tard environ. Comprenant à demi-mot, Monica lui demanda s'il souhaitait de la compagnie. « Ce serait super », répondit-il. Elle lui donna le numéro de téléphone de son poste au bureau et ils convinrent de se reparler d'ici à peu près une heure.

Elle s'habilla à la hâte et fit les yeux doux à son frère – fort réticent – pour qu'il la conduise en voiture à la Maison-Blanche, un dimanche et sous la neige. Sur le chemin, elle songea qu'elle allait à son premier rendez-vous avec le nouvel homme de sa vie. « Ce n'était guère un rendez-vous de rêve, j'imagine », plaisante-t-elle aujourd'hui. Et pourtant, le coup de fil du président constituait bel et bien un progrès remarquable dans leur relation. Lors de leurs précédentes rencontres, durant la mise à pied, on aurait pu se dire qu'elle s'était seulement trouvée au bon endroit au bon moment. « Je suis sûre que c'était exactement pareil avec les millions d'autres femmes avec qui il est sorti ou a flirté ou par qui il a été attiré. C'était juste la combinaison de plusieurs facteurs ; l'attirance existait, et le " timing " était bon. En raison de la mise à pied, nous avons eu la possibilité de nous retrouver seuls tous les deux », dit Monica.

Ensuite, après les débuts de la jeune femme au Bureau des Affaires législatives, les rares fois où elle avait vu le président, il l'avait généralement appelée « Kiddo ». Cela, on s'en souvient, avait poussé Monica, toujours prête à voir les choses du mauvais côté, à penser qu'il ne se souvenait plus de son nom. Elle l'avait même taquiné à ce sujet lorsque, le soir de la Saint-Sylvestre 1995, deux semaines environ après l'affectueuse entrevue durant laquelle il lui avait remis la photo le représentant avec la cravate qu'elle lui avait envoyée, ils s'étaient retrouvés par hasard dans le cabinet de travail intérieur du Bureau Ovale. L'un des intendants de la Maison-Blanche, Bayani Nelvis, offrait à Monica un cigare Davidoff de la réserve personnelle du président lorsque Clinton lui-même était entré de façon impromptue.

Il avait envoyé Nelvis lui chercher quelque chose et s'était ainsi retrouvé seul avec Monica. Là-dessus, cette dernière avait déclaré, comme pour faire des présentations : « Monica Lewinsky, Président Kiddo. » Aussitôt sur la défensive, Bill Clinton avait déclaré qu'il avait cherché à la joindre mais avait perdu son numéro de téléphone ; il avait, affirma-t-il, regardé dans l'annuaire, mais il ne s'y trouvait pas. Ses accents de petit garçon perdu émurent profondément Monica. « C'était tellement mignon », se souvient-elle. Ils ne tardèrent pas à s'embrasser, puis à aller plus loin, même si, une fois de plus, ils s'arrêtèrent avant d'avoir réellement fait l'amour. Ensuite, le président lui dit de nouveau qu'elle pouvait le voir le week-end. Elle lui laissa son numéro de téléphone – inscrit sur liste rouge – en lui disant, joueuse, que c'était la dernière fois. Après qu'il lui eut souhaité une bonne année et donné un long baiser, Monica rentra chez elle, totalement euphorique.

Mais si cette rencontre avait été amusante, elle avait également été impromptue. Le 7 janvier, en revanche, le président avait clairement exprimé son désir de la voir. Tandis que son frère la conduisait en voiture à la Maison-Blanche, Monica savait désormais avec certitude que le président s'intéressait vraiment à elle. Après que Michael l'eut déposée, elle se rendit dans son bureau ; puis, comme cela devait se reproduire maintes fois durant leur liaison, elle attendit que le téléphone sonne. Bill Clinton fut fidèle à sa parole : bientôt, le mot POTUS – acronyme de « President of the United States » – clignota sur l'écran de l'appareil. Ils convinrent que Monica passerait devant son bureau, des papiers à la main. Lui ferait en sorte de se trouver dans les parages, afin de la rencontrer « par hasard ». Tous deux savaient parfaitement qu'il leur fallait faire attention – c'est d'ailleurs là un sujet qui allait revenir encore et encore dans leurs conversations, tout au long de leur relation. Ils étaient d'autant plus prudents qu'un jour le président avait entendu dire qu'on racontait qu'il avait le béguin pour une stagiaire.

Ses papiers à la main, Monica passa comme prévu devant le Bureau Ovale, mais à sa grande horreur, elle vit que la porte était fermée et que l'agent spécial Lew Fox montait la garde. Elle bavarda avec lui quelques instants avant que le président ouvre la porte. Il salua Monica et inventa une excuse pour la faire entrer, annonçant à Fox qu'elle resterait un moment.

Un « premier rendez-vous » dans le Bureau Ovale... C'était aussi irrésistible qu'étrange. « D'un côté, j'étais excitée de le voir comme une fille peut l'être de voir son amoureux, dit-elle. D'un autre côté, je me retrouvais installée sur un canapé dans le Bureau Ovale. C'était dingue. » Le président lui demanda si elle voulait boire quelque chose, ce qui les conduisit dans le cabinet de travail intérieur. De là, ils passèrent dans la salle de bains, la zone la plus tranquille de ses quartiers privés où, selon le témoignage de Monica, ils eurent des rapports « intimes » pendant environ une demi-heure. « C'était, dit-elle aujourd'hui, de plus en plus intense et passionné ». Après, ils bavardèrent pendant un long moment dans le Bureau Ovale, lui assis derrière son bureau et Monica à sa droite, sur ce qu'ils appelèrent « sa chaise ». Elle fit une plaisanterie suggestive à propos du cigare qu'il mâchonnait – anticipant, peut-être, l' « incident du cigare », qui devait se produire plus tard cette année-là.

Dans son rapport, le juge Kenneth Starr, le procureur indépendant qui enquêta sur le scandale Clinton-Lewinsky, s'est concentré avec un souci humiliant du détail sur les aspects sexuels de leur liaison, mais pour Monica, c'était le côté sentimental de la relation qui était le plus important. « Il y avait chez lui un côté très enfantin, très petit garçon que je trouvais infiniment séduisant. Je lui ai dit un jour qu'il était comme un rayon de soleil, de ceux qui font pousser les plantes plus vite et qui rendent les couleurs plus éclatantes. En même temps, j'aimais être avec lui ; je me sentais séduisante en sa compagnie. Mais je ne pensais pas que je tomberais amoureuse de lui. C'était amusant, tout simplement. Bien sûr, le fait qu'il ait été président ajoutait à mon excitation, ce serait mentir que de le nier. » Par ailleurs, plus cette nouvelle aventure lui occupait l'esprit, et moins elle pensait à Andy Bleiler.

Monica avait beau considérer Bill Clinton davantage comme un homme que comme le président, son insécurité latente la poussait à douter en permanence de ce qu'elle-même représentait pour lui. Elle jaugeait constamment l'homme qu'elle commençait à connaître à l'aune des ragots qui circulaient de façon souterraine au sujet de ses multiples aventures. « J'avais deux approches de lui, dit-elle. D'un côté, il y avait un homme sensible, tendre, aimant, un homme plein d'attentes qui semblait privé du type d'amour et de l'attention dont il avait besoin, et de l'autre, sa réputation de don Juan séduisant une femme différente chaque jour. »

Cette incertitude affective faussait les sentiments de Monica à son égard. Ainsi, lorsqu'il promit de l'appeler ou de la voir, et que rien ne se produisit, cela ne fit que nourrir son insécurité vis-à-vis de leur relation et renforcer ses inquiétudes habituelles concernant son apparence et son poids. Un coup de fil du président chez elle à minuit, vers le milieu du mois de janvier, joua sur ces peurs. Il bavarda avec elle pendant un moment, puis pour la première fois, à l'instigation du président, la conversation téléphonique se fit sexuelle. Au moment de raccrocher, Monica était inquiète, ne sachant si ce qu'elle lui avait dit lui avait plu ; connaissant la réputation de Bill Clinton et toujours désireuse de plaire, elle craignait que la conversation ne se soit pas déroulée comme il l'espérait et qu'en conséquence il ne veuille plus jamais la voir ou lui parler, et ne tarde pas à l'oublier pour de bon. Pourtant, il termina la conversation d'une façon qui allait devenir familière : « Fais de beaux rêves », lui dit-il. En dépit de ces mots tendres, Monica était obsédée par ses inquiétudes, d'autant que le président n'avait pas tenu la promesse qu'il lui avait faite plus tôt de la rappeler.

Le dimanche suivant, 21 janvier, comme elle quittait son travail pour rejoindre sa mère, avec qui elle devait aller acheter un manteau, elle vit le président, accompagné par un garde du corps, dans le hall d'entrée de la Résidence. Ils bavardèrent aimablement tout en remontant le couloir ; puis, comme Monica s'apprêtait à partir, Bill Clinton lui dit qu'elle pouvait passer par le Bureau Ovale, après quoi il déclara à l'agent spécial qu'il n'avait plus besoin de lui.

Une fois entrée, cependant, Monica demeura ferme et refusa sa proposition d'aller dans le cabinet de travail intérieur, où s'étaient déroulées la plupart de leurs rencontres intimes.

Avant que leur aventure aille plus loin, elle était en effet déterminée à mettre les choses au clair avec lui – et, pour cela, le Bureau Ovale semblait un endroit tout indiqué, d'autant plus qu'elle portait un béret noir de style militaire, ses cheveux ayant été réfractaires à toute coiffure, ce matin-là. Elle lui reprocha de ne pas lui avoir donné de nouvelles et fit valoir qu'elle n'avait aucun moyen de savoir ce qu'il éprouvait pour elle. A mesure qu'elle s'exprimait ainsi, toutes ses peurs et ses angoisses ressortaient. S'il souhaitait qu'elle soit timide, qu'elle lui fasse des cérémonies et le traite simplement comme le président, elle obéirait, lui dit-elle. Si, en revanche, il voulait qu'elle le considère comme un homme, il fallait qu'il y ait entre eux un minimum d'échange.

Avec un sourire très doux, il passa un bras autour d'elle et la conduisit dans le bureau intérieur, où il la serra contre lui et la complimenta sur son béret, qui encadrait si bien son « adorable petit visage ». Il souffrait, non seulement physiquement – il a des problèmes de dos chroniques – mais aussi sur le plan affectif : ce jour-là, il venait d'apprendre le premier assassinat d'un militaire américain en Bosnie. Même si Monica et lui se livrèrent ensuite à leur forme particulière de jeu sexuel, le moment demeurait chargé d'émotion pour tous les deux, en particulier pour le président qui, en tant que commandant en chef de toutes les armées américaines, avait une conscience aiguë de ses lourdes responsabilités.

« Tu ne te rends pas compte du cadeau que c'est pour moi de pouvoir être avec toi et te parler, lui dit-il. Je tiens beaucoup aux moments que nous passons ensemble. On se sent très seul, ici, et les gens ne le comprennent pas vraiment. » Les yeux embués par l'émotion, la nouvelle de la mort du soldat américain encore très fraîche dans sa mémoire, il lui parla ensuite des décisions difficiles qu'il lui fallait prendre. « J'en ai été malade, dit-il. C'est vraiment dur de savoir que quelqu'un est mort à cause d'un ordre que vous avez donné. »

Sa détresse émut profondément Monica. « A ce moment-là, je me suis dit que notre pays avait de la chance d'avoir un homme aussi compatissant et attentionné comme président, et je me suis sentie beaucoup plus proche de lui. Notre relation avait débuté par une attirance physique mutuelle, mais un lien affectif authentique commençait à se former. Ce jour-là fut un jalon important ; j'étais plus près que jamais de tomber amoureuse de lui. »

En tout cas, le président ne faisait pas grand-chose pour l'en décourager. Il l'appelait régulièrement au bureau ou chez elle ; il s'arrangea pour la voir à une fête organisée pour le départ d'un employé de la Maison-Blanche et flirta avec elle lors de plusieurs occasions publiques. A certains moments, il se conduisait davantage comme un adolescent enamouré que comme le président des Etats-Unis, répétant constamment à Monica qu'en sa compagnie il avait l'impression d'avoir de nouveau vingt-cinq ans. Il la complimentait très souvent sur sa beauté, son énergie et son esprit et était parfois amusé par certaines de ses remarques, que pourtant elle-même trouvait mondaines ou banales.

Les exemples de l'ardeur nouvelle, presque puérile du président abondent. Une fois, Monica revenait du mess du personnel lorsqu'il lui fit de grands signes depuis l'intérieur du Bureau Ovale. D'autres visiteurs, croyant que c'était à eux qu'il s'adressait, le saluèrent à leur tour. Elle retourna à son bureau, où il l'appela presque aussitôt – ce qui était risqué, car un des autres employés aurait pu décrocher son téléphone à sa place – et lui dit : « Je t'ai vue dans le couloir aujourd'hui. Je t'ai trouvée vraiment très mince. »

Ce qui avait commencé comme un simple flirt, à peine plus qu'un jeu entre Monica et l'homme qu'elle surnommait désormais « Handsome », semblait se transformer en affaire bien plus sérieuse. Le premier dimanche de février, ils se retrouvèrent de nouveau dans son bureau, après avoir une fois de plus organisé une rencontre fortuite à l'extérieur. Bien que, comme c'était à présent coutumier, cette entrevue ait eu son côté intime, ils passèrent le plus clair de leur temps à bavarder, abordant de nombreux sujets, sérieux, sexuels ou amusants. Ils parlèrent de leurs dépucelages respectifs, des *rangers* de Monica – « Exactement les mêmes que celles de Chelsea », observa-t-il, faisant référence à sa fille – et de la relation malheureuse de Monica avec Andy Bleiler. « C'est vraiment une ordure », affirma le président.

Au cours de cette conversation, Monica se sentit même assez sûre d'elle pour exprimer sa crainte cachée concernant les fondements de leur relation, lui demandant d'un ton léger si seul l'aspect sexuel l'intéressait. Le président parut sincèrement choqué qu'elle pût penser une chose pareille. Des larmes dans les yeux, il lui dit avec emphase : « Je ne veux pas que tu aies cette impression. Ce n'est pas de cela qu'il est question. »

La teneur de cette discussion, tout comme le rythme qu'avait pris leur relation, commençait à indiquer qu'il disait vrai. Monica se sentait désormais tellement à l'aise et naturelle avec le président que, sur le point de s'en aller, elle passa son bras autour de lui – il était assis à son bureau – et le serra brièvement contre elle. Il embrassa son bras et dit qu'il l'appellerait. Lorsqu'elle lui demanda s'il avait ses numéros, il récita sur-le-champ aussi bien son numéro personnel que son numéro de poste. « O.K., vous êtes reçu », dit-elle gaiement en prenant congé de lui pour retourner dans son bureau. Quelques minutes plus tard à peine, il l'appela pour lui dire qu'il avait été vraiment content de la voir, la qualifiant de personne « chouette ». « J'étais euphorique, tout simplement euphorique, se souvient-elle. Au début, c'étaient des contacts sexuels très crus, mais là, ils avaient évolué et étaient également devenus romantiques et tendres. »

Bien sûr, les rencontres et les coups de téléphone furent importants, mais le système de communication qu'ils réussirent à mettre en place en public joua également un rôle crucial dans leur relation. Parce qu'elle connaissait son emploi du temps quotidien, Monica parvenait régulièrement à se débrouiller pour qu'ils se croisent dans le couloir, juste pour dire « Bonjour ». Lors des événements publics, comme les cérémonies d'arrivée, ils se regardaient discrètement et se souriaient. Ce genre de comportement n'est pas un cas isolé. Pendant sa liaison avec le capitaine James Hewitt, Diana, la princesse de Galles, avait pris l'habitude de porter du vernis à ongles rouge pour faire savoir à son amant qu'elle pensait à lui, et elle-même éprouvait un certain amusement lugubre à voir le prince Charles et sa maîtresse, Camilla Parker-Bowles, se chercher du regard lors des manifestations publiques.

Pour Monica Lewinsky et Bill Clinton, c'étaient les cravates qu'elle lui achetait qui constituaient une sorte de commentaire en direct de leur relation. Elle lui disait souvent : « J'adore quand tu portes une de mes cravates, parce que alors je sais que je suis proche de ton cœur. » Il mettait invariablement l'une d'elles le lendemain des jours où ils s'étaient retrouvés, ou en cas d'événement significatif. Une fois, Monica lui offrit une cravate Hugo Boss multicolore (bleu vif, noir et blanc) deux jours avant une séance de photographies prévue avec les employés du Bureau des Affaires législatives de la Maison-Blanche, dont elle faisait partie. Elle lui demanda de la porter à cette occasion, et lorsqu'il le fit, elle songea qu'il avait réussi un petit test privé. « Je me demandais s'il pensait à moi, le matin de cette photographie au bureau, et voilà, c'était le cas », dit-elle. Malheureusement, ironie cruelle, la séance de photo elle-même fut annulée.

Bill Clinton était lui aussi conscient de l'importance de ces cravates. Le 26 octobre 1996, lors d'un rassemblement public en Virginie, Monica lui demanda en plaisantant où il avait trouvé sa cravate, et il répondit : « Une fille qui a beaucoup de style me l'a offerte. » La jeune femme pense qu'il découpa un jour délibérément l'une de ses cravates, avant de raconter à Betty Currie qu'elle avait été abîmée dans le courrier. Cette ruse lui donna une excuse pour faire venir Monica dans son bureau, et donc pour se retrouver seul avec elle pendant un moment sans éveiller de soupçons.

Aussi, lorsque Bayani Nelvis, l'intendant de la Maison-Blanche, arbora l'une des cravates de Monica pour témoigner devant le Grand Jury, vit-elle là un signe important, tout comme lorsque le président lui-même en mit une, le jour où elle comparaissait devant le Grand Jury, en août 1998. Elle eut le sentiment que c'était de sa part un geste de soutien. Bien que, dans son propre témoignage au Grand Jury, Bill Clinton ait nié attacher la moindre importance à ces cravates, Monica est formelle : il savait parfaitement ce qu'il faisait. « Malgré ce qu'il a dit, j'emporterai dans la tombe la certitude que ce n'était pas par hasard qu'il portait ma cravate, ce jour-là. »

En février 1996, en tout cas, de telles éventualités étaient inimaginables. Malgré tout, il était clair que, tôt ou tard, la bulle sentimentale entourant ce qui allait devenir l'idylle de bureau la plus célèbre du monde finirait par éclater. Monica perçut le changement d'humeur presque aussitôt après leur conversation téléphonique du 7 février, lorsque le président cessa de l'appeler. Elle espérait qu'il lui téléphonerait le jour de la Saint-Valentin, mais ce n'est que le 19 février – « jour du Président », aux Etats-Unis – qu'elle eut de ses nouvelles. Il l'appela chez elle ; c'était la première fois qu'elle lui parlait en quinze jours. Quand elle lui demanda si elle pouvait le voir, il hésita. Aussi, pour la première et dernière fois, se rendit-elle dans le Bureau Ovale sans y avoir été invitée.

Quittant l'appartement de sa mère, Monica se dirigea vers la Maison-Blanche (le jour du Président étant férié, elle n'était pas allée travailler, ce lundi-là), où elle arriva un peu après midi. Une fois sur place, elle s'arma d'un paquet de papiers – officiellement à faire signer au président –, alla jusqu'au Bureau Ovale, et fut introduite à l'intérieur par l'agent des services secrets toujours présent à la porte. Elle était déjà anxieuse et au bord des larmes, et comprit immédiatement que quelque chose n'allait pas. Assis à son bureau, le président lui dit que, même s'il l'aimait beaucoup, il se sentait vraiment coupable de leur liaison : il ne voulait pas faire de mal à Hillary et à Chelsea, et souhaitait se consacrer à son couple. « Je ne veux pas être comme ce connard [Andy Bleiler] là-bas, dans l'Oregon », ajouta-t-il.

Il balaya d'un geste ses supplications et dit : « Tu sais, si j'avais vingt-cinq ans [il devait fêter ses cinquante ans cette année-là] et si je n'étais pas marié, je te prendrais immédiatement sur le tapis, là-bas derrière, en trois secondes. Mais tu comprendras en vieillissant. » Leur différence d'âge, le fait qu'elle verrait les choses différemment quand elle serait plus âgée devait être un thème récurrent tout au long de leur relation. Il la serra contre lui en guise d'adieu et lui dit qu'ils resteraient amis. Monica essaya de réagir bravement, mais elle était éperdue de douleur. Sur le chemin du retour, pour couronner une journée de chagrin et de larmes, un de ses pneus creva.

Elle versa des larmes amères, cette nuit-là. Pour sa mère et sa tante Debra, cependant, la fin de cette liaison constituait un énorme soulagement. Elles avaient vu les rapports de Monica avec le président évoluer avec, dans un premier temps, un certain amusement, puis avec une inquiétude croissante. Au départ, lorsqu'elle avait placé une photo de lui dans sa chambre et s'était mise à parler de ses yeux magnifiques et de sa beauté, elles n'avaient pas tenu compte de ces bavardages, n'y voyant qu'un engouement sans conséquences. Au cours des semaines suivantes, cependant, comme du sang suintant derrière une porte close, la terrible vérité leur était apparue. A présent, elles éprouvaient une peur paralysante – peur que Monica ne souffre, peur de la voir de nouveau impliquée avec un homme marié, et par-dessus tout, peur persistante que cette affaire ne les dépasse et qu'elles ne puissent la comprendre, sans parler de la gérer avec bon sens.

Marcia dit : « Il m'a fallu des mois pour réaliser que son admiration pour lui s'était muée en quelque chose de personnel. Il faut dire qu'elle ne m'a jamais parlé du côté sexuel de leur relation et que j'ai fermé les yeux sur cet aspect. Lorsque j'ai compris qu'il se passait quelque chose d'inquiétant, j'ai été déçue et démoralisée. J'avais le sentiment que c'était mal – pas tant dans le sens biblique que mal pour elle en tant que jeune femme. C'était une relation sans issue et elle me faisait peur à cause de son énormité. C'était un secret terrible à porter. Elle savait combien j'étais inquiète, mais au fond de moi, j'espérais que ça se calmerait. En réalité, qu'aurais-je pu faire ? Prendre la Maison-Blanche d'assaut, dire « Je suis la maman de Monica, je voudrais parler au président » et aller le gronder ? Lui demander de laisser ma petite fille tranquille ? C'est absurde. »

En décembre 1995, Monica avait parlé à sa meilleure amie, Catherine Allday Davis, de son aventure avec le président. Au début, Catherine avait considéré cette relation comme une expérience incroyable, excitante mais destinée à être brève, qui aiderait son amie à oublier Andy Bleiler. Cependant, connaissant la capacité de Monica à être sa propre pire ennemie, elle s'était inquiétée de plus en plus en voyant les semaines passer. « J'ai commencé à être ennuyée pour elle. J'avais peur que ça ne devienne une autre histoire comme celle qu'elle avait vécue avec Andy, que ça monopolise ses émotions et son énergie et qu'elle finisse par tomber amoureuse de lui. Ce qui m'horrifiait surtout, c'est que je savais que ce n'était pas la relation dont elle avait besoin, ni celle qu'elle souhaitait à ce stade de son existence. Il lui fallait quelqu'un qui lui accorde toute son attention ; elle a fini avec l'homme le moins disponible de la planète. »

Naturellement, Monica ne voyait pas cela ainsi, en dépit de ce que lui avait dit Clinton lorsqu'il avait décidé de mettre un terme à leur liaison. En larmes, triste et déprimée, elle se lamentait sur ce qui aurait pu être, rêvant de son « Handsome ». Elle continua à faire son travail, mais le fait de voir la photo souriante de Clinton sur tous les murs de la Maison-Blanche ne faisait qu'empirer les choses.

Elle savait qu'il était président, qu'il occupait le poste le plus important du monde et qu'en conséquence son agenda était surchargé. Cependant, avant leur entrevue fatidique du 19 février, elle ne l'avait jamais vraiment considéré comme un homme marié. Elle avait vu Hillary Clinton au bal de Noël des employés de la Maison-

Blanche, mais la First Lady demeurait pour elle un personnage en marge de son univers. En conséquence, ses sentiments vis-à-vis de l'épouse de son amant étaient confus et contradictoires.

D'un côté, elle adhérait à la croyance très répandue que le couple Clinton était un simple arrangement professionnel – un arrangement qui, de surcroît, prendrait fin aussitôt le mandat présidentiel de Bill Clinton terminé. De l'autre, elle reconnaissait que le président et la First Lady étaient tous deux intellectuellement « brillants », et qu'ils se comprenaient à un niveau que les simples mortels avaient du mal à appréhender. Mais, de toute façon, les sentiments de culpabilité que Monica aurait pu nourrir étaient atténués par l'euphorie de sa liaison, ainsi que par quelques rêves éveillés occasionnels à propos du futur. « A ce moment-là, dit-elle, je ne pensais pas que nous avions un avenir ensemble. Il y avait des jours où je me disais que peut-être ils [les Clinton] se sépareraient après la fin de son mandat et qu'il serait libre. D'autres fois, je me résignais à admettre qu'ils resteraient toujours mariés. » Au cœur de sa détresse, elle s'accrochait au faible espoir de voir un jour sa relation avec Bill Clinton reprendre, comme cela s'était produit si souvent avec Andy Bleiler. Son rêve ne tarda pas à être exaucé.

Une semaine environ après leur rupture, elle tomba par hasard sur le président, qui traversait le hall en sous-sol de l'Aile Ouest avec un certain nombre de ses aides. Faisant aussitôt demi-tour, elle se hâta de battre en retraite. Elle ne voulait pas en effet être vue en compagnie du président par Evelyn Lieberman, alors assistante du chef du personnel. Celle-ci était célèbre pour sa langue acérée et son tempérament irascible, et Monica la suspectait de nourrir des soupçons à son égard. Cette nuit-là, cependant, Clinton lui téléphona chez elle pour lui dire qu'il l'avait vue et l'avait même appelée ensuite à son bureau afin qu'elle vienne le voir. Elle proposa de retourner à la Maison-Blanche, mais il déclina son offre : il devait, dit-il, aider Chelsea à faire ses devoirs. Monica était perplexe, bien que ravie. « Je trouvais que c'était une attitude étrange, de la part de quelqu'un qui venait de mettre fin à une relation. Après ce coup de fil, je me suis dit qu'il était peut-être encore intéressé. Mais je n'en étais pas sûre. »

Durant les jours qui suivirent, elle utilisa la tactique féminine éculée qui consiste à feindre l'indifférence pour stimuler l'attention. Ainsi, lorsque, par exemple, elle voyait le président dans le couloir, elle le saluait avec réserve. Une fois, elle tourna même délibérément la tête de côté quand il passa près d'elle. Ce geste eut l'effet escompté – il l'appela peu après et la complimenta sur le poids qu'elle avait perdu, sachant parfaitement qu'elle trouverait ce commentaire flatteur, qu'il fût sincère ou non.

A une ou deux reprises durant cette période, en mars 1996, Monica et son ex-amant se rencontrèrent par hasard. Un dimanche, la jeune femme montrait le secteur de la Maison-Blanche où elle travaillait à son amie Natalie Ungvari, de nouveau venue lui rendre visite, lorsqu'elle repéra dans le couloir une silhouette familière vêtue d'un jean, d'une chemise bleue et d'une casquette de base-ball. Le président retournait vers son cinéma privé, où il était en train de regarder un film avec sa femme. Monica cria : « Hé », et il s'immobilisa. Elle lui présenta Natalie ; cette dernière, cependant, avait déjà rencontré tant de gens qu'elle avait la tête qui tournait et ne reconnut pas immédiatement l'homme qui lui tendait la main pour la saluer. Monica retira affectueusement un morceau de pop-corn accroché à la chemise de Clinton, et Natalie s'étonna de découvrir que le président savait déjà où elle habitait – résultat de ses conversations antérieures avec Monica.

Cette dernière avait tendance à se montrer possessive vis-à-vis de Bill Clinton. « Durant notre séparation, je m'étais rendu compte que j'éprouvais désormais pour lui des sentiments très forts. L'absence avait vraiment augmenté mon affection », explique-t-elle. Le président ne tarda pas à retourner dans sa salle de cinéma, mais Monica s'aperçut que l'interprétation par Natalie de la conversation qu'elles avaient eue avec lui l'avait irritée.

Monica et Bill Clinton ne tardèrent pas à se croiser de nouveau, cette fois durant les heures de bureau. Elle s'était éraflé la main et le genou, un soir, et était allée consulter le Dr Mariano, le médecin de la Maison-Blanche. Le lendemain matin, elle traversait le hall lorsqu'elle rencontra le médecin accompagné du président. Ce dernier était allé courir et ne se sentait pas très bien. Quand Monica passa près d'eux, le Dr Mariano lui demanda comment elle allait et le président voulut savoir ce qui s'était passé. Lorsque, ensuite, il monta à l'étage pour se changer, il mit l'une des cravates de Monica (celle-là même que son intendant, Bayani Nelvis, devait porter lors de son témoignage devant le Grand Jury). Monica s'en aperçut en le croisant ce soir-là dans le vestibule. Le président était en compagnie de Harold Ickes, mais il s'arrêta pour lui dire bonjour. Vers 20 heures, il appela Monica à son bureau; lorsqu'elle décrocha, il déclara : « Je suis désolé que tu te sois fait mal à la main. » Au cours de la conversation qui suivit, il l'invita à se joindre à ses invités et lui pour regarder un film dans le cinéma de la Maison-Blanche. Cependant, quand il lui annonça que de hauts fonctionnaires seraient présents, elle déclina son offre et demanda également si elle pouvait avoir un billet pour une autre séance. Elle lui demanda si elle pourrait le voir durant le week-end.

Ainsi, le dimanche 31 mars, six semaines exactement après que le président eut mis un terme à leur relation pour cause de culpabilité, leur vieille routine reprenait : Monica alla le retrouver dans son bureau à l'heure du déjeuner, un dossier entre les mains. Par le passé, elle lui avait déjà apporté des photos d'elle petite, et le président avait observé que, sur l'une d'elles, elle semblait trop pensive pour une fillette de deux ans. Cette fois, elle dissimula une cravate Hugo Boss et un poème érotique idiot dans ses papiers. Ce fut après cette entrevue, qui se termina inévitablement par des baisers et des caresses sexuelles (durant lesquelles Monica – le Rapport Starr a rendu l'épisode célèbre – humidifia l'un des cigares du président d'une manière on ne peut plus intime), qu'elle se rendit compte qu'elle était tombée amoureuse de lui.

Bien sûr, elle ne pouvait s'autoriser à imaginer que ses sentiments pussent être réciproques. Il était à bien des égards plus aisé et plus sûr de penser qu'il l'avait oubliée – bien que le contraire fût évident – ou qu'il ne s'intéressait pas à elle. Cela lui évitait d'envisager l'inimaginable : qu'il pût vraiment éprouver quelque chose pour elle. De nombreux indices suggéraient pourtant que c'était le cas : la métaphore romantique des cravates qu'il portait, les compliments attentionnés qu'il lui faisait, le point d'honneur qu'il mettait à se souvenir de mille détails de sa vie (ils parlaient très souvent de son enfance et de sa scolarité). Mais Monica, toujours aussi peu sûre d'elle-même, n'arrivait pas à le croire.

Pas plus, d'ailleurs, que quiconque à la Maison-Blanche. La mère et la tante de Monica, ainsi qu'une poignée de ses plus proches amies, avaient une idée de la véritable nature de sa relation avec le président, mais ses collègues, c'est naturel, ne voyaient en elle qu'une jeune femme qui semblait passer un peu trop de temps à tourner autour de l'Aile Ouest et du président. La fascination que ce dernier exerçait sur bien des femmes était connue ; on utilisait pour qualifier celles qui y cédaient et étaient prêtes à tout pour l'approcher le terme de « crampon » – et aux yeux de certains, Monica était un « crampon ». De son côté, elle-même avait trouvé un surnom pour ceux qui, pensait-elle, la critiquaient : « les Mesquins ». Malgré cela, leurs remarques la blessaient, d'autant plus qu'elle était *vraiment* proche du président.

L'attitude des hauts fonctionnaires de la Maison-Blanche à l'époque et la façon dont ils tournèrent les événements après que le scandale eut éclaté prouvent qu'ils voyaient en Monica Lewinsky une ingénue sujette à des délires et aimant les hommes mariés, qui avait délibérément piégé le président. Sa tante Debra croit savoir pourquoi : « L'une des choses les plus injustes et les plus absurdes de cette affaire est que Monica a été cataloguée comme une traqueuse, qui aurait pris le président en chasse ou l'aurait suivi partout. C'est ce que les gens de la Maison-Blanche étaient obligés de se raconter, parce que [pour eux] il était impossible que cet homme qu'ils vénéraient ait pu avoir une relation sentimentale avec elle. »

Depuis que, à la suite de l'anniversaire de Jennifer Palmieri et de sa première rencontre intime avec Clinton, une autre stagiaire avait dit en plaisantant que le président craquait pour Monica, celle-ci faisait attention au point d'en être presque paranoïaque. Malgré tout, son inexpérience, le système de fonctionnement de la Maison-Blanche et les problèmes de logistique qui se posaient dès qu'elle voulait voir le président rendirent rapidement ses précautions inefficaces. Dans un monde fermé, où chaque minute du temps présidentiel, chaque arrivée et chaque départ est noté, et où chaque zone de la Maison-Blanche est compartimentée, Monica reçut bientôt une dure leçon d'étiquette territoriale.

Le problème était en partie dû à la nature de son travail aux Affaires législatives, dans l'Aile Est. Dans la mesure où sa collègue, Jocelyn Jolley, et elle étaient chargées d'administrer l'essentiel de la correspondance de routine entre la Maison-Blanche et les membres du Sénat et du Congrès, elles avaient à se déplacer régulièrement dans tout le bâtiment.

Lorsque Monica prit ses nouvelles fonctions aux Affaires législatives après la mise à pied, le 26 novembre 1995, elle fut aussitôt confrontée à une énorme quantité de travail en retard. En conséquence, on ne put consacrer que peu de temps à sa formation, et aucun à lui expliquer comment s'organisent les déplacements au sein de la Maison-Blanche. Un jour, en décembre, où elle passait devant le Bureau Ovale – trajet direct pour aller de l'Aile Ouest à l'Aile Est –, elle fut abordée dans le couloir par Evelyn Lieberman, qui lui dit d'un ton sec que les stagiaires n'étaient pas autorisés dans cette zone. Au bord des larmes après ce rejet inattendu, la jeune femme se rendit aux toilettes pour reprendre contenance. Puis, une fois en pleine possession de ses esprits, déterminée à faire savoir clairement qu'elle détenait désormais un laissez-passer bleu l'autorisant à circuler librement dans tout l'immeuble, elle alla trouver Mme Lieberman dans son bureau afin de clarifier la situation. « Ils vous ont embauchée ? » demanda le chef du personnel adjoint d'un air caustique, avant d'expliquer à Monica quelle était la procédure correcte pour se rendre de l'Aile Ouest à l'Aile Est sans passer devant le Bureau Ovale.

D'autres incidents mineurs accrurent la nervosité de Monica. Un jour, alors qu'elle se trouvait dans le hall au sous-sol de l'Aile Ouest, elle entendit un haut fonctionnaire demander à Bayani Nelvis, l'intendant du président : « Que faisiez-vous à bavarder avec une fille de l'Aile Est ? » Une autre fois, elle discutait avec un de ses collègues lorsque le président lui-même la mit mal à l'aise : en passant près d'eux dans le couloir, il lança gaiement : « Bonjour, Monica. » Le collègue se déclara surpris que le président connaisse son nom ; lui-même travaillait à la Maison-Blanche depuis deux ans, et Bill Clinton ignorait toujours qui il était. Monica fit semblant de prendre l'incident à la légère et expliqua qu'elle avait rencontré le président grâce à un ami de sa famille, qui était un important bailleur de fonds du Parti démocrate.

A en croire sa tante Debra, une atmosphère de jalousie et de méfiance généralisées règne à la Maison-Blanche. « Tous sont jaloux et cherchent à se poignarder dans le dos. Ils se marcheraient dessus, s'étriperaient pour passer du temps avec lui [le président]. Ils sont ainsi. Alors, ils ont commencé à faire courir des bruits. Si nous avions été plus au fait des choses, nous nous serions méfiées. Nous aurions dit à Monica : “ Oh, non, il faut absolument que tu mettes immédiatement un terme à cette liaison, à cause de tous ces coups bas. Cet endroit exsude le mal. ” »

Ce qui contrarie le plus Monica, c'est lorsqu'elle entend dire qu'à l'époque où elle travaillait à la Maison-Blanche elle portait des vêtements « inconvenants », comme des jupes courtes ou des chemisiers décolletés. En fait – comme on peut s'y attendre de la part de quelqu'un qui se targue d'avoir l'œil en matière de mode et de savoir parfaitement ce qui est convenable ou pas –, elle portait presque invariablement des jupes longues et des tailleurs-pantalons, ne fût-ce qu'à cause de son complexe vis-à-vis de ses jambes, qu'elle trouve trop fortes. Elle nie aussi avec violence avoir été un « parasite » présidentiel, qui se débrouillait pour assister aux événements de la Maison-Blanche ou d'ailleurs sans y avoir été invitée. Monica a en effet toujours attaché une grande importance à la forme, comme l'a prouvé son refus d'aller, enfant, à la fête d'anniversaire de Tori Spelling sous prétexte qu'elle n'avait pas été invitée dans les règles.

Consciente des bruits qui couraient sur son compte et inquiète de ce que pourraient raconter les agents des services secrets omniprésents, Monica tempérait parfois l'enthousiasme du président lorsqu'il souhaitait la voir. (Elle avait raison de se méfier : les agents des services secrets pariaient régulièrement que le président quitterait l'Aile résidentielle pour son bureau dans les dix minutes suivant l'arrivée de Monica à la Maison-Blanche.) Un jour, Bill Clinton l'appela pour savoir si elle se rendrait à une fête organisée pour le départ d'une employée de la Maison-Blanche, Pat Griffin, et il lui demanda de le retrouver ensuite. Monica lui dit que des rumeurs circulaient et qu'ils ne devaient pas se regarder ni se parler durant la soirée.

Lorsqu'il l'avait invitée à la projection privée – deux jours seulement après que leur liaison eut repris –, Monica avait eu assez de bon sens pour deviner quelle aurait été la réaction des hauts fonctionnaires présents si elle avait accepté. « Je faisais très, très attention, et j'ai quand même eu des ennuis, dit-elle. J'aurais mieux fait d'agir comme bon me semblait. »

Suivant sa suggestion, le président trouva un moyen d'utiliser un téléphone qui ne faisait pas apparaître l'acronyme « POTUS » quand il s'en servait, afin qu'on ne puisse connaître l'origine de l'appel. Etant donné les difficultés notoires du président à maîtriser les technologies de bureau, Monica fut ravie lorsqu'il l'appela d'une ligne plus anonyme. Elle l'avait auparavant taquiné sur les dangers liés à l'utilisation de sa ligne personnelle : « Aucune de tes autres petites amies ne te l'a donc dit ? » Visiblement vexé, il avait répondu : « Je n'ai pas d'autres petites amies. Arrête de dire ça. »

Utiliser le bureau intérieur, fermé par des rideaux, faire entrer et sortir Monica par des portes différentes, mettre au point des rencontres « accidentelles », éviter que la jeune femme ne rencontre les membres-clés du personnel de la Maison-Blanche – autant de précautions qu'ils prenaient pour garder leur liaison secrète. Monica demeurait tout aussi prudente en dehors de son lieu de travail. Lorsqu'elle se trouvait avec sa mère et sa tante en public et qu'elles discutaient des affaires de la Maison-Blanche, elle baissait toujours la voix et ne parlait jamais du président de façon explicite.

Ses efforts furent vains, cependant. Alors même qu'elle profitait de ses moments d'intimité avec Bill Clinton, en mars 1996, on affûtait les couteaux. Evelyn Lieberman, qui l'avait vue rôder autour du président ou de ses quartiers une fois de trop, dit au patron de Monica, Tim Keating : « Je veux qu'elle s'en aille. » Elle cita « l'excès de familiarité » de Monica comme motif de son renvoi de la Maison-Blanche.

Le vendredi 5 avril 1996, Keating convoqua Monica et lui annonça la nouvelle. Il ne mentionna pas la raison véritable de son départ ; il déclara que, suite à des problèmes au service de la correspondance des Affaires législatives, toute l'unité allait être réorganisée. Elle n'était pas renvoyée, mais simplement transférée au Pentagone. Il essaya de faire passer la pilule en affirmant que son nouveau poste serait bien plus « excitant » que celui qu'elle occupait, mais Monica n'écoutait déjà plus : elle avait le cœur brisé. Elle rentra chez elle et pleura jusque tard dans la nuit. « Tout le week-end, j'ai été hystérique, se souvient-elle. Je ne faisais que pleurer et me gaver de pizzas et de bonbons. »

Monica avait été renvoyée exactement deux jours après que le ministre du Commerce, Ron Brown, ami proche et fidèle du président, eut été tué dans un accident d'avion au cours d'une mission commerciale en Bosnie et en Croatie. Le week-end suivant, alors qu'elle ruminait son chagrin dans son appartement, ses rêveries amères furent interrompues par un coup de téléphone du président. Reprenant contenance, elle lui demanda comment il se sentait après cette perte cruelle. Puis, au moment de lui annoncer ce qui lui était arrivé à elle, elle fondit en larmes et demanda si elle pouvait le voir. « Raconte-moi d'abord ce qui s'est passé », répondit-il. Entre deux sanglots, elle lâcha toute la triste histoire. Lorsqu'elle eut terminé, il dit : « Je parie que ça a un rapport avec moi. D'accord, viens. »

C'était le dimanche de Pâques, le 7 avril. Monica avait pleuré tout le week-end, et lorsqu'elle arriva dans le bureau de Bill Clinton, cet après-midi-là, elle ressemblait à une « épave ». De son côté, le président semblait sincèrement mécontent et contrarié par la nouvelle de son départ, et plus encore par son imminence – le lundi devait être son dernier jour à la Maison-Blanche. « Pourquoi fallait-il qu'ils t'arrachent à moi ? Je te fais tellement confiance... Je te promets que si je gagne en novembre, je te ferai revenir ici, comme ça, affirma-t-il en claquant des doigts pour bien montrer sa résolution. Tu pourras faire ce que tu voudras, ici. » Monica, que son humour noir n'abandonnait jamais bien longtemps, fit une plaisanterie salace sur le genre de travail que le président aimerait lui voir accomplir.

Sur le plan affectif, cependant, cette entrevue se révéla étrange. Ils eurent des rapports physiques, selon la formule désormais bien établie entre eux, mais la jeune femme eut cette fois davantage l'impression de lui « rendre service » que de partager gaiement avec lui un moment d'intimité. Elle aurait préféré qu'il la serre dans ses bras et la réconforte ; de plus, elle était bien décidée à lui avouer ce qu'elle éprouvait pour lui.

Le matin, Monica avait pour coutume de se rendre au café près de chez elle, Starbucks, pour y prendre un café au lait écrémé et lire les journaux. Ce jour-là, en sirotant son café, elle avait lu dans son horoscope – elle est Lion – qu'il serait bon qu'elle révèle ses sentiments à quelqu'un d'important pour elle. C'est pourquoi, lorsque le président et elle commencèrent à bavarder, elle lui parla de cet horoscope et lui dit pour la première fois qu'elle était amoureuse de lui. Il la serra contre lui et déclara : « C'est très important pour moi. »

Leur rêverie romantique, déjà suspendue un peu plus tôt par un coup de téléphone, fut de nouveau interrompue, cette fois par un appel du chef du personnel adjoint, Harold Ickes. Tandis que Bill Clinton se dirigeait vers son bureau, Monica, craignant d'être découverte, se hâta de sortir par la porte de derrière. C'était la conclusion frustrante d'une journée étrange et déstabilisante, même si elle emportait, gravés dans son cœur, les mots de réconfort du président et ses promesses de la rappeler à la Maison-Blanche.

Dans toute cette triste affaire, c'est peut-être là que se situe le paradoxe le plus cruel. A cause de sa liaison avec le président, Monica perdit son poste à la Maison-Blanche ; en conséquence de quoi elle ne put plus le voir en privé pendant près d'un an. Malgré tout, on allait l'accuser, quelques mois plus tard, de s'être servie de cette relation – qui, pourtant, avait brisé sa carrière – pour obtenir un emploi.

6

L'attente

La conversation fut sérieuse, intense, et se poursuivit tard dans la nuit – comme il seyait en 1970 aux discussions d'un titulaire de la bourse Rhodes âgé de vingt-quatre ans en visite à Oxford.

Bill Clinton, alors barbu, bavardait avec son amie Mandy Merck. Ils ne tardèrent pas à parler des rapports entre sexe et politique, centrant leur débat sur la mort tragique, en juillet de l'année précédente – 1969 –, d'une jeune femme qui participait à la campagne du Parti démocrate, Mary Jo Kopechne. Elle se trouvait dans la voiture conduite par Edward Kennedy, le sénateur du Massachusetts (considéré par beaucoup comme le candidat démocrate favori pour la présidence), quand le véhicule avait fait une embardée et avait quitté un pont étroit sur l'île de Chappaquiddick, plongeant dans les eaux boueuses. Elle s'était noyée, et l'incident avait signé le deuil des espoirs présidentiels du sénateur.

Clinton, qui s'était rendu à Capitol Hill lorsqu'il était étudiant et avait une conscience aiguë du double système de valeurs en usage dans le monde politique, médita sur la relation entre sexe et politique avant de donner son verdict. Il déclara à son amie : « La politique donne à ces types tellement de pouvoir et des ego si démesurés qu'ils ont tendance à mal se conduire avec les femmes. J'espère que je ne deviendrai jamais comme ça. »

C'était là un commentaire quelque peu surprenant de la part d'un jeune homme qui, à en croire son biographe, David Maraniss, avait disputé des parties de strip-poker dans lesquelles tous les autres joueurs étaient des joueuses, et qui avait balancé d'un air suggestif son trousseau de clés devant des musiciennes pendant un concours de musique. On disait même qu'il avait rencontré Germaine Greer, la féministe non conformiste ; il s'était rendu à l'une de ses conférences, pendant laquelle elle avait affirmé que les hommes intellectuels, cérébraux, étaient nuls au lit. Selon elle, les femmes avaient intérêt, pour être satisfaites sexuellement, à choisir des hommes relativement peu éduqués, de préférence issus de la classe ouvrière. La légende veut que Clinton, onctueux, lui ait demandé son numéro de téléphone, au cas où elle changerait d'avis à propos des intellectuels.

Une fois le diplômé en droit devenu officiellement politicien, les légendes concernant son charme nonchalant et son effet charismatique sur les femmes se multiplièrent. Cependant, si, comme l'affirment les rumeurs persistantes, Bill Clinton est un séducteur en série, on comprend mal qu'il n'ait pas aisément tourné la page sur son aventure avec Monica Lewinsky lorsque, en plein désarroi affectif, celle-ci quitta la Maison-Blanche, en avril 1996. Une fois la jeune femme exilée au Pentagone, en effet, Clinton aurait pu passer sans effort à la stagiaire suivante, ou à quiconque lui aurait plu.

Ce ne fut pas le cas, ce qui nous offre une perspective différente sur le caractère de l'homme et la nature de sa liaison – une vision qui fait écho aux sentiments qu'il avait exprimés cette fameuse nuit, à Oxford. Pendant un an et demi encore, il continua à voir Monica (même si durant plusieurs mois ils ne furent jamais seuls tous les deux), à l'appeler et à penser à elle. Il accepta ses cadeaux et son amour, écouta patiemment ses reproches, détourna sa colère et apaisa sa fierté blessée. Tour à tour obsessionnelle, jalouse et hystérique, Monica traitait sa liaison illicite avec le président des Etats-Unis comme une relation classique ; cela tant en raison des encouragements tacites qu'il lui donnait que de ses propres exigences, qui frôlaient parfois l'absurde. Par exemple, elle fut furieuse lorsque, le jour de son anniversaire, il ne tint pas la promesse qu'il lui avait faite de jouer pour elle un morceau de saxophone au téléphone depuis Los Angeles, où il se trouvait pour quelques jours.

Cruelle ironie du scandale Clinton-Lewinsky : bien que le côté sexuel de leur relation ait été examiné dans tous ses détails lubriques par Kenneth Starr dans son rapport, ce fut en réalité un aspect insatisfaisant, peu concluant et quelque peu décourageant de la liaison. S'il est vrai que leurs affinités se multiplièrent au fil du temps, ils ne connurent jamais une relation sexuelle mûre et entière – ce que Monica finit probablement par trouver frustrant.

Loin de l'utiliser comme un objet sexuel à prendre et à jeter selon son bon vouloir, le président, âgé de cinquante ans, semblait éprouver un besoin bien plus profond de cette jeune femme d'une vingtaine d'années. A mesure que les mois passaient, Monica découvrait l'homme qui se cachait derrière le masque public : un personnage imparfait, plein de doutes et luttant contre sa culpabilité, mais aussi en permanente demande affective, vulnérable et, en définitive, très seul. Le politicien qui, autrefois, jouait du saxophone jusque tard dans la nuit pour lutter contre la solitude décrochait désormais son téléphone et appelait Monica Lewinsky.

Il semblait avoir un besoin intense de la compagnie et de la conversation de cette fille joyeuse et chicaneuse, qui osait l'appeler « Président Kiddo » en face et « Gros Dégoûtant » lorsqu'elle était en colère contre lui. Elle lui rappelait, disait-il, sa mère, Virginia Kelley – qui hélas succomba à un cancer du sein en 1994, avant qu'il ait été élu pour un second mandat à la Maison-Blanche. « Tu es pleine de pisse et de vinaigre, exactement comme elle », dit-il un jour à Monica.

Tante Debra se souvient d'avoir entendu sa nièce raconter les détails de ses conversations avec le président : « Il semblait s'ouvrir à elle. Il lui parlait de sa propre enfance malheureuse, de sa mère, et je me rappelle qu'une fois il lui a dit : “ Nous nous ressemblons beaucoup parce que nous avons tous les deux beaucoup souffert durant notre enfance. ” »

Catherine Allday Davis pense que l'attirance du président pour Monica s'explique par sa jeunesse et sa personnalité. « Monica est amusante à côtoyer, vivante, pétillante, distrayante, et elle s'intéresse aux gens, dit-elle. Clinton a réussi en politique grâce au vote des jeunes ; je comprends donc que quelqu'un venu de l'extérieur, en particulier quelqu'un de jeune, ait pu lui sembler particulièrement séduisant. »

Aussi forte qu'ait été leur attirance mutuelle, Monica paya cher l'angoisse sexuelle et affective du président, tant durant leur liaison que lors de ses suites tragiques. Bill Clinton contrôlait totalement leur relation – c'était inévitable, étant donné son poste ; Monica, elle, faisait en sorte d'être toujours disponible pour lui et passait son temps à attendre qu'il l'appelle, le cœur lourd mais plein d'espoir. Dans ces circonstances, son amour tourna vite à l'obsession ; il peuplait ses rêves et occupait toutes ses heures de veille. Cette jeune femme qui aimait tant se sentir maîtresse de toutes les situations se retrouvait plongée dans une relation qui lui échappait totalement ; une liaison prenante, qui exacerbait son immaturité, son sentiment d'insécurité et ses névroses. Sa tante en parle comme d'une « obsession » : « Elle était folle de lui. Mais étant donné qui il était, l'âge de Monica et son histoire affective, c'était compréhensible. Elle était une sorte de Cendrillon attendant son Prince charmant. »

Malheureusement, aucune magie au monde n'aurait été assez puissante pour l'aider. En effet, même si le rapport Starr la décrit comme sexuellement précoce, Monica Lewinsky était en réalité totalement incapable de gérer une aventure de cette envergure ; d'ailleurs, son inexpérience et son immaturité elles-mêmes ont contribué de façon significative à ce qui s'est produit par la suite. Comme le dit sa mère : « Certes, Monica était à l'aise avec sa sexualité, comme beaucoup de femmes de sa génération, mais elle était aussi très naïve dans ses relations avec les hommes. Elle était très crédule, inexpérimentée. »

Après réflexion, Monica se range à cet avis et fait également allusion à l'indiscrétion qui fut à l'origine du désastre : « Je crois qu'il aurait dû agir avec davantage de circonspection et laisser tout ça au rang de flirt, de fantasme non réalisé, dit-elle. Je ne le blâme pas pour ce qui s'est produit, mais c'était tout simplement trop. C'était un trop gros fardeau affectif pour quelqu'un de mon âge. Si j'avais vraiment tout compris, j'aurais vu en lui le président plutôt qu'un homme, et j'aurais alors saisi combien il était dangereux de parler de notre relation à quiconque. »

Dès qu'elle arriva au Pentagone, le 16 avril 1996, elle se rendit compte avec désespoir qu'il n'y avait quasiment aucune chance qu'elle puisse poursuivre son aventure secrète. L'endroit contrastait de façon frappante et déprimante avec la Maison-Blanche. Des meubles bon marché et miteux, des murs marron-gris, des uniformes inconnus surmontés de visages sévères et de cheveux coupés en brosse... telles furent ses premières impressions. On était loin de la Maison-Blanche, avec sa décoration impeccable et son bon goût généralisé.

Comme toujours, elle s'efforça d'afficher un sourire radieux pour saluer ses nouveaux collègues. Après quelques discussions, on lui avait confié le poste d'assistante personnelle de l'assistant aux affaires publiques du ministre de la Défense, Kenneth Bacon. Sa nouvelle fonction lui apportait une augmentation de 3 000 dollars, si bien qu'elle gagnait 28 000 dollars par an : à cela s'ajoutaient des heures supplémentaires généreusement payées et la perspective de nombreux voyages à l'étranger. Cependant, Monica sut dès l'instant où elle s'assit derrière son bureau que ce n'était pas un poste pour elle. Les politiques de défense l'intéressaient encore moins que la politique en général ; le travail lui-même – transcrire inlassablement des cassettes – était aussi banal qu'ennuyeux, et ses collègues, dont aucun n'avait son âge, n'étaient pas son type. Serrant les dents, elle s'efforça néanmoins de garder le sourire durant les six mois de purgatoire qui suivirent, attendant le moment où le président l'appellerait comme promis pour lui annoncer qu'un nouvel emploi l'attendait à la Maison-Blanche.

Seule consolation en cette période déprimante : « Handsome » l'appela à de nombreuses reprises, au cours de sa première semaine au Pentagone. Il lui dit qu'elle avait été éloignée parce que Evelyn Lieberman trouvait que Monica et lui s'intéressaient un peu trop l'un à l'autre. Or « tout le monde devait faire attention », en cette année d'élection présidentielle. (La version de cette affaire donnée par Mme Lieberman au Grand Jury est bien plus succincte. Le président lui avait demandé qui avait renvoyé une des stagiaires ; elle lui avait répondu que c'était elle, et il s'était contenté de dire : « Oh, O.K. ») Au moins, songea Monica pour se réconforter, elle n'avait pas été transférée parce que son travail était médiocre. Le président lui dit également que si elle ne se plaisait pas au Pentagone, il lui trouverait un travail dans l'équipe s'occupant de la campagne présidentielle, mais Monica déclina son offre. Elle craignait en effet de retrouver parmi les organisateurs de la campagne toutes les personnes qui lui étaient hostiles à la Maison-Blanche.

Ce fut, sa mère s'en souvient, une période très difficile pour elle : « Lorsqu'elle est partie pour le Pentagone, c'est à ce moment-là que la période vraiment, vraiment pire, la plus noire, a commencé. Elle était très malheureuse. Elle passait son temps assise près du téléphone, elle comptait les jours et restait tout le temps dans sa chambre à pleurer. Elle n'osait pas sortir de peur de rater un coup de fil. »

Monica avait raison d'attacher tant d'importance aux coups de téléphone du président : c'étaient eux en effet qui rythmaient leur relation. Durant les premiers mois suivant son départ de la Maison-Blanche, il l'appela régulièrement, tous les quatre à sept jours ; les coups de fil ne s'espacèrent qu'au moment où il partit en campagne, dans les semaines précédant les élections de novembre. Il semblait aussi précisément au courant de l'emploi du temps de Monica qu'elle l'était du sien. Ainsi, lorsqu'elle partait pour l'un de ses fréquents voyages à l'étranger en compagnie de son nouveau patron, Kenneth Bacon (au printemps 1996, par exemple, elle alla coup sur coup en Bosnie, en Australie, en Russie et en Scandinavie), il l'appelait souvent le lendemain de son retour.

Monica prit donc l'habitude d'attendre ces appels du président, le lendemain ou surlendemain de son retour de voyage. Il lui téléphonait également presque toujours quand il l'avait remarquée lors d'un événement public. Elle semblait lui manquer autant qu'il lui manquait. Lorsqu'il appelait et laissait un bref message sur son répondeur, elle le conservait, juste pour pouvoir se repasser les cassettes et entendre sa « merveilleuse » voix. « Il était si gentil, en ce qui concernait les coups de fil, dit-elle. Il s'inquiétait toujours pour moi et n'arrêtait pas de me dire des trucs comme : “ Ne t'inquiète pas, je vais m'occuper de toi. Je ne veux pas que tu sois malheureuse. ” »

Parfois, elle était stupéfaite de constater avec quelle précision il se souvenait de leurs conversations, et combien il prenait soin de ménager sa susceptibilité. C'était presque comme si le fait de ne pas la voir en personne l'aidait à être lui-même. « La raison pour laquelle ces conversations téléphoniques étaient si importantes et épanouissantes pour notre relation, c'est qu'elles étaient sans danger, explique-t-elle. Nous n'avions pas en permanence peur que quelqu'un entre. En même temps, nous étions aussi passionnés que possible. » Leurs relations sexuelles par téléphone étaient aussi intenses, sinon plus, que lorsqu'ils se voyaient.

Au cours d'une de ces conversations, au début du mois de mai 1996, Monica mentionna que son père et sa belle-mère allaient venir à Washington pour assister à la remise des diplômes de son frère Michael. Elle essayait de faire en sorte qu'ils puissent assister à une allocution radiodiffusée. Régulièrement, en effet, le président enregistre ses « conversations au coin du feu » hebdomadaires dans le Salon Roosevelt de la Maison-Blanche, devant un certain nombre d'invités. Quelques jours plus tard, il l'appela et lui demanda, l'air assez intrigué, pourquoi sa famille n'avait pas été présente lors de sa dernière allocution. Monica lui expliqua qu'il s'était trompé dans les dates, et lui redonna celle à laquelle sa famille devait venir. Un ou deux jours après seulement, Betty Currie appela la jeune femme à son bureau et lui dit qu'elle avait cru comprendre que ses parents seraient bientôt en ville et souhaitaient assister à l'allocution radiodiffusée. Surprise, Monica se demanda : « Comment diable sait-elle ça ? C'est dingue. » De toute évidence, le président avait réussi, en dépit de son emploi du temps surchargé, à mettre sa secrétaire au courant. Mme Currie déclara ensuite à Monica qu'il n'y aurait peut-être pas d'allocution cette semaine-là, mais que le président lui avait demandé de faire visiter la Maison-Blanche à la famille de Monica et avait dit qu'il essaierait de les rencontrer.

Par ailleurs, Monica, de son côté, s'était déjà débrouillée pour que sa famille assiste à la cérémonie d'arrivée du président irlandais, Mary Robinson, à Fort Meyer, en Virginie, le 13 juin. Ce jour-là, alors qu'il passait devant la foule, Clinton repéra Monica, coiffée d'un chapeau en paille orné de fleurs. « J'aime beaucoup votre chapeau, Monica », lui dit-il. Bernie Lewinsky, qui ne s'imaginait pas que le président reconnaîtrait sa fille – sans parler de se rappeler son nom –, en fut tout abasourdi.

Lors de l'allocution radiodiffusée du lendemain, le président se montra plein de sollicitude envers la famille de Monica, prenant soin de disposer le groupe pour la photo traditionnelle – mais grandement appréciée – prise avec lui dans le Bureau Ovale. Bien qu'il y eût de nombreux autres invités, il prit le temps de leur parler. Il bavarda avec Michael : celui-ci venait juste d'atteindre l'âge de voter, et déclara qu'il avait l'intention de voter pour lui lors de l'élection à venir. Barbara Lewinsky, qui pourtant ne se doutait absolument pas de la nature de la relation du président avec sa belle-fille, sentit l'alchimie qui existait entre eux. A un moment, durant la visite de la Maison-Blanche, elle remarqua la façon qu'avait Bill Clinton de fixer Monica. Elle donna un coup de coude à celle-ci et chuchota : « Dis donc, tu as un ticket avec le président... Il n'arrête pas de te regarder. »

Leurs coups de téléphone permettaient au président et à Monica d'organiser des rencontres occasionnelles, en apparence fortuites, lors d'événements plus ou moins publics. Mais ces conversations étaient bien plus importantes que cela. Elles constituaient le cordon ombilical qui nourrissait et renforçait leur relation. Bill Clinton téléphonait parfois plusieurs fois par jour, et lorsqu'il était interrompu par des réunions officielles ou d'autres affaires, il lui arrivait souvent de rappeler. Comme le dit Monica : « C'est à l'époque où notre relation était essentiellement téléphonique que se sont développées notre passion et notre émotion, et que le sentiment qui nous unissait s'est approfondi. Nous passions des heures à parler de notre passé et de nos familles. Nous étions sincères l'un avec l'autre. Ce n'était pas seulement une histoire de sexe par téléphone. »

Lorsqu'il appela à la mi-juillet, Monica lui demanda si elle pouvait le voir, bien qu'il fût toujours en pleine campagne électorale. Il déclara qu'il verrait comment les choses tournaient et la rappellerait pour lui dire si c'était possible. Cependant, quand il la recontacta, un matin très tôt, il annonça qu'il était tout simplement trop occupé. En dépit de sa déception, Monica fut réconfortée par cet appel. « Cela voulait dire qu'il s'était réveillé en pensant à moi. Cela signifiait beaucoup », dit-elle.

Il arrivait au président de l'appeler pour être rassuré et consolé, ou uniquement pour entendre sa voix. Par exemple, et c'est significatif, il lui téléphona dans la nuit du 16 mai 1996, lorsqu'il apprit que l'un de ses plus proches amis, l'amiral Jeremy " Mike " Boorda, s'était suicidé. Il était d'humeur sombre et se sentait très seul. « J'aimerais que tu sois là pour me serrer très fort dans tes bras », lui dit-il tristement. Il est également important de souligner que, le lendemain, il portait une des cravates qu'elle lui avait offertes.

D'autres fois, ils échangeaient des plaisanteries – Monica le régalant des dernières blagues reçues sur Internet – ou parlaient de leurs familles, de l'élection à venir ; en fait, selon Monica, « de tout ce dont il est possible de parler ». Au cours d'une de ces conversations, elle lui demanda si la campagne était difficile pour lui : c'était en effet la première qu'il entreprenait sans l'aide et le soutien de sa mère. Il fut touché de sa sensibilité, de voir qu'elle avait conscience du vide que la mort de sa mère avait laissé dans sa vie. « Elle t'aurait beaucoup aimée, lui dit-il. Vous vous ressemblez beaucoup. »

Nul doute que Virginia Clinton (devenue par la suite Virginia Kelley) aurait reconnu en Monica une volonté et une ambition similaires aux siennes. Virginia avait consacré toute son énergie à aider son fils à s'imposer dans le monde ; Monica, elle, devait lutter ne fût-ce que pour voir le président. Mais elle se disait qu'une rencontre, aussi brève et publique fût-elle, entraînerait peut-être un coup de téléphone – et ses efforts étaient généralement récompensés.

Un dimanche, sa mère et elle rentraient à leur appartement en voiture lorsque Monica repéra le cortège présidentiel et comprit que Bill Clinton se rendait à l'église, non loin de là. Monica était bronzée, avait perdu du poids grâce à un nouveau médicament amincissant, et elle se dit qu'il serait amusant de le voir. A la hâte, elle convainquit sa mère d'arrêter la voiture, puis elle l'envoya faire un tour tandis qu'elle cherchait une place d'où elle pourrait voir clairement le cortège, qui avançait au pas. La ruse fonctionna. Alors que la file de voitures passait, le président repéra Monica sur le trottoir et se mit à lui faire de grands signes. Cet après-midi-là, toujours persuadé que c'était par hasard qu'il l'avait vue, il l'appela et la complimenta avec effusion. « Tu étais magnifique », dit-il. Elle ne lui avoua pas que c'était en réalité elle qui avait manigancé cette rencontre.

Une autre fois, en août 1996, elle lui annonça qu'elle serait présente à une réception mondaine organisée au Radio City Music Hall de New York, en l'honneur de son cinquantième anniversaire. « Cherche-moi, je porterai une robe rouge sexy », ajouta-t-elle. A la soirée, ils connurent un secret échange érotique : en effet, dans la bousculade qui entourait le président, elle parvint à lui caresser brièvement l'entrejambe de la main tandis qu'il saluait des admirateurs. Elle avait pris une chambre dans le même hôtel que le président et la First Lady, et dit plus tard en plaisantant à Bill Clinton que c'était la première fois qu'ils passaient la nuit sous le même toit. Le lendemain, elle demeura dans les parages en attendant de voir passer son cortège. De nouveau il la vit, et il observa plus tard qu'elle lui rappelait un personnage féminin de la série télévisée *Mike Hammer* qui avait le don de toujours apparaître de façon inattendue. Elle ne fit rien pour lui ôter l'illusion que leurs rencontres étaient le fruit du hasard.

Cependant, Monica nie férocement avoir poursuivi le président de ses assiduités, arguant qu'ils partageaient une véritable relation. Seulement, la communication était, en raison de la nature même de la fonction de Bill Clinton, entièrement à sens unique. Elle ne pouvait pas décrocher tout simplement son téléphone et l'appeler pour lui dire qu'elle avait envie de parler avec lui ; cela n'aurait pas été raisonnable. Par ailleurs, même lorsqu'une conversation téléphonique ou une rencontre avait été rassurante, dès qu'il n'était plus en ligne, les angoisses familières et l'impression – réelle ou imaginaire – qu'il lui manquait d'égards ne tardaient pas à revenir. Cet été-là, sa campagne pour un second mandat présidentiel battait son plein, et il était souvent trop occupé pour appeler régulièrement, au grand dam de Monica. Afin de meubler les longues heures passées à se morfondre en attendant un appel, elle écoutait l'émouvante chanson de Billie Holiday *I'll Be Seeing You*. « D'une certaine manière, ça me soutenait, dit-elle. La phrase que je préférais, celle qui me rappelait le plus notre situation, c'était « Je te verrai dans tous ces lieux familiers que mon cœur embrasse. »

Inévitablement, leur relation, déjà limitée par la haute fonction de Bill Clinton et par le besoin de garder le secret, souffrit durant cette période. Monica reconnaît cependant avoir eu sa part de responsabilité dans le processus. « Tous les week-ends, je restais assise à côté du téléphone à attendre, parce que je ne savais pas quand il appellerait. J'avais peur, aussi, qu'il m'oublie et aille parler à quelqu'un d'autre s'il téléphonait et ne me trouvait pas. Alors, souvent, mon sentiment d'insécurité me submergeait. » A la fin du mois d'avril, par exemple, peu après son transfert au Pentagone, elle décida de se rendre à une réception publique organisée pour collecter des fonds à Washington, dans l'espoir d'y voir le président. C'était le premier événement public auquel elle assistait, les cérémonies de départ et d'arrivée de la Maison-Blanche exceptées, et elle attendait patiemment derrière les cordes pour lui serrer la main et lui dire « Bonjour ». Elle atteignit son but, mais quitta la fête de mauvaise humeur parce qu'il avait embrassé une Russe séduisante debout non loin d'elle et qui, en réalité, se trouvait être une bonne amie à lui. Conscient, cependant, que Monica était contrariée, il l'appela le lendemain matin. Le message qu'il laissa sur son répondeur disait simplement : « Pas de réponse »; puis, comme il raccrochait, il ajouta dans un murmure : « Zut. »

Il la rappela deux jours plus tard environ, et cette fois ils se disputèrent. Monica lui demanda en pleurant pourquoi il avait embrassé son amie et pas elle, déversant sur lui toutes les angoisses accumulées au cours des semaines précédentes. « J'essayais seulement de faire attention, lui dit-il. Les caméras étaient présentes, et c'est une grosse donatrice. »

Cependant, lorsqu'ils se croisèrent de nouveau, à une fête du Saxophone Club en mai 1996, il la serra très fort dans ses bras en la voyant; puis, plus tard, au moment de s'en aller, il la désigna du doigt et articula silencieusement : « Tu me manques. » Il est amusant de souligner que l'homme debout à côté de Monica, ancien employé de la Maison-Blanche, crut que c'était à lui que le président s'adressait.

Pourtant, Bill Clinton avait beau la cajoler ou essayer de l'apaiser, il fallait très peu de chose pour que Monica, dans son état de tension affective exacerbée, prenne la mouche. En juillet, elle avait pleuré pendant des heures lorsqu'il avait failli à sa promesse de jouer du saxophone pour elle à l'occasion de son vingt-troisième anniversaire; de même, elle se montra très contrariée lorsqu'elle apprit que, durant une visite à Los Angeles, il était sorti avec la journaliste de télévision Eleanor Mondale et l'actrice et chanteuse Barbra Streisand. Les prises de bec puériles comme celles-ci, cependant, n'étaient rien comparées à l'obstacle insurmontable qui faisait comme un contrepoint à leur relation. De surcroît, le fait que son amant fût le président multipliait par mille les tensions et les incompréhensions inhérentes à toute liaison secrète avec un homme marié.

Les amies de Monica essayaient en vain de l'empêcher de se torturer. « Lorsqu'elle n'avait pas eu de ses nouvelles depuis plusieurs jours, elle devenait complètement folle, se souvient Catherine Allday Davis. Elle disait : " Je suis tellement en colère contre lui parce que je ne peux pas le voir. " Je lui répondais toujours un truc comme : " Je suis contente qu'il ne puisse pas te voir. " »

Une fois, en septembre, le président téléphona à Monica de Floride, durant la campagne électorale, et elle lui demanda quand ils consommeraient vraiment leur relation. Lorsqu'il déclara qu'il ne lui ferait pas l'amour, elle donna libre cours à sa déception et à sa colère. Il n'expliqua jamais vraiment la raison de sa décision, mais Monica et ses amies pensent qu'il craignait que consommer pleinement leur relation ne soit trop dangereux. Ce jour-là, cependant, elle alla trop loin. « Si tu ne veux plus que je t'appelle, tu n'as qu'à le dire », lui dit-il sèchement, un ultimatum qui la laissa aussitôt abattue.

Même lorsqu'ils se retrouvaient et avaient l'occasion de parler, ce n'était jamais suffisant : Monica avait du mal à cacher la frustration qu'elle éprouvait à le voir si brièvement et à devoir toujours faire attention. En réaction à cela, en octobre, après une conversation téléphonique très intense et érotique, ils en vinrent à discuter de son éventuel retour à la Maison-Blanche. Le président suggéra également qu'elle lui rende visite le week-end suivant, lui promettant qu'ils s'embrasseraient. Le lendemain soir, elle se rendit à une réception publique à laquelle il assistait. Une fois de plus, il se montra chaleureux et affectueux, la serrant dans ses bras en public. Pourtant, malgré ses efforts, elle estima qu'il ne lui prêtait pas suffisamment attention et quitta la réception furieuse. « J'étais contrariée, dit-elle aujourd'hui, et c'était injuste vis-à-vis de lui, mais tout semblait arriver à un point critique. » Cette nuit-là, lorsqu'il la rappela, elle lui fit part de ses déceptions croissantes des derniers mois. « Oh, s'il te plaît, lui dit-il. Je suis trop fatigué pour que tu t'énerves contre moi. » Revenant à la rencontre qu'ils avaient planifiée, il suggéra qu'ils se retrouvent dans le bureau de sa secrétaire. Il savait en effet que Monica devait passer à la Maison-Blanche afin de voir Billie Shaddix à propos d'une histoire de photographies.

Le jour dit, Betty Currie contacta bel et bien Monica, et lui demanda de venir dans son bureau. En fin de compte, cependant, la jeune femme dut attendre près d'une heure à la réception de l'Aile Ouest. Lorsque Betty Currie finit par arriver, elle annonça à Monica que le président était déjà parti. Elle préférait ne pas faire entrer Monica dans son bureau, expliqua-t-elle, parce que Evelyn Lieberman, qui avait demandé le départ de Monica de la Maison-Blanche, se trouvait dans les parages.

La déception mal dissimulée de Monica et sa frustration générale n'avaient d'égale que l'inquiétude croissante du cercle très fermé de ses amis et des membres de sa famille qui voyaient le drame se dérouler sous leurs yeux. Comme le raconte Neysa DeMann Erbland : « J'étais inquiète pour elle de la même façon [que je l'avais été] durant sa relation avec Andy Bleiler. Je ne craignais pas que l'Amérique apprenne leur liaison, mais qu'il [Clinton] lui brise le cœur. Je le lui ai dit afin qu'elle s'en aille, qu'elle se décide à vivre sa vie en dehors de lui. »

C'était plus facile à dire qu'à faire. Moins Monica voyait de gens, plus elle devenait solitaire et plus elle se concentrait sur sa liaison – ce qui devint inévitablement un cercle vicieux. Sa personnalité naturellement sociable et ouverte lui avait permis de se faire de nouveaux amis à Washington. Elle appréciait beaucoup en particulier Ashley Raines, une jeune femme originaire, comme Bill Clinton, de Little Rock, dans l'Arkansas, et qu'elle avait rencontrée à la Maison-Blanche, où elle était agent de liaison spécial et directeur des opérations de développement politique. Toutes deux allaient ensemble faire des courses, au cinéma ou au restaurant, et devinrent des amies proches. Cependant, même si elles parlaient de tout et n'importe quoi, Monica, elle, ne pensait qu'au président. A au moins une reprise, Ashley, qu'elle avait mise au courant de sa liaison durant l'été 1996, lui demanda de changer de sujet.

Il serait erroné de penser que la vie de Monica durant ces mois-là fut entièrement monacale, seulement nourrie par sa dévotion pour le président. Même lorsqu'elle avait un petit ami régulier, néanmoins, elle gardait toujours un œil sur l'horloge, comme Cendrillon, se dépêchant de rentrer chez elle avant minuit au cas où son Prince charmant l'appellerait. Pendant un certain temps, par exemple, elle sortit avec un employé du Pentagone qu'elle appelle « Thomas », un homme charmant, plus âgé qu'elle et aux traits anguleux rencontré au cours d'un voyage en Bosnie en juillet 1996. Juste après leur retour aux Etats-Unis, elle passa une soirée en sa compagnie, et il l'invita à venir chez lui pour la nuit. Elle préféra refuser, se disant que le président l'appellerait peut-être. Son instinct, une fois encore, ne la trompait pas, et ils bavardèrent jusque tard dans la nuit. Le président se montra passionné, et même physiquement excité, par sa description enthousiaste de sa visite en Bosnie. Elle se déclara très fière d'être américaine après avoir vu les troupes U.S. s'employer à restaurer la raison et à redonner un peu d'espoir à cette contrée déchirée par la guerre.

Cette soirée résumait bien la contradiction au centre de son existence. Elle rêvait d'une relation normale – mais lorsqu'une chance d'atteindre ce but s'offrait à elle, elle se rétractait. On eût dit qu'elle ne se sentait pas digne de vivre une aventure traditionnelle, comme si les cicatrices profondes laissées en elle par le divorce de ses parents la rendaient méfiante dès qu'il était question d'engagement réel. Aussi s'accrochait-elle à une vision romantique de l'amour, à la fois inaccessible et irréaliste ; la douleur qu'elle éprouvait faisait alors d'une certaine manière écho à son impression de ne rien valoir. Mieux valait le conte de fées plein d'angoisses qu'une réalité authentique mais imparfaite.

Au début de sa liaison avec Thomas, Monica commença à se sentir bien dans sa peau. Néanmoins, elle ne cessait de penser qu'elle était peut-être en train de rater un coup de fil du président. Elle ne pouvait pas non plus s'empêcher de taquiner Bill Clinton en lui disant qu'il avait désormais de la concurrence.

A l'automne 1996, elle mit un terme à une aventure de trois mois avec Thomas – parce que, ironie cocasse, il voyait d'autres femmes. Lorsque leur liaison avait commencé, les amies de Monica s'en étaient réjouies : enfin un homme célibataire susceptible de lui changer les idées, de lui faire oublier le président ! Mais il fut rapidement évident que Thomas ne deviendrait jamais le nouveau grand amour de sa vie. C'est alors, au début du mois d'octobre 1996, juste comme leur relation touchait à sa fin, que Monica découvrit qu'elle était enceinte.

Elle était certaine de ne pas vouloir devenir une mère célibataire, notamment parce qu'elle souhaitait connaître une relation complète avant d'avoir des enfants. Aussi décida-t-elle, avec la plus grande réticence, de subir un avortement. Elle eut du mal à trouver un médecin adéquat sur la côte Est, et Thomas et elle se disputèrent lorsqu'il fut question de partager le coût de l'opération, ce qui l'obligea à emprunter de l'argent à sa tante Debra. A l'origine, Thomas avait promis de l'accompagner à l'hôpital mais, leurs relations étant tendues, elle préféra se débrouiller toute seule. Monica pensait que, pour la fille de la côte Ouest à l'esprit libéral qu'elle était, l'opération ne serait qu'une simple formalité. En définitive, elle se révéla douloureuse et pénible, et la laissa traumatisée et profondément blessée. « Je n'étais pas préparée sur le plan affectif pour une telle expérience, dit-elle. C'était tout simplement horrible et très déprimant. » Ses amies s'inquiétaient pour elle. Neysa DeMann Erbland dit : « Ça a été une période très difficile pour elle sur le plan affectif, notamment parce qu'elle souhaite tant avoir des enfants. »

A l'époque, elle ne se rendait pas compte des conséquences psychologiques à long terme de cette opération. Sa mère, qui, elle, en était consciente, l'obligea quasiment

Monica et sa mère près de la baie de San Francisco.
Monica vient juste de commencer à marcher.

Monica à l'âge de deux ans, dans son parc préféré à San Francisco. Elle montra cette photo au président, estimant qu'elle y avait l'air trop pensive. Opinion qu'il partagea.

Le président préféra cette photographie et déclara qu'elle lui rappelait bien davantage la Monica qu'il connaissait.

Monica et son frère Michael dans le bac à sable de Holmby Park, près de leur maison de Westwood, Los Angeles. Durant l'été 1998, ils retournèrent dans ce même parc pour une discussion à cœur ouvert sur les événements traumatisants de l'année précédente.

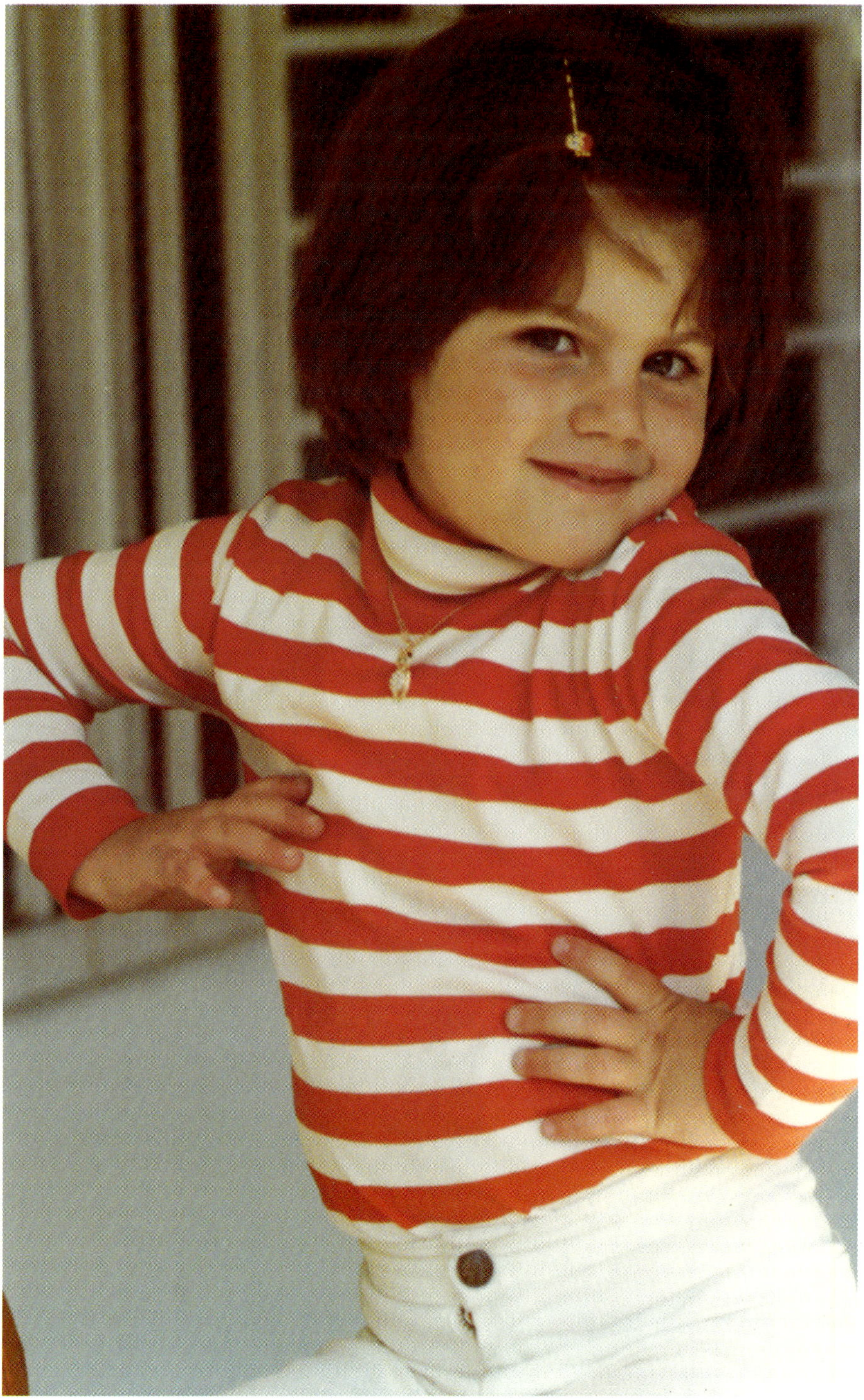

Monica à l'âge de cinq ans, posant pour son père, photographe passionné et accompli.

Monica avec son père et une amie, en septembre 1977.

Cours préparatoire à John Thomas Dye. A l'époque, l'ambition de Monica était de « devenir professeur et d'aider les gens à apprendre... Je serais gentille mais stricte », disait-elle alors.

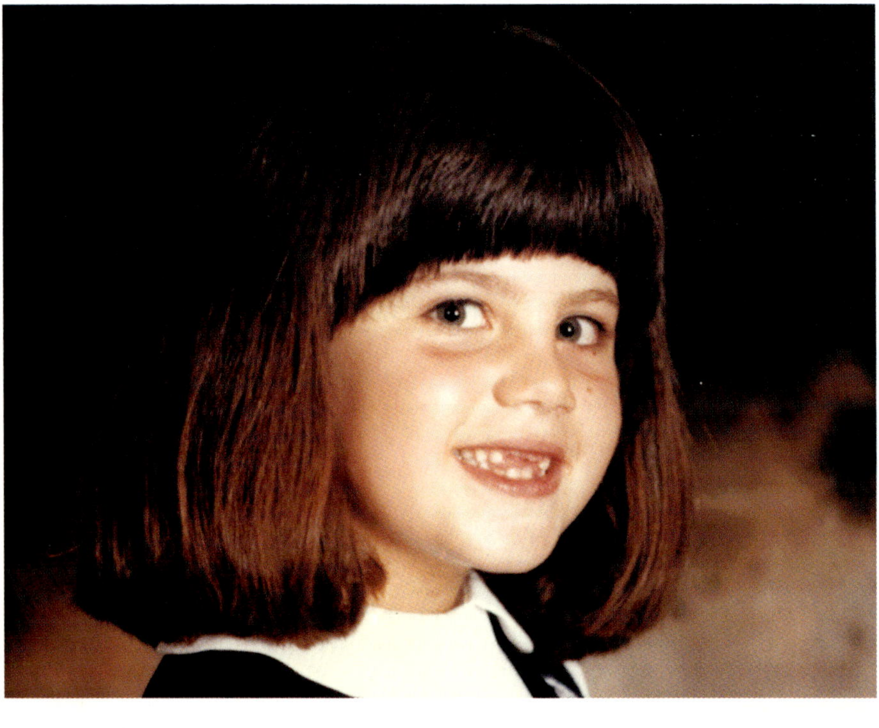

Monica, l'année suivante. Elle était membre de l'équipe de football locale, les Cardinals, mais fut reléguée au poste d'arrière gauche. « J'étais nulle en sport. » ▶

AYSO
AMERICAN YOUTH SOCCER ORGANIZATION

A Santa Barbara avec sa mère, son père et son frère le jour des visites, dans le camp de vacances où elle passa l'été 1986.

Le premier voyage de Monica à New York, à douze ans. ▶

Monica et son chevalier servant lors du bal de fin d'année, à Bel Air.

Monica et son premier petit ami, Adam Dave, à la soirée d'anniversaire organisée pour les 21 ans de Natalie Ungvari. Monica fut très contrariée lorsque Adam apparut dans une émission populaire à la télévision pour évoquer les détails de leur relation.

à consulter un thérapeute dans le centre médical de Virginie où Monica suivait un traitement amaigrissant. C'est là, en novembre 1996, que la jeune femme vit pour la première fois la psychothérapeute Kathleen Estep, avec qui elle parla longuement du traumatisme de son avortement.

Estep trouva Monica anxieuse et déprimée, et dotée d'une très faible estime de soi. Dès leur deuxième entretien, Monica lui avoua sa liaison avec le président, et elle passa les quatre-vingt-dix minutes de la séance à parler à toute vitesse de leur liaison clandestine. Durant cette thérapie, Monica aborda également sa peur de voir ses relations échouer ou ne pas durer, en particulier celles avec le président Clinton et avec son père. Malheureusement, elle commençait tout juste à faire des progrès significatifs lorsque Kathleen Estep déménagea, la laissant sans guide qualifié à un moment critique de son existence.

L'avortement de Monica, combiné à ses angoisses professionnelles, à ses espoirs de retourner à la Maison-Blanche, à sa relation mouvementée avec le président et à sa solitude à Washington a l'entraînement dans une spirale descendante. C'est alors, durant cette période de désolation, d'isolement et de dépression, que le personnage déplaisant de Linda Tripp commença à s'imposer dans son existence.

On a du mal à croire, aujourd'hui, qu'il fut un temps où presque toute l'Amérique – et même le monde entier – ignorait qui était Linda Tripp. Tout le monde sait désormais que c'est à cause de ses machinations que la liaison de Monica avec Bill Clinton est devenue publique et que le président a subi une procédure d'*impeachment*; il est plus difficile, en revanche, de comprendre ses motivations. Pourtant, on trouve les racines du plan machiavélique de cette secrétaire gouvernementale dans la matrice complexe et contradictoire de son caractère.

Née en 1950, Linda Tripp connut, durant son enfance, les mêmes problèmes vis-à-vis de son apparence physique que Monica par rapport à son poids. A l'âge de quatorze ans, elle mesurait déjà près d'un mètre soixante-treize. Sa taille, ses épaules larges et son nez peu avenant lui valurent d'être méchamment surnommée « Gus » par ses camarades, en référence à la star du basket-ball Gus Johnson. C'est là quelque chose dont elle souffrait amèrement; « Ne m'appelez pas comme ça », écrivit-elle dans le livre annuel de son école d'East Hanover, dans le New Jersey. Comme Monica, elle connut le traumatisme de voir ses parents divorcer; son père, un professeur de sciences très sévère, quitta la maison familiale alors qu'elle était en terminale. Elle ne lui adressa la parole de nouveau que trente ans plus tard, lorsque le scandale Clinton-Lewinsky éclata.

Comme si cela ne suffisait pas, elle prit aussi très mal – et c'est relativement compréhensible – le fait que sa sœur cadette ait pu aller à l'université grâce à l'accord financier ayant résulté du divorce, alors que l'argent était arrivé trop tard pour elle. Au lieu de poursuivre des études supérieures, Linda – qui de toute façon n'avait obtenu que des notes médiocres durant sa scolarité – avait dû se contenter d'aller dans une école de secrétariat. Peu de temps auparavant, elle avait épousé un soldat, Bruce Tripp, avec qui elle eut deux enfants, Ryan et Alison, tous deux âgés aujourd'hui d'une vingtaine d'années. Tandis que son mari grimpait les échelons hiérarchiques, atteignant le grade de lieutenant-colonel, Linda complétait leurs revenus en travaillant comme secrétaire sur la base militaire. On lui fit même assez confiance pour l'employer dans une unité de commando top-secrète, Delta Force.

Travailler dans les coulisses de la défense lui procura l'excitation indirecte qu'être « dans le secret » offre à tant de gens. La fille qu'on surnommait « Gus » pouvait désormais regarder de haut ses anciens camarades de classe du New Jersey : elle était aux premières loges pour voir comment fonctionnait réellement l'Amérique. Durant quatre ans, à partir de 1990, elle fut même au tout premier rang : elle travaillait en effet comme secrétaire au Bureau de la Presse de la Maison-Blanche sous le mandat du président républicain George Bush, se délectant des commérages et des intrigues de palais.

En janvier 1993, cependant, le démocrate Bill Clinton prit ses fonctions, et le monde de Linda Tripp se transforma. Pour elle, l'arrivée des Clinton à la Maison-Blanche était synonyme de « laisser-aller », tant sur le plan vestimentaire qu'au niveau du maintien et de la discipline, et elle multipliait les machinations malveillantes, n'hésitant pas à divulguer des informations secrètes. Ses collègues la trouvaient amicale en apparence, mais manipulatrice ; vindicative, elle allait parfois jusqu'à menacer de procès ceux qui croisaient son chemin. Au cours de l'investigation qui suivit le suicide, en juillet 1993, du conseiller adjoint de la Maison-Blanche Vince Foster, elle déclara aux enquêteurs qu'une des autres secrétaires avait un problème d'alcoolisme. Linda Tripp avait été la dernière personne à voir Foster avant sa mort, ce qui lui valut une certaine célébrité. D'ailleurs, le 1er août 1995, alors que Monica était dans sa deuxième semaine de stage à la Maison-Blanche, Tripp fit sa déposition sur les circonstances de la mort de Foster devant le Grand Jury. Les liens du conseiller avec la First Lady et le désormais fameux projet foncier de Whitewater ne tardèrent pas à éveiller l'attention des théoriciens de la conspiration, qui s'empressèrent de tisser autour de l'affaire leur toile de faits et de fiction ; Kenneth Starr enquêta sur la participation de Foster au projet. Linda Tripp contribua elle aussi aux rumeurs, parlant à voix basse de forces sombres au sein du gouvernement, de gens qui se seraient attaqués à Foster parce qu'il en savait trop et était trop proche d'Hillary Clinton.

L'époque où elle travaillait pour la défense avait donné à Tripp un certain goût pour les histoires de conspirations. Par ailleurs, son ressentiment face au cours qu'avait pris sa vie – le colonel Tripp et elle avaient divorcé dans les années 90, après vingt ans de mariage – faisait d'elle la recrue idéale pour les militants de droite haïssant Bill Clinton et sa politique. Tout à la fois intéressée, suffisante et vaniteuse, Linda Tripp possédait un sens de l'indignation morale très développé. De surcroît, son amertume s'accrut encore quand, en 1994, elle fut transférée de la

Maison-Blanche au Pentagone après la démission de son patron, le conseiller de la Maison-Blanche Bernard Nussbaum. Linda Tripp, qui aime se trouver au cœur de l'action, regrettait de devoir partir au Pentagone même si, comme Monica, elle recevait au passage une augmentation de salaire. On affirme en revanche que son départ fut bien accueilli par le nouveau conseiller, qui la soupçonnait de divulguer des informations et d'attirer des ennuis à ses collègues (elle avait notamment critiqué plusieurs d'entre eux en public).

Une fois au Pentagone, elle ne tarda pas à s'agiter pour se donner de l'importance, réclamant son propre parking et un bureau privé afin de pouvoir préparer son témoignage dans l'enquête sur Vince Foster. Monica, lorsqu'elle fut transférée au Pentagone en avril 1996, ne s'était pour sa part jamais vraiment intéressée à l'affaire Foster. Elle savait seulement que Linda Tripp travaillait dans le fond du même secteur qu'elle, au deuxième étage, et ne décrochait jamais le téléphone, ce qui obligeait Monica à répondre aux appels.

Si, en privé, Linda Tripp critiquait l'administration Clinton, elle faisait en public étalage de sa loyauté, allant jusqu'à placer de grandes photographies du président sur son bureau. Ce fut cette loyauté criante envers le président qui, la première, poussa Monica à discuter avec elle. Plus tard, le fait que toutes deux se soient vu retirer leurs postes à la Maison-Blanche les rapprocha encore.

A première vue, Monica eut l'impression que Linda Tripp était « une femme froide, assez dure, mais avec un bon fond ». Au travail, elle était consciencieuse, compétente et professionnelle, même si elle se plaignait que son salaire annuel de 80 000 dollars ne lui permette pas de s'offrir le magasin d'antiquités et la propriété où elle aurait pu élever des chevaux dont elle rêvait. Ce furent en vérité leur intérêt commun pour les antiquités et leur sens de l'humour très similaire qui rapprochèrent les deux femmes, en dépit d'une différence d'âge de quasiment une génération. Linda Tripp avait pour réputation, depuis l'époque où elle travaillait au Bureau de la Presse de la

Maison-Blanche, de prendre les jeunes stagiaires sous son aile, gagnant ainsi leur confiance, leur respect et leur allégeance; cette nouvelle amitié semblait suivre le modèle habituel.

Catherine Allday Davis dit que Tripp sut détecter un besoin chez Monica et l'exploiter. Grâce à sa connaissance intime du monde de Washington, elle parvint à persuader la jeune femme de suivre ses conseils plutôt que ceux de ses autres amies, pas assez au fait du mode de fonctionnement de la Maison-Blanche. « Tripp était plus une collègue commère qu'une véritable amie, dit Catherine. Monica avait vraiment besoin de parler de ce qui se passait [c'est-à-dire de son aventure avec le président]. Ashley [Raines] ne voulait pas savoir et la désapprouvait; Linda était donc la personne idéale. Elle ne la jugeait pas, mais en même temps ne l'aidait absolument pas. »

Au début, elles échangèrent des « trucs » de régime : en l'espace d'un an, Monica encouragea sa nouvelle amie à perdre vingt-sept kilos, et elle l'approuva avec enthousiasme lorsqu'elle décida de s'inscrire au programme Weight Watchers. Elles parlaient d'antiquités, des difficultés de Linda, obligée de faire une heure et demie de bus pour venir travailler depuis chez elle, dans la banlieue de Columbia, de l'autre côté de la frontière du Maryland, et des problèmes que pose l'éducation de deux enfants. Le divorce de Linda Tripp s'était mal passé; son fils Ryan, l'aîné, était désormais parti à l'université, mais sa relation avec sa fille, Alison, était très conflictuelle, au point qu'elle en arriva un jour à la chasser de chez elle. Pourtant, malgré tout, Tripp semblait une mère correcte; par ailleurs, elle avait une maison charmante, remplie des antiquités qu'elle collectionnait.

En dépit de sa relation difficile avec sa propre fille, Linda Tripp paraissait fascinée par la mère de Monica. Elle refusait de rencontrer Marcia avant d'avoir perdu du poids – bien étrange excuse –, et demandait constamment à Monica ce que sa mère pensait des différents plans et stratagèmes qu'elle, Linda, élaborait. En définitive, mais hélas trop tard, Monica comprit que Linda Tripp avait une dépendance secrète : elle cherchait à vivre sa vie à travers Monica. Pour quelque raison étrange, elle la harcelait – non pas physiquement, mais en essayant d'envahir son psychisme. (Cette attitude se poursuivit même après que Tripp eut trahi Monica en révélant ce qu'elle lui avait confié au Bureau du procureur indépendant.)

A l'époque, Marcia, qui n'avait pas rencontré Linda Tripp et la croyait de l'âge de Monica, jugeait son comportement bizarre, mais inoffensif. Elle y voit aujourd'hui une sorte de piège. « Elle est allée chercher Monica, qui était une cible vulnérable, facile. Linda Tripp est obsédée par Clinton – à un moment, elle a même affirmé qu'Hillary Clinton était jalouse d'elle parce qu'elle la soupçonnait d'avoir une liaison avec le président. Cette femme délire ; dès que Clinton a un problème, elle est dans les parages. On dirait qu'elle s'insinue partout où il y a un soupçon de scandale, comme une sorcière fouineuse, une mante religieuse. »

Ensemble, Monica et Linda Tripp discutaient peu de politique ; Linda, consciente du manque d'intérêt de son amie pour le sujet, ne parlait que rarement de Vince Foster. Même si elle avait tendance à monter en épingle l'amitié de ce dernier pour la First Lady, Tripp insistait surtout sur l'impact que sa mort avait eu sur elle. Elle raconta à Monica que c'était en revenant de l'enterrement de Foster dans l'Arkansas à bord de *Air Force One*, l'avion personnel du président, qu'elle avait commencé à avoir des problèmes pour contrôler ses pulsions alimentaires.

Au cours d'une de leurs discussions, le sujet du président Clinton arriva sur le tapis, et Linda Tripp dit à Monica qu'elle était exactement le type de fille qu'il aimerait. « Oh, il serait fou de toi, j'en suis persuadée », affirma-t-elle. Dans son état de détresse et de malheur, Monica reçut ces paroles comme un baume apaisant pour son âme tourmentée. Au fil des semaines, elles devinrent une sorte de mantra tenace, aussi irritant que rassurant. Alors même que ceux qui aimaient Monica et se préoccupaient d'elle la poussaient à mettre un terme à son histoire d'amour à sens unique avec le président et lui conseillaient de passer à autre chose, une voix lui murmurait à l'oreille, enjôleuse et flatteuse, de ne pas abandonner son conte de fées romantique. Monica ignorait que les mots mielleux de Linda Tripp lui étaient dictés non par l'amitié, mais par son propre intérêt : elle s'était en effet mis dans la tête d'écrire un livre de révélations sur la vie quotidienne à la Maison-Blanche.

En mai 1996, sur les conseils d'un ami commun, le journaliste conservateur Tony Snow, Tripp rencontra secrètement à Washington l'agent littéraire de droite Lucianne Goldberg, une New-Yorkaise à la voix grave qui avait été espionne politique pour le président Richard Nixon durant la campagne électorale de 1972. Au cours de l'entretien, Linda Tripp montra à Lucianne Goldberg des notes qu'elle avait prises, et elles discutèrent d'un contrat possible pour la publication d'un livre centré sur la mort de Foster et les combines de la Maison-Blanche. Ce dernier était provisoirement intitulé *Derrière les portes closes : Ce que j'ai vu à la Maison-Blanche sous Bill Clinton.* Quelque temps plus tard, un nègre, Maggie Gallagher, rédigea une proposition de synopsis qui comprenait deux pages sur les femmes censées avoir eu une liaison avec Clinton. Elle faisait référence à Debbie Schiff et Kathleen Willey (bien qu'à l'époque cette dernière n'eût pas été nommée). La proposition fut envoyée à Putnam, grand éditeur new-yorkais, mais Linda Tripp décida en cours de route d'abandonner le projet. Elle avait peu d'affinités avec son nègre, déclara-t-elle, et craignait de perdre son emploi. L'idée de livre ne fut sérieusement exhumée qu'en 1998, après que Monica eut avoué sa relation avec le président.

Même si elle avait abandonné son projet littéraire, du moins pour l'instant, Linda Tripp flairait désormais l'odeur du sang innocent, en ce qui concernait Monica. Cette femme, qui apparaît comme la sorcière de ce tragique conte de fées, ne cessait d'agiter la pomme rose de l'amour sous les yeux d'une Monica Lewinsky ingénue et confiante. Durant l'été 1996, Monica se confia de plus en plus à elle. Elle ne lui révéla jamais le nom de son amant, mais discuta par exemple avec elle des avantages et des inconvénients du voyage qu'elle comptait faire à New York à l'occasion de la fête d'anniversaire organisée pour les cinquante ans de Bill Clinton. Linda en tira ses propres conclusions – d'autant plus aisément que Monica est par nature confiante. A l'inverse de Marcia, de sa tante Debra et de toutes ses amies, Linda Tripp disait à la jeune femme exactement ce qu'elle avait envie d'entendre ; ses mots avaient d'autant plus de poids qu'elle semblait bien connaître la façon de penser du président, qu'elle avait travaillé avec lui et qu'elle était au fait du fonctionnement de la Maison-Blanche et de ses personnages-clés.

Tripp semblait persuadée que Monica finirait par retourner à la Maison-Blanche et que, une fois qu'elle y serait bien installée, le président la trouverait tout simplement irrésistible. « J'étais loin de lui ; ces paroles et ce qu'elles exprimaient me permettaient de tenir le coup, se souvient Monica. Elles me redonnaient confiance en notre relation, même si à l'époque Linda ne savait pas que je voyais le président. »

Octobre laissa place à novembre ; les élections approchaient, et Monica était de plus en plus agitée. Elle passait ses journées, exaltée par l'angoisse et l'espoir, à rêver du moment où le président l'appellerait pour mettre un terme à ses six mois de purgatoire au Pentagone. Durant tout l'été, elle avait coché un à un sur son calendrier les jours la séparant des élections, sachant que ces dernières donneraient le signal de son retour à la Maison-Blanche. « Elle ne savait dire qu'une chose : " J'ai tellement hâte d'y retourner, j'ai tellement hâte de retourner à la Maison-Blanche " », se souvient sa tante Debra. La nuit précédant les élections, Monica s'attendait à ce que le président l'appelle, et comptait lui souhaiter bonne chance ; il ne le fit pas, cependant, et cela la replongea dans le désespoir.

Le mardi 5 novembre 1996, William Jefferson Clinton fut réélu à la présidence des Etats-Unis d'Amérique, après avoir battu de façon convaincante son adversaire républicain, le sénateur Robert Dole. Le lendemain de la victoire, les Clinton rentrèrent en triomphe à la Maison-Blanche.

Le président et le vice-président furent ensuite salués sur la Pelouse Sud par les membres du personnel nommés politiquement. Monica était présente. Sachant que « Handsome » aimait son béret noir, elle avait décidé de le porter pour l'occasion. Dans la bousculade enthousiaste des conseillers, agents des services secrets, supporters et parasites, ils ne purent échanger davantage que des regards chargés de sens, mais Monica rentra chez elle persuadée que le président l'appellerait ce week-end-là et lui demanderait de venir le voir, afin qu'il puisse lui dire ce qu'il avait en tête pour elle, lorsqu'elle reviendrait à la Maison-Blanche.

« J'ai tout préparé, se souvient-elle. J'ai sorti ce que je porterais et je suis allée me faire couper les cheveux. Puis je me suis assise et j'ai attendu, attendu, attendu. Tout le week-end, j'ai attendu qu'il appelle, et ça ne s'est pas produit. J'étais hors de moi, je lançais des objets dans tous les sens, je pleurais de façon incontrôlable. J'étais tellement frustrée ! J'avais l'impression d'avoir quitté la Maison-Blanche comme une gentille fille, sans faire d'histoires. Peu de femmes ayant eu une relation avec le président avaient dû se montrer aussi dociles. Alors, je me sentais trahie et déçue. J'étais tout simplement anéantie. »

Démoralisée, Monica continuait à accomplir mécaniquement son travail au Pentagone, tout en essayant de faire une croix définitive sur les rêves qu'elle avait nourris durant six mois. Jamais encore elle n'avait été aussi malheureuse.

Peu de temps après l'élection, à la fin du mois de novembre, Monica entrait dans la cafétéria du Pentagone lorsqu'elle aperçut Linda Tripp. Les nerfs à vif, désespérée, Monica soupira : elle savait déjà que Tripp allait lui répéter, de sa voix plaintive et nasale, qu'à présent que l'élection était passée, Monica pourrait retourner à la Maison-Blanche, et qu'elle était exactement la fille qu'il faudrait au président. De fait, elle était à peine assise que son amie se lança dans son laïus habituel. Pour une fois, Monica ne la laissa pas continuer. « Ecoute, Linda, je vais te dire un truc, et j'espère que tu ne le répéteras à personne. J'ai déjà eu une liaison avec lui, et elle est terminée. Alors, oublie ça – ça ne se produira pas. »

C'était le signal qu'attendait Linda Tripp. « Je le savais, je le savais ! Je savais que tu étais le genre de fille qui lui plairait. Bon, ne va pas penser que je suis vraiment bizarre, mais ma grand-mère et moi avons d'étranges perceptions psychiques de certaines choses. J'ai des sensations en ce qui concerne les gens, et c'est ce qui s'est passé avec toi. Maintenant, raconte-moi tout. » Et Monica, qui avait pendant si longtemps sut garder le secret, lui raconta ce qui s'était produit au cours de l'année précédente. Tripp, loin de conseiller à sa jeune amie d'oublier Bill Clinton et de passer à autre chose, avait du mal à dissimuler son excitation. « Ce n'est pas terminé, affirma-t-elle. La longévité joue en ta faveur. Il te parle encore après tout ce temps, il rappellera – c'est juste qu'il est très occupé à cause des élections. C'est une période dingue. »

Monica se souvient très précisément, et avec beaucoup d'embarras, de cette conversation. « C'était comme un lavage de cerveau. J'étais tellement blessée, et encore tellement amoureuse, et si troublée... J'étais encore très jeune, et pourtant j'avais l'impression que ma vie commençait et se terminait en même temps. Je ne savais pas quoi faire. »

Lorsqu'elle raconta toute l'histoire à Linda Tripp, Monica croyait se confier à une amie. Au lieu de cela, elle était en train de tomber dans un piège, de se transformer en appât innocent pour piéger le président. A en croire le témoignage de Lucianne Goldberg, Linda Tripp l'avait contactée en mai 1996, quelques semaines seulement après avoir rencontré Monica, pour lui parler d'une « jolie fille » avec qui elle s'était liée et qui avait un petit ami à la Maison-Blanche. Cela, Monica, dont la mémoire est excellente, nie catégoriquement le lui avoir dit à l'époque. Bien plus tard, sans doute après la confession de Monica en novembre, Tripp parla de nouveau à Goldberg et lui annonça que le « petit ami » était en réalité Clinton lui-même.

Regardant en arrière, la mère de Monica se rend compte que c'est à partir de ce moment-là, en novembre 1996, que

Linda Tripp a commencé à manipuler l'existence de sa fille. « Imaginez cette jeune femme qui ne demande qu'à croire ce qu'on lui raconte. Elle veut entendre qu'il y a de l'espoir, que c'est le grand amour. Elle commence tout juste à se résigner à admettre que c'est terminé lorsque Tripp débarque et emploie toutes les ruses psychologiques possibles pour la déstabiliser : " Dis que tu as besoin d'un travail – bats-toi – je le vois dans les étoiles – ne laisse pas tomber. " Ses vraies amies lui disaient de passer à autre chose et d'oublier cette histoire, mais Linda Tripp lui donnait de faux espoirs. Monica était très jeune, très vulnérable, et déprimée au point d'être facilement influencée par quelqu'un de fort, de véhément et d'autoritaire. Pourtant, tout cela l'entraînait vers la trahison. C'est horrible d'y penser. Qui pourrait faire une chose pareille ? Probablement une personne dénuée de compassion, d'humanité et de sens de la responsabilité morale. »

Tout cela était encore à venir, cependant. En novembre 1996, Monica continua à voir Linda Tripp, et pendant une brève période, elle lui parla de sa relation avec le président, espérant constamment être rassurée, tourmentée qu'elle était par son propre pessimisme. Chaque fois qu'elle pensait que le président n'appellerait plus et décidait que leur relation était terminée, Tripp lui redonnait espoir. « Il va t'appeler, il va t'appeler », disait son amie aux « étranges perceptions psychiques », persuadée qu'il téléphonerait dans les jours suivants.

Pendant ce temps-là, Monica avait également d'autres choses en tête. Elle était sur le point de quitter Washington pour se rendre au mariage de sa meilleure amie, Catherine Allday Davis, à Hawaii. Elle avait l'intention de s'arrêter d'abord à Los Angeles, afin de rendre visite à son père et sa belle-mère, puis de rejoindre Catherine à Portland avant de s'envoler vers l'ouest avec elle.

Elle devait prendre le vol pour L.A. le 2 décembre, mais découvrit que, pour la première fois depuis les élections, la First Lady ne serait pas en ville, ce jour-là. Les mots de Linda Tripp étaient encore frais dans son esprit ; elle décida de changer son billet d'avion et de laisser une nouvelle chance au président. « Il a encore cette nuit, se dit-elle. S'il n'appelle pas, je fais changer mon numéro de téléphone. »

Ses bagages prêts, elle s'installa dans sa chambre et attendit. Une fois de plus, son instinct se révéla juste. Cette nuit-là, le téléphone sonna, et avant même de décrocher, elle sut que ce serait lui au bout du fil.

« Hello, c'est Bill, j'ai une laryngite », dit-il d'une voix inhabituellement bourrue. En entendant ces quelques mots, Monica sut que sa longue attente se terminait enfin. De surcroît, tous les doutes qu'elle avait pu nourrir quant à son oracle personnel, Linda Tripp, s'évaporèrent comme par enchantement.

7

Pas bien aux yeux de Dieu

Pour une fois, Monica se sentait bien dans sa peau ; ses démons personnels concernant le président, son poids, Andy Bleiler et son avenir professionnel la laissaient provisoirement en paix. Elle faisait également confiance à sa nouvelle confidente, Linda Tripp, en qui elle voyait une vraie initiée de Washington, pour l'aider à trouver la clé qui lui permettrait de retrouver sa place à la Maison-Blanche et dans le cœur du président. Alors que l'année 1997 commençait, elle s'apprêtait avec enthousiasme à prendre un nouveau départ. Son optimisme ne dura guère.

Dans les quelques semaines ayant précédé Noël, elle avait été relativement heureuse. Grâce à son absence et au hasard, elle avait réussi à reprendre l'avantage sur les hommes de sa vie ; pour une fois, c'était elle qui contrôlait la situation. Lorsque le président l'avait appelée au début du mois de décembre, ils avaient eu une longue et assez agréable conversation. Elle lui avait même annoncé que ses amours d'été avec Thomas, son amant du Pentagone, étaient terminées, même si elle n'avait pas mentionné son avortement. « J'aimerais être avec toi et te prendre dans mes bras », lui avait dit Clinton. Il était, Monica s'en souvient, doux et tendre ; il affirmait qu'elle lui manquait et lui parlait comme si les six semaines qui s'étaient écoulées depuis son dernier appel n'avaient duré qu'un instant.

Lorsqu'il lui avait proposé de venir à la Maison-Blanche, elle avait refusé son offre – contrairement à ses habitudes. Elle lui avait parlé de son voyage à Los Angeles, Portland et Hawaii, et lui avait expliqué qu'elle devait prendre l'avion tôt le lendemain matin. Ils avaient plaisanté, imaginant qu'elle lui enverrait une carte postale de Hawaii représentant une fille voluptueuse en bikini ; elle devrait l'expédier à Betty Currie pour être sûre qu'il la reçoive, avaient-ils dit. Ils avaient bavardé jusque tard dans la nuit, et le président s'était endormi à la fin de leur conversation.

Mais si Monica n'avait pas réussi à voir le président, elle avait en revanche d'ores et déjà un autre rendez-vous, à Portland celui-là – un rendez-vous avec Andy Bleiler.

Cela faisait plus d'un an qu'elle n'avait pas vu Andy et Kate Bleiler, mais ils avaient fréquemment bavardé au téléphone. Monica les tenait informés des derniers commérages de Washington. Quand elle était arrivée à la Maison-Blanche, elle leur avait fait un résumé des cancans internes et leur avait parlé des femmes qui étaient supposées avoir eu des liaisons avec le président. Une fois, elle avait même dit à Kate que l'une des employées de longue date de la Maison-Blanche était surnommée « Protège-genoux », à cause de l'aventure qu'elle était censée avoir eue avec Bill Clinton. Ce n'était qu'une remarque impromptue, mais elle allait revenir la hanter.

Elle avait également envoyé aux Bleiler un certain nombre de cadeaux achetés à la boutique de souvenirs des services secrets, à la Maison-Blanche, parmi lesquels une photo du président tamponnée avec sa signature. Par ailleurs, lorsque Monica travaillait au service correspondance des Affaires législatives, elle avait expédié à Bleiler une photocopie d'une lettre de félicitations signée par le président, qui avait à l'origine été adressée à un membre du Congrès prénommé lui aussi Andy. Bleiler avait apprécié le clin d'œil et épinglé la lettre sur son panneau d'informations, au travail. Les actions de Monica étaient plus stupides que sinistres, et ses intentions innocentes, même si elles étaient déplacées ; mais, une fois encore, ses gestes devaient se retourner contre elle, une fois que le scandale aurait éclaté.

Tandis qu'elle préparait son court séjour à Portland, elle ne cessait de recevoir des coups de téléphone d'Andy, qui souhaitait s'assurer qu'elle venait bel et bien – un renversement total de leurs rôles d'autrefois. De son côté, Monica avait ses propres raisons pour souhaiter revoir son ancien amant seul à seul.

Depuis qu'elle avait connu la douleur physique et morale de l'avortement, en effet, elle était inquiète à l'idée d'avoir des rapports sexuels avec un homme. Si elle devait faire l'amour avec quelqu'un, elle voulait que ce soit un amant familier et sûr, qui la comprendrait si jamais elle paniquait. Pour cette raison, durant son séjour à Portland, elle eut des rapports sexuels avec Andy Bleiler pour la dernière fois. Ce fut pour elle une expérience émouvante, qui, par ailleurs, la rassura : elle pouvait désormais reprendre sa vie amoureuse sans peurs d'ordre physique. Quand Monica quitta Portland, elle éprouvait envers Andy des sentiments très chaleureux et romantiques, mais savait également qu'il n'avait plus d'emprise sur elle.

Plus tard, lorsqu'ils parlèrent au téléphone, il admit qu'il voyait une autre femme depuis plus d'un an, que son mariage avec Kate était chaotique, et qu'il envisageait de la quitter pour sa nouvelle maîtresse – ce qui ne faisait que confirmer ce dont Monica s'était doutée. Bleiler déclara également qu'il se rendait désormais compte de ce que Monica avait représenté pour lui ; il lui demanda pardon pour son attitude durant leur liaison et lui dit qu'il appréciait vraiment son amitié.

Aussi, à ce stade, Monica était-elle contente de ses relations. Elle savait de surcroît qu'elle était bien physiquement. Elle avait bronzé, à Hawaii, et perdu du poids – en fait, elle était plus mince que jamais, ce que le président ne manqua pas de remarquer. Ils se rencontrèrent brièvement lors du bal de Noël de la Maison-Blanche, à la mi-décembre, et il prit le temps, lors d'une autre réception le lendemain soir, de l'appeler pour la complimenter. « Je voulais juste te dire que tu étais très belle, hier soir », déclara-t-il, avant d'ajouter qu'il lui avait acheté un cadeau de Noël [une épingle à chapeau] lorsqu'il s'était rendu à Albuquerque, au Nouveau-Mexique, et qu'il avait l'intention de le lui offrir avant Noël.

Monica fut déçue de ne pas pouvoir le voir, comme ils l'avaient prévu, le week-end précédant Noël, mais elle le rencontra, par pur hasard, alors que sa mère et elle assistaient à une représentation de *Casse-Noisette* à laquelle participait Chelsea Clinton. Le président, qui se trouvait avec sa femme, repéra Monica au moment où il quittait le théâtre et lui adressa un large sourire. Cette brève rencontre, ainsi que les messages téléphoniques succincts qu'il laissa sur son répondeur, aidèrent la jeune femme à garder le moral. Bill Clinton et elle se virent également au 53e Bal d'inauguration présidentiel, qui se tint au Centre Kennedy de Washington D.C. en janvier 1997. Là, elle attendit patiemment pendant cinq heures derrière des cordes pour pouvoir le voir sur scène avec la First Lady ; lorsqu'il la repéra, il articula silencieusement : « J'aime bien ta robe », et ne cessa ensuite de la regarder et de lui sourire.

Même si elle n'eut que de rares contacts avec lui, au début de la nouvelle année, Monica conserva une grande confiance en elle. « Normalement, dit-elle, lorsque je dois me préparer pour un événement mondain, je suis un vrai paquet de nerfs, je me déteste, je n'arrête pas de me dire que j'ai l'air grosse et moche dans tout ce que j'essaie. C'était la première fois de ma vie que je m'habillais pour sortir sans penser une seule fois à mon poids. C'était un sentiment de libération très agréable ; oui, j'étais libérée de mes démons personnels. »

Par ailleurs, en ce début du mois de janvier, ses perspectives professionnelles s'amélioraient sensiblement, à l'instar de sa relation avec le président. Avant Noël, elle avait entendu dire que sa bête noire, Evelyn Lieberman, quittait son poste de chef du personnel adjoint au Nouvel An pour aller diriger le réseau de radios « Voice of America ». Apprenant cela, Monica songea que le plus gros obstacle l'empêchant de retourner à la Maison-Blanche venait d'être levé. Aussi, lorsque le président l'appela en janvier et en février, elle lui parla de son retour à la Maison-Blanche. Il se montra encourageant et lui dit qu'il aborderait la question avec Bob Nash, directeur du personnel présidentiel.

D'autres signes semblaient indiquer que ses espoirs allaient aboutir. Lorsqu'elle était allée voir Betty Currie après Noël pour apporter quelques cadeaux de saison – elle avait acheté pour Clinton, qui ne se trouvait pas à Washington à ce moment-là, un jeu sur Sherlock Holmes, sachant qu'il aimait résoudre des énigmes –, Monica avait parlé avec elle de son possible retour à la Maison-Blanche. Mme Currie avait eu l'air très au courant et avait répondu : « Je sais. Le président m'a dit après votre départ de la Maison-Blanche qu'il serait bien que nous vous fassions revenir après l'élection, que vous étiez un bon élément. »

Monica pensait donc que le train était désormais en marche – non seulement en raison de ses conversations avec le président et Betty Currie, mais aussi à cause des opinions exprimées par sa nouvelle manipulatrice, Linda Tripp. « Elle est en quelque sorte devenue mon journal intime, quelqu'un à qui je pouvais me confier, avec qui je pouvais échanger toutes mes idées et mes inquiétudes, se souvient Monica. J'en suis arrivée à rechercher son approbation pour tout – et elle a ainsi pu me manipuler. A plusieurs reprises durant les quelques mois qui ont suivi, je me suis dit : " Je laisse tomber. J'en ai assez, j'abandonne. " Mais Linda me répétait : " Non, tiens bon ", et souvent elle avait raison. C'était une relation vraiment malsaine. »

En y repensant aujourd'hui, Monica explique sa dépendance vis-à-vis de Tripp par sa jeunesse, combinée aux séquelles de son avortement, à la haine de son travail au Pentagone et à ses trop rares contacts avec le président. De surcroît, quasiment toutes les personnes qui lui importaient – sa mère, sa tante, ses plus proches amies – insistaient pour qu'elle quitte Washington et change d'existence, ce qu'elle n'avait aucune envie de faire. La seule voix qui la poussait à persévérer était celle de Linda Tripp.

En février 1997, Tripp commença à suggérer à Monica, qui avait établi un calendrier personnel des dates auxquelles le président l'avait appelée ou vue, d'étudier leur liaison en détail afin d'essayer de trouver une constante dans l'attitude de Clinton ; elle l'encouragea même à faire un tableau de tous ses contacts avec lui. Monica se rend compte aujourd'hui que, en la laissant parler « encore et encore » de sa liaison avec le président, Linda Tripp cherchait seulement à servir ses propres intérêts pleins de duplicité.

Très vite, l'espoir qui avait envahi Monica au début de l'année s'était évaporé, et les mouvements de balancier familiers entre optimisme et désespoir avaient repris. Tandis que les semaines passaient, sans la moindre perspective d'un poste à la Maison-Blanche, et se transformaient en mois, sa frustration croissait – d'autant qu'elle ne cessait de se faire éconduire par toutes sortes d'employés de la Maison-Blanche, dont aucun ne semblait être au courant de sa recherche de travail. Marcia Lewis, inquiète, comme toujours, pour sa fille, résume parfaitement ce qui se passait : « Elle était certaine qu'ils allaient la laisser revenir travailler à la Maison-Blanche. Personne ne lui a jamais dit clairement qu'elle ne reviendrait pas. Ils se contentaient de jouer avec elle, mois après mois, en lui disant d'aller parler à un tel, puis à tel autre. »

Cette politique de faux-fuyants semblait faire écho aux sentiments du président lui-même vis-à-vis de leur liaison. Il lui disait que c'était terminé puis, peu après, il la rappelait ou même la voyait. Chacune de ses actions, aussi banale fût-elle, rassurait (peut-être sans qu'il le veuille) Monica : finalement, ils avaient peut-être un avenir ensemble, songeait-elle. Catherine Allday Davis, qui resta fréquemment en contact avec Monica durant ces mois-là, était consciente des effets désastreux de l'attitude du président envers son amie : « Je le respectais ; je ne comprenais donc pas pourquoi il ne se rendait pas compte du mal qu'il lui faisait. Il essayait de mettre un terme à leur histoire, ce qui était honnête et bien ; puis il la rappelait et ravivait tout ça. Il ne cessait de la faire marcher, c'était une espèce de torture chinoise. Il n'a jamais tiré un trait et dit : " C'est terminé et, si tu me rappelles, je filtrerai. " »

Tout au long du mois de février, cette ambivalence fut manifeste. Le président essayait de mettre un terme à leur liaison ; puis il se retrouvait, tant affectivement que physiquement, de nouveau attiré par Monica. Son désir pour elle s'opposait à son sentiment de culpabilité ; le politicien et le mari étaient en conflit avec l'homme et l'ancien amant.

Au début du mois de février, ils eurent une longue conversation à propos de leur aventure. Monica commença gaiement, en lui disant de jeter un coup d'œil au *Washington Post* le jour de la Saint-Valentin ; elle avait fait passer dans les petites annonces un message pour son « Handsome », qui commençait par une citation de *Roméo et Juliette*, de Shakespeare :

> Sur les ailes légères d'amour j'ai passé ces murs
> Car les limites de pierre ne retiennent pas l'amour
> Ce que peut faire amour, amour ose le tenter.

Bien que le président appréciât l'attention, il lui parla une nouvelle fois de mettre un terme à leur liaison, tout en disant qu'il ne voulait pas lui faire de mal. « Tu as été blessée par tant d'hommes... Je ne veux pas te faire souffrir comme les autres types qu'il y a eu dans ta vie », lui dit-il, ce qui laisse supposer qu'il était conscient de sa vulnérabilité affective. Néamoins, la conversation se poursuivit et prit un tour sexuel ; après quoi il promit de la rappeler.

Le jour de la Saint-Valentin, Monica se trouvait à Londres avec sa mère. A son retour, elle alla déposer quelque chose à la Maison-Blanche et, ce faisant, vit Betty Currie, qui lui déclara qu'elle avait essayé de l'appeler la semaine précédente. Monica en déduisit que le président avait voulu la joindre pendant son absence. Ensuite, Mme Currie lui téléphona pour l'inviter à l'enregistrement de l'allocution radiodiffusée de cette semaine-là, le 28 février. Pour s'y rendre, Monica décida de porter sa désormais célèbre robe bleue Gap, qui revenait juste de chez le teinturier.

Il n'y avait que six autres personnes présentes lors de l'allocution, mais, pendant tout le temps qu'elle dura, Monica ne cessa de se demander si le président et elle se retrouveraient seuls tous les deux – cela faisait longtemps qu'il lui avait promis un baiser. Une fois l'enregistrement terminé, ils furent pris en photo ensemble, après quoi le président lui dit d'aller dans le bureau de Betty Currie : il avait quelque chose pour elle. Malheureusement, l'aide présidentiel Steve Goodin, qui avait tendance à se montrer très protecteur à propos de l'emploi du temps de son patron, était lui aussi présent. Monica avait appris par Betty Currie que Goodin avait donné des consignes pour que l'ancienne stagiaire ne soit pas laissée seule avec le président. Elle fut donc surprise lorsque, au bout d'un moment, la secrétaire du président l'introduisit dans le Bureau Ovale, puis dans le bureau privé de Bill Clinton. Là-dessus, Mme Currie s'excusa et les laissa seuls.

Pour la première fois en dix mois, Monica se retrouvait en tête à tête avec « Handsome ». Comme ils se dirigeaient vers son petit bureau, elle lui dit : « Viens là – embrasse-moi. » Il était, néanmoins, bien plus circonspect que d'habitude et, au lieu de l'embrasser, il déclara : « Attends, attends. Sois patiente. Sois patiente », avant de lui donner une petite boîte ornée d'étoiles dorées. Elle l'ouvrit et découvrit à l'intérieur l'épingle à chapeau en verre bleu qu'il lui avait promise. Puis, d'un air vaguement embarrassé, il lui offrit un livre, qu'il mit dans son sac à main en disant : « C'est pour toi. » Monica, qui aime bien donner et recevoir des cadeaux, voulait savourer ce moment et sortit pour regarder le volume magnifiquement relié – une édition des *Feuilles d'herbe* du poète Walt Whitman. « Plus qu'un cadeau, c'était un vrai compliment, dit-elle. De tout ce qu'il m'a jamais donné, ça a été le présent le plus chargé de signification. » En effet, elle trouvait que les sentiments exprimés par la poésie lui parlaient profondément de la nature de sa relation avec le président.

Dans cette humeur romantique, ils se dirigèrent vers la salle de bains, la partie la plus privée du bureau intérieur du président, où ils commencèrent à « batifoler ». Après qu'il l'eut embrassée pour la première fois en près d'un an, Bill Clinton s'écarta d'elle et dit : « Ecoute, il faut que je te dise quelque chose de vraiment important. Nous devons faire très attention. »

Cependant, leurs caresses se poursuivirent, devinrent plus intimes et, cette fois, lorsque le président la repoussa au milieu d'une fellation, Monica lui dit qu'elle voulait aller jusqu'au bout. Il répondit : « Je ne veux pas devenir accro à toi, et je ne veux pas que tu sois accro à moi non plus. » Cependant, quelles qu'aient été ses propres résolutions, en ce qui concernait Monica, il était déjà bien trop tard. Elle lui dit qu'elle « tenait énormément à lui », et ils se serrèrent dans les bras l'un de l'autre. C'est alors que Bill Clinton accepta de poursuivre leur étreinte jusqu'au moment où, pour la première fois depuis le début de leur liaison, il atteignit l'orgasme en présence de Monica, un minuscule échantillon de son sperme allant tacher sa robe Gap. Pour Monica, cela marquait le début d'un nouveau chapitre dans leur relation ; cette intensité de sentiment, pensait-elle, les rapprocherait du jour où ils consommeraient pour de bon leur liaison. Par le passé, le président s'était toujours surveillé ; au début, il disait qu'il ne la connaissait pas assez bien, puis, plus tard, qu'il se sentirait coupable. Ce moment d'abandon, le 28 février 1997, prouva à Monica qu'il lui faisait enfin réellement confiance.

Monica sortit pour dîner, ce soir-là. Après, désordonnée comme à son habitude, elle se contenta de jeter la robe bleue dans son placard. Ce n'est que lorsqu'elle voulut la porter de nouveau qu'elle remarqua les traces qui la souillaient. Elle n'était pas sûre à cent pour cent que les petites marques sur le tissu provenaient du président ; néanmoins, elle plaisanta à ce propos avec Neysa et Catherine, disant que, s'il était responsable, c'était à lui de payer la note de teinturerie.

De telles pensées étaient bien loin de son esprit, cependant, après leur interlude romantique. Elle envoya au président une cravate Hugo Boss et une lettre de remerciements affectueuse pour ses cadeaux. Elle pensait sincèrement qu'ils avaient un avenir ensemble, et ne voyait les précautions du président et ses hésitations physiques que comme un simple écho de la relation qu'elle avait eue avec Andy Bleiler.

Le président, lui, considérait les choses autrement. Dans son témoignage au Grand Jury enregistré sur vidéo le 17 août 1998, il déclara : « Lorsque ça a été fini, j'en ai été malade, et je me suis réjoui à ce moment-là de ne pas avoir eu de contacts inappropriés avec Mlle Lewinsky depuis près d'un an. Je me suis promis que cela ne se reproduirait pas. » Pourtant, le 12 mars, deux semaines environ après leur rendez-vous clandestin dans le Bureau Ovale, Betty Currie appela Monica à son travail et lui dit que le président voulait lui parler, et que c'était important. Quand elle l'eut au téléphone, il lui dit qu'il y avait eu un problème avec la cravate qu'elle lui avait envoyée (c'est celle que, selon Monica, il a découpée avec des ciseaux). Pouvait-elle venir avant qu'il parte pour la Floride, le lendemain ? Elle accepta, et il la remit en contact avec Betty Currie pour qu'elles mettent cette entrevue au point.

Sentant qu'il voulait lui dire quelque chose d'important, Monica éprouva une intense frustration lorsque Betty se contenta de déclarer qu'elle la rapellerait dans la matinée pour lui indiquer l'heure à laquelle elle pourrait venir à la Maison-Blanche. Ce coup de téléphone marqua le moment à partir duquel Betty Currie, figure maternelle, très appréciée à la Maison-Blanche, commença à jouer le rôle d'interface entre le président et Monica. Dans la mesure où cette dernière ne disposait plus d'un laissez-passer pour la Maison-Blanche et où le président ne voulait pas que ses vistes soient notées dans le registre, Betty fut chargée de coordonner leurs rencontres. Pour Monica, cet arrangement se révéla une source fréquente d'obstructions non intentionnelles, et donc de déceptions.

Il semblait également que le destin eût sa propre manière de les empêcher de se voir. Avant leur rendez-vous, on apprit qu'une action terroriste avait eu lieu en Isarël, menace sérieuse pour la paix fragile que Clinton avait aidé à conclure entre Israéliens et Palestiniens ; aussi le président dut-il faire une déclaration publique immédiate. Au cours de celle-ci, il arborait l'une des cravates offertes par Monica, celle que Bayani Nelvis allait plus tard porter devant le Grand Jury. La visite de Monica dut être annulée.

Cette nuit-là, tandis que « Handsome » se trouvait en Floride chez le golfeur Greg Norman, Monica fit un rêve très « réel » à son propos. Elle s'éveilla en sursaut, alluma la télévision et apprit qu'il s'était sérieusement blessé au genou en tombant. C'était une étrange coïncidence qui, dans son état affectif exacerbé, lui apparut comme un signe supplémentaire du lien spirituel qui les unissait.

Monica ne tarda pas à passer à l'action. Elle confectionna un colis de cadeaux de prompt rétablissement : une carte qui représentait une petite fille disant à une grenouille : « Salut, Handsome », un aimant en forme de tampon présidentiel pour mettre sur ses béquilles, une plaque d'immatriculation marquée « Bill » (pour sa chaise roulante) et une paire de protège-genoux « présidentiels » qu'elle avait décorés elle-même. Cependant, si, en surface, elle gardait le sens de l'humour, elle était au fond d'elle-même troublée qu'il ne lui ait pas encore révélé ce qu'il avait voulu lui dire au téléphone, le jour où il avait demandé à Betty Currie d'arranger l'entretien avorté.

Elle finit par réussir à le voir le 29 mars, sous le prétexte de remplacer la cravate endommagée. En même temps que la cravate, elle lui apportait tout un sac de présents, parmi lesquels un exemplaire du magazine *Vox*, un livre racontant une histoire de sexe par téléphone, un médaillon avec un cœur évidé, et un cadre contenant une copie de sa petite annonce de la Saint-Valentin. Une fois de plus, Betty Currie lui fit traverser le Bureau Ovale et la fit entrer dans le bureau de derrière avant de retourner dans ses propres quartiers, les laissant seuls.

Un premier baiser inattendu du président les entraîna rapidement vers une intimité beaucoup plus grande, même si, dans la mesure où il avait toujours ses béquilles, la scène était aussi cocasse que romantique. Avec des fioritures poétiques qui vont un peu au-delà des strictes exigences juridiques, le Rapport Starr décrit ainsi la scène : « Un rayon de soleil tombait directement sur le visage de Lewinsky tandis qu'elle faisait une fellation, jusqu'à l'orgasme, au président. Le président fit une remarque sur la beauté de Lewinsky. » Cette description provoqua l'hilarité du public, mais Monica souligne qu'il s'agissait d'un moment très privé, très intime et romantique, durant lequel pour la première fois le président et elle connurent un bref contact génital, « sans pénétration », comme le Rapport Starr, moins poétiquement cette fois, le précise.

Ils se rendirent ensuite dans la salle à manger. Monica se sentait, dit-elle, très « fleur bleue » vis-à-vis du président. Elle lui dit qu'elle avait pensé à lui et qu'elle les imaginait, « Petit Bill et Petite Monica », marchant main dans la main sous le soleil. Avec sa sentimentalité coutumière, elle déclara que la petite fille en elle se sentait vraiment comblée par leur relation, et que grâce à cette dernière sa vie lui semblait complète. Elle avait, également, le sentiment que leur liaison faisait ressortir le « petit garçon perdu » en lui. Aujourd'hui, elle fait preuve de davantage de lucidité : « Lorsque notre aventure a commencé, c'était l'excitation et le fait qu'il soit président qui m'attiraient. Ça a changé au fil du temps. A l'époque, j'en était arrivée à avoir envie de l'épouser, de me réveiller à son côté tous les matins et de vieillir avec lui. A certains moments, c'était plus réaliste qu'à d'autres. Quand j'y repense aujourd'hui, cependant, je me rends compte que c'était un rêve plutôt idiot. »

Durant leur conversation, le président insista de nouveau sur la nécessité d'être très prudents. Tout au long de leur liaison, elle n'avait cessé de lui répéter qu'elle n'en parlerait jamais à personne, et qu'elle le protégerait toujours. Il lui dit que, si jamais on la questionnait à ce propos, elle devait simplement répondre qu'ils étaient amis. Il lui demanda également instamment de se montrer circonspecte lorsqu'ils parlaient au téléphone, expliquant qu'il pensait qu'une ambassade étrangère – il ne précisa pas laquelle – écoutait ses conversations officielles.

Betty vint bientôt chercher Monica. Le président boitilla à son côté jusqu'au bureau de Betty et, avant qu'elle s'en aille, il la serra dans ses bras et lui donna un baiser sur le front devant sa secrétaire, afin de montrer que leur relation était plus paternelle qu'intime. Puis il se mit à chanter le classique populaire « Try A Little Tenderness [1] », regardant Monica droit dans les yeux lorsqu'il arriva au vers mélancolique « She may be weary » (Elle est peut-être lasse).

Durant cette visite également, Monica donna son curriculum vitae au président, qui déclara que non seulement Bob Nash, le directeur du personnel présidentiel, s'occupait de lui trouver un emploi à la Maison-Blanche, mais qu'il avait aussi mis Marsha Scott, directrice du personnel adjointe et amie à lui depuis l'époque où il étudiait dans l'Arkansas, sur l'affaire. La cavalerie Clinton semblait enfin venir à sa rescousse – ce qui n'était pas trop tôt.

La jeune femme se sentit réconfortée après cette conversation, comme toujours ; pourtant, les doutes ne tardèrent pas à revenir l'assaillir. Chaque jour, elle se trouvait confrontée à ce dilemme : devait-elle démissionner de son travail au Pentagone et chercher autre chose, ou se montrer patiente, vertu qui ne faisait guère partie de ses qualités premières ? Bien qu'elle appréciât et respectât son patron, Ken Bacon, elle détestait les longues heures de travail au Pentagone et les tâches ennuyeuses et répétitives. Malgré cela, c'était une employée consciencieuse, ce qui lui valut un « prix pour réalisations exceptionnelles », cette année-là. Un voyage en Asie en avril, loin d'être intéressant comme on aurait pu l'imaginer, se résuma en réalité à des journées sans fin passées à taper à la machine et à de longues nuits dans des chambres d'hôtel anonymes. De retour chez elle après ce voyage « de cauchemar », elle songea que le président devrait agir vite, sans quoi elle partirait de son côté.

Au cauchemar du voyage asiatique ne tarda pas à s'ajouter un drame familial. A l'instant où elle rentra chez

---

1. Le titre de la chanson signifie littéralement « Essaie un peu de tendresse ». *(N.d.T.)*

elle, à la mi-avril, elle fut en effet accueillie par la nouvelle que son frère adoré, Michael, avait été impliqué dans un grave accident de voiture. Il s'était endormi au volant, et sa voiture avait quitté la route, s'était retournée et avait atterri dans un fossé. Il était sorti du véhicule quelques instants seulement avant que celui-ci prenne feu : par miracle, il ne souffrait que de quelques coupures et contusions. Pour Monica, toujours dotée d'un sens aigu du dramatique, cet événement se révéla probablement plus traumatisant que pour son jeune frère, imperturbable par nature.

Elle s'efforçait de digérer ce coup du sort, ce mois-là, quand elle reçut au Pentagone un coup de téléphone glacial de Kate Bleiler, qui l'accusait avec colère d'avoir eu une liaison avec son mari. Ne voulant pas s'engager dans une conversation houleuse alors qu'elle était au bureau, Monica y coupa court. Puis, furieuse qu'Andy ne l'ait pas prévenue que leur secret avait été découvert, elle l'appela à son travail. Il lui dit que sa maîtresse du moment était allée voir Kate et lui avait annoncé qu'elle attendait un enfant de lui. Au cours de la scène dramatique qui s'était ensuivie, Bleiler avait admis avoir couché avec Monica – mais seulement à l'époque où tous deux étaient encore à Los Angeles. Monica confirma le mensonge, expliquant à une Kate en plein désarroi que seule son insécurité vis-à-vis de son poids avait été à l'origine de leur liaison. Le pot aux roses ne tarda pas à être découvert, cependant : Kate trouva des cartes de Saint-Valentin envoyées à son mari par Monica cette année-là. Elle les renvoya à leur expéditrice accompagnées d'une lettre laconique et pleine de colère.

Il s'avéra que, au moment où sa femme lui avait demandé des comptes, Bleiler s'était empressé de rejeter l'essentiel de la faute sur Monica, affirmant qu'elle l'avait poursuivi lorsqu'ils avaient emménagé à Portland et avait fait pression sur lui pour que leur liaison continue. De toute évidence, il avait déformé les faits dans le but de se disculper; cette attitude mit Monica hors d'elle, et elle décréta qu'elle ne voulait plus jamais lui parler. Elle lui en veut encore aujourd'hui : « Au lieu de prendre ses responsabilités et d'agir comme un homme, il a menti. C'était très pénible. »

Pendant toute cette période, Linda Tripp avait continué à encourager Monica. Parfois, elle s'énervait contre elle, parfois contre le président ; mais, toujours, elle poussait Monica à se battre pour un poste à la Maison-Blanche, même lorsque la jeune femme envisageait de laisser tomber. « Certaines personnes font ressortir le meilleur en vous; elle, elle faisait ressortir le pire. [A l'époque] j'étais si négative vis-à-vis de moi-même, si méchante, si vache... » admet Monica.

Elle était tourmentée que sa liaison avec Bleiler ait été découverte, comme elle l'avait tant craint. Pour ne rien arranger, son amie et oracle Linda Tripp exacerbait son mélange de paranoïa et de colère, notamment en l'aidant à mettre au point des stratégies pour reconquérir le président et obtenir un poste à la Maison-Blanche. « Elle me titillait et me poussait, elle m'encourageait à me montrer entêtée et exigeante, alors que ma mère, elle, essayait toujours de me retenir, se souvient Monica. A en croire Linda, j'étais en droit d'attendre mille choses – bien plus que le président n'estimait me devoir. Mais je me rends compte aujourd'hui qu'en définitive c'est moi qui ai agi ainsi, et que je dois assumer la responsabilité de mes actions. »

En mars, Tripp avait dit à Monica qu'une amie à elle, « Kate », lui avait parlé d'une possibilité d'ouverture au bureau du Conseil de la Sécurité nationale, à la Maison-Blanche. Aucun poste particulier n'était précisé, aussi Monica envoya-t-elle son C.V. accompagné d'une courte lettre de motivation soulignant qu'elle était intéressée par tout ce qui pourrait se présenter.

Ces efforts de Linda Tripp pour aider Monica dans sa recherche d'emploi coïncidaient avec une entrevue qu'elle avait eue un peu plus tôt avec un reporter de *Newsweek*, Michael Isikoff, connu sous le nom de « Spikey ». Ce dernier s'occupait en exclusivité de l'affaire concernant Paula Jones, cette secrétaire de l'Arkansas qui, en mai 1994, avait porté plainte contre le président Clinton. Elle affirmait qu'il l'avait harcelée sexuellement dans un hôtel de Little Rock trois ans plus tôt, alors qu'il était encore gouverneur de l'Arkansas. Clinton niait avec véhémence ces accusations ; de surcroît, il contestait le droit légal d'un citoyen privé à faire un procès à un président en exercice. Les avocats des deux parties continuaient à débattre de ce point.

Coup de théâtre potentiel : les avocats de Paula Jones avaient indiqué à Isikoff qu'une jeune femme qui avait travaillé de façon bénévole pour le Parti démocrate affirmait que Clinton l'avait « tripotée » lorsqu'elle était allée le voir dans le Bureau Ovale, en novembre 1993, pour lui demander du travail. Le journaliste avait fait des recherches pour retrouver cette femme, Kathleen Willey, qui lui avait déclaré au cours d'une entrevue confidentielle que le président l'avait « pelotée » et embrassée contre sa volonté. Ele avait cité le nom de Linda Tripp, indiquant que celle-ci confirmerait la véracité de ses dires.

Isikoff affirme que, au moment où il avait parlé avec Linda Tripp de Willey en mars 1997, elle lui avait déclaré qu'il était sur « la bonne piste » mais avait essayé de détourner son attention du cas de Kathleen Willey. Ils s'étaient rencontrés de nouveau quelques semaines plus tard dans un bar proche de la Maison-Blanche. Là, Tripp, qui avait eu l'occasion de croiser Spikey Isikoff à l'époque où elle travaillait au Bureau de la Presse de la Maison-Blanche, lui avait fait miroiter une histoire plus « sexy » – celle du président et d'une jeune stagiaire.

Dans une ville où savoir est synonyme de pouvoir, Linda Tripp semblait assez excitée à l'idée de faire mariner un célèbre journaliste de *Newsweek*. Isikoff n'était guère impressionné, cependant. Pour lui, une histoire de sexe impliquant le président n'avait pas grand intérêt. En revanche, les déclarations de Kathleen Willey ajoutaient de l'huile sur le feu allumé par Paula Jones et semblaient indiquer de la part du président une attitude récurrente, tout en suggérant un abus de pouvoir. Parallèlement, Lucianne Goldberg avait quelque temps auparavant fait clairement comprendre à Linda Tripp que, pour que son livre soit publié, il fallait au préalable qu'elle ait fait paraître dans une publication connue au plan national certains détails de ce qu'elle savait. Il était donc important pour elle que l'histoire de Willey paraisse dans la presse, et que son nom y soit lié.

Tripp donna à Monica, on s'en doute, une version des faits bien différente. Dans leurs précédentes conversations, alors qu'elle encourageait sa jeune et confiante amie à persévérer dans ses efforts pour séduire et conquérir le président, elle avait souvent fait référence à une autre maîtresse de Clinton qui, selon son expression, n'avait pas eu la même « longévité ». Elle n'avait jamais mentionné le nom de cette femme, mais avait toujours cité sa brève aventure pour illustrer le fait que elle, Tripp, savait que Clinton aimait réellement Monica et resterait avec elle quoi qu'il arrive. La femme dont elle parlait était en réalité Kathleen Willey.

En mars, Linda Tripp, surexcitée, annonça à Monica qu'un journaliste de *Newsweek* avait pris contact avec elle au bureau. Il voulait savoir si elle pouvait corroborer des informations qu'on lui avait données selon lesquelles Kathleen Willey aurait été harcelée sexuellement par le président. Dans son état de panique, déclara Tripp, elle avait essayé de minimiser l'histoire du harcèlement, mais avait globalement confirmé que Clinton et Willey avaient eu une relation. Les deux amies n'en discutèrent pas davantage mais, plus tard cette nuit-là, Tripp appela Monica chez elle. Elle déclara que Willey lui avait téléphoné et que, durant leur conversation, Linda lui avait dit qu'elle mentait, qu'il n'y avait pas eu de harlècement sexuel. Willey avait nié et affirmé que Tripp se souvenait mal de l'incident. Selon elle, Tripp l'avait vue juste après qu'elle était sortie du Bureau Ovale, échevelée et l'air visiblement contrariée, et pouvait en conséquence témoigner de son état physique et de sa détresse.

Quelques mois plus tard, cette conversation devait revêtir une importance plus grande. Monica et Linda Tripp se querellèrent en effet pour savoir si Willey avait téléphoné à

Tripp ou le contraire. A ce moment-là, Tripp donnait à Monica une version des faits différente, affirmant que c'était elle qui avait appelé Kathleen Willey – ce qui modifiait la signification de son entrevue avec Isikoff. Si Tripp avait appelé Willey, et non le contraire, cela sous-entendait qu'elle l'avait prévenue de l'intérêt manisfesté par Isikoff ; en revanche, si c'était Willey qui lui avait téléphoné pour savoir comment l'interview s'était déroulée, toutes deux étaient clairement de mèche. Durant les mois qui suivirent, Tripp changea tant de fois sa version de l'affaire Willey qu'en définitive Monica ne sut plus que croire.

En mars 1997, à force de « faire barrage » aux journalistes pour le compte de son patron, Ken Bacon, Monica commençait à savoir comment traiter avec les médias. En apprenant que Linda Tripp avait été contactée par Michael Isikoff, elle fut donc franchement étonnée de voir que cette femme, qui possédait une considérable expérience des médias, s'était aussi mal débrouillée. « Cela me semblait idiot de sa part d'avoir dit que le président avait " fait des choses " avec quelqu'un mais que ce n'était pas du harcèlement sexuel », se souvient-elle.

Par ailleurs, elle estimait qu'il était du devoir de Tripp, qui avait été nommée politiquement, d'informer la Maison-Blanche de la prise de contact d'Isikoff, afin que les mesures appropriées puissent être prises. Monica suggéra que Linda appelle soit Nancy Hernreich, directrice des Opérations du Bureau Ovale, soit l'un des avocats de la Maison-Blanche, le conseiller adjoint Bruce Lindsey. Tripp avait en effet par le passé affirmé avoir travaillé en contact direct avec Lindsey. Mais, de même que sa familiarité avec le président, cette proximité avec Lindsey semblait avoir existé davantage dans son imagination que dans la réalité.

En fin de compte, Linda Tripp finit bel et bien par biper Lindsey, après quoi elle lui envoya un e-mail ; elle avait besoin, disait-elle, de lui parler d'un problème lié aux médias. Cependant, à la suite du précédent témoignage de Tripp devant le Grand Jury sur l'affaire Vince Foster,

Lindsey et elle avaient reçu l'instruction de ne plus se contacter. Lindsey ignora donc ses messages, un affront qui offensa profondénement l'ombrageuse Mme Tripp. En ce qui concernait Monica, l'affaire était close – du moins pour le moment.

De toute façon, la jeune femme avait autre chose en tête : sa carrière. Lorsqu'elle rentra à Washington à la mi-avril après son voyage en Asie, elle appela Betty Currie et lui dit qu'elle devait parler au président. Elle attendit tout le week-end – c'était le moment qu'il choisissait généralement pour lui téléphoner –, mais il ne lui donna pas de nouvelles. Il en alla de même le week-end suivant. Quelque chose clochait, mais elle n'arrivait pas à comprendre quoi.

Prenant les choses en main, elle posa le 28 avril sa candidature pour un poste au Bureau de la Presse de la Maison-Blanche, aidée en cela par son patron, Ken Bacon, qui envoya un mot à Lorrie McHugh, assistante adjointe auprès du président, dans lequel il parlait de Monica en termes élogieux, la qualifiant de « brillante, énergique et imaginative ». Monica envisagea de contacter Betty Currie pour qu'elle puisse mettre le président au courant de ses projets, mais Linda Tripp le lui déconseilla, arguant que le président avait encore du mal à accepter l'idée du retour de Monica à la Maison-Blanche. « C'est vraiment bizarre, je le comprends si bien », répétait-elle inlassablement. Monica obtint un entretien, qui eut lieu le 1er mai 1997. Il se déroula pour le mieux, mais en définitive elle n'obtint pas le poste au Bureau de la Presse.

Enfin, le dernier samedi d'avril, le 26, elle eut le président au téléphone. Quand elle lui avoua qu'elle était déçue qu'il ne l'ait pas appelée plus tôt, ils se disputèrent ; le président lui dit que son genou le faisait encore beaucoup souffrir et qu'il n'avait pas besoin de ses récriminations par-dessus le marché. Comme toujours, ils se réconcilièrent avant la fin de la conversation, et de nouveau projetèrent de se voir bientôt.

Le 17 mai, le président, qui devait passer l'essentiel de ce mois-là en déplacement, se débrouilla pour la rappeler.

Il dut lui téléphoner plusieurs fois car il ne cessait d'être interrompu par des problèmes officiels. Il déclara qu'il avait eu l'intention d'appeler Betty Currie pour lui demander si elle pourrait venir le lendemain, un dimanche, afin de faire entrer Monica. N'ayant pas réussi à joindre sa secrétaire, il s'était résolu à appeler Monica chez elle. Elle lui parla de ses efforts infructueux pour obtenir le poste au Bureau de la Presse. Le président, qui lui répétait fréquemment que l'« on travaillait » à sa recherche d'emploi à la Maison-Blanche, parut contrarié qu'elle ne l'ait pas informé de sa candidature. « Pourquoi ne l'as-tu pas dit à Betty ? Nous aurions pu essayer de t'aider, dit-il. Promets-moi de nous tenir au courant si tu entends de nouveau parler de quelque chose, d'accord ? »

Il avait d'autres problèmes en tête, comme le révéla la suite de la conversation. Ainsi qu'il l'avait dit lorsqu'ils s'étaient vus en février et mars, il craignait que des gens ne soient au courant de leur relation. « Cela n'avait rien d'inhabituel, dit Monica. En revanche, il n'avait plus le même comportement en mai qu'en mars, et je n'arrivais pas à comprendre pourquoi. » Il lui demanda ensuite si elle avait parlé à sa mère de leur liaison, ce à quoi elle répondit : « Bien sûr que non. Comment peux-tu poser une question pareille ? » Elle ajouta que, pour sa mère, elle avait été transférée au Pentagone en raison de son amitié pour le président, rien de plus.

En réalité, bien sûr, la mère de Monica, sa tante et ses plus proches amies étaient au courant de son aventure avec le président depuis de nombreux mois. Lorsqu'elle parlait avec Catherine ou Neysa au téléphone, il lui arrivait même de leur faire écouter les messages qu'il avait laissés sur son répondeur. « Je ne faisais pas ça pour me vanter de ma relation auprès de mes amies. C'était plutôt une façon de le traiter comme un garçon normal, de parler de lui comme d'un garçon normal. Les femmes de ma génération se soutiennent les unes les autres, sexuellement – je sais tout sur les petits amis de mes copines, par exemple, et il en allait de même avec le président. Jamais mes amies n'auraient divulgué l'information. »

Le président expliqua ensuite à Monica que la directrice du personnel adjointe, Marsha Scott, que Monica n'avait encore jamais rencontrée, s'était renseignée sur la question et avait eu l'impression, en parlant avec Walter Kaye (l'ami de Marcia qui avait aidé Monica à obtenir son stage), que Marcia lui avait parlé de la relation du président avec sa fille.

C'est étrange car, dans leurs témoignages respectifs devant le Grand Jury, ni Kaye ni Scott ne se sont souvenus d'avoir jamais parlé de Monica ensemble. En février 1997, cependant, Debra Finerman, la tante de Monica, avait déjeuné avec Walter Kaye, qui est connu pour être un adorable mais incorrigible bavard ; il avait à ce moment-là sous-entendu que Monica avait la réputation d'être assez agressive. Selon Kaye, Debra, en colère, lui avait répondu que c'était faux, et qu'elle en voulait pour preuve le fait que le président appelait Monica chez elle tard le soir. Cette remarque le fit réfléchir, d'autant qu'il avait déjà entendu dire de façon indépendante par deux démocrates new-yorkais que Monica entretenait une liaison avec le président.

Il semble donc possible que Kaye, qui était très ami avec Debra Schiff, une réceptionniste de l'Aile Ouest de la Maison-Blanche – laquelle s'était un jour plainte à Evelyn Lieberman des « tenues inappropriées » de Monica –, ait dit ce qu'il savait, ou croyait savoir, à propos de la relation à des personnes proches du président. Cette information aurait fini par revenir aux oreilles de Clinton, c'est pourquoi il parla de Kaye à Monica. Le problème n'est pas de savoir si le président se trompait en citant le nom de Marsha Scott ou s'il l'utilisait comme un écran de fumée pour faire avouer à Monica qu'elle avait commis des indiscrétions. Il était évident qu'il y avait eu des fuites, et il était inquiet.

Globalement, ce fut une conversation troublante. Ils convinrent de se voir le samedi suivant, mais Monica sentait qu'il se passait quelque chose d'autre – la peur qu'avait le président d'être découvert n'expliquait pas tout. Néanmoins, même si c'était seulement la troisième fois qu'ils se voyaient cette année-là, leurs deux précédentes rencontres avaient été d'une telle intensité sexuelle et affective qu'elle avait bon espoir que leur relation atteigne un niveau d'intimité plus grand encore.

Le samedi où ils devaient se voir, le 24 mai, Monica arriva comme à son habitude avec des cadeaux – cette fois, une énigme sur le golf et une chemise décontractée de chez Banana Republic. Elle arborait, piquée dans son chapeau de paille, l'épingle qu'il lui avait offerte lors de leur dernière rencontre. On la fit entrer dans le Bureau Ovale, où elle fut saluée par le président, après quoi ils se rendirent dans la salle à manger ; là, elle lui offrit les cadeaux. Ils se dirigèrent ensuite vers le bureau de derrière ; Monica s'attendait à ce qu'ils se mettent à « batifoler » comme à l'accoutumée.

C'est alors que Bill Clinton lâcha sa bombe. L'instinct qui avait soufflé à Monica que quelque chose n'allait pas se révélait parfaitement juste : le président lui dit qu'il n'était plus content de leur relation et qu'il voulait y mettre un terme. Ce n'était pas bien pour lui, pour sa famille ; ce n'était pas bien aux yeux de Dieu non plus, estimait-il. Il expliqua longuement la douleur et le tourment que lui causait, en tant qu'homme marié, le fait d'avoir une aventure extraconjugale. Puis, tandis que sa femme et sa fille Chelsea jouaient non loin dans la piscine de la Maison-Blanche, il commença à révéler à Monica l'angoisse qui lui rongeait l'âme.

Toute sa vie, déclara-t-il, il avait vécu une existence secrète, pleine de mensonges et de subterfuges. Petit garçon déjà, il mentait à ses parents. C'était un gamin suffisamment intelligent pour comprendre les conséquences de ses actes ; et, pourtant, il avait toujours préservé cette vie cachée. Il ne risquait rien : personne n'était au courant, personne ne connaissait le véritable Bill Clinton. Après son mariage en 1975, à l'âge de vingt-neuf ans, il avait continué à mener cette existence parallèle secrète. Le nombre de ses aventures s'était multiplié ; il était de plus en plus écœuré de lui-même, de sa capacité à tromper non seulement les autres, mais aussi lui-même. A quarante ans, c'était un homme malheureux en ménage et qui détestait ce qu'il se faisait et ce qu'il faisait aux autres. La lutte entre son éducation religieuse et ses penchants naturels devenait de plus en plus âpre. Il avait alors envisagé de divorcer d'Hillary et d'abandonner à jamais la politique – à l'époque, il venait d'être réélu gouverneur de l'Arkansas pour la troisième fois. « S'il fallait que je devienne pompiste pour mener une vie honnête, pour être capable de me regarder en face dans le miroir et d'être satisfait de moi, j'étais prêt à le faire », avoua-t-il à Monica.

A ce stade de son existence, déprimé, abattu et perdu, il avait pris une décision capitale. Il était, estimait-il, préférable pour sa fille chérie qu'Hillary et lui restent ensemble et s'efforcent de sauver leur couple. Depuis, déclara-t-il, il avait essayé de se consacrer à la bonne marche de son mariage et il avait tenu un journal dans lequel il cochait les jours où il avait été sage.

Monica, qui fait référence à ce samedi 24 mai 1997 comme au « Jour J » (« le Jour où je me suis fait Jeter »), se souvient : « J'étais consciente ce jour-là, à ce moment-là, qu'il luttait réellement, qu'il avait du mal à en parler. Cela me rappelait mes propres batailles contre mon poids. Bien sûr, il m'a aussi servi les flatteries habituelles et les bêtises qu'on dit lorsqu'on plaque quelqu'un, et c'est vrai que ça m'a fait du bien. Mais c'était une entrevue d'une intensité incroyable. J'ai pleuré, et lui aussi. » Elle se rappelle que le président lui déclara ensuite qu'il voulait qu'elle reste dans sa vie. « Si toi et moi nous sommes juste amis, je peux dire à tout le monde d'aller au diable et tu peux venir ici et y passer du temps : ce qu'ils penseront n'aura pas d'importance parce que nous ne ferons rien de mal. Je veux que tu te sentes libre de faire ce que tu as envie de faire. Je veux que tu sois heureuse. Je peux être un très bon ami et t'aider de plein de façons que tu n'imagines même pas. »

Monica, c'est compréhensible, s'accrocha désespérément à cette lueur d'espoir. « A la fin de la discussion, j'avais l'impression générale qu'il voulait toujours de moi dans sa vie, qu'il souhaitait toujours que je sois son amie. Il voulait m'aider et s'occuper de moi. »

Malgré tout, comme tout le monde lorsqu'une relation prend fin, elle se sentait désespérée et très démoralisée. Betty Currie vint la chercher et, dans sa détresse, Monica oublia de parler au président de ce qui se tramait avec Kathleen Willey, ou du moins de ce qu'elle en savait par Linda Tripp. Elle sortit du bureau avec Betty Currie, et, quand la secrétaire lui demanda si elle allait bien, elle éclata en sanglots. Compatissante, Betty lui dit : « Vous êtes comme moi, vous ne pouvez rien cacher. Votre visage vous trahit. »

Monica rentra chez elle dans une sorte de brouillard, les pieds à l'agonie dans ses sandales à hauts talons. « Je pleurais, j'étais désespérée, je ne sais pas comment j'ai fait pour rentrer chez moi sans me faire écraser par une voiture, se souvient-elle. Tout le week-end, je suis restée au lit et j'ai pleuré. J'étais incroyablement contrariée et troublée. Ce n'était pas logique... En y repensant, je me rends compte que j'étais très jeune, très bête, très naïve. Comment a-t-il pu se jouer de moi si cruellement ? »

Trois jours exactement après cette douloureuse rupture, la Cour Suprême rejetait à l'unanimité l'allégation des avocats de Clinton selon laquelle, en vertu de la Constitution, le président était « immunisé » contre les procès civils.

L'affaire Paula Jones prenait son essor pour de bon.

8

« L'avoir dans ma vie. »

Quand le président mit un terme à leur aventure, qui avait duré dix-huit mois, le moral de Monica s'en ressentit durement ; mais ses amis et sa famille, eux, poussèrent un soupir de soulagement audible. Enfin, songeaient-ils, elle allait pouvoir passer à autre chose.

Durant l'année qui venait de s'écouler, Marcia avait tenté toutes sortes de ruses pour essayer de détourner sa fille de son improbable liaison avec le président. Elle s'était inscrite à divers groupes sociaux, avait commandé des brochures, dans le vain espoir d'élargir son cercle de connaissances et de permettre à terme à Monica de rencontrer un homme convenable et célibataire. Elle avait même acheté un livre expliquant comment mettre un terme à une histoire d'amour obsessionnelle. Aussi fut-elle agréablement surprise lorsque Monica commença à fréquenter Doug Wiley, un lobbyiste de trente-cinq ans. Leur aventure, cependant, ne dura pas.

Les difficultés sentimentales de Monica étaient encore aggravées par sa solitude. Sa plus proche amie, Catherine Allday Davis, était partie vivre à Tokyo, si bien qu'elle ne pouvait plus la contacter que par courrier électronique ; quant à Neysa DeMann Erbland, qui jusqu'alors avait habité relativement près de Washington, à New York, elle était sur le point de rentrer à Los Angeles. Cela signifiait que, Ashley Raines mise à part, Monica n'avait pas d'amie proche dans la capitale.

Ses amies n'étaient pas les seules à s'en aller. A l'été 1997, sa mère décida également de déménager – à New York – afin de se rapprocher du nouvel homme de sa vie. Marcia avait rencontré Peter Straus, un riche et séduisant démocrate libéral new-yorkais, lors du lancement de son premier livre, *Les Vies privées des Trois Ténors*, une biographie de José Carreras, Placido Domingo et Luciano Pavarotti. Au début du mois de septembre, elle emménagea dans un studio près de la 5ᵉ Avenue ; Monica, pour l'instant, restait donc seule dans l'appartement du Watergate.

Elle pouvait toujours se tourner vers tante Debra, naturellement, mais sa famille et d'autres engagements obligeaient souvent celle-ci à rester chez elle en Virginie. Et, de toute façon, Debra se considérait vis-à-vis de sa nièce non pas comme une conseillère, ou une moraliste, mais uniquement comme une oreille, quelqu'un à qui elle pouvait se confier en sachant qu'elle serait écoutée avec compassion, et jamais jugée. Debra estimait de son devoir de ne pas aller plus loin. C'est pourquoi les conseils de sa mère et de ses amies, habituées à se préoccuper de son bien-être affectif, manquèrent-ils de plus en plus à Monica.

Marcia savait combien Monica était seule et s'inquiétait profondément pour elle. « Comme à mon habitude, j'essayais en permanence de trouver de nouvelles solutions. Plutôt que de regarder ses problèmes en face, nous l'incitions à bouger, géographiquement ou affectivement. Nous avons essayé de la pousser à venir s'installer à New York, nous demandions à nos amis s'ils connaissaient des jeunes gens bien ; je m'efforçais de lui trouver de nouvelles activités. Tout ce que je faisais – ça, c'est typique de moi – était passif : je cherchais à éviter la confrontation, à tirer les ficelles par-derrière. " Et si nous partions en voyage, et si nous allions au musée, et si nous nous inscrivions à des activités de groupe... " et ça continuait. J'aurais donné n'importe quoi pour qu'elle connaisse une relation amoureuse sincère entre deux personnes égales. »

En dépit de tous les avertissements, de toutes les rebuffades et de toutes les déceptions, Monica rêvait toujours de trouver un travail – n'importe lequel – à la Maison-Blanche, afin d'être près de l'homme qu'elle adorait. Elle l'admit dans son témoignage devant le Grand Jury le 6 août 1998, et déclara également que le président était au courant. « Je lui ai fait clairement savoir qu'il serait toujours plus important pour moi de l'avoir dans ma vie que de... que d'obtenir ce travail. » Si nécessaire, elle était prête à accepter un poste de plus bas niveau, et donc un salaire moindre. Ce n'était nullement là un problème pour elle : en effet, elle n'a jamais eu beaucoup d'argent.

Cette attitude, au fil des mois qui suivirent, la conduisit inévitablement à la frustration, à la colère et au désarroi – d'autant qu'elle continuait à espérer, envers et contre tout, que le président reviendrait sur sa décision de rompre. Après tout, Andy Bleiler avait plus d'une fois mis un terme à leur liaison, et il avait toujours renoué avec elle peu après. Si elle parvenait à retourner à la Maison-Blanche, où il y avait de grandes chances pour que Bill Clinton la voie de temps en temps, ne risquait-il pas d'agir de même ?

A la fin du mois de mai, juste avant que Clinton ne mette un terme à leur aventure, l'ouverture professionnelle qu'elle attendait se présenta. Il s'agissait d'un poste au Bureau de la Sécurité nationale de la Maison-Blanche, ce qui signifiait qu'elle devrait travailler pour Sandy Berger, la conseillère à la Sécurité nationale. Cet emploi présentait de nombreux avantages : en particulier, elle pourrait voyager sur *Air Force One*. Monica était enthousiasmée à l'idée de relever ce défi et, poussée par Tripp, elle s'assura que sa candidature serait bien prise en compte.

Elle passa un entretien le 30 mai, une semaine après son triste adieu au président. Ce dernier avait, elle s'en souvenait, insisté pour qu'elle prévienne Betty Currie ou lui si elle posait sa candidature pour un poste à la Maison-Blanche ; par ailleurs, la semaine précédente, il lui avait dit qu'ils pourraient rester amis, même si elle recommençait à travailler à la Maison-Blanche. Elle n'avait pas douté une seconde de sa bonne foi – pour elle, la moindre de ses paroles, aussi anodine fût-elle, avait la valeur d'une promesse, d'un engagement solennel. Forte de ces affirmations, elle contacta donc le bureau du président, mais apprit que Betty Currie et lui étaient tous deux absents.

Après son premier entretien pour le poste au Conseil de la Sécurité nationale (NSC), elle contacta durant la première semaine de juin la directrice du personnel adjointe de la Maison-Blanche, Marsha Scott. Elle fut choquée et bouleversée lorsque l'assistante de cette dernière lui dit que Mme Scott – qui, selon le président, s'occupait depuis le mois de mars du transfert de Monica à la Maison-Blanche – n'avait jamais entendu parler d'elle.

L'insécurité et le pessimisme naturel de Monica refirent aussitôt surface. Ayant cru implicitement les promesses du président, elle n'avait pas pris la peine de contacter Scott : elle s'imaginait que le président et elle s'occupaient ensemble de lui trouver un emploi. (De plus, elle avait une marge de manœuvre limitée, ignorant ce que Marsha Scott savait de ses relations avec le président.) A présent, elle apprenait que Scott ignorait tout de sa candidature pour le poste au NSC... Monica commençait à se demander si les promesses de Bill Clinton n'étaient pas creuses, s'il ne se contentait pas de se débarrasser d'elle pour qu'elle ne fasse pas de vagues. Cette pensée lui était quasiment intolérable.

Epuisée par le stress affectif des dernières semaines, et persuadée que son « Handsome » adoré ne faisait rien pour l'aider, Monica était au bout du rouleau. Il n'est donc pas étonnant que, dans son incertitude et son malheur, encore aggravés par sa solitude et son sentiment grandissant d'isolement à Washington, elle se soit tournée vers la seule personne susceptible de l'encourager et la réconforter, Linda Tripp. Durant l'été 1997, privée de la compagnie de sa mère – qui, naturellement, passait beaucoup de temps à New York pour préparer son déménagement et rendre visite à Peter Straus –, Monica se laissa de plus en plus asservir par Tripp.

Les deux femmes discutaient et disséquaient sans fin chaque mot de chaque coup de téléphone ou de chaque message du président. Monica attachait une importance colossale au moindre murmure de ce dernier. (Lui, comme il le lui avoua plus tard, ne se doutait absolument pas de tout ce qu'elle lisait dans ses paroles ; il ne se rendait pas compte qu'elle bâtissait, en fait, ses espoirs sur les fondations les plus fragiles.) Tripp poussait Monica à reprocher au président le temps que prenait son retour à la Maison-Blanche. Monica s'était attendue à être rappelée juste après l'élection de novembre 1996 ; Tripp lui disait qu'elle ne comprenait tout simplement pas pourquoi cela traînait autant, et qu'il était « ridicule » qu'on n'ait pas encore trouvé un poste à Monica – en particulier dans la mesure où la Maison-Blanche ne cessait de créer des emplois.

Vers le 9 juin 1997, furieuse de la rebuffade essuyée lors de son coup de fil au bureau de Marsha Scott, Monica, aidée et encouragée par Linda Tripp, écrivit une note très sèche au président. S'il était sérieux lorsqu'il lui avait parlé de revenir à la Maison-Blanche, disait-elle, il devait l'aider à trouver un travail. Le message sembla suivi d'effet : peu de temps après, Marsha Scott appela Monica et s'excusa de ce qu'elle appela un « oubli », expliquant qu'elle-même venait juste de reprendre le travail après avoir subi une opération.

Ce fut une conversation amicale : Scott déclara qu'elle savait parfaitement qui était Monica, mais que son assistante n'avait pas les détails la concernant sur son propre dossier. Il est intéressant de souligner que, lors de sa déposition devant le Grand Jury, Scott nia que le président lui ait demandé de trouver un travail à Monica. Elle confirma seulement que, la veille de sa conversation avec Monica, elle avait reçu un coup de téléphone de Betty Currie, qui lui avait demandé si elle pourrait donner un coup de main à une jeune amie à elle, mécontente de son travail au Pentagone.

Quelques jours plus tard, le 16 juin, Monica rencontra Scott dans le bureau de celle-ci. Pendant cet entretien,

Marsha Scott lui posa de nombreuses questions sur la relation de Monica avec le président, et sur les raisons de son départ de la Maison-Blanche. En réponse, la jeune femme lui servit ce qu'elle appelle la version « édulcorée » de l'histoire : elle expliqua que ses rapports avec le président avaient été amicaux, et que certains hauts fonctionnaires de la Maison-Blanche, en particulier Evelyn Lieberman, avaient trouvé l'attitude de Monica « déplacée ». Scott voulut également savoir pourquoi Monica tenait tant à revenir à la Maison-Blanche – au point d'être prête à accepter une baisse de salaire, moins de responsabilités et moins d'avantages en nature qu'au Pentagone.

Monica fut gênée de devoir répondre à tant de questions personnelles, en particulier celles concernant le président. « J'étais vraiment contrariée, écrivit-elle à Catherine dans un e-mail daté du 17 juin. Je n'avais pas l'impression qu'elle avait le droit de me poser des questions sur ce sujet... » Elle n'obtint pas le poste au NSC, bien qu'elle ait passé deux entretiens et fait partie des derniers sélectionnés. Elle téléphona à Scott à ce sujet ; à en croire Scott, Monica était indignée et visiblement contrariée. Scott devait appeler cela leur conversation « aux trois boums ». Au cours de celle-ci, en effet, elle apprit à Monica non seulement que le poste au NSC avait été pourvu, mais aussi que deux autres possibilités d'emploi à la Maison-Blanche, dont celle de travailler comme « détachée » – c'est-à-dire à un poste temporaire, avec l'espoir de se faire embaucher à terme de façon permanente –, lui étaient également fermées.

Dans l'e-mail qu'elle envoya alors à Catherine Allday Davis, Monica, abattue, semblait sur le point de jeter l'éponge. « J'ai appris aujourd'hui que je n'avais pas obtenu le travail au NSC... Je crois qu'il va falloir que je m'en aille loin de tout ça. Je sais que c'est pénible : je dis ça tout le temps, et après je change d'avis. »

Catherine était très favorable à ce que Monica prenne un nouveau départ. Deux jours plus tard, elle lui écrivit en réponse : « Ton e-mail m'a fait de la peine, Monica. Je suis désolée pour toute la m... avec cette femme... A mon avis, t'en aller est ce que tu as de mieux à faire. On dirait que sans ça, tu vas constamment être baladée par des clowns et continuer à te sentir mal. Je déteste ce genre de choses. J'espère que tu arriveras à tourner la page. »

A la suite de leur entretien, Monica envoya à Marsha Scott une lettre de remerciements « exubérante ». Mais en réalité, Scott avait réveillé sa peur la plus profonde : celle que le président lui ait menti durant les trois derniers mois en promettant de lui trouver un travail à la Maison-Blanche. Andy Bleiler lui avait menti et l'avait trahie. Sê pouvait-il que Bill Clinton ait fait de même ?

Partout, les portes semblaient se fermer devant elle.

Monica écrivit à Betty Currie le 24 juin, soulignant combien elle avait été déçue par son rendez-vous avec Scott et combien elle souffrait que le président refuse de la voir. Elle exprima une fois encore ses inquiétudes face aux questions indiscrètes de Scott. Cette dernière, de surcroît, ne semblait pas partager l'opinion du président quant aux torts subis par Monica en 1996, ni juger nécessaire de lui trouver un bon poste dans l'Aile Ouest, où lui-même travaillait. Elle se garda, cependant, d'avouer qu'à son avis Bill Clinton et Marsha Scott avaient été, à un moment de leur vie, « très proches », et qu'en conséquence Marsha Scott n'était pas la personne indiquée pour lui trouver un emploi à la Maison-Blanche. Vers la fin de sa lettre, elle écrivit : « Betty, je suis très triste et frustrée. En particulier, je ne comprends pas ce silence accablant, cette absence de réponse et cette manière qu'il a de prendre ses distances. Pourquoi m'ignore-t-il ? Je n'ai rien fait de mal... Je ne ferai jamais quoi que ce soit pour lui nuire... Je suis perdue, et je ne sais pas quoi faire. »

Le 29 juin, encouragée par Linda Tripp, elle envoya un message manuscrit au président lui-même, l'implorant de la voir pour qu'elle puisse parler avec lui de sa recherche d'emploi.

> Cher Handsome,
>
> J'ai vraiment besoin de discuter de ma situation avec toi. Nous n'avons pas eu de contacts depuis plus

> de cinq semaines... Je t'en prie, ne me fais pas ça. Je me sens bonne à jeter, utilisée et insignifiante. Je comprends que tu aies les mains liées, mais je veux te parler et envisager certaines options avec toi. Je te supplie [ici, elle commença par marquer « du fond de mon cœur », puis le raya] une dernière fois, s'il te plaît, de me permettre de venir te voir brièvement mardi soir.

Il est intéressant de souligner que les mots « Je me sens bonne à jeter, utilisée et insignifiante » furent rajoutés par Linda Tripp.

Le lendemain, elle appela Betty Currie, mais celle-ci lui dit que le président était trop occupé pour la voir. A ce moment-là, « j'ai commencé à en avoir vraiment assez, et à la fin du mois de juin, j'étais hors de moi. Je me suis montrée extrêmement pénible envers Betty ». Une fois, Monica se mit à pleurer au téléphone. Betty, femme d'une grande patience et connue pour son calme, prit la peine de la rappeler afin de l'apaiser et de la rassurer. Pour aggraver les choses, cependant, Monica apprit par la suite que, lorsqu'elle avait appelé le lendemain du jour où elle avait envoyé son message au président, ce dernier se trouvait en réalité debout à côté de Betty Currie. La secrétaire avait dit à Monica qu'il la rappellerait un jour ou deux plus tard, mais naturellement, il n'en avait rien fait.

Bien qu'elle se trouvât à des milliers de kilomètres de là, à Tokyo, Catherine perçut l'humeur de Monica et lui envoya un e-mail le 2 juillet, l'incitant à penser sérieusement à quitter Washington. « Je suis inquiète pour toi, Monica. Une fois de plus, je pense que ton idée de quitter la région ou de cesser de travailler pour le gouvernement est bonne. Je crois que tu te trouves dans une situation dangereuse, sur le plan psychologique. Tout cela a l'air si douloureux pour toi... Je ne peux pas m'empêcher de beaucoup m'inquiéter. »

Après avoir envoyé sa lettre au président, Monica attendit pendant un jour ou deux, puis elle explosa. Elle se réveilla le 3 juillet déterminée à lui dire ce qu'elle pensait vraiment. Dans une lettre manuscrite de trois pages, commençant par « Cher Monsieur », elle le fustigea pour avoir manqué à sa promesse de lui trouver un emploi à la Maison-Blanche, et parla avec colère de la façon dont Marsha Scott l'avait traitée. Puis, bien qu'elle n'ait jamais eu l'intention de le menacer sérieusement, elle lui rappela qu'elle avait quitté la Maison-Blanche comme une « gentille fille » en avril 1996, et sous-entendit qu'elle allait peut-être devoir divulguer la vraie nature de leurs relations à ses parents, afin qu'ils comprennent au moins pourquoi elle ne retournait pas à la Maison-Blanche. « Je voulais seulement qu'il saisisse ce que cela signifiait qu'il ne m'aide pas », explique-t-elle.

Par ailleurs, pour la première fois, elle évoqua la possibilité que le président l'aide au moins à trouver un poste aux Nations unies à New York, si vraiment elle ne pouvait pas travailler à la Maison-Blanche. « C'était, se souvient-elle, une lettre très " monologue intérieur ". Je lui disais qu'il me rappelait ma mère parce que, comme elle, il faisait l'autruche et mettait la tête dans le sable par peur des confrontations. Je lui disais aussi que s'il ne voulait pas que je revienne, il n'avait qu'à le dire franchement. » Elle concluait en écrivant qu'elle avait toujours suivi son cœur et que c'était une fois de plus ce qu'elle faisait en lui laissant une dernière chance de racheter son attitude passée.

Elle scella la lettre dans une grande enveloppe adressée à « Mr P. », le sobriquet qu'elle lui donnait habituellement, et la remit à Betty Currie à la porte nord-ouest de la Maison-Blanche. Quelques heures plus tard, Betty l'appela et lui dit de venir à la Maison-Blanche à 9 h 30 le lendemain matin, jour de l'Indépendance.

C'était un peu tôt pour les feux d'artifice traditionnels du 4 juillet; l'entrevue de Monica avec le président n'en fut pas moins explosive. Bill Clinton sortit de son bureau et la dévisagea froidement des pieds à la tête avant de la faire entrer. Comme ils se dirigeaient vers le bureau de derrière, Betty croisa le regard de Monica et lui dit : « Souvenez-vous : pas de larmes », avant de les laisser seuls tous les deux. Ils prirent leurs places habituelles, le président dans son rocking-chair et Monica sur la chaise noire pivotante derrière le bureau. Puis, d'un ton de reproche, Clinton déclara : « J'ai trois choses à te dire. La première, c'est qu'il est illégal de menacer le président des Etats-Unis. » Là-dessus, Monica intervint avec colère : « Je ne t'ai pas menacé ! » « La deuxième, poursuivit-il, ignorant son interruption, même si Monica perçut un soupçon de nervosité dans sa voix, c'est que tu m'as envoyé cette lettre... » Avant qu'il puisse poursuivre, elle lui demanda s'il l'avait lue ; il répondit qu'il n'avait lu que le premier paragraphe et l'avait jetée. Puis, oubliant son troisième point, il lui fit un sermon sévère. Elle n'avait pas à lui parler de cette façon, disait-il ; il essayait de l'aider. Par ailleurs, elle ne devait pas coucher sur le papier des sentiments comme ceux-là. Elle n'était qu'une ingrate. Monica contre-attaqua en faisant la liste des défauts du président, soulignant en particulier qu'il ne l'avait pas aidée à trouver un emploi. Puis, oubliant l'avertissement de Betty Currie, elle éclata en sanglots.

Aussitôt, Clinton s'approcha d'elle et la prit dans ses bras. Il se mit à lui caresser les cheveux en disant : « S'il te plaît, ne pleure pas. » Elle se blottit contre lui et posa sa tête sur son épaule, mais elle remarqua alors un jardinier qui travaillait à l'extérieur et suggéra qu'ils se déplacent. Ils se dirigèrent vers la salle de bains. Appuyé contre la porte, Monica inconsolable serrée contre lui, Clinton déclara : « Les gens comme nous... Nous avons le feu au ventre, et il y a plein de gens qui ne savent pas comment réagir face à nous. Nous sommes brillants et passionnés, mais nous pouvons aussi entrer dans des rages folles... Tu dois apprendre à te maîtriser et à te contrôler, parce que ça fait peur aux gens. Moi, je peux gérer ça, mais pas Betty. »

Tandis qu'ils parlaient, il continuait à la serrer contre lui et à la caresser, d'une manière romantique, mais aussi chargée d'émotion et de désir. Monica dit : « Je ne m'étais jamais sentie aussi entière que dans ses bras, ce jour-là, et cela m'a aidée à tenir le coup pendant les quelques mois qui ont suivi. Il me complétait, me rendait pleine et entière. C'est du moins le sentiment que j'avais. » Il la complimenta sur sa beauté et lui parla de l'avenir brillant qui l'attendait, concluant tristement : « J'aimerais pouvoir passer plus de temps avec toi. J'aimerais avoir davantage de temps à te consacrer. » « Peut-être que tu en auras dans trois ans », fit valoir Monica, voulant dire qu'il disposerait de plus de temps libre lorsqu'il ne serait plus président. Sa réponse la choqua : « Peut-être que je serai seul, dans trois ans. » Puis elle déclara en plaisantant qu'ils seraient ensemble, dans ce cas. « Je pense que nous ferons une bonne équipe », ajouta-t-elle, ce à quoi il répondit : « Oui, mais que feras-tu quand j'aurai soixante-quinze ans et que je serai obligé de faire pipi trente fois par jour ? » Il sourit lorsqu'elle dit : « On s'en occupera. »

Monica poursuivit en parlant du couple du président, chose qu'ils avaient rarement faite. « Je sais que ça ne me regarde pas, lui dit-elle, mais je pense que ta femme et toi, vous vous rejoignez à un niveau que la plupart des gens ne peuvent pas comprendre. Je ne doute pas qu'il y ait un lien profond entre vous, mais elle m'a l'air d'avoir un regard froid. Tu sembles avoir tellement besoin d'affection... et on dirait que ta fille est la seule personne pour qui tu comptes vraiment. Tu es plein d'amour et tu en as besoin, et je crois que tu le mérites. »

Lorsqu'elle se souvient aujourd'hui de cette conversation, Monica observe : « C'est ainsi que je l'ai toujours considéré. Il souffre de cette culpabilité venue de son enfance et de sa religion, il a le sentiment de ne pas mériter d'être heureux. Mais il le mérite, et c'est pour ça qu'il a ces liaisons. C'est une façon pour lui d'obtenir ce dont il a besoin mais qu'il ne croit pas mériter. Dick Morris [l'ancien consultant politique de Clinton] a dit un jour qu'il avait une personnalité du samedi soir, qui le pousse à céder à ses désirs, et une personnalité du dimanche matin, qui le conduit à l'église, bourré de remords. Je suis d'accord avec ça. »

Ce fut un entretien très intense, qui laissa Monica dans une sorte de brouillard émotionnel ; elle essayait toujours de saisir ce qu'il avait voulu dire à propos de l'avenir. Plus tard ce jour-là, elle vit Ashley Raines et lui parla de cette entrevue, ajoutant que, dans son cœur, elle pensait que le président était amoureux d'elle. Elle se rend compte aujourd'hui qu'elle ignorera toujours ce que les mots du président dissimulaient réellement. « Personne à part lui ne saura jamais ce qu'il a voulu dire. Il est le seul à connaître la vérité – et il ne dit jamais la vérité. » Monica Lewinsky n'est pas la seule à avoir remarqué cette caractéristique. Comme le sénateur démocrate Bob Kerry l'a dit un jour : « Clinton est un menteur particulièrement doué. Particulièrement doué. »

Avant de partir, cependant, ce fut Monica qui, à son tour, mentit un peu, par omission. L'affaire Kathleen Willey la tourmentait, en particulier depuis que Linda Tripp lui avait dit que Michael Isikoff fourrait de nouveau son nez partout. Monica se disait que, si elle ne prévenait pas le président et qu'une histoire lui portant préjudice était publiée, cela équivaudrait à une trahison de sa part. Elle avait discuté de ses inquiétudes avec Tripp, qui l'avait encouragée à en parler à Bill Clinton. Elle lui dit donc qu'une collègue du Pentagone, qu'elle ne nomma pas, avait été contactée par un journaliste de *Newsweek* à propos de Kathleen Willey. Monica était inquiète, dit-elle, parce qu'elle ne voulait pas qu'il se retrouve avec une autre affaire Paula Jones sur le dos ; et elle fit valoir que, si Willey obtenait un emploi, le problème disparaîtrait.

Le président réfléchit à tout cela, puis confirma que Willey avait parlé la semaine précédente à Nancy Hernreich, directrice des Opérations du Bureau Ovale, affirmant que Michael Isikoff la poursuivait et demandant l'avis de Hernreich sur ce qu'elle devait faire. Cela parut étrange à Monica, qui savait qu'en mars déjà, Willey avait accordé une interview confidentielle à Isikoff et lui avait fourni les noms de plusieurs témoins prêts à corroborer son histoire, parmi lesquels Linda Tripp. Monica dit au président que Willey essayait de jouer sur les deux tableaux à la suite de l'intervention de la fameuse amie qu'elle ne nommait pas. Celle-ci, en effet, avait déjà atténué l'histoire lorsqu'elle avait rencontré le journaliste de *Newsweek*. Quant à la question de savoir si le président avait bel et bien « peloté » Kathleen Willey, il se contenta de déclarer à Monica d'un air détaché que de toute façon Willey n'était pas son type – parce qu'elle était plate.

Sans que le président le sache, Monica rapporta leur conversation à Linda Tripp après son départ de la Maison-Blanche. Tripp semblait à la fois inquiète que le président puisse connaître son nom, et excitée par cette perspective. « Je me rends clairement compte à présent qu'elle souhaitait jouer un rôle important, dit Monica. Elle avait secrètement le béguin pour lui, et même si d'un côté elle était contente de vivre à travers moi, il y avait une partie d'elle-même qui était jalouse de ma relation avec le président. » (En effet, durant son témoignage devant le Grand Jury, Linda Tripp se vanta d'avoir été obligée de quitter la Maison-Blanche parce que le président avait été attiré par elle et que la First Lady était devenue jalouse.) On en resta là pour le moment.

Quelques jours plus tard seulement – et plus de quatre mille cinq cents kilomètres plus loin –, Monica et le président se virent de nouveau à Madrid, à l'occasion d'une conférence de l'OTAN à laquelle ils assistaient tous les deux. Monica, qui faisait partie de la délégation du Pentagone, croisa le regard du président à la réception donnée à la résidence de l'ambassadeur des Etats-Unis, et pendant un moment cela lui rappela le bon vieux temps de leur flirt sans arrière-pensées. Linda Tripp lui téléphona en Espagne pour lui annoncer qu'une histoire à propos de Kathleen Willey avait été publiée par *The Drudge Report*, un site de commérages sur Internet dirigé par Matt Drudge. Manifestement, le scandale Willey commençait à prendre de l'ampleur.

Lorsque Monica retourna chez elle, après un tour rapide dans plusieurs autres pays européens, parmi lesquels la Hongrie, l'Ukraine et la Bulgarie, elle était lasse et souffrait du décalage horaire. C'est alors qu'elle reçut un appel de Betty Currie la convoquant à la Maison-Blanche pour voir le président.

Le 14 juillet, Monica, tout en se préparant pour cette entrevue, se plaisait à imaginer que l'intensité de leur rencontre le jour de l'Indépendance, combinée à la tension sexuelle de Madrid, avait fait revenir le président sur sa décision de mettre un terme à leur liaison. Cette illusion fut rapidement dissipée. Bien que, comme à l'accoutumée, elle lui ait apporté un cadeau – une lettre B en bois avec une grenouille à l'intérieur achetée à Budapest –, il se montra froid et distant ; de surcroît, il se plaignit de souffrir du dos. Ils se rendirent dans le bureau de Nancy Hernreich, non loin du sien, et Monica s'assit sur un canapé. Le président prit une chaise, et il fallut qu'elle insiste pour qu'il vienne s'installer près d'elle.

Presque sans préambule, il lui demanda si la collègue qu'elle avait refusé de nommer était Linda Tripp. Monica acquiesça. Il lui dit alors que l'avocat de Willey avait appelé Nancy Hernreich cette semaine-là, et s'était plaint que la Maison-Blanche jetait sa cliente en pâture à Michael Isikoff, de *Newsweek*. En effet, le journaliste avait appris que Willey avait parlé à Hernreich. Quatre personnes seulement étaient au courant de cela – Bill Clinton, Nancy Hernreich, Kathleen Willey et Monica –, et pourtant Isikoff l'avait découvert. En conséquence, déclara Bill Clinton, Monica avait dû en parler à Tripp, qui à son tour avait tout raconté au journaliste. Monica confirma qu'il avait raison, mais prétendit avoir raconté à Tripp que c'était Betty Currie qui lui avait donné l'information, et non le président. Il demanda : « Fais-tu confiance à cette femme ? » Monica répondit que oui, et ajouta que Tripp admirait énormément Bill Clinton, et avait même une photographie de lui sur son bureau. Là-dessus il hocha la tête et demanda à Monica d'essayer de convaincre Tripp de recontacter Bruce Lindsey, afin de discuter avec lui de la meilleure façon de gérer ce problème. Monica promit d'essayer, mais ajouta que Tripp était une femme fière, qui avait mal pris le rejet de Lindsey, la fois précédente.

Se remémorant cette conversation, Monica observe : « Tout le monde a essayé de monter cette entrevue en épingle, comme si le président avait tenté de faire obstruction à la justice et essayé de me suborner. C'est n'importe quoi. A ce moment-là, Kathleen Willey n'avait même pas été introduite dans le procès Paula Jones. Tout ce que nous essayions de faire, c'était de tuer dans l'œuf un article négatif de *Newsweek*. »

A partir de ce moment-là, cependant, Monica commença à se méfier de Linda Tripp, puisque celle-ci divulguait des informations à Isikoff. Lorsque les deux femmes se revirent, Tripp confirma qu'elle avait parlé à Isikoff, mais nia avoir mentionné le coup de téléphone de Willey à la Maison-Blanche. Sur ses gardes désormais, Monica ne lui parla pas de son entrevue du 14 juillet avec le président, mais parvint néanmoins à la convaincre de recontacter Bruce Lindsey.

Lorsque Tripp s'exécuta, Lindsey lui suggéra de rencontrer l'avocat de Clinton, Bob Bennett, chargé de la défense du président dans l'affaire Paula Jones. Un rendez-vous fut arrangé pour la fin du mois de juillet. Tripp était nerveuse à l'idée de voir Bennett, craignant qu'il ne se montre désagréable. Elle se rendit chez le coiffeur pour se calmer, puis alla voir son propre avocat, Kirbe Behre. En fin de compte, elle annula son entretien avec Bennett, expliquant à Monica que son avocat lui avait conseillé de demeurer neutre et de ne pas s'impliquer.

Monica n'en revenait pas. La nomination de Tripp était politique, par définition, donc, elle travaillait pour le président et n'était pas « neutre ». Monica ne comprit pas non plus pourquoi, par la suite, son amie accepta d'être citée nommément par Isikoff dans le cadre de son article sur Kathleen Willey.

A *Newsweek*, cette histoire, encore non publiée, n'avait pris une réelle importance que depuis que les avocats de Paula Jones avaient cité Kathleen Willey à comparaître. Cela donnait en effet au magazine une bonne excuse pour s'intéresser aux frasques présidentielles rapportées par Isikoff, et l'article parut au début du mois d'août 1997. A l'intérieur se trouvait une citation de Linda Tripp disant que, lorsque Kathleen Willey était sortie du Bureau Ovale, elle était « décoiffée, avait le visage rouge et n'avait plus de rouge à lèvres. Elle était visiblement troublée, mais heureuse et gaie ». Cela confirmait que le président et Willey s'étaient bel et bien rencontrés, mais contredisait également l'affirmation de Willey selon laquelle elle avait été harcelée sexuellement (affirmation qu'elle développa ultérieurement lors d'une apparition dans l'émission télévisée *60 Minutes*, en mars 1998).

Le président Clinton nia par la suite avec emphase tout geste sexuel déplacé. Il déclara que Willey était venue la voir, très agitée, à cause de problèmes d'argent. Ils s'étaient assis à la table de la salle à manger, à côté du Bureau Ovale, et avaient discuté de son souhait d'obtenir un emploi rémunéré, après quoi il l'avait serrée dans ses bras, et peut-être embrassée sur le front. Pour Monica, la version de Clinton sonne juste. En examinant toute cette triste affaire, elle dit : « Il y a beaucoup de choses que je trouve aujourd'hui étranges, dans ce qu'a raconté Willey. Par exemple, je n'arrive pas à imaginer que le président l'ait laissée quitter son bureau dans un tel état. Peut-être que son rouge à lèvres était effacé, mais sa chemise sortie de son pantalon ? Impossible. Impossible. En fait, [le président et moi] nous faisions toujours très attention aux apparences. Je sortais systématiquement de son bureau avec un Coca Light à la main ; ça faisait un peu plus amical, moins sexuel. »

Lorsque l'article de *Newsweek* parut, Bob Bennett écarta le témoignage de Linda Tripp, affirmant qu'il s'agissait d'une femme qu'on « ne pouvait pas croire », commentaire qui la mit en rage. Sa crédibilité souffrit encore davantage lorsque des bruits coururent selon lesquels elle aurait elle-même, plus tôt dans l'année, donné aux avocats de Paula Jones le tuyau concernant Kathleen Willey.

Pleine d'indignation outragée, mais en même temps ravie de toute l'attention dont elle faisait l'objet, Linda Tripp se considérait désormais, à en croire le fils de Lucianne Goldberg, Jonah, comme une des actrices principales – ce qui rappelle les mots de Monica elle-même – du drame qu'elle avait aidé à créer. « Linda a tendance à se croire beaucoup plus importante qu'elle ne l'est vraiment, dit-il. Elle était à la fois excitée et terrifiée par le rôle que lui avait donné Isikoff dans cet article. Elle pensait que le monde entier avait désormais les yeux fixés sur elle, et qu'elle pouvait s'attirer plus d'attention encore grâce à ce qu'elle savait sur Monica. »

En dépit de son malaise vis-à-vis de Tripp, Monica demeurait loyale envers elle, et elle craignait que son amie ne perde son emploi à cause de ses indiscrétions. Tripp était déjà considérée comme un élément perturbateur, revêche et peu coopératif, ainsi qu'en témoignent certains mémos internes du management du Pentagone. Le patron de Tripp et Monica, Ken Bacon, avait été contrarié par l'agitation médiatique qui avait accompagné une histoire impliquant Tripp et l'affaire Whitewater, et il lui avait demandé, à l'avenir, de le prévenir si son nom devait apparaître dans les médias. Monica incita donc Linda à annoncer à Bacon que l'article de *Newsweek* allait sortir et, dans ce climat de suspicion et d'hostilité, elle se démena comme à son habitude pour aider son amie. Elle passa un coup de téléphone anonyme à l'avocat de Linda Tripp, Kirbe Behre, et lui expliqua que sa cliente avait été mal citée dans l'article de *Newsweek*. Elle le poussa à faire une déclaration plus complète, ce qu'il fit après avoir consulté Tripp.

Lorsque cette dernière revint au Pentagone, elle avoua à Monica qu'elle avait peur de perdre son emploi. Elle décida en conséquence d'écrire une lettre à *Newsweek*, se plaignant d'avoir été mal citée, et montra un brouillon à Monica. Celle-ci suggéra un certain nombre de modifications et trouva même le numéro de fax afin que Tripp puisse envoyer sa lettre au rédacteur en chef. La lettre ne contredisait aucun des éléments exposés dans le scandale Willey, mais insistait sur le fait que « seules deux personnes savaient ce qui s'était passé dans le Bureau Ovale ». (*Newsweek* ne publia cette lettre qu'après que Monica eut à son tour fait les gros titres.)

Ce n'était pas terminé, cependant. Tripp, toujours très en colère d'avoir vu la véracité de ses dires mise en doute par Bob Bennett, déclara à Monica que si elle était renvoyée, elle écrirait un livre de révélations. « Ça m'a fait frissonner », se souvient Monica. Inquiète, elle demanda à Tripp si elle révélerait son aventure avec Clinton. Linda Tripp – celle-là même qui avait parlé à Michael Isikoff de la « jeune stagiaire » et du président – répondit sur un ton apaisant : « Bien sûr que non. Je ne te ferai jamais de mal. »

Son anxiété face à l'attitude de Tripp était un stress supplémentaire pour Monica, à une période où elle était encore sur des charbons ardents à cause de la question de son retour à la Maison-Blanche. Le 16 juillet, deux jours seulement après avoir vu le président à propos de Kathleen Willey et discuté avec Linda Tripp, elle avait rencontré Marsha Scott pour la seconde fois. Après une heure de discussion, Monica s'était sentie bien plus confiante en l'avenir. Elle avait compris que Scott lui proposait un poste de « détachée » dans son propre bureau, devant débuter le 1er septembre. « Ce n'était pas signé mais presque. Je me disais : " Je reviens " », se souvient-elle.

Une fois de plus, Catherine Allday Davis sentit qu'une tempête se préparait, et le 4 août, elle écrivit un e-mail à son amie, disant : « J'espère que les choses vont se clarifier et que tu ne vas pas être entraînée dans quelque chose de trop flou. Je t'en prie, Monica, n'oublie pas de faire attention à toi, même si tu es tentée de faire passer quelqu'un d'autre avant tes propres besoins. »

L'avertissement était justifié. Comme souvent dans l'histoire de Monica Lewinsky, ses espoirs ne tardèrent pas à être anéantis. En août, Marsha Scott lui dit qu'il y avait des problèmes avec le poste de détachée, et que de toute façon Monica devrait attendre que Jody Torkelson, une autre de ses « Mesquines », ait quitté la Maison-Blanche en décembre pour pouvoir revenir. De nouveau, les soupçons de Monica selon lesquels on la menait en bateau semblaient fondés.

Elle évoqua le problème avec le président lorsqu'elle le vit dans son bureau le 16 août afin de lui donner les cadeaux qu'elle avait achetés pour son cinquante et unième anniversaire, le 19. C'était la première fois qu'elle le voyait depuis une brève rencontre le 24 juillet, le lendemain de son propre anniversaire, durant laquelle il lui avait offert une épingle à chapeau ancienne dans une petite boîte en bois et un objet d'art norvégien en porcelaine. Elle s'était donné énormément de mal pour découvrir ce qui lui ferait plaisir pour son anniversaire. Quelque temps auparavant, elle avait lu un article disant qu'il avait passé un certain temps à se promener dans une librairie de Baltimore spécialisée dans les livres rares et luxueux ; aussi s'était-elle rendue dans la boutique, où elle avait raconté que « son oncle connaissait quelqu'un qui connaissait le président », et qu'ils voulaient lui acheter un des livres qu'il avait appréciés parmi ceux qu'il avait examinés. Il s'était avéré que le président avait montré un grand intérêt pour une biographie de 1802 de Pierre le Grand, tsar de Russie entre 1682 et 1725. Le livre était cher – 125 dollars – mais Monica l'avait acheté.

Lorsqu'elle arriva à la Maison-Blanche, elle fut introduite dans le Bureau Ovale, bien que le président ne s'y trouvât pas encore. Elle se dirigea vers le bureau de derrière, alluma une bougie d'anniversaire sur un carré aux pommes (elle savait qu'il adorait les *apple pies*) et installa ses cadeaux ; en plus du livre, elle avait apporté un jeu, « Royalty », et l'un de ses textes de psychologie de l'université, *Maladie et Déformation de la réalité*.

Le président finit par arriver – de mauvaise humeur. Son genou le faisait souffrir, et son emploi du temps explosait. Malgré tout, Monica chanta « Happy Birthday » et il ouvrit ses cadeaux, sans pour autant cesser d'être distrait et irritable. Après cela, ils eurent une énorme dispute à propos de Marsha Scott. Monica affirma que Scott lui mettait à dessein des bâtons dans les roues pour l'empêcher de revenir à la Maison-Blanche, et s'exprima avec tant de véhémence qu'à un moment, le président lui demanda de baisser la voix. Ils finirent par se calmer, quoique le président ait déclaré clairement qu'il ne voulait pas d'intimité entre eux : « J'essaye de ne pas faire ça, j'essaye d'être sage. » Monica sentait qu'il était contrarié, et elle le serra contre elle avant de lui donner un baiser d'anniversaire. Le président était sur le point de partir en vacances à Martha's Vineyard, et avant son départ Monica lui envoya une carte lui souhaitant de bonnes vacances, accompagnée d'un exemplaire du livre *The Notebook*. Celui-ci était, estimait-elle, chargé de signification : en effet, les *Feuilles d'herbe* y étaient mentionnées et citées. En retour, elle demanda dans sa carte si le président pourrait lui rapporter un T-shirt de Martha's Vineyard.

Quelques jours plus tard, durant la première semaine de septembre, Monica reçut une autre gifle symbolique : au cours de ce qu'elle appelle une « conversation houleuse » avec Scott, celle-ci lui dit qu'il n'y avait pas de possibilités d'emploi pour elle à la Maison-Blanche. Monica exprima son amère déception dans un message manuscrit à une amie de la famille, Dale Young, que sa mère et elle avaient rencontrée dans un centre de remise en forme en 1995. « Malheureusement, écrivit-elle, je suis rentrée à Washington uniquement pour apprendre que le poste de détachée au bureau de Marsha n'était plus disponible. J'ai eu une longue conversation avec elle, et il est désormais clair pour moi que je ne reviendrai pas de sitôt. Je crois que toute cette affaire est terminée. J'aimerais seulement ne pas avoir le cœur brisé par tout ça. » Comme le dit Dale Young : « En dépit de déceptions constantes, elle croyait toujours que la parole [du président] avait de la valeur, et elle s'attendait à ce qu'il lui présente les résultats promis. On peut penser que cette foi aveugle qu'elle avait en lui venait du fait qu'elle s'attendait à ce qu'il soit aussi honnête envers elle qu'elle l'était envers lui. »

Au début du mois de septembre 1997, donc, Marsha Scott lâcha sa bombe : il n'y avait pas de place pour Monica à la Maison-Blanche, et il n'y en aurait vraisemblablement jamais. Même lorsque Betty Currie offrit à la jeune femme un sac plein de petits cadeaux, parmi lesquels une robe en coton que le président avait rapportée de Martha's Vineyard, cela ne suffit pas à atténuer son désarroi.

Monica était à présent dans un creux de ses montagnes russes affectives, et elle sombra une fois de plus dans une profonde dépression. Elle appelait constamment Betty

Currie, la suppliant de demander au président de lui parler, de l'appeler ou de la voir pour évoquer son avenir professionnel. Chaque fois, Betty la faisait patienter en lui disant qu'il était trop occupé, ou en réunion. Blessée et énervée d'être constamment rejetée, Monica se trouva de nouveau vulnérable aux paroles rassurantes de Linda Tripp, qui lui disait de ne pas perdre espoir. Monica pensait différemment, cependant. Dans une triste lettre au président, dont elle fit le brouillon mais qu'elle n'envoya pas, elle parlait de jeter l'éponge : « Ma conversation avec Marsha m'a laissée déçue, frustrée, triste et furieuse. Je ne peux pas m'empêcher de me demander si tu savais déjà qu'elle ne pourrait pas me détacher là-bas, quand je t'ai vu pour la dernière fois. Peut-être cela explique-t-il ta froideur. Si tu ne me fais pas revenir, c'est soit que tu ne le souhaites pas suffisamment, soit que tu ne tiens pas assez à moi. »

Le vendredi 12 septembre 1997, sachant que la First Lady était en déplacement, Monica appela Currie et lui demanda si elle pourrait voir le président après l'enregistrement de son allocution radiodiffusée. Elle se rendit même à la porte sud-ouest de la Maison-Blanche, d'où elle appela Betty Currie sans relâche, la suppliant de dire au président qu'elle l'attendait. Après que Monica eut patienté quarante-cinq minutes, Currie lui répondit : le président avait rendez-vous avec Chelsea et ne pouvait pas la voir. « Je pleurais, se souvient Monica. J'étais en colère, j'étais frustrée, j'étais hors de moi. J'étais tellement idiote – j'aurais dû tourner le dos à tout ça bien plus tôt. »

Currie accepta, cependant, de laisser Monica venir lui parler. « Vous m'inquiétez vraiment quand vous êtes comme ça », lui dit-elle. Lorsque les deux femmes furent installées dans son bureau, Betty Currie, à sa manière maternelle coutumière, lui expliqua avec douceur que le président faisait tout ce qu'il pouvait pour trouver du travail à Monica, mais qu'il avait les mains liées. Elle promit de lui parler et de voir si elle pourrait arranger une entrevue entre Monica et lui ce dimanche-là. Elle-même viendrait à la Maison-Blanche exprès, à son retour de Chicago, afin de faciliter leur rendez-vous.

Le dimanche, 14 septembre, Monica passa toute la journée dans sa chambre, près du téléphone, à attendre. Elle appela Currie de façon répétée et frénétique, cherchant désespérément à savoir si elle pourrait voir le président. A mesure que les minutes s'allongeaient et devenaient des heures, elle devenait de plus en plus hystérique, jusqu'au moment où son état commença à inquiéter sérieusement sa mère, venue de New York lui rendre visite. « C'était un de ces moments, se souvient Monica, où je me disais " C'est fini, j'en ai assez, je ne peux pas supporter ça plus longtemps. " Je pleurais tellement que c'était douloureux. J'avais tellement mal, j'étais tellement perdue... Je n'arrivais pas à le comprendre, à comprendre pourquoi il ne pouvait pas être franc et me dire la vérité. »

L'une des caractéristiques les plus attachantes de Monica est que, même dans les pires moments, elle ne perd jamais son sens de l'humour. Alors même qu'elle souffrait et se sentait perdue, elle dit en plaisantant à Catherine que le poste dont elle rêvait en réalité était celui d'habilleuse du président.

Lorsque le téléphone finit par sonner, ce jour-là, les nuages se dissipèrent un instant. Tard dans la soirée, en effet, Betty Currie appela la jeune femme pour lui dire qu'elle avait parlé au président, qui avait suggéré de confier à John Podesta, le chef du personnel adjoint, la tâche de trouver un poste à Monica.

Plus calme désormais, Monica se rendit compte que chacune de ses conversations et de ses rencontres récentes avec le président avait été marquée par une dispute. Résolue à tourner une page, elle décida de lui envoyer un message « mignon », et le prépara pour qu'il ressemble à un mémo officiel. Daté du 30 septembre, il était adressé à « Cher Handsome » et signé d'un « M ». Dans la ligne « sujet », elle indiqua : « La Nouvelle Donne. » Monica promettait, s'il lui permettait de lui rendre visite « sans faire une crise », qu'elle-même « serait particulièrement sage et calme », et ne ferait pas de scène. Dans un post-scriptum, elle ajouta que Franklin D. Roosevelt, président des Etats-Unis pendant une durée record de quatre mandats, n'aurait jamais refusé une visite de sa maîtresse de longue date, Lucy Mercer.

Mais si Monica avait, pour l'instant, retrouvé le moral, sa mère, habituée depuis des années aux oscillations dramatiques des humeurs de sa fille, ne savait plus que faire pour mettre un terme à la torture affective que Monica s'auto-infligeait. Se sentant perdue et impuissante, Marcia téléphona à son amie Dale Young chez elle, à Westchester dans l'Etat de New York, pour lui demander son avis. Dale Young estima qu'un contact direct, de mère à mère, avec la secrétaire du président pourrait se révéler bénéfique. Si Betty Currie acceptait de ne plus jamais laisser Monica voir le président, cela assécherait définitivement le réservoir d'espoir qui entretenait les rêves de la jeune femme. Marcia réfléchit longuement et intensément à cette suggestion, mais en définitive elle ne parvint pas à trouver le courage de passer à l'action.

Les amies de Monica étaient elles aussi très inquiètes pour elle. « Contrairement à ce qui s'était passé avec Andy Bleiler, elle a complètement perdu le contrôle de sa liaison avec le président, si bien qu'elle était incapable de retourner à une vie normale, se souvient Catherine. C'était effrayant, c'était dérangeant, et cela m'ennuyait vraiment, parce que je savais que ça continuerait tant qu'elle n'aurait pas déménagé. Alors, je la poussais vraiment à partir. » Ashley Raines, la seule véritable amie que Monica se soit faite à Washington, exprima à l'époque les mêmes sentiments dans un e-mail à son petit ami : « Je suis contente de ne pas être restée en contact trop proche avec elle durant le mois qui vient de s'écouler, car elle m'a dit qu'elle était très mal – et quand elle dit ça, ça fait peur. »

Même l'imperturbable secrétaire personnelle du président était déstabilisée par l'attitude de Monica. La jeune femme qu'elle avait longtemps considérée comme « lésée à tort » devenait de plus en plus pénible, avec ses larmes, ses crises de nerfs et ses incessants coups de téléphone. Pourtant, lorsque Currie suggéra avec réticence au président de ne pas favoriser le retour de Monica à la Maison-Blanche, il insista pour que l'affaire soit poursuivie et, selon le témoignage de Currie devant le Grand Jury, il lui donna des instructions ainsi qu'à Marsha Scott pour qu'elles continuent à s'efforcer de lui trouver un emploi. D'ailleurs, lorsqu'il appela Monica peu de temps après avoir reçu son mémo du 30 septembre sur la « Nouvelle Donne », il lui promit de parler de son retour à Erskine Bowles, le chef du personnel.

A ce stade, le désir qu'avait Monica de revenir à la Maison-Blanche était nourri autant par son envie de prouver qu'elle pouvait y arriver que par un quelconque souci professionnel. Et, bien sûr, au-delà de tout cela, il y avait son désir intense de se trouver à proximité du président. « J'espérais toujours que notre relation redeviendrait normale, dit-elle. Et rappelez-vous qu'il se montrait toujours très affectueux et aimant à mon égard. En même temps, j'étais un peu désespérée : je voulais un poste à la Maison-Blanche, j'avais l'impression que cela m'était dû, après tout ce que j'avais enduré. »

Monica, on s'en doute, était désormais extrêmement sceptique quant aux tentatives supposées du président de l'aider à trouver un emploi à la Maison-Blanche. Elle n'avait reçu aucune nouvelle de John Podesta, bien qu'elle ait harcelé Betty Currie sur le sujet, et était désormais convaincue qu'il y avait une cabale des hauts fonctionnaires de la Maison-Blanche – en particulier des femmes ayant été proches du président – pour empêcher son retour. Elle entendait sans cesse parler d'emplois peu qualifiés qui se libéraient à la Maison-Blanche, et pour lesquels elle aurait parfaitement fait l'affaire. De nouveau, elle soupçonna le président de chercher à se débarrasser d'elle – en vérité, on a l'impression que cette question la hante encore aujourd'hui : « S'il ne voulait pas me faire revenir, dit-elle, il aurait dû le dire d'emblée et être honnête. Il aurait dû me dire qu'il ne pouvait pas. Au lieu de cela, il m'a fait traîner mois après mois. »

En fait, elle se montrait injuste à son égard : Clinton avait bel et bien fait en sorte qu'Erskine Bowles et John Podesta soient au courant de sa recherche d'emploi. Par discrétion, cependant, il avait demandé à Betty Currie de les contacter à sa place, et Bowles et Podesta, pensant que c'était Currie, et non le président, qui cherchait à aider une amie, n'avaient bien évidemment pas donné à l'affaire une réelle priorité.

En cette période de désespoir, où Monica avait besoin de tout le soutien et de tout le réconfort possible, l'attitude de son amie, guide et conseillère Linda Tripp se modifia brutalement, complètement et inexplicablement. A partir du début du mois d'octobre, elle devint hostile et chicaneuse, et, loin de continuer à encourager Monica à essayer de retourner à la Maison-Blanche, elle argua avec force qu'il ne fallait pas qu'elle y aille. Monica, affirmait-elle désormais, devait quitter Washington, et il était du devoir du président de lui trouver du travail ailleurs. Monica fut abasourdie et profondément blessée par ce changement radical chez une femme qu'elle considérait comme une amie.

Le matin du 6 octobre, Monica se trouvait dans son bureau, au Pentagone, lorsque Tripp, qui était chez elle ce jour-là, l'appela pour lui annoncer une nouvelle qui la laissa sans voix. Tripp déclara qu'elle avait parlé la veille au soir avec son amie Kate Friedrich, assistante spéciale du Conseiller à la Sécurité nationale. Durant leur conversation, Friedrich avait dit avoir entendu des rumeurs stupéfiantes sur Monica Lewinsky. Apparemment, elle faisait partie de la « liste noire » de la Maison-Blanche, ce qui signifiait qu'on ne lui permettrait jamais d'y retourner. Monica était désormais *persona non grata*, et le meilleur conseil que pouvait lui donner Friedrich était : « Quittez la ville. »

Monica était anéantie. Elle pleura et se mit à faire de l'hyperventilation, à tel point qu'il lui fallut quitter son travail en avance. « C'était l'un des jours les plus horribles de ma vie », se souvient-elle. Le coup de téléphone de Tripp acheva de faire pencher la balance : tour à tour désespérée et folle de rage, Monica décida une fois pour toutes de s'en aller pour recommencer une nouvelle vie à New York.

Durant cette journée, elle eut plusieurs conversations avec Tripp, au cours desquelles elles analysèrent tout ce qu'impliquaient les informations de Friedrich. En réalité, cependant, tout ce que Tripp avait raconté à propos de ce funeste coup de fil était faux. Kate Friedrich avait bel et bien discuté avec elle le soir du 5 octobre, mais elle n'avait jamais ne fût-ce qu'entendu parler de Monica Lewinsky, que ce soit à la Maison-Blanche ou au NSC, comme elle le souligna dans son témoignage devant le Grand Jury.

Le mensonge de Linda Tripp n'était qu'un fil supplémentaire dans la toile de trahison qu'elle tissait autour de Monica. En vérité, à ce moment-là, Tripp était déjà impliquée dans une conspiration visant à piéger la jeune femme et par là même, espérait-elle, le président. Ce jour-là, en effet, elle avait secrètement rencontré Michael Isikoff, de *Newsweek*, ainsi que Lucianne et Jonah Goldberg, chez Jonah, à Washington. Le piège tendu à Monica n'allait pas tarder à prendre une dimension nouvelle, plus explosive encore, à mesure que ce quatuor improbable complotait et intriguait.

La trahison de Tripp avait réellement commencé après qu'elle eut averti Monica, en août, de son intention d'écrire un livre de révélations sur Clinton et ses femmes. En septembre, elle avait de nouveau contacté Lucianne Goldberg. Elle lui avait dit qu'elle craignait d'être contrainte à témoigner dans l'affaire Paula Jones, en raison de ses liens avec Kathleen Willey. Elle avait peur, étant donné l'hostilité déjà manifestée à son égard par Bob Bennett, l'avocat du président, que personne ne la croie. Les deux femmes avaient discuté également des entretiens que Tripp avait eus cet été-là avec Isikoff à propos de Willey, et du fait qu'il souhaitait lui parler plus longuement de Monica Lewinsky, même si, à l'époque, il ne semblait pas encore connaître le nom de la « jeune stagiaire ».

Linda Tripp disait qu'elle se trouvait confrontée à un sérieux dilemme. Si elle était citée à comparaître dans l'affaire Paula Jones, elle avait peur qu'on ne lui demande si elle avait connaissance d'autres femmes qui auraient eu des relations sexuelles avec Clinton. Elle ne voulait pas commettre de parjure, mais craignait, si elle disait la vérité

– c'est-à-dire que, oui, elle avait connaissance d'une telle femme –, de perdre son poste à 80 000 dollars par an et de voir de nouveau son intégrité mise en doute par Bennett.

En entendant cela, Goldberg, à en croire sa déposition au FBI, suggéra à Linda Tripp d'enregistrer ses conversations avec Monica Lewinsky, afin de pouvoir fournir une corroboration indépendante de son histoire (Tripp, de son côté, nie avoir reçu d'elle un tel conseil). L'enregistrement secret, et probablement illégal, fait avec un magnétophone à 100 dollars acheté chez Radio Shack, devait constituer à la fois sa preuve et sa protection. En réalité, cependant, Tripp était l'architecte de son propre dilemme, et si elle avait besoin d'être protégée, c'était uniquement contre elle-même et ses actions.

Tout avait commencé au début de l'année 1997, lorsque les avocats de Paula Jones avaient reçu un « tuyau » anonyme concernant Kathleen Willey et ses allégations de harcèlement sexuel contre le président. On soupçonna Tripp, amie de longue date de Willey, d'être la source de l'information. Que cela soit vrai ou pas, ce fut en tout cas sans doute possible elle qui confirma officiellement l'histoire de *Newsweek* sur Willey, et elle également qui, en mars 1997, mentionna à mots couverts à Isikoff l'aventure de Monica avec Clinton. Tripp avait délibérément évité de rencontrer Bob Bennett, bien que sa nomination ait été politique et qu'elle ne puisse donc prétendre à la neutralité vis-à-vis du président. Par ailleurs, à en croire Jonah Goldberg, ce fut Tripp qui, en octobre, attira de façon anonyme l'attention des avocats de Paula Jones sur l'existence de Monica Lewinsky.

Le 3 octobre 1997, Tripp commença à enregistrer secrètement les appels de son amie – un acte illégal dans l'état du Maryland, où elle vit – afin de disposer de preuves indépendantes des événements (dont certains découlaient de ses propres actions). Lucianne Goldberg et elle insistent toutes deux sur le fait que les enregistrements avaient seulement pour but d'assurer sa protection, et non de rassembler des informations pour un livre de révélations – en d'autres termes, elle n'agissait pas en tant qu'agent provocateur.

A l'en croire, donc, Tripp n'enregistrait Monica que pour disposer de preuves confirmant ses dires au cas où elle serait appelée à témoigner dans le cadre de l'affaire Paula Jones. Même dans cette éventualité, les cassettes ne serviraient que si son témoignage était mis en doute par les avocats de Clinton, et pour aucune autre raison. Jusque-là, donc, les enregistrements auraient dû demeurer strictement confidentiels, et leur contenu n'aurait pas dû être révélé, excepté en dernier recours, devant la Cour.

A l'instar de son histoire concernant le coup de téléphone de Kate Friedrich, cependant, les excuses que donnait Linda Tripp pour avoir enregistré les appels de son amie étaient clairement fausses. Si elle avait été sincère en affirmant ne pas vouloir utiliser les cassettes illicites à moins d'avoir à témoigner dans l'affaire Paula Jones, elle aurait en effet gardé le secret sur leur contenu. Pourtant, quelques heures à peine après avoir commencé à enregistrer ses conversations avec Monica, elle en discutait avec Lucianne Goldberg. Le dimanche 5 octobre, par exemple, après que Monica et elle eurent brièvement plaisanté à propos de l'usage que le président était supposé faire de certaines drogues – ce qui n'avait aucun rapport avec l'affaire Jones –, Tripp s'empressa de rapporter la conversation à une Lucianne Goldberg surexcitée. Elle attribua également à Monica des remarques qu'elle-même avait faites à propos du président, essayant de donner l'impression qu'il prenait bel et bien de la drogue. En fait, exagération et embellissement devaient devenir les marques distinctives de son *modus operandi*, non seulement avec les Goldberg et Isikoff, mais aussi plus tard avec le FBI et le Bureau du procureur indépendant.

De surcroît – bien que cela ne soit devenu clair que beaucoup plus tard –, Linda Tripp avait bel et bien l'intention d'écrire un livre de révélations et, en dépit des promesses qu'elle avait faites à son amie, elle comptait y insérer des détails sur la liaison de Monica avec le président. Pour des raisons qui lui étaient propres, Lucianne Goldberg enregistra secrètement des conversations qu'elle eut avec Tripp en septembre. Dans l'une de celles-ci,

Linda Tripp disait qu'elle prenait des notes sur « des dates, des heures et des coups de téléphone » concernant une liaison entre le président et une « jeune amie à moi... C'est tellement explosif que ça fait paraître l'autre petite chose [l'histoire de Kathleen Willey] pâle en comparaison. » En réponse, Goldberg, dont l'intérêt s'était éveillé à mesure que la conversation se poursuivait, suggéra à Linda de faire un marché avec Isikoff. Le but était que *Newsweek* publie un article signé par lui qui ferait par avance de la publicité au livre de Tripp. Dans son témoignage devant le Grand Jury, Tripp nia avoir jamais eu l'intention de « mettre Monica dans un livre » – ce qui est un mensonge, comme le prouvent les transcriptions des cassettes de Lucianne Goldberg.

Il est intéressant de souligner qu'il n'existe aucune trace de la conversation de Tripp avec Kate Friedrich, ni de son coup de téléphone à Monica durant lequel elle lui fit part de l' « information » divulguée par Friedrich. On pourrait pardonner aux sceptiques de penser que c'est parce que ces appels auraient trop clairement démontré la duplicité de Linda Tripp... L'omission de certaines conversations-clés entre Tripp et Monica allait devenir plus importante encore au cours des mois suivants.

Ce que Tripp rapportait de ses conversations avec Monica ne demeura pas longtemps au stade de cancans oisifs. Trois jours après qu'elle eut commencé ses enregistrements – le jour même où elle avait raconté à Monica son histoire inventée de toutes pièces sur la « liste noire » de la Maison-Blanche –, Isikoff, les Goldberg et elle se réunirent dans l'appartement de Jonah à Washington. Tripp avait apporté avec elle deux cassettes, qu'elle avait l'intention de faire écouter à Isikoff.

Des discussions s'étaient sans doute déroulées avant cette réunion au sommet – une conférence jugée suffisamment importante pour que Lucianne Goldberg ait pris exprès l'avion depuis New York. D'ailleurs, Isikoff (qui utilisait le nom de code « Harvey » lorsqu'il contactait Linda Tripp) a reconnu par la suite avoir parlé avec elle de Monica Lewinsky avant la réunion. C'est très important, car cela prouve que Tripp avait déjà une idée de ce dont Isikoff avait besoin pour son article avant de raconter à Monica son histoire fictive à propos de son bannissement de la Maison-Blanche.

Au cours de précédentes conversations avec Lucianne Goldberg, Tripp avait refusé de vendre son récit à la presse à scandales, comme le lui avait suggéré l'agent, trouvant cela trop « sordide ». Elle voulait garder sa crédibilité en faisant paraître le scoop dans *Newsweek*. Mais, comme Isikoff l'avait clairement répété à maintes reprises, son magazine n'accepterait pas de publier une simple histoire de sexe. Il fallait qu'elle contienne un élément d'importance publique, qu'elle puisse être reliée à des affaires aux conséquences légales, politiques ou constitutionnelles. L'affaire Paula Jones répondait parfaitement à ces critères.

Puisque, de toute évidence, Monica ne réussirait pas à obtenir un emploi, quel qu'il soit, à la Maison-Blanche, l'histoire ne serait-elle pas meilleure si le président trouvait à sa petite amie un poste de fonctionnaire à New York, pour un salaire plus élevé ? Cela corroborerait parfaitement l'accusation au centre de l'affaire Paula Jones, selon laquelle Clinton harcelait ses employées, exigeant du sexe en échange d'avantages professionnels. Les avocats de Jones pourraient faire valoir que, alors que leur cliente avait, disait-elle, souffert dans sa carrière après avoir refusé les avances du président, Monica, elle, les avait acceptées et en avait été récompensée. Cela, naturellement, conduit à se demander si les avocats de Paula Jones (qui affirmèrent plus tard avoir reçu trois coups de téléphone anonymes distincts à propos de Monica Lewinsky) n'étaient pas impliqués dans les discussions plus tôt qu'ils n'ont bien voulu l'admettre.

Ce scénario explique en tout cas beaucoup de choses quant à l'attitude de Linda Tripp à l'automne 1997 : sa volte-face subite et incompréhensible quant aux projets de travail de Monica à la Maison-Blanche, la fausse histoire de la liste noire, et son hostilité vis-à-vis de Monica – selon Monica, c'était pour Tripp un moyen de gérer son sentiment de culpabilité après sa trahison.

A la réunion chez Jonah Goldberg, Isikoff, craignant s'il écoutait les cassettes de devenir partie prenante dans un processus (illégal) d'« incitation au délit », se contenta apparemment d'une description verbale de leur contenu. Obligé de partir rapidement pour aller participer à une émission de télévision, il insista de nouveau avant de s'éclipser sur le fait que l'histoire devait impérativement être liée à une affaire officielle. Par ailleurs, il lui fallait davantage de sources. Malgré cela, pour Tripp et ses trois complices, tout commençait à se mettre en place : une fois que les détails de l'aventure de Monica avec Clinton seraient connus de tous, les avocats de Paula Jones auraient leurs arguments, Isikoff son papier, Goldberg un président libéral sur le banc des accusés, et Tripp... qu'aurait Tripp ?

Un livre, sans doute – bien qu'à l'heure où j'écris ces lignes, il ne se soit toujours pas matérialisé. Peut-être, également, était-elle guidée par d'autres sentiments. La revanche, après tant d'années de vexations et d'insultes, à l'école comme chez elle ; la vengeance, contre la Maison-Blanche qui l'avait traitée de menteuse et qui avait mis sa carrière sur la touche ; la satisfaction, à l'idée de fustiger une fille qui représentait tout ce que, au fond d'elle-même, elle haïssait.

Car aux yeux de Linda Tripp, Monica n'avait-elle pas commis le plus grand péché de tous – celui d'être née dans un milieu riche ? Elle était jeune, jolie, avait de l'éducation, était sexuellement libérée et aimée par des parents sophistiqués, aisés et par des amis attentionnés ; de surcroît, elle était soutenue par des personnages influents. Tous ces gens avaient bien besoin qu'on leur montre qui, en vérité, détenait vraiment le pouvoir, et Monica peut-être plus encore que les autres.

Durant leurs discussions de septembre à propos du livre de Tripp, Goldberg prévint sa cliente de l'effet que la publication d'un tel livre produirait sur Monica. « Ça la détruira », dit-elle, avant d'ajouter : « Il faut vous préparer à perdre son amitié. » La réponse de Linda Tripp fut sans équivoque : « Oh, je suis [prête à] cela. J'ai déjà pris cette décision. »

Quelle qu'ait été la véritable motivation de Tripp, lorsqu'elle appuya sur le bouton d'enregistrement de son magnétophone Radio Shack, elle mit en route un processus d'incitation au délit qui devait conduire à l'humiliation d'un président et à la quasi-destruction de sa maîtresse.

9

« Tout le monde se fait un peu aider pour trouver du travail. »

Grand et très imposant, Vernon Jordan est l'archétype du citadin initié de Washington. Cet avocat compte des présidents – dont Bill Clinton – et des potentats parmi ses amis. Tout, depuis ses chemises faites sur mesure jusqu'à sa manière de parler, exsude la distinction et le style. Même Monica Lewinsky, qui se considère elle-même comme un « flic de la mode », fut impressionnée. En vérité, lorsque, le 5 novembre 1997, elle rencontra Jordan pour discuter de son avenir professionnel, elle le trouva plus intimidant encore que le président.

Monica avait entendu parler de Jordan pour la première fois un mois plus tôt, le 6 octobre, le jour fatidique où Linda Tripp avait lancé sa bombe à propos de la présence de Monica sur la « liste noire » de la Maison-Blanche. Lorsque, par la suite, les deux femmes avaient discuté du désir de Monica d'aller à New York, Jordan était apparu comme le personnage-clé susceptible de l'aider. Non seulement c'était un des partenaires du cabinet d'avocats Akin, Gump, Strauss, Hauer & Feld, installé à Washington, mais il faisait partie du conseil d'administration d'un certain nombre de grosses entreprises.

A cette époque, Monica continuait à se confier constamment à Tripp, et cette dernière jouait toujours le rôle de l'amie fidèle prête à l'aider. « Je veux que tu aies une vie », déclara-t-elle à Monica en la poussant à quitter Washington. Elle l'encouragea à exiger du président qu'il lui trouve un emploi mieux payé que son poste actuel au Pentagone, affirmant que les prétentions de son amie – 60 000 dollars par an – étaient ridiculement basses. Lorsque, dans un petit mot au président, Monica mentionna qu'elle était prête à accepter un travail au niveau G12 ou G13 – c'est-à-dire d'employée « junior » – Tripp lui dit qu'elle pouvait espérer beaucoup mieux.

Monica souhaitait obtenir deux choses du président : des excuses et un emploi. Il devait « admettre qu'il avait contribué à mettre ma vie sens dessus dessous », dit-elle à Tripp au cours d'une conversation téléphonique. « Si jamais j'ai de nouveau envie d'avoir une liaison avec un homme marié, surtout si c'est le président, abats-moi. »

La première impulsion de Monica, lorsqu'elle apprit qu'elle ne travaillerait jamais à la Maison-Blanche, fut non seulement de se confier à Tripp, mais aussi d'appeler Betty Currie et d'exiger de parler à Bill Clinton. Malheureusement, ce dernier recevait à dîner le président israélien, et ne put prendre son appel. Aussi, avec l'approbation de Tripp, lui écrivit-elle un mot – un de plus parmi tous ceux qu'elle rédigea cet automne-là pour exprimer sa colère, sa tristesse, et les espoirs qu'elle avait nourris quant à leur relation, si prometteuse au départ et qui avait en définitive porté si peu de fruits. Dans son message, elle lui disait qu'il était désormais clair qu'elle ne pourrait pas retourner à la Maison-Blanche dans un avenir proche et demandait à le voir pour discuter de ses possibilités professionnelles. Avec tristesse, elle ajoutait : « Handsome, tu as été distant ces derniers mois, et tu m'as rejetée. Je ne sais pas pourquoi. Est-ce que tu n'éprouves plus d'affection pour moi, ou bien est-ce que tu as peur ? »

Elle envoya la lettre par coursier le lendemain, 7 octobre, puis elle appela Betty Currie pour lui demander quand elle pourrait voir le président. Lorsque Currie lui répondit qu'elle ne pouvait lui proposer qu'une éventuelle conversation téléphonique, Monica explosa : « J'en ai assez de vous deux ! s'exclama-t-elle, furieuse. Je ne veux jamais plus vous parler. Ça fait un an que vous me menez en bateau ; maintenant, je vous offre la possibilité de vous en sortir à moindres frais. » Currie écouta calmement, et plus tard dans l'après-midi elle rappela Monica pour lui dire que le président lui téléphonerait cette nuit-là. Elle insista sur le fait que, s'il désirait voir Monica en personne, elle-même viendrait à la Maison-Blanche, quelle que soit l'heure, pour la faire entrer dans le bâtiment.

« Je ne savais pas s'il allait appeler, se souvient Monica. J'étais vraiment désespérée. Même avant la fin de notre liaison, je me couchais toujours sans savoir s'il téléphonerait. Je me réveillais sans cesse pour regarder mon réveil et, parfois, je fondais en larmes. C'était une telle torture... Ce n'était pas sa faute ; il n'a jamais eu la moindre idée de la souffrance que j'éprouvais. J'avais une telle boulimie de punition – c'est effrayant de ne pas avoir l'esprit assez clair ou assez de force pour se sortir d'une situation pareille. »

Pour une fois, le président appela bel et bien, à 2 h 30 du matin, le 10 octobre. Même à cette heure tardive, Monica voulut se dépêcher d'aller le rejoindre à la Maison-Blanche, mais il refusa, arguant que l'heure était trop tardive. « On ne fait pas toujours ce qu'on veut, alors ne t'énerve pas contre moi. » Ce fut le prélude à la plus longue et la plus âpre dispute de leur relation, un « énorme match de hurlements », comme le dit Monica, qui dura quatre-vingt-dix minutes. « Il était tellement furieux contre moi qu'il devait être écarlate. »

Elle pleura, il s'énerva, balayant ses récriminations à propos de son travail en disant que son expérience au Pentagone lui faisait du bien. Pire encore, alors qu'ils se hurlaient dessus, il déclara : « Si j'avais su le genre de personne que tu étais, je ne me serais jamais impliqué dans une histoire avec toi. » Pour Monica, c'était la chose la plus blessante qu'il ait jamais dite. « Ça m'a vraiment fait mal », se souvient-elle.

A un moment, elle lui avoua que, lorsqu'elle avait appris qu'elle allait être transférée au Pentagone, en avril 1996, elle avait désespérément souhaité qu'il intervienne pour lui permettre de rester. Mais, dit-elle : « Je ne voulais pas te mettre dans l'embarras. Je savais que l'élection était plus importante. Puisqu'il y avait des problèmes, il fallait simplement que je me montre patiente ; c'est pourquoi je ne t'ai jamais rien demandé. J'ai été une gentille fille et j'ai cru tes promesses. » Sa remarque était aussi coupante que de la glace. Le président eut un petit grognement puis, de nouveau, il contre-attaqua avec violence : « Si j'avais su que tu m'attirerais tant de problèmes, j'aurais tout arrêté dès le début. »

Puis, parlant dans une sorte de fort murmure, comme toujours lorsqu'il était en colère, il poursuivit : « Je ne pense qu'à toi et à ton travail. Je suis obsédé par l'idée de te trouver un travail. Je me réveille le matin, et ça me rend malade d'y penser. Ma vie est vide ; il n'y a que toi et cette recherche d'emploi. Tout ce que j'ai, c'est mon travail et cette obsession. Je suis dans ton équipe. » Monica déduisit de cet étrange aveu qu'il était de son côté dans sa quête d'un emploi à la Maison-Blanche, et que ce n'était pas sa faute si elle n'avait pas encore abouti. Comme toujours, après qu'ils eurent exprimé tous leurs griefs, ils se calmèrent ; et, avant de raccrocher – à 4 heures du matin –, le président accepta de l'aider à trouver un emploi à New York.

Dans la mesure où, le samedi 11 octobre, Bill Clinton fêtait son vingt-deuxième anniversaire de mariage, Monica fut surprise de recevoir, vers 8 h 30 du matin, un coup de téléphone de Betty Currie lui demandant de venir à la Maison-Blanche. Monica remit aussitôt à plus tard son projet d'aller rendre visite à son frère à New York, et alla voir le président. Elle arriva tout juste après 9 h 30. On l'introduisit dans le Bureau Ovale, et elle s'aperçut aussitôt que le calme était revenu après la tempête : le président lui dit d'un air penaud que, lorsqu'il avait raccroché, il s'était aperçu qu'il ignorait quel genre de travail elle souhaitait trouver.

Monica, debout en face de lui à la table de la salle à manger, lui dit qu'elle aimerait emménager à New York, où sa mère vivait désormais. Dans la mesure où l'appartement du Watergate allait être vendu, il lui faudrait quitter les lieux avant la fin du mois d'octobre. Ce n'était pas exactement vrai mais, ayant vu le président à l'œuvre lorsqu'il avait prétendu lui chercher un travail à la Maison-Blanche, elle voulait à tout prix éviter que cette nouvelle recherche d'emploi se transforme en projet à long terme. Elle déclara ensuite qu'il lui faudrait une lettre de recommandation signée par quelqu'un de la Maison-Blanche, après quoi elle mentionna plusieurs pistes : elle pourrait travailler aux Nations unies, par exemple, à moins que l'ami du président, Vernon Jordan, ne puisse l'aider à trouver quelque chose dans le secteur privé. « Bonne idée », répondit le président à cette dernière suggestion. (En fait, ce n'était que quelques jours plus tôt, à la suite de sa conversation avec Tripp, que Monica avait eu l'idée de faire appel à Vernon Jordan.)

Ce fut une entrevue sereine; le président lui souriait affectueusement tandis qu'elle parlait de ses ambitions professionnelles. Lorsqu'elle eut fini, elle remarqua qu'il la regardait avec un large sourire et lui demanda : « Qu'y a-t-il de si drôle ? » « Rien, répondit-il, je suis seulement content de te voir. Viens là et laisse-moi te serrer contre moi. » Comme le souligne Monica assez tristement : « C'est un aspect de notre relation que les gens oublient trop souvent : elle était très tactile, très chaleureuse et très affectueuse. Il se montrait toujours tendre et aimant, et il y avait toujours une véritable alchimie entre nous, même à la fin. » Avant qu'elle ne parte, le président, qui devait se rendre en Amérique du Sud la semaine suivante, lui demanda de lui envoyer une liste des postes qui l'intéresseraient, afin qu'il puisse l'étudier à son retour.

Monica quitta la Maison-Blanche pleine d'amour et d'affection pour son « Handsome », et lorsqu'elle arriva à New York, plus tard ce jour-là, elle se mit aussitôt à errer dans les marchés aux puces à la recherche d'un cadeau de Noël pour lui. Sachant qu'il collectionnait tout ce qui se rapportait à la Maison-Blanche, elle fut ravie de trouver, pour tout juste 10 dollars, un vieux presse-papier en verre sur lequel était peinte une reproduction du bâtiment. Puis sa générosité dépassa son budget, et elle lui acheta également un présentoir à cigares ancien et fort cher.

Ce week-end-là, en réfléchissant aux possibilités qui s'offraient à elle, elle se rendit compte qu'elle n'avait pas vraiment envie de travailler pour les Nations unies ; cela ressemblerait trop au Pentagone. Lorsqu'elle envoya au président la liste des postes qu'elle aimerait occuper, elle lui expliqua donc clairement qu'elle avait changé d'avis en ce qui concernait l'ONU, et insista en revanche sur son intérêt pour les relations publiques, un milieu dans lequel elle se sentirait « motivée, impliquée et intéressée ».

Il était trop tard. Pour une fois, le président était déjà entré en action : il avait déclaré à Betty Currie qu'il pourrait trouver un travail pour Monica aux Nations unies « comme ça ». Et, pendant son voyage en Amérique du Sud, le chef du personnel adjoint, John Podesta – qui avait déjà été impliqué dans le retour de Monica à la Maison-Blanche – parla brièvement avec l'ambassadeur des Etats-Unis auprès de l'ONU, Bill Richardson, de la possibilité de trouver un travail « de base » aux Nations unies à New York pour une amie de Betty Currie.

Aussi Monica fut-elle alarmée de recevoir, vers la fin du mois d'octobre, un appel d'une femme qui lui dit : « Merci de patienter, je vous passe l'ambassadeur Richardson. » Puis, se souvient-elle, elle eut « un type très gai » en ligne. « Bonjour, ici Bill Richardson, annonça-t-il d'une voix amicale. Je crois que vous voulez venir travailler avec moi. » Après avoir parlé quelques minutes, ils convinrent d'un rendez-vous le 31 octobre ; puis, surprise et assez ennuyée, Monica appela Betty Currie et lui dit qu'elle avait besoin de parler au président à propos de ce dernier rebondissement dans la saga de sa recherche d'emploi, inquiète qu'il cherche à la pousser à aller travailler aux Nations unies.

Il la rappela et, pour une fois, il n'y eut pas de mots durs ni de crise d'hystérie. Selon Monica, la conversation fut très agréable. Elle en profita pour lui dire qu'elle ne voulait pas travailler à l'ONU. « Je veux que tu aies le choix, répondit-il. Bill Richardson est un type super. » Puis, faisant référence à sa promesse de parler à Jordan, il ajouta : « Vernon est en déplacement, mais je vais l'appeler bientôt. »

Puis ils commencèrent à échanger des blagues cochonnes – une spécialité de Monica –, juives pour la plupart. Une de celles de Monica disait : « Pourquoi les hommes juifs aiment-ils regarder les films pornos à l'envers ? Pour voir la prostituée rendre l'argent. » La réponse du président fut dans la même veine. Ils rirent également de la dernière fournée de blagues Internet qu'elle lui avait envoyée. Au moment de se séparer, elle lui dit : « Je t'aime. » Puis, se rendant compte que c'était une remarque trop sérieuse pour une conversation légère, elle ajouta très vite : « Butthead [1] ! »

Monica n'eut pas l'occasion de reparler au président avant le 30 octobre, la nuit précédant son entretien avec l'ambassadeur Richardson. A mesure que le grand jour approchait, elle se sentait de plus en plus nerveuse ; aussi demanda-t-elle à Betty si le président pourrait l'appeler pour la « briefer » sur la manière d'aborder l'entretien. Il répondit à son appel, affirmant qu'elle allait être « parfaite », et apaisa ses craintes – elle avait peur, en effet, que les employés de la Maison-Blanche qui l'accusaient de harceler le président n'aient donné d'elle une mauvaise opinion à l'ambassadeur.

Comme la conversation touchait à sa fin, elle lui demanda s'il comptait porter un pin's qu'elle lui avait envoyé pour Halloween, et il promit que oui. Aussi fut-elle ravie lorsque, le lendemain, durant un discours prononcé dans le cadre de la visite d'une école, Clinton déclara qu'il ne possédait qu'un petit pin's en guise de déguisement de Halloween. Lorsque l'un des enfants demanda s'il pouvait le lui donner, le président refusa : « C'est une amie qui me l'a offert », expliqua-t-il.

La nervosité de Monica avant son entretien avait cependant été aggravée par une conversation qu'elle avait eue avec Linda Tripp. Cette dernière s'était montrée furieuse quand Monica lui avait dit qu'elle devait rencontrer l'ambassadeur dans sa suite du complexe de Watergate. « Je ne te laisserai pas aller dans cette chambre d'hôtel. Ils

1. Littéralement : « tête de cul ». L'expression n'a pas cependant le côté péjoratif et vulgaire du français « tête de nœud ». *(N.d.T.)*

essayent de te piéger », déclara Tripp, figure vivante de l'inquiétude protectrice. Elle insista de façon répétée pour que Monica exige que l'entretien se déroule dans la salle à manger de l'hôtel, afin de désamorcer une situation potentiellement compromettante.

Monica trouvait l'insistance de son amie un peu extrême, mais ne mit pas en doute ses motivations. En fait, l'insistance de Tripp faisait partie d'une tentative, imaginée par Michael Isikoff, de compromettre à la fois Monica et le président. Isikoff s'était arrangé pour qu'un autre reporter de *Newsweek* se trouve dans la salle à manger. Le journaliste verrait ainsi Richardson et Monica ensemble, ce qui corroborerait les dires de Tripp : le président essayait bel et bien de trouver un travail à sa petite amie.

C'est autour de cette période, également, que les avocats de Paula Jones commencèrent à recevoir des coups de téléphone anonymes d'une femme, que l'on pense être Tripp, leur conseillant de citer à comparaître aussi bien Monica que Linda Tripp dans le cadre du procès. En octobre, l'équipe légale de Jones était dans une position bien plus forte que par le passé : plus tôt ce mois-là, en effet, deux jugements cruciaux leur avaient assuré le droit de demander au président des informations concernant ses « relations sexuelles » avec d'autres femmes, et de nommer toute personne disposant d'informations susceptibles d'être découvertes.

Ignorant totalement à la fois ces développements juridiques et les plans machiavéliques de Tripp, Monica, elle, était inquiète à l'idée de se retrouver obligée d'accepter un emploi aux Nations unies. Son entretien s'était bien passé, en effet, et quelques jours après avoir rencontré l'ambassadeur, elle s'était vu offrir un poste junior dans la délégation américaine de l'ONU.

Toujours ennuyée de ne pas avoir encore rencontré Vernon Jordan, elle envoya un mot à Betty Currie lui demandant de se dépêcher, expliquant ses appréhensions vis-à-vis du travail à l'ONU et son désir de rencontrer le puissant ami de Bill Clinton. Betty Currie rappela Monica et lui dit de téléphoner à la secrétaire de Jordan afin de convenir d'un rendez-vous. Monica obéit, et un entretien fut prévu le 5 novembre.

Avant de le rencontrer, Monica ne savait pas grand-chose de l'ami avocat de Clinton, sinon qu'il jouait beaucoup au golf avec lui, était un personnage éminent de la communauté noire américaine et, plus important, avait la réputation de savoir surmonter tous les obstacles. Bien plus tard, elle découvrit qu'il était également très lié avec Peter Straus, son futur beau-père, qu'il connaissait depuis plus de vingt ans.

Monica était nerveuse, et même un peu craintive, à l'idée de rencontrer l'avocat, et elle trouva dans un premier temps son regard sévère et son attitude taciturne un peu intimidants. Il lui demanda pourquoi elle avait souhaité le voir, et elle se lança une fois de plus dans son histoire « édulcorée », lui expliquant qu'elle voulait quitter Washington. Elle aurait aimé, dit-elle, retourner à la Maison-Blanche, mais de hauts fonctionnaires, notamment Evelyn Lieberman, s'étaient montrés hostiles envers elle. « Oh, elle ne m'aime pas non plus, ne vous inquiétez pas de ça », répondit Jordan en souriant. Puis, lorsqu'ils eurent discuté pendant une vingtaine de minutes, il annonça : « Bien, nous allons faire affaire ensemble. Je vais vous aider à trouver un travail à New York. » Puis il ajouta énigmatiquement : « Vous êtes très recommandée. » Monica songea qu'il faisait référence à des conversations qu'il avait eues antérieurement avec le président. Ils convinrent de se revoir deux semaines plus tard.

Le lendemain, Monica écrivit à Jordan un petit mot de remerciements. « J'ai été heureuse de voir que notre ami commun dispose en vous d'un confident aussi extraordinaire. » Cependant, si Monica avait été très impressionnée par le charismatique avocat de Washington – elle dit à Catherine Allday Davis qu'elle n'avait jamais rencontré « quelqu'un d'aussi réel dans toute sa vie » – Jordan, lui, avait de toute évidence été moins emballé. En vérité, il déclara plus tard au Grand Jury ne pas se souvenir de l'avoir rencontrée à ce moment-là, un trou de mémoire que le procureur indépendant Kenneth Starr mit d'emblée sur le compte de la « faible priorité » que Jordan accordait à la recherche d'emploi de Monica. Cette hypothèse apportait de l'eau à son moulin antiprésidentiel en suggérant que Jordan ne s'était intéressé au cas de Monica qu'*après* qu'on lui eut demandé une déclaration sous serment écrite dans l'affaire Jones contre Clinton. Cependant, Starr ne s'est concentré que sur le rôle de Vernon Jordan dans la recherche d'emploi de Monica, alors que l'avocat ne constituait qu'une des nombreuses armes dont elle disposait – à l'origine, il n'avait été impliqué dans l'affaire que parce qu'elle-même avait suggéré son nom au président.

Beaucoup d'autres personnes se démenaient pour lui trouver du travail, à commencer par Marcia Lewis qui, depuis qu'elle avait emménagé à New York en septembre, n'avait cessé de pousser Monica à la rejoindre, lui vantant les mérites de la Grosse Pomme. Aussi s'était-elle réjouie de façon bien compréhensible lorsque, en octobre, Monica avait enfin déclaré qu'elle en avait assez.

Une fois la décision de Monica prise, sa mère s'était empressée de prendre des mesures pour qu'elle ne revienne pas en arrière. Elle avait fait pression sur ses amis en ville pour voir s'ils avaient entendu parler de perspectives possibles, et avait même contacté une conseillère professionnelle, Marilyn Ullman, afin qu'elle aide Monica à chercher du travail. Monica rencontra Ullman au début du mois d'octobre (le fameux week-end où elle acheta le presse-papier au président). Elle avait appris une dure leçon au cours de l'année précédente et n'avait plus l'intention de compter sur la bonne volonté des gens, pas même celle du président, pour s'en sortir. Elle discuta, par ailleurs, avec ses contacts à Washington et avec le correspondant de la chaîne NBC au Pentagone de la possibilité de travailler à plein temps dans les médias. Elle posa même sa candidature pour travailler avec la célèbre présentatrice de télévision Connie Chung, mais n'obtint pas le poste car il avait été pourvu en interne.

Durant tout ce temps, sa mère ne cessait de l'encourager, consciente que chaque pas que Monica effectuait par elle-même l'éloignait de Washington et du président. En repensant à cette période, Marcia observe : « Sa décision de partir de son plein gré de Washington était, pour moi, une victoire. Cela voulait dire qu'elle se détachait de sa fascination pour lui, qu'elle commençait à admettre que c'était une relation autodestructrice qui ne la menait nulle part. »

Après avoir mis Monica en contact avec Marilyn Ullman, Marcia demanda également à son fiancé, Peter Straus, s'il pouvait l'aider. Plus tard durant l'automne, Straus parla de son côté à son vieil ami Vernon Jordan, et il sonda également d'autres membres de son cercle social, parmi lesquels Edgar Bronfman, directeur du géant de l'alcool Seagram. « J'ai appelé un certain nombre de nos connaissances, se souvient Straus, pour dire : " Auriez-vous une place pour une brillante jeune stagiaire qui veut s'éloigner de la Maison-Blanche ? " » Il insiste sur le fait que, chaque année, son ami Vernon Jordan place une ou deux douzaines de jeunes gens ambitieux dans le secteur privé – même si Straus admet que, en ce qui concernait Monica, sa propre amitié avec Jordan et l'influence du président aient pu le pousser à faire un « effort supplémentaire ».

De fait, l'entourage de Monica estimait qu'il n'était que justice que le président lui donne un coup de pouce. Dans la mesure où elle avait perdu son travail à la Maison-Blanche à cause de sa liaison avec lui, il était normal que, après l'avoir menée en bateau pendant un an, il fasse son devoir et l'aide à trouver un autre emploi. « Nous pensions tous qu'il était juste et raisonnable que le président l'aide à trouver un poste, déclare sa tante Debra. C'est pourquoi, quand il a commencé à faire un petit effort pour l'aider, nous avons tous trouvé que c'était super. » C'est là une opinion partagée par les amies de Monica. « J'étais tellement contente quand elle a décidé de quitter Washington et ce décor, dit Catherine Allday Davis. Je ne pensais pas que c'était très grave que le président l'aide : tout le monde se fait un peu aider pour trouver du travail. »

Les amis et la famille de Monica n'étaient pas les seuls à se montrer favorables à un déménagement à New York.

Linda Tripp, elle aussi, la poussait avec virulence à quitter Washington. Même si elle savait que Tripp avait été à l'origine de la fuite à propos de Kathleen Willey et si son brusque changement d'attitude envers elle l'avait mise mal à l'aise, Monica continuait à lui faire confiance et à se confier à elle. Après coup, on pourrait penser que Monica aurait déjà, à ce stade, dû commencer à mettre en doute l'amitié de Linda – mais sa loyauté, toujours aussi présente, l'en empêchait.

Aussi, lorsque Tripp lui suggéra de faire appel à une autre compagnie de coursiers, moins chère et plus efficace, pour transmettre ses messages à Betty Currie et au président à la Maison-Blanche, Monica n'y vit qu'une nouvelle preuve d'amitié. Une fois de plus, cependant, il y avait de la malveillance derrière le sourire de Linda Tripp. La compagnie qu'elle avait recommandée à Monica appartenait à la famille Goldberg, qui put ainsi fournir par la suite à Isikoff des reçus et d'autres documents comme preuves tangibles des relations de Monica avec le président.

Néanmoins, d'autres détails commençaient à alarmer Monica. Tripp et elle se disputaient souvent ; Tripp semblait provoquer ces querelles de façon délibérée, après quoi elle entrait dans des rages folles. Monica avait parfois peur d'elle et de ce qu'elle pourrait faire. « J'étais consciente à ce stade que c'était quelqu'un de vraiment vindicatif, se souvient-elle, c'est pourquoi je me suis mise à la brosser dans le sens du poil, parce que j'avais peur qu'elle ne révèle ma liaison avec le président. Ce qui m'inquiétait le plus, c'est que, si cela se produisait, le président apprendrait que j'avais parlé de notre aventure à quelqu'un. »

Tandis qu'elle réfléchissait à ce problème épineux, elle commença à envisager des plans de repli pour « le pire des cas ». Si Tripp rendait bel et bien l'affaire publique, Monica décida qu'elle convoquerait une conférence de presse et nierait en bloc toutes les allégations de Tripp. Le cas échéant, elle irait jusqu'à dire qu'elle avait elle-même inventé toute l'histoire de sa liaison avec Clinton et accepterait le ridicule et l'humiliation publique qui en résulteraient.

Cette année-là, Tripp, encouragée par Monica, avait suivi un régime à long terme qui s'était révélé si efficace qu'elle pouvait désormais entrer dans certaines des robes les plus amples de Monica. En conséquence, et pour la féliciter, Monica l'avait invitée en septembre chez elle pour choisir des vêtements dans ce qu'elle appelait son « placard de grosse ». Comme elles examinaient sa garde-robe pour sélectionner des vêtements adaptés, Monica avait montré à son amie la désormais célèbre robe bleue tachée de sperme.

Elle n'avait pas gardé la robe comme un trophée – ou une preuve –, tel qu'on l'a parfois suggéré. Simplement, elle ne l'avait pas portée depuis le mois de février parce qu'elle ne le pouvait pas. Le poids de Monica a toujours été très fluctuant et, lorsqu'elle avait essayé de remettre la robe, elle s'était aperçue qu'elle fermait mal. Etant à la fois très désordonnée et obligée de garder un œil strict sur son budget, elle n'avait pas vu l'intérêt de la faire nettoyer immédiatement : à quoi bon payer des frais de teinturier puisqu'elle ne pouvait pas la porter ? En novembre, en revanche, elle avait perdu assez de poids pour pouvoir de nouveau mettre la robe, et elle décida de la porter pour un dîner de Thanskgiving à San Francisco, avec sa famille paternelle. Monica était – et est – toujours inquiète de son apparence, et c'était encore plus vrai cette fois-là : en effet, toutes ses cousines sont très minces. Trouvant la robe Gap bleue à la fois séduisante et flatteuse, elle décida de l'envoyer chez le teinturier.

C'est alors qu'elle fit l'une des plus grosses gaffes de sa vie. Le 16 novembre, elle parla de son projet à Linda Tripp. Cette dernière, sachant que la robe pouvait se révéler un jour une preuve cruciale, s'efforça désespérément de la faire changer d'avis. Leur conversation, que Tripp enregistrait, révèle comment elle manipula, et même piégea Monica pour qu'elle incrimine le président. Tripp conseilla fortement, et même avec véhémence, à Monica de laisser la robe tranquille. « Tout ce que j'ai à te dire, c'est que tu as une très longue existence devant toi et que je ne sais pas ce qui pourrait t'arriver. Toi non plus. Je préférerais que tu l'aies en ta possession si tu en as besoin, même dans des années. »

Elle ajouta qu'elle avait un cousin qui s'y connaissait en empreintes génétiques et qu'il lui avait dit qu'on pouvait obtenir un échantillon d'ADN simplement en recueillant un peu de sperme, même sec, avec un coton-tige mouillé. Bien entendu, ce « cousin » n'en était pas un. Il s'agissait de Mark Furhman, le policier accusé de racisme lors du procès d'O.J. Simpson en 1995, désormais client de Lucianne Goldberg. Craignant de voir disparaître une preuve d'une telle valeur, Tripp conseilla vivement à Monica, pour sa propre protection, de garder la robe dans un sac en plastique et de la ranger avec ses « trésors ». Alors que la jeune femme exprimait sa surprise, Tripp observa d'un ton inquiétant : « C'est juste ce sentiment affreux, obsédant que j'ai dans la tête. »

Monica n'avait pas l'intention de garder la robe en souvenir ; elle souhaitait seulement la porter et ne se montra pas pleinement convaincue par les arguments de son amie. Aussi celle-ci changea-t-elle de tactique. Lorsque les deux femmes bavardèrent plus tard, au bureau, elle s'efforça une nouvelle fois de dissuader Monica de porter la robe, cette fois en affirmant qu'elle avait vraiment l'air grosse dedans, et en lui conseillant de porter autre chose. Cette méthode fonctionna mieux. Monica, toujours inquiète de sa silhouette, décida de suivre l'avis de son amie et de laisser la robe dans son placard.

Les choses n'en restèrent pas là, cependant. Vers la même époque, Monica eut avec Tripp l'une de leurs conversations les plus étranges. Tandis qu'elles bavardaient au bureau, cette dernière, se plaignant d'être à court d'argent, déclara qu'elle avait décidé de vendre certains de ses vieux vêtements pour se faire un peu de liquide. Elle affirma qu'une amie voulait lui acheter le tailleur qu'elle portait précisément ce jour-là, et demanda si elle pouvait se rendre chez Monica pour lui emprunter un pull et une jupe à mettre à la place. Monica proposa d'aller avec elle, mais Tripp refusa, déclarant qu'elle irait seule pour éviter que son amie ne se déplace. Monica objecta que cela ne la dérangeait pas, mais Tripp se fit de plus en plus insistante, l'accusant de ne pas lui faire confiance quand Monica déclara que cela la gênait de laisser quiconque pénétrer dans son appartement en son absence. En fin de compte, Tripp laissa tomber sa demande avec hauteur et Monica, assez intriguée, retourna à son travail.

Elle ne comprit le but réel de Tripp qu'une fois que le scandale eut éclaté, lorsque *Newsweek* rapporta que Tripp et Goldberg avaient « en plaisantant » envisagé de voler la robe souillée chez Monica pour s'en servir de preuve dans cette affaire. Monica, on s'en doute, ne trouve pas cette « plaisanterie » amusante : « L'épisode de la robe est l'un des aspects les plus humiliants de tout ce scandale. C'est tellement embarrassant ! »

Si la trahison de Tripp est aujourd'hui évidente, une question demeure en suspens et mériterait d'être étudiée : dans quelle mesure les actions de Tripp étaient-elles motivées par sa relation avec la militante de droite Goldberg et avec le reporter de *Newsweek* Isikoff, ainsi que par ses liens avec l'équipe de Paula Jones, subventionnée par de riches organisations anti-Clinton ? En apparence, Linda Tripp enregistrait Monica au cas où elle-même serait accusée par Bob Bennett de mentir – si, et seulement si, elle était appelée à témoigner dans l'affaire Paula Jones.

Pourtant, elle fit plus qu'enregistrer illicitement son amie. Se pourrait-il que l'agitation autour de la rencontre de Monica avec l'ambassadeur Richardson, les reçus de coursiers et les tentatives de dérober la robe tachée aient fait partie d'un projet de plus grande envergure ? Est-ce une simple coïncidence si, en faisant cela, elle apportait de l'eau au moulin des avocats de Paula Jones tout en donnant à son récit l'élément « d'importance publique » exigé par Isikoff ?

Par hasard, Tripp se trouvait chez Monica, dans la nuit du 12 novembre, lorsque le président appela. Une fois le scandale déclenché, elle donna là encore une version peu honnête des faits : elle sous-entendit qu'elle était assise à côté de Monica lorsque le téléphone avait sonné, et avait en conséquence entendu tout ce que disait son amie. En réalité, à en croire Monica, elle dormait dans la pièce voisine et n'avait pas saisi un mot de la conversation.

Au début de cette semaine-là, Monica, inquiète du résultat de son entretien avec Vernon Jordan et craignant que les choses, une fois de plus, ne traînent en longueur, avait laissé un message au président en lui demandant de l'appeler. Son anxiété était d'autant plus grande que Linda Tripp nourrissait en permanence sa colère et son sentiment d'injustice en l'encourageant à demander toujours plus. A l'époque, Monica oscillait entre son désir de quitter Washington et un douloureux sentiment de perte à la pensée de ne plus revoir le président. A cela s'ajoutait sa déception d'être interdite de travail à la Maison-Blanche.

Deux jours avant que le président n'appelle, Monica lui avait envoyé un mot dans lequel elle lui demandait de la rencontrer le 11 novembre, et lui faisait part de ses inquiétudes. A la fin, elle le suppliait de lui accorder son attention : « Je t'ai demandé il y a trois semaines d'être sensible à ce que je traverse en ce moment et de rester en contact avec moi, et je me retrouve pourtant à écrire des petits mots en vain. Je ne suis pas une imbécile. Je sais que ce qui se passe dans le monde est plus important, mais je ne pense pas que ce que je t'ai demandé soit déraisonnable... C'est dur pour moi, il y a tant de choses que j'essaie de gérer sur le plan affectif et je n'ai personne à qui en parler. J'ai besoin de toi maintenant, non en tant que président, mais en tant qu'homme. S'il te plaît, sois mon ami. »

Le président se montra bel et bien amical durant leur conversation tardive. Il lui dit que Nancy Hernreich, directrice des Opérations du Bureau Ovale, devait témoigner au Capitole le lendemain à propos des finances de la campagne électorale. Puisqu'elle serait absente, Monica pouvait lui rendre visite. Il lui demanda également d'en profiter pour lui apporter quelques médicaments à base de plantes que Betty Currie avait oublié d'acheter.

Le jour du rendez-vous tant attendu illustre bien les problèmes de communication qui, tout au long de leur histoire, ne cessèrent de leur mettre des bâtons dans les roues. Comme prévu, Hernreich avait quitté la Maison-Blanche, laissant la voie libre à Monica pour rendre visite au président sans risque de susciter des commentaires. Aussi la jeune femme appela-t-elle Betty Currie, comme convenu, afin de décider d'une heure appropriée. Betty, cependant, ne cessa de rejeter ses requêtes, affirmant que le président jouait au golf et qu'elle n'avait pas eu le temps de lui parler.

Monica avait acheté non seulement les médicaments qu'il lui avait demandés, mais aussi des pastilles de zinc. Ce n'était pas la première fois qu'elle lui offrait des sucreries de ce genre. Une fois déjà, elle lui avait envoyé des « pilules pour la mémoire » qui étaient en réalité des bonbons. Elle avait écrit une ordonnance : « Prends un cachet pour te rappeler combien tu es heureux quand tu me vois. Prends un cachet pour te rappeler combien je suis adorable », etc. Dans l'après-midi, elle déposa les médicaments aux plantes à la Maison-Blanche, les laissant à Betty. A mesure que la journée s'écoulait, cependant, elle était de plus en plus contrariée par ces contretemps.

Enfin, en début de soirée, une Betty Currie contrite téléphona et dit que le président était très énervé qu'elle n'ait pas organisé la visite de Monica. Elle lui demanda de venir à la Maison-Blanche sur-le-champ. Etant donné la nature de plus en plus clandestine de ces rencontres, l'arrivée de Monica à la Maison-Blanche ressembla à une scène tirée d'un film de série B. Betty avait suggéré que la jeune femme attende dans sa voiture, garée sur le parking de la Maison-Blanche mais, lorsque Monica arriva, la voiture de la secrétaire était fermée. Elle attendit donc à côté du véhicule, sous la pluie, son chapeau abaissé sur son visage, jusqu'au moment où Betty arriva et la fit entrer. Craignant d'être vues par une personne hostile à Monica, elles coururent si vite dans les couloirs qu'elles étaient à bout de souffle en arrivant dans le bureau de derrière du président. Puis, comme Betty ne voulait pas qu'on lui demande qui se trouvait dans le bureau, Monica dut patienter toutes lumières éteintes.

Tandis qu'elle attendait le président, elle tâtonna autour d'elle dans le noir, essayant, pour passer le temps, d'ouvrir les tiroirs du bureau, mais tous étaient fermés. Elle remarqua néanmoins qu'un sac contenant des cadeaux qu'elle avait faits au président, et qu'elle avait été triste de voir abandonné là lors d'une dernière visite, ne s'y trouvait plus.

Comme Betty n'avait pas prévenu le président que Monica se trouvait dans le bureau de derrière, il continua à travailler dans le Bureau Ovale. En conséquence, il ne disposa que d'un bref moment pour bavarder avec elle, après quoi il dut la quitter pour aller assister à un dîner officiel donné en l'honneur du président du Mexique, Ernesto Zedillo. Elle put néanmoins lui remettre le presse-papier représentant la Maison-Blanche, et fit une plaisanterie sur les effets bénéfiques qu'il y a à mâcher des bonbons à la menthe avant de faire une fellation. Ils s'embrassèrent rapidement, et il partit.

C'était la fin décevante d'une journée qui avait été marquée par une délicieuse attente, une furieuse déception et une bonne dose de farce, et Monica était plutôt découragée. Elle avait l'impression que, à présent qu'elle avait délivré le président du fardeau de lui trouver un poste à la Maison-Blanche, il aurait dû passer davantage de temps avec elle en tant qu'amie et ex-maîtresse. Dans un brouillon de lettre, tapé sur son ordinateur du Pentagone, elle exprima son sentiment de déprime. « Je ne veux pas que tu croies que je ne te suis pas reconnaissante de ce que tu fais pour moi en ce moment – sans cela, je serais probablement dans un asile d'aliénés – mais je suis consumée par la déception, la frustration et la colère. » Puis, songeant à leur trop brève rencontre, elle poursuivit ainsi : « Pour me calmer, il suffit que tu me voies et que tu me serres contre toi. Peut-être est-ce trop demander. »

L'expérience lui avait prouvé que la proximité physique était la clé pour maintenir leur relation, et c'est pourquoi elle décida, au lieu de lui envoyer encore une autre lettre, d'enregistrer plutôt une cassette. Elle voulait non seulement exprimer ce qu'elle ressentait, mais aussi lui proposer un plan afin qu'il puisse la voir sans éveiller de soupçons. Elle suggéra même une soirée-cinéma à la Maison-Blanche, pour qu'ils puissent juste « passer un moment ensemble et s'amuser ».

Monica réalisa deux versions de son enregistrement et, le 20 novembre, elle les fit écouter toutes les deux au téléphone à Linda Tripp, qui bien entendu enregistrait chaque mot de sa jeune amie enamourée. En écoutant la cassette, Linda Tripp observa que Monica avait la voix d'un « petit canon à la Marilyn Monroe », et qu'il n'était pas étonnant que le président aime faire l'amour au téléphone avec elle. Comme tant de commentaires de Tripp, cette remarque n'entrait pas dans le cadre naturel de la conversation – elle semblait introduite uniquement pour indiquer à des tiers quelle était la vraie nature de la relation de Monica avec le président.

Tôt le lendemain matin, vendredi 21 novembre 1997, Monica envoya par coursier à Betty Currie le colis contenant sa cassette. Elle avait hâte d'avoir la réponse du président et, se souvenant de la confusion de la semaine précédente, elle insista pour que Betty lui donne le paquet rapidement. Monica appela à maintes reprises ce jour-là, chaque fois un peu plus frustrée d'apprendre que le président n'avait pas encore eu son message privé. Finalement, à sept heures du soir, il reçut son paquet, mais dit à Betty qu'il avait trop de travail pour voir Monica ce soir-là.

Dans l'intervalle, cependant, la jeune femme avait découvert en bavardant avec l'intendant du président, Bayani Nelvis, que Bill Clinton était en réalité en train de regarder un film avec Erskine Bowles – exactement ce qu'elle avait proposé (à la présence du chef du personnel près) dans son message. Livide et presque hystérique, Monica appela Betty et lui demanda de ne pas laisser Clinton ouvrir le paquet contenant la cassette. Entre deux sanglots, elle dit à la secrétaire : « Je n'en peux plus », puis elle raccrocha violemment. Plus tard ce soir-là, Betty, inquiète, la rappela pour s'assurer qu'elle était un peu calmée. Mais sa sollicitude ne fit rien pour apaiser la jeune femme, qui lui dit, furieuse : « Demain, j'en parle à mes parents. Je ne veux plus rien avoir à faire avec vous tous. Je ne peux plus supporter ça. Merci pour les fois où vous avez été gentille avec moi, et pour les fois où vous ne l'avez pas été. »

Ses remarques étaient aussi fausses que méchantes, car Monica n'avait pas la moindre intention de parler à ses parents ; de toute façon, Marcia était déjà au courant de sa liaison et avait tenu sa langue. Simplement, Monica avait l'impression que le président avait trop profité d'elle, et elle souhaitait le faire souffrir en retour, pour qu'il comprenne à quel point leur liaison affectait son existence. Elle avait exprimé à peu près la même chose au cours d'une conversation avec Andy Bleiler le mois précédent, durant laquelle elle lui avait rappelé qu'elle existait toujours, et qu'elle souffrait toujours.

Entre deux coups de fil à Betty Currie, elle appelait Linda Tripp pour se faire réconforter et consoler. Tripp, naturellement, enregistrait chaque mot regrettable qu'elle prononçait en sanglotant. Monica observa plus tard : « Le fait que cette conversation, au cours de laquelle je me lamente au téléphone, ait été diffusée dans le monde entier afin que chacun puisse y aller de son petit commentaire a été l'une des pires atteintes à ma vie privée, et l'une des expériences les plus humiliantes de tout ce cauchemar. »

Plus tard cette nuit-là, Monica rappela Tripp pour lui dire qu'elle allait s'excuser auprès de Betty pour son attitude. Elle fut complètement abasourdie par la réaction de son interlocutrice. Tripp lui dit que la Maison-Blanche la jugerait folle si elle appelait et qu'elle, Tripp, en avait assez de s'occuper de cette histoire. Puis elle la mit face à un ultimatum : si elle s'excusait auprès de Betty, elle ne lui adresserait plus jamais la parole. Là-dessus, elle lui raccrocha violemment au nez.

Monica se retrouvait face à un cruel dilemme : quoi qu'elle fasse, elle perdrait une amie. En fin de compte, elle décida de faire ce qu'elle jugeait juste et de se réconcilier avec Betty Currie. Cette dernière accepta ses excuses et promit d'essayer de convaincre le président, qui serait alors à Vancouver, d'appeler Monica pour Thanksgiving (il ne le fit pas).

Ayant apaisé Betty, Monica essaya ce vendredi-là de calmer Linda Tripp, et une fois de plus elles se disputèrent. Il est intéressant de souligner que tous ces échanges amers ne furent pas enregistrés – ou, s'ils le furent, que les cassettes furent détruites. En fin de compte, Tripp décida qu'elle ne voulait plus parler à Monica et laissa son répondeur enregistrer les messages frénétiques de la jeune femme. Leur querelle se poursuivit le lundi suivant au bureau par une série de courriers électroniques, dans lesquels Monica dit à Tripp qu'elle avait le droit de mettre un terme à leur amitié si elle le souhaitait, mais pas celui de se mettre en colère sous prétexte que Monica décidait de ne pas faire ce qu'elle voulait. Elles ne se parlèrent plus jusqu'au début du mois de décembre. Réfléchissant à l'attitude de son ancienne amie, Monica dit : « Même si elle enregistrait, je crois qu'elle me raccrochait au nez avant tout parce que c'est quelqu'un de très colérique et qu'elle était folle de rage de voir que je n'avais pas l'intention de lui obéir. Elle voulait tirer les ficelles et, quand la marionnette a refusé de danser, elle n'a pas pu le supporter. »

Lorsque Monica partit sur la côte Ouest pour fêter Thanksgiving avec sa famille, elle avait coupé l'essentiel de ses ponts avec Washington. Non seulement elle s'était querellée avec Linda Tripp mais elle avait également décidé de refuser le poste qu'on lui proposait aux Nations unies, et avait donné son préavis au Pentagone. Elle devait quitter la ville qui lui avait brisé le cœur le 24 décembre. A New York, sa mère lui cherchait déjà un appartement, lui proposant même une colocataire afin que son premier souci en arrivant en ville ne soit pas de trouver un toit, et qu'elle puisse se concentrer sur sa recherche d'emploi. Durant sa visite sur la côte Ouest, elle parvint à parler avec Vernon Jordan, qui fut surpris d'apprendre qu'elle avait décidé de quitter son poste. Il lui suggéra de le rappeler la semaine suivante pour convenir d'un autre entretien et promit de faire un effort supplémentaire pour lui chercher un emploi à New York.

Mais Monica avait entendu cela trop souvent. Aussi, ne laissant rien au hasard, écrivit-elle au président en disant qu'elle voulait discuter de façon urgente avec lui de son avenir professionnel. Le message, écrit à la fin du mois de novembre juste avant son départ pour la Grande-Bretagne et la Belgique, son dernier voyage avec le Pentagone, insistait aussi sur le fait qu'elle espérait voir le président le premier week-end de décembre. A son retour d'Europe, elle découvrit à son grand désespoir que Betty Currie n'avait pas pu lui donner la lettre et, lorsqu'il finit par recevoir le courrier – après que Monica eut fait des pieds et des mains –, il lui renvoya un message disant qu'il ne pourrait pas la voir, parce qu'il avait un rendez-vous prévu avec ses avocats.

Par pure coïncidence, dans l'avion qui la ramenait de Londres le 5 décembre, Monica bavarda avec Bob Tyrer, le chef du personnel du ministère de la Défense. Quand il lui dit qu'il se rendait à une soirée de Noël organisée ce soir-là à la Maison-Blanche, elle lui demanda si elle pouvait être sa cavalière. Aussi un Clinton stupéfait remarqua-t-il Monica dans la file des gens qui attendaient pour le saluer, durant la soirée. Elle se rappelle même qu'il se passa la main dans les cheveux avant de lui dire bonsoir, comme pour un rendez-vous galant. Il la serra dans ses bras puis, se tournant vers Tyrer, il demanda : « Vous occupez-vous bien de Monica, au Pentagone ? » Pourtant, même s'il était charmant et affable, Monica lui en voulait de ne pas avoir accepté de lui consacrer un peu de temps ce week-end-là.

Elle avait parlé dans l'intervalle à Betty Currie, qui lui avait dit qu'elle serait à la Maison-Blanche le lendemain, samedi 6 décembre, pour faire faire le tour du bâtiment à un groupe de visiteurs. Betty avait ajouté qu'elle essaierait de voir si le président pourrait recevoir Monica tôt le matin, avant l'arrivée de ses avocats.

Ce fut une Monica mélancolique et esseulée qui rentra chez elle ce soir-là. Elle ne cessait de ressasser ce qui aurait pu être, son chagrin que sa liaison soit terminée, et ses peurs de ne pas avoir de travail à New York. De surcroît, la pensée de ne plus jamais se retrouver seule avec Bill Clinton et de ne plus jamais lui parler comme à un homme et non comme au président lui pesait lourdement.

De retour à son appartement, elle décida de lui dire exactement ce qu'elle ressentait et tapa une lettre sur son ordinateur. Elle essaya d'y exprimer ses sentiments pour lui et la quintessence de leur histoire d'amour : « C'était très triste de te voir ce soir. D'un côté, je t'en voulais énormément de m'avoir rejetée une fois de plus et, de l'autre, je n'avais qu'une envie : que toutes les autres personnes présentes dans la pièce disparaissent et que tu me prennes dans tes bras. »

Elle l'aimait de tout son cœur, poursuivit-elle, et ne rêvait que d'être avec lui tout le temps. Lorsqu'il lui avait offert *Feuilles d'herbe*, cela avait signifié pour elle, elle s'en souvenait, qu'il faisait partie de son âme, et qu'elle, de son côté, comprenait sa douleur ; à présent, il lui fallait admettre qu'il ne voulait plus d'elle dans sa vie. S'apitoyant sur elle-même, elle lui parla ensuite de leur dispute à 2 h 30 du matin au téléphone, et se lamenta : « Je suis sûre que tu n'es pas la première personne à ressentir cela à mon égard. Je suis désolée que ça ait été une expérience aussi désagréable. » Et elle conclut la lettre sur une dernière envolée dramatique : « Je savais que ce serait douloureux de te dire adieu ; je n'avais jamais pensé devoir le faire par écrit. Prends bien soin de toi. »

L'humeur calmement mélancolique de Monica ne tarda pas à voler en éclats. Le lendemain, elle téléphona à Betty Currie et lui laissa un message disant qu'elle la retrouverait à la porte sud-ouest afin de lui remettre la lettre, de nouveaux cadeaux de Noël pour le président et des cadeaux pour Betty elle-même, et peut-être de voir le président un instant. Lorsque Monica arriva à la Maison-Blanche, elle aperçut Marsha Scott et essaya donc de rappeler très rapidement Betty. L'agent des services secrets lui dit que celle-ci était en train de faire visiter les lieux à un groupe et laissa filtrer au bout d'un moment que le président et sa séduisante amie Eleanor Mondale, la célèbre journaliste de la chaîne CBS, se trouvaient dans le bureau.

Tel était donc son « rendez-vous avec ses avocats »... Faisant un effort colossal pour se maîtriser, Monica déclara : « O.K., je repasserai. » Puis elle tourna les talons et s'éloigna, pleine d'une rage incontrôlable : non seulement elle avait été trompée, mais le président était avec une autre femme, celle qu'elle considérait comme sa pire rivale. Elle trouva une cabine téléphonique dans un bar proche et appela Betty Currie. Lorsque celle-ci répondit, Monica se lança dans une tirade hargneuse, ce qui, reconnaît-elle, était très mal de sa part : « J'étais hors de moi, ce que j'ai dit à Betty Currie était tout à fait déplacé. »

Quand elle rentra chez elle, elle reçut un message plaintif de la secrétaire du président sur son bipeur et répondit de mauvaise grâce. Quasiment en larmes, Betty la supplia de se calmer, ajoutant qu'elle-même serait renvoyée si le président entendait parler de cette scène. En réponse, Monica insista pour parler au président mais Betty refusa, disant qu'il se trouvait avec le ministre de la Justice et que, de toute façon, elle ne pouvait pas laisser Monica lui parler dans l'état où elle était.

Toujours tremblante de rage et de frustration, Monica décida d'attraper un avion pour New York et de rendre visite à sa mère. Elle se hâta de préparer un sac de voyage et prit un taxi pour l'aéroport, mais une fois là elle se rendit compte qu'elle avait oublié son portefeuille. Elle dut en conséquence retourner à l'appartement. Elle s'était calmée entre-temps et était d'humeur plus réceptive. Une fois chez elle, elle décida donc d'appeler Betty Currie encore une fois et de demander à parler au président. « Je me suis calmée et j'aimerais lui parler », dit-elle. Betty la rappela et lui passa le président.

C'était au tour de Monica d'entendre une flopée de reproches. Durant le coup de téléphone, qui dura cinquante-six minutes, le président se montra plus furieux qu'il ne l'avait jamais été. « De toute ma vie, personne ne m'a jamais traité aussi mal que toi, dit-il. Si l'on excepte ma famille, mes amis et mes employés directs, j'ai passé plus de temps avec toi qu'avec quiconque sur cette terre. Comment oses-tu me faire une scène pareille ? Je peux voir qui je veux, cela ne te regarde pas. »

Monica n'était pas prête à se laisser faire, cependant. Elle l'accusa d'avoir une liaison avec Eleanor Mondale, ce à quoi il rétorqua : « Je n'ai pas une aventure avec elle – c'est ridicule. C'est une amie à moi ; en fait, c'est même moi qui lui ai présenté son petit ami actuel. » Monica riposta en citant la fois où, durant un des voyages du président en Californie, Mondale était restée avec lui jusqu'à 3 h 30 du matin, et était ensuite allée courir avec lui le lendemain. « Tu penses que je serais assez idiot pour aller courir avec une femme avec qui j'aurais une aventure ? » demanda-t-il. « Veux-tu vraiment que je te réponde ? » rétorqua-t-elle aussitôt.

Le président changea alors de tactique. « Tu n'aurais pas dû dire toutes ces choses à Betty, déclara-t-il. Tu n'as pas le droit de parler à quiconque de cette façon. Tu exiges de me voir, et après tu t'énerves quand je suis occupé. » Monica contre-attaqua aussitôt. « J'exige de te voir ? Je te dis que je vais partir à New York pour te laisser tranquille. Tout ce que je veux, c'est te voir, et tu ne me donnes pas de réponse. Je ne comprends pas : pourquoi est-ce si difficile ? »

L'air abasourdi, il répéta : « " Je ne comprends pas " – tu ne sais plus dire que ça. » Puis il ajouta : « Tu m'as dit quand cette histoire a commencé que tu ne me causerais pas d'ennuis quand ce serait terminé. » Monica, avec une prescience extraordinaire, bien qu'involontaire, répondit : « Des ennuis ? Tu trouves que je t'ai causé des ennuis ? Tu ne sais pas ce que c'est que d'avoir des ennuis. »

Comme toujours, ils finirent par se calmer, et le président accepta même qu'elle vienne le voir. Sans se faire prier, Monica retourna à la Maison-Blanche, où elle arriva vers 13 heures. Elle apportait avec elle ses cadeaux de Noël, parmi lesquels le présentoir à cigares acheté à New York, une tasse du café Starbucks portant les mots « Santa Monica », et une cravate trouvée lors d'une récente visite à Londres. Elle laissa sa lettre d'adieux chez elle.

Lorsqu'ils se virent, l'ambiance fut très différente de celle de leur querelle téléphonique. Le président se montra ouvert et affectueux ; il s'assit sur son rocking-chair et caressa doucement les cheveux de Monica assise à ses pieds. La jeune femme se montra charmante et pleine d'adoration, et elle lui exprima bon nombre des sentiments évoqués dans sa lettre. Ils parlèrent d'une foule de choses, parmi lesquelles l'attirance qu'il exerçait sur les femmes ; lorsque Monica lui dit que des millions de femmes le trouvaient séduisant, il chassa modestement le compliment d'un geste et lui parla de sa propre lutte contre son poids. Quand il était enfant, dit-il, il était si gros que lors des courses aux œufs annuelles, à Pâques, il ne parvenait pas à courir aussi vite que les autres, si bien que souvent il ne restait plus d'œufs en chocolat lorsqu'il arrivait. Il ajouta que ses problèmes de poids s'étaient poursuivis pendant tout le lycée. « C'était vraiment triste », se souvient Monica. Il parvint à éviter de discuter des projets de réforme de l'éducation qu'elle lui avait exposés dans un mémo antérieur, mais il lui annonça qu'il lui avait acheté un cadeau quand il était à Vancouver, qu'il le lui donnerait vers Noël, accompagné d'un baiser – car, déclara-t-il, à Noël, les baisers étaient autorisés.

Pour Monica, c'était une avancée capitale – la promesse d'une autre rencontre, quand la nuit précédente encore elle avait pensé ne jamais le revoir. Comme elle se préparait à partir, le président lui dit solennellement : « Je promets que je ne vais plus te malmener comme par le passé et que je ne vais pas t'abandonner. Je t'appellerai, et tu pourras venir chercher ton cadeau de Noël. » C'est là une formulation intéressante : il admettait, en effet, qu'il était responsable de sa détresse et sous-entendait que leur relation allait se poursuivre.

Monica quitta la Maison-Blanche et, en proie à mille émotions contradictoires, elle s'envola pour New York afin de passer la fin du week-end avec sa mère. Bien qu'encore très sensible à ce qu'elle considérait comme la trahison du président à propos de son travail à la Maison-Blanche, elle savait intuitivement que cet homme était, si seulement il voulait bien l'admettre, son âme sœur. Comme elle l'écrivit dans l'une de ses réflexions sur leur relation, à l'époque : « J'ai beau me creuser la tête, je n'arrive pas à comprendre comment tu peux être à la fois si gentil et si cruel avec moi. Quand je pense à toutes les fois où tu as mis un rayon de soleil dans mon cœur et dans mon âme, puis à toutes les fois où tu m'as fait pleurer pendant des heures et donné envie de mourir, je suis au bord de la nausée. »

Plus tard cet après-midi-là, le président Clinton apprit par ses avocats que le nom de Monica était sur la liste des témoins possibles fournie par les avocats de Paula Jones dans le cadre de son procès contre lui pour harcèlement sexuel. La raison pour laquelle il attendit près de deux semaines avant de le dire à Monica demeure un mystère.

Monica, qui ne se doutait absolument pas de ces nouveaux développements, lui envoya un ou deux jours plus tard une carte amusante sur laquelle était imprimée cette phrase : « Rien ne me ferait plus plaisir que de te revoir – à part de te voir nu avec un billet de loterie dans une main et un pot de crème Chantilly dans l'autre. » A l'intérieur, elle ajouta un petit mot, lui disant que leur mésentente l'attristait et qu'elle voulait être une source de plaisir pour lui, et non de contrariété. Elle indiqua également la cause, selon elle, de leurs conflits : les problèmes de communication entre Betty Currie, lui et elle. Puis, comme elle le dit : « J'ai mis mon grain sel dans une histoire qui ne me regardait absolument pas – l'affaire Paula Jones. »

Souhaitant comme toujours protéger l'homme qu'elle aimait, Monica suggéra que, en plus de son avocat Bob Bennett, le président engage une juriste femme pour mettre à mal les arguments et les preuves de Jones. Elle pensait qu'une approche féminine fonctionnerait mieux auprès du public américain. Elle ne se rendait pas compte qu'elle-même serait bientôt obligée de jouer, quoique contre son gré, un rôle central dans cette saga. Son propre drame émotionnel n'allait en effet pas tarder à toucher une large audience – plus large encore que ce même public américain.

10

Kenneth Starr entre en scène

Les larmes aux yeux, une cigarette à la main, Linda Tripp affrontait le froid de début décembre en compagnie de Monica dans une ruelle courant derrière le Pentagone. Tirant nerveusement sur sa Marlboro light, elle bredouilla les mots que son amie attendait depuis des semaines : « Je suis désolée, je suis une copine merdique, je m'en veux terriblement de t'avoir fait ça. J'ai vraiment été moche, je ne recommencerai plus. » Ce lundi 8 décembre, elles se parlaient pour la première fois depuis leur dispute du 21 novembre.

Une des qualités de Monica, c'est de ne pas être rancunière. Malgré leur brouille, elle avait posé un cadeau d'anniversaire pour Tripp sur sa chaise, au bureau, avant de partir pour cette mission du Pentagone en Europe. A l'intérieur du paquet soigneusement emballé, il y avait un marque-page ancien portant – ironie suprême – un poème victorien sur les vertus de l'amitié. La « mocheté » de l'une contraste nettement avec la générosité de l'autre.

Monica devait quitter le Pentagone peu de temps après et, mis à part sa vie privée, elle avait plusieurs problèmes à résoudre avant son départ. Elle tenait absolument, non sans raison, à ce que sa recherche d'un emploi ne se termine pas dans le même trou noir qu'avec Clinton. Pendant leur rencontre du week-end précédent, le président lui avait assuré que Vernon Jordan s'occupait de lui trouver un poste : un nouveau joueur dans la partie, mais toujours, toujours la même histoire.

Pour être sûre qu'il ne l'oublie pas, Monica envoya à Jordan une casquette de base-ball, une boîte de chocolats, un petit mot et une copie de son CV. Apparemment, ce fut efficace. Le 11 décembre, elle le rencontra dans son bureau où, devant un plateau de sandwiches à la dinde et de Coca light, ils discutèrent de plusieurs possibilités d'emploi. Jordan lui communiqua les noms de ses contacts dans trois compagnies – MacAndrews & Forbes (filiale de Revlon), Young & Rubicam et American Express – auxquelles il lui demandait d'écrire, et promit d'intervenir auprès d'autres personnes. Ils tracèrent ensemble les grandes lignes de la lettre qu'elle devait rédiger et il demanda qu'elle lui en envoie une copie.

Ils parlèrent aussi de leur ami commun, le président des Etats-Unis. Monica souligna que Bill Clinton était pour elle un homme avant d'être le président, qu'elle le traitait comme un type ordinaire, qu'elle se fâchait s'il ne lui téléphonait pas ou s'il ne la voyait pas assez souvent. Pour une fois, l'aimable M. Jordan se montra surpris : « Monica, vous ne pouvez pas faire une scène au président au moment où il discute avec Tony Blair de la question irakienne. La prochaine fois que vous serez fâchée contre lui, appelez-moi plutôt et faites-moi une scène : j'encaisserai. » Il la taquina aussi sur sa conduite : « Avouez-le : votre problème, c'est que vous êtes amoureuse. » Elle rougit mais ne répondit pas, certaine que Jordan en savait plus sur sa liaison qu'il ne le laissait paraître.

Cette rencontre mit les choses en mouvement : Jordan téléphona effectivement aux trois personnes dont il lui avait donné les noms et, dans la semaine précédant Noël, Monica obtint trois entretiens avec plusieurs sociétés ayant leur siège à New York, notamment American Express et MacAndrews & Forbes.

Au moment même où elle cherchait à se construire une vie nouvelle à New York, la ville qui lui avait brisé le cœur s'apprêtait à lui briser l'esprit. Peu après sa rencontre avec Jordan, elle découvrit que Linda Tripp avait été assignée à comparaître dans l'affaire Paula Jones. En fait l'assignation avait été remise à Tripp le 24 novembre, le jour de son anniversaire. Bien qu'elle n'ait cessé d'en évoquer la possibilité tout au long de l'année, Tripp n'avait pas dit un mot de cette assignation lorsqu'elles s'étaient embrassées et réconciliées en décembre, signe qu'elle cachait beaucoup de choses à son amie.

Tripp avait toujours promis de ne parler à personne de la liaison de Monica avec le président, et, dans un premier temps, celle-ci ne s'inquiéta pas à ce sujet. Elle craignit plutôt que Tripp ne perde son emploi si elle devait témoigner. Ces craintes parurent d'abord sans fondement. Tripp expliqua que son avocat, Kirbe Behre, lui avait conseillé d'invoquer le Cinquième Amendement pour refuser de dire quoi que ce soit sur l'affaire. Elle laissa même un message en ce sens sur le répondeur de son amie : « J'ai discuté avec Kirbe, ne t'en fais pas, tout va bien. »

Les amies réconciliées allèrent plus tard acheter ensemble un cadeau de Noël pour Behre, et c'est en faisant des emplettes que Tripp lâcha sa première bombe. Elle révéla à Monica qu'elle avait mis par écrit les détails de sa relation avec le président, qu'elle avait confié le document à son avocat, dans une enveloppe cachetée qu'il devait ouvrir au cas où elle viendrait à mourir. Monica fut épouvantée. « Je commençais à comprendre que cette femme était vraiment très dangereuse », dit-elle.

Le second missile de Tripp suivit peu après. « Tu sais, si on m'interroge à ton sujet, je serai bien obligée de répondre », annonça-t-elle. Stupéfaite et terrorisée, Monica lui rappela qu'elle avait promis de se montrer digne de la confiance de son amie, de la protéger, même. Elle ajouta qu'il était « ridicule » de supposer qu'on l'interrogerait sur elle. Tripp tint bon. Si on lui demandait : « Connaissez-vous quelqu'un d'autre ayant eu une liaison avec le président ? », elle devrait donner le nom de cette personne. Parce que si elle répondait non, et que les avocats de Paula Jones détenaient la preuve qu'elle connaissait en fait une telle personne, elle pouvait être accusée de faux témoignage et risquait même la prison.

Le pire restait à venir. Vers 2 h 30 du matin, le 17 décembre, Monica fut réveillée par la sonnerie du téléphone. Elle chercha l'appareil à tâtons, décrocha, entendit une voix familière, celle de son « Handsome ». Bien qu'habituée à ce qu'il l'appelle à n'importe quelle heure, elle fut étonnée car elle suivait les déplacements de Hilary Clinton dans la presse et elle savait que la First Lady se trouvait à Washington. Le président téléphonait rarement quand sa femme était dans les parages, ce devait être important. Effectivement, il semblait tendu et préoccupé.

« J'ai deux choses à t'annoncer, dit-il sans préambule. Le frère de Betty a été tué dans un accident de voiture. » Bouleversée par la nouvelle – Mme Currie avait déjà perdu sa sœur cette année-là, et sa mère était à l'hôpital –, Monica fondit en larmes. Ils parlèrent un moment de Betty et le président suggéra à Monica de lui téléphoner dans la matinée, puis il dévoila la seconde mauvaise nouvelle. « J'ai vu la liste des témoins dans l'affaire Paula Jones aujourd'hui, et ton nom y figure. Ça m'a fait un choc. » En fait, le président l'avait appris près de deux semaines plus tôt, le 6 décembre, quand ses avocats lui avaient envoyé cette liste par fax mais, inexplicablement, il n'en avait rien dit à Monica.

Bien qu'une personne dont le nom figure sur une liste de témoins ne soit pas obligatoirement citée à comparaître, Monica s'alarma. Le président minimisa les risques, assura qu'elle ne serait probablement pas assignée. Monica demanda quand même ce qu'elle devrait faire au cas où elle le serait, et il répondit qu'elle pourrait signer une déclaration écrite sous serment afin d'éviter de témoigner. Au cas improbable où elle serait assignée à comparaître, Monica devait prendre contact avec Betty, recommanda-t-il.

Toujours prête à émettre une suggestion, bien qu'elle ne connût rien des subtilités juridiques, et fort peu des implications politiques, Monica lui dit qu'elle avait lu quelque part que, puisque Paula Jones avait réduit ses prétentions à 500 000 dollars, il ferait mieux de mettre fin à l'affaire en déclarant qu'il était fatigué de dépenser son énergie sur une affaire qui éprouvait durement sa famille. (En définitive, bien que Clinton ne reconnût aucune faute, il conclut un accord avec Jones en janvier 1999 et lui versa 850 000 dollars.) A la fin d'une conversation de quarante minutes, il proposa à Monica de demander à Betty de la faire venir à la Maison-Blanche pour qu'il puisse lui donner ses cadeaux de Noël. Elle refusa le rendez-vous en lui faisant un léger reproche : « Voyons, tu ne vas pas embêter Betty ce week-end alors qu'elle est en deuil. »

Se sentant physiquement mal, Monica éclata en sanglots aussitôt après avoir raccroché. « Le président n'est pas très bon pour annoncer les mauvaises nouvelles, dit-elle. Il me les avait envoyées en pleine figure et j'étais terrorisée. Je ne le savais pas encore mais c'était le début de mon cauchemar éveillé. » Incapable de se rendormir, elle avait besoin de parler à quelqu'un. Pour une fois, elle hésita à appeler Linda Tripp mais décida finalement que, puisqu'elles étaient dans le même bateau, elles devaient discuter du problème. C'est donc une Monica en larmes qui téléphona à Tripp aux petites heures du 17 décembre pour lui annoncer qu'elle aussi figurait sur la liste des témoins de l'affaire Jones contre Clinton.

Monica passa le reste de la nuit dans l'inquiétude et l'agitation. Au matin, elle alla chez Betty Currie lui présenter ses condoléances, et passa quelques heures à la réconforter et à l'aider à prendre des dispositions pour l'enterrement de son frère. Son esprit revenait cependant sans cesse aux derniers événements qui pesaient lourdement sur elle. Elle ne comprenait pas comment les avocats de Paula Jones avaient pu obtenir son nom et supposait qu'on avait mis son téléphone sur écoute.

Le lendemain, 18 décembre, elle eut deux entretiens d'embauche à New York. Avant de prendre l'avion, le soir du 17, elle téléphona à sa mère pour la supplier de venir la chercher à l'aéroport. Elle voulait discuter avec elle de ces terribles dernières vingt-quatre heures mais craignait que la ligne de sa mère ne soit également sur écoute : le seul endroit où elles pourraient parler en toute sécurité, c'était la voiture de Marcia. En l'occurrence, Marcia vint la prendre en taxi. Comme ni l'une ni l'autre ne comprenaient le jargon juridique, Monica usa de termes très généraux pour évoquer son éventuelle comparution dans l'affaire Paula Jones. Au fond d'elle-même, elle était très inquiète de la volte-face de Linda Tripp, et se méfiait de plus en plus de son comportement.

Le premier entretien se déroula chez MacAndrews & Forbes, le deuxième chez Burson-Marsteller, une agence de relations publiques. Monica se montra particulièrement brillante dans le second et fut invitée à venir passer une épreuve écrite quelques jours plus tard. Ce début encourageant ne lui procura pourtant aucune joie. Dans le taxi qui la ramenait à l'aéroport, elle éclata en sanglots. Elle venait de prendre véritablement conscience que son rêve de travailler à la Maison-Blanche était brisé. En apparence, elle avait accepté la version de Tripp selon laquelle on l'avait mise sur la liste noire mais, au fond d'elle-même, une lueur d'espoir subsistait. A présent que la perspective d'exercer un emploi totalement différent dans une autre ville se précisait, cet espoir s'éteignait. « Ce fut pénible de me résigner à cette déception », dit-elle.

Si le coup de téléphone du président au petit matin avait été un mauvais rêve, le vrai cauchemar commença deux jours plus tard à 15 h 30, le 19 décembre 1997, quand elle reçut l'appel redouté. « Monica Lewinsky ? fit la voix à l'autre bout du fil. J'ai une assignation à vous remettre pour l'affaire Jones contre Clinton. » Elle feignit la surprise et l'indignation mais cela ne retarda pas l'instant de vérité.

Quand un huissier lui remit le document à l'entrée du Pentagone, Monica, sous le choc, fourra machinalement les papiers dans son sac. Elle avait l'impression de marcher dans le brouillard. « Je pleurais, je ne savais pas quoi faire », se rappelle-t-elle. Elle ne pouvait joindre le président que par l'intermédiaire de Betty Currie, mais elle se refusait à importuner celle-ci alors qu'elle venait de perdre son frère Teddy. Désespérée, elle entra dans une cabine et appela Vernon Jordan.

Elle pleura tellement au téléphone que Jordan, exaspéré, déclara qu'il ne comprenait pas un mot de ce qu'elle disait et lui demanda de passer à son cabinet à 17 heures. Monica se calma, s'aspergea le visage et retourna au bureau, où elle annonça à son chef, Ken Bacon, qu'elle devait partir plus tôt pour un problème urgent. Le comportement de la jeune femme l'inquiéta si vivement qu'il en parla à son épouse, Darcy, et que celle-ci téléphona plus tard chez Monica afin de prendre de ses nouvelles.

Pour ne rien arranger, Vernon Jordan se montra brusque et peu compatissant quand elle se présenta à son cabinet. Selon lui, l'assignation à comparaître ne posait pas un gros problème, c'était apparemment un simple document standard. Ils convinrent cependant qu'elle avait besoin d'aide, et Jordan appela Frank Carter, grand avocat de Washington, avec lequel il fixa un rendez-vous. Monica expliqua à Jordan que ce qui l'inquiétait, dans cette assignation, c'était qu'elle mentionnait l'épingle à chapeau que le président lui avait offerte, un fait que peu de gens connaissaient. A ce stade, elle n'avait aucune idée de ce que Jordan savait de la véritable nature de sa liaison avec le président. Chaque fois qu'elle avait parlé à Linda Tripp de l'avocat, celle-ci avait assuré qu'il était au courant. Pourtant, dans ses conversations avec Monica, Jordan ne donnait jamais le moindre signe qu'il savait. Aussi, quand, dans son cabinet, il lui assena : « Il n'y a que deux questions importantes. Avez-vous eu des rapports sexuels avec le président ? Ou en a-t-il sollicité ? », elle répondit « non », supposant que, si Jordan était au courant, il cherchait à la tester pour savoir comment elle se comporterait dans le box des témoins.

Comme l'avocat devait voir le président dans la soirée, Monica insista pour qu'il lui parle de l'assignation et ajouta : « Vous l'embrasserez pour moi ? » « Je n'embrasse pas les hommes », répliqua-t-il, lui tapotant le postérieur dans un geste signifiant : « Allez, du balai, ma petite. »

L'assignation avait un côté positif : elle tirait plus ou moins Linda Tripp d'affaire. Le soir, Monica lui téléphona donc pour la rassurer : elle ne serait pas la seule à devoir témoigner. Se méfiant des écoutes, Monica fit allusion au document en termes voilés et annonça que les « fleurs » avaient été livrées. Quand Tripp finit par saisir, les deux femmes entamèrent une conversation à mots couverts, si bien couverts qu'aucune d'elles ne comprenait vraiment ce que disait l'autre. Monica avait en fait besoin de la voir en personne, et l'occasion se présenta à la soirée que Tripp organisa chez elle le lendemain pour fêter Noël. Etrange soirée. En arrivant de bonne heure pour aider Tripp, Monica découvrit que, malgré le nombre restreint d'invités, le réfrigérateur débordait de boissons et de victuailles. Curieux pour une femme qui se plaignait constamment de ne pas avoir de quoi acheter un ticket d'autobus. Loin de devoir revendre ses vêtements pour avoir un peu d'argent – comme elle prétendait l'avoir fait le mois précédent –, Tripp avait par ailleurs récemment acheté quantité de nouvelles toilettes. Monica, intriguée, avait l'impression que son amie était soudain entrée en possession d'une somme importante. « Je me souviens avoir pensé : " Mon Dieu, comment peut-elle donner une soirée à 500 dollars ? " »

Ce ne fut qu'au moment où elle quittait la soirée qu'elle put enfin parler à Tripp. Elles s'installèrent dans la voiture de Monica et Tripp lut l'assignation, dans laquelle on demandait à Monica d'apporter tous les cadeaux que le président lui avait offerts, notamment une « épingle à chapeau ». Après avoir exprimé sa surprise et s'être demandé à voix haute qui avait bien pu renseigner les avocats de Jones, Tripp se montra réceptive quand Monica fit valoir que, maintenant, elle ne serait plus seule à déclarer sous serment qu'il ne s'était rien passé entre son amie et le président. Avant de la quitter, Tripp insista pour que Monica lui téléphone après son rendez-vous avec Frank Carter, fixé au lundi 22 décembre à 11 heures, afin qu'elles puissent élaborer ensemble leur stratégie.

Inquiète pour l'assignation, angoissée par Linda Tripp et préoccupée par sa recherche d'emploi, Monica prit la sage décision de s'accorder une journée de congé et de noyer sa peine ce samedi-là. Elle passa le lendemain à soigner sa gueule de bois et à décider quels cadeaux du président elle emporterait pour son rendez-vous avec Frank Carter. Avant de le rencontrer, elle alla voir Vernon Jordan, à qui elle avoua que le président et elle avaient eu des rapports sexuels par téléphone. L'avocat demanda ce que c'était que des rapports par téléphone, et Monica dut lui fournir des explications. Il la conduisit ensuite au cabinet de Carter. Comme Jordan, Carter ne sembla pas très inquiet : selon lui, les avocats de Jones lançaient simplement leur filet dans l'espoir de ramener quelque chose. Monica déclara qu'elle n'avait jamais eu de rapports sexuels avec le président mais qu'elle l'avait rencontré plusieurs fois et lui avait remis des documents pendant le week-end. Elle fit aussi clairement comprendre que, pour l'affaire Jones, elle était dans le camp du président.

De retour au bureau, elle finit par se rendre compte qu'elle ne pouvait plus compter sur le soutien d'une certaine amie des beaux jours. Au cours d'une autre conversation au Pentagone, Monica comprit que les promesses de Linda Tripp n'avaient aucune valeur. « Ne me demande pas de mentir. Si on m'interroge à ton sujet, je dirai tout », la prévint Tripp.

Tout alarmée qu'elle soit, Monica s'indigna que la liberté de Paula Jones de poursuivre le président en justice pour lui réclamer de l'argent passe avant son propre droit à protéger sa vie privée. Pour reprendre ses termes : « Ce que le président et moi avions fait ne regardait personne. Il ne m'avait pas harcelée. J'ai perdu mon emploi parce que j'étais sa petite amie et, finalement, ma liaison avec le président m'a plutôt handicapée qu'aidée dans ma recherche d'un nouveau travail. En fait, mon aventure démolissait les allégations de harcèlement sexuel de Paula Jones. »

Ces arguments n'eurent que peu d'effet sur Linda Tripp, qui se ménageait une voie de sortie en enregistrant ses conversations avec Monica. Avant Noël, elle se lamenta : « Je suis une amie dégueulasse, je ne voudrais pas faire ça, mais je ne peux pas mentir sous serment. Qu'est-ce que tu crois que je ressens ? Si seulement je pouvais mentir, tu arrêterais de pleurer, et la vie serait bien plus facile pour moi... J'ai l'impression de te planter un couteau dans le dos, je sais qu'en fin de compte, si je dois aller jusqu'au bout, tu ne m'adresseras plus jamais la parole et que j'aurai perdu une amie. »

Jamais Monica n'avait eu aussi peur de toute sa vie. Elle redoutait surtout que le président apprenne qu'elle avait parlé de leur liaison à quelqu'un. Elle était prête à tout, quasiment, pour que Tripp accepte de se taire.

Au cours des derniers mois, tandis que leurs rapports se détérioraient, Monica s'était aperçu qu'elle pouvait mettre à profit l'étrange fascination de Tripp pour sa mère. Tripp voulait toujours savoir ce que pensait Marcia de telle ou telle situation et se rangeait souvent à son avis, bien qu'elle ne l'ait jamais rencontrée. La secrétaire du Pentagone perpétuellement fauchée était si friande de détails financiers sur le riche fiancé de Marcia, Peter Straus, que Monica en vint à la soupçonner d'avoir l'intention de la faire chanter en échange de son silence. Dans un moment de désespoir, elle offrit même à Tripp au téléphone la moitié d'un appartement d'une valeur de 50 000 dollars dans la banlieue de Sydney, en Australie, dont elle partageait la propriété avec son frère, si elle acceptait de se taire. « J'aurais fait n'importe quoi, se souvient-elle. J'étais aux abois. »

En invoquant le nom de Marcia Lewis – qui, la plupart du temps, ignorait tout de ces conversations –, Monica parvenait souvent à apaiser une querelle ou résoudre un problème. Dans les conversations des deux femmes, Monica jouait le rôle d'arbitre invisible, de talisman qu'il suffisait d'agiter pour calmer Tripp. Monica prétendait par exemple que sa mère lui avait fait remarquer qu'elle avait eu tort de se brouiller avec Tripp, et facilitait ainsi une réconciliation. Lorsque Tripp évoqua la possibilité d'aller se faire opérer du pied en Californie afin de se dérober à l'assignation, Monica l'informa plus tard que Marcia trouvait l'idée excellente et avait même proposé de l'aider à payer l'opération. « Tout ce que je voulais, c'était protéger mon secret, souligne Monica. J'aurais donné la prunelle de mes yeux pour son silence. Maman a fini par avoir des ennuis parce que je n'arrêtais pas de parler d'elle sur les enregistrements de Tripp. »

Les conséquences des confidences faites à Tripp furent également graves pour Monica. Au cours d'une conversation maintenant fameuse, elle avoua qu'elle s'était toujours tirée d'affaire dans la vie en mentant et qu'elle avait perfectionné cet art douteux après le divorce de ses parents. « J'ai été élevée dans le mensonge », déclara-t-elle. Cette référence exagérée à son enfance avait pour cadre une discussion générale visant à faciliter à Tripp un silence destiné à protéger son amie. La remarque – comme beaucoup des commentaires de Monica enregistrés par son « amie » – est beaucoup plus compromettante une fois sortie de son contexte.

Les commentaires de Tripp, qui ne savait que trop que leurs conversations étaient enregistrées, semblent aussi moralisateurs qu'intéressés. Quand Monica lui rapporte, comme Tripp le lui avait demandé, les résultats de sa première rencontre avec Frank Carter, Tripp lui fait une réponse par laquelle elle cherche manifestement à produire une certaine impression sur un tiers : « Ecoute, Monica, nous savons que tu as l'intention de mentir sous serment. Nous savons aussi que je veux me tirer de cette affaire. Si je dois témoigner – si je suis obligée de répondre à des questions et de répondre la vérité – ce sera le contraire de ce que tu dis. »

Replacés dans leur contexte, les propos tenus sur les enregistrements de Tripp – plus de vingt heures au total – apparaissent sous un jour tout à fait différent. Il faut en outre souligner que ces enregistrements eux-mêmes constituent un compte rendu partiel et trompeur des événements d'octobre, novembre et décembre 1997. Cela devint capital quand Tripp prit contact avec le procureur spécial Kenneth Starr en janvier 1998.

A de nombreux égards, les conversations qui ne figurent pas sur les bandes sont aussi importantes, si ce n'est plus, que celles qui s'y trouvent. Tripp n'a évidemment pas fourni les enregistrements d'entretiens portant sur des réunions ou des discussions essentielles, ni de conversations – notamment à propos de Vernon Jordan – qui, étrange coïncidence, auraient considérablement affaibli les arguments que Starr pouvait avoir pour relier son enquête sur le Whitewater à la liaison de Monica avec le président par l'intermédiaire de l'affaire Paula Jones.

Replacée dans son contexte, la photo de Monica et Linda Tripp prise le 23 décembre, à la fête donnée au Pentagone pour le départ de Monica, apparaît elle aussi sous un jour différent. La jeune femme désespérée avait passé une bonne partie de la nuit précédente à tenter de persuader Tripp de ne pas l'abandonner. Elle avait pleuré avant le début de la fête mais, avec son courage habituel, elle avait arboré une mine joyeuse pour remercier ses collègues de leurs cadeaux et de leurs souhaits.

Tripp insista pour qu'on la prenne en photo avec Monica, photo qui ne manqua pas d'être publiée dans la presse quelques jours après que le scandale eut éclaté. Rétrospectivement, on peut soupçonner Tripp d'avoir voulu disposer d'une preuve de leur amitié. En réalité, elle avait passé une grande partie de la journée à éviter Monica pour ne pas être contrainte de reprendre leur discussion de la veille. A partir de ce jour, Tripp cessa de rendre à Monica ses coups de téléphone de plus en plus angoissés.

Le seul moment lumineux dans un Noël morose fut pour Monica son rendez-vous avec Jake Tapper, un journaliste de Washington qui garde le souvenir d'une jeune femme « en quête d'un travail intéressant et exigeant, associé à une vie heureuse ». Elle passa une journée de Noël solitaire dans son appartement du Watergate à ruminer ses problèmes. Elle n'avait pas de travail (deux jours plus tôt, American Express avait rejeté sa candidature), pas de petit ami, et elle était prise dans un dilemme personnel et légal insoluble. « Je me sentais triste et seule », se rappelle-t-elle. Elle ne trouva de réconfort qu'en regardant à la télévision un des films préférés de son enfance, *Willy Wonka et l'usine de chocolat.*

Le président était au cœur de ses pensées. Elle débattait sans fin avec elle-même : devait-elle ou non lui révéler qu'elle avait confié le secret de leur liaison à Linda Tripp ? Elle résolut finalement de n'en rien faire, décision d'autant plus douloureuse qu'elle devait le rencontrer bientôt. Se rappelant qu'il l'avait invitée à venir chercher ses cadeaux à la Maison-Blanche, Monica téléphona à Betty Currie après Noël, et elles tombèrent d'accord pour que Monica se rende là-bas le dimanche 28 décembre à 8 h 30. Bien que déterminée à ne rien avouer à Clinton, elle passa la nuit dans un état d'agitation extrême.

A son arrivée à la Maison-Blanche, on la conduisit au Bureau Ovale où Betty, le président et elle jouèrent un moment avec Buddy, le chien de Clinton, qui courait autour du tapis comme si c'était un cynodrome. Plus tard, quand Monica et Clinton se retrouvèrent seuls dans le petit bureau de derrière, Buddy voulut à tout prix glisser sa tête entre les jambes de la jeune femme, qui plaisanta : « Tu es meilleur à ça que ton maître. » Le président alla prendre un grand sac en tissu de la boutique Black Dog de Martha's Vineyard, dans lequel se trouvaient des cadeaux pour Monica, un assortiment curieux mais charmant : un animal en peluche de chez Black Dog, une couverture Rockettes provenant de New York, une petite boîte de chocolats, une paire de fausses lunettes de soleil (ils rirent beaucoup en la tordant dans tous les sens) et une tête d'ours sculptée dans la pierre qu'il avait achetée à Vancouver. Le fait qu'il lui offre ces présents après qu'elle eut reçu une assignation à comparaître mentionnant les cadeaux qu'il lui avait faits dénotait une certaine insouciance face à l'adversité judiciaire ainsi qu'une confiance tacite en Monica.

Son choix reflétait en partie l'histoire de leurs deux ans de liaison. Les stupides lunettes en plastique rappelaient une longue bataille entre eux au sujet des propres lunettes de soleil du président. Monica s'était toujours plainte qu'elles lui donnaient un air « abruti », ce à quoi il répondait qu'il les avait empruntées aux agents des Services secrets. Elle lui avait acheté une paire de lunettes à la dernière mode à la boutique Barney's puis l'avait harcelé pour qu'il les porte. Elle lui avait envoyé une photo de lui avec ses « lunettes d'abruti » publiée par le *New York Times* et avait menacé de le submerger de photos de ce genre où il avait « l'air d'un sale type » s'il ne se décidait pas à porter les autres. « Si tu ne les trouves pas cool, demande à Chelsea », lui écrivit-elle dans un mot. A partir de ce jour, il les garda dans sa serviette et les emporta partout avec lui. Monica éprouva une satisfaction attristée quand, quelques jours après le début du scandale, en janvier 1998, elle vit sur la couverture d'un magazine une photo de Clinton avec les lunettes de designer et cette légende : « Le style présidentiel. »

Le cadeau le plus chargé de sens, c'était sans doute la tête d'ours qu'il lui offrit avec ce commentaire : « Quand tu auras besoin d'être forte, accroche-toi à cet ours. » Le procureur spécial y vit une recommandation pour sa prochaine comparution dans l'affaire Paula Jones mais, à Monica, ces mots rappelaient la conversation qu'ils avaient eue le jour de la fête nationale, quand « Handsome » lui avait appris à maîtriser son tempérament.

Après les cadeaux, il lui donna ce qu'elle désirait surtout : un baiser. Cette étreinte, qui ne fut pas tout à fait la dernière pour eux et qui se déroula dans le couloir du petit bureau, résuma la passion et le sentiment de culpabilité de leurs deux années de liaison. Tandis qu'ils s'embrassaient, Monica entrouvrit les yeux et constata que ceux du président étaient grands ouverts et qu'il regardait par la fenêtre. Le repoussant avec colère, elle bougonna : « Si tu n'as pas envie de m'embrasser, ne le fais pas. » Il l'apaisa en répondant : « Je suis nerveux, je voulais simplement m'assurer que personne ne peut nous voir. C'est difficile de me répéter que je dois être sage, qu'il faut que j'arrête... et tout à coup de t'embrasser. » Pour une fois, Monica prit la direction des opérations. « Viens », dit-elle. Elle l'entraîna dans la salle de bains, où elle lui ordonna de fermer les yeux. « Nous avons partagé un baiser fabuleux, plein d'émotion et d'ardeur qui m'a rappelé comme c'était bon, nous deux », se souvient-elle. Ce moment de désir, de passion, de regret et de bien d'autres émotions est réduit dans le rapport Starr à une sordide banalité.

Pendant leur rencontre d'une heure, ils discutèrent brièvement du sujet qui inquiétait tant Monica : sa comparution dans l'affaire Paula Jones. « Nous n'en avons pas parlé très longtemps, dit-elle. J'étais résignée au fait que je devais mentir, je supposais qu'il l'était aussi, et je pensais : " Advienne que pourra. On ne peut pas tout maîtriser. " »

Ils s'interrogèrent en outre sur l'apparition du nom de Monica sur la liste des témoins, ainsi que sur la référence à l'épingle à chapeau qui, dit Clinton, « le contrariait un peu » aussi. Lorsqu'il lui demanda si elle avait parlé à « cette femme de l'été dernier », allusion à Linda Tripp, Monica nia et voulu savoir si elle devait se débarrasser des autres cadeaux qu'il lui avait offerts, ou peut-être les donner à garder à Betty Currie. Il répondit quelque chose comme « Je ne sais pas » ou « J'y réfléchirai ».

Il se montra moins indécis quand ils abordèrent l'installation de Monica à New York et il lui demanda comment il pourrait la joindre là-bas. Elle lui expliqua que Betty avait son numéro de téléphone et de pager et ajouta qu'ils pourraient donc se parler bientôt. Comme ils regagnaient le Bureau Ovale, il la prit dans ses bras, l'embrassa sur le front et murmura : « OK, ma petite, bonne chance pour New York, et sois sage ». Elle ne devait plus jamais le revoir.

Cet après-midi-là, Betty Curie appela Monica et dit : « Je crois savoir que vous avez quelque chose pour moi », allusion aux cadeaux qu'elle devait lui remettre. Elle mit plusieurs d'entre eux, notamment l'épingle à chapeau, dans une boîte sur laquelle elle écrivit « Ne pas jeter ». Betty passa prendre la boîte plus tard, l'emporta chez elle et la glissa sous son lit. Mais Monica ne put se résoudre à se séparer de son précieux exemplaire de *Feuilles d'herbe* et le cacha dans son placard. Ce geste illustrait parfaitement son état d'esprit : elle avait envie de fuir Washington mais elle ne pouvait supporter de perdre le président.

Quand, au début de l'année nouvelle, elle alla voir *Titanic*, film au succès fracassant, avec son amie Ashley Raines, Monica pleura toutes les larmes de son corps. Cette histoire d'amour sans issue entre deux passagers appartenant à des classes sociales différentes la toucha profondément. Elle faisait écho à sa propre liaison non aboutie avec celui qu'elle appelait « Handsome », elle lui rappelait l'angoisse et la frustration qu'elle avait éprouvées pendant cet épisode doux-amer.

Elle écrivit au président une lettre « fleur bleue » dans laquelle elle se lamenta sur le fait qu'ils ne soient pas vraiment devenus amants. Elle ne saurait jamais ce que cela aurait été, disait-elle. C'était le côté tragédie romantique de leur amour qu'ils n'aient pu connaître ensemble une seule nuit de passion. Monica prit conscience que ce n'était qu'un rêve chimérique quand, quelques jours plus tard, elle vit à la télévision le président et la First Lady dansant tendrement enlacés, en maillot de bain, pendant des vacances à la plage. Comme avec Andy Bleiler, elle devait affronter l'amère réalité : elle aimait un homme qui n'était pas libre.

Le dimanche 4 janvier 1998, Monica appela Betty Currie et lui annonça qu'elle avait quelque chose pour le président. Les deux femmes convinrent de se retrouver chez Currie plus tard dans la journée, et Monica lui remit un paquet contenant la lettre « fleur bleue » ainsi qu'un livre. *Les Présidents des Etats-Unis*, qu'elle avait déniché chez un marchand de livres anciens.

Parce qu'elle était encore furieuse, jalouse et triste, elle ne chercha pas à cacher ses sentiments quand Clinton l'appela le soir du 5 janvier pour répondre à une demande qu'elle lui avait adressée dans l'après-midi par le truchement de Betty Currie. Monica était d'humeur belliqueuse. Ruminant encore les images du couple présidentiel se payant du bon temps sur la plage, elle s'excusa à contre-cœur de lui avoir envoyé la lettre « embarrassante » (Clinton lui avait recommandé de ne jamais mettre de telles pensées par écrit) mais fut ravie que le livre lui plaise.

Ce même jour, Monica avait rencontré son avocat Frank Carter à son cabinet. Elle avait accepté de signer une déclaration qu'il rédigerait dans l'espoir de lui épargner un témoignage dans l'affaire Paula Jones. Comme elle devait passer prendre le projet de texte le lendemain, elle discuta avec le président de deux ou trois points qui la préoccupaient, notamment les raisons de son transfert au Pentagone. Que se passerait-il si elle devait témoigner? Elle craignait en particulier que le personnel de la Maison-Blanche ne la compromette en déclarant qu'elle avait eu une conduite « inappropriée » avec le président. Clinton lui suggéra de déclarer simplement que c'était des collègues des Affaires législatives qui lui avaient obtenu cet emploi, réponse exacte quoique évasive. Toujours fâchée contre lui, elle mit soudain fin à la conversation au bout d'un quart d'heure. Pas un instant elle ne soupçonna qu'elle n'aurait plus jamais l'occasion de lui parler, et cela reste pour elle une cause de tristesse que leur liaison, qui avait duré si longtemps et survécu à tant d'obstacles, se soit terminée aussi abruptement.

A vrai dire, Monica se sentait maintenant complètement perdue et plus seule que jamais. L'image de Bill et Hillary Clinton à la télévision, celles du *Titanic*, et une conversation inattendue avec Vernon Jordan se conjuguaient pour accroître son désarroi.

Le 31 décembre, elle avait rendu visite à Vernon Jordan pour lui expliquer de manière détournée qu'elle soupçonnait Linda Tripp d'être à l'origine de la fuite. Mais, au lieu de lui dire la vérité (et de lui avouer qu'elle s'était confiée à Tripp pendant des mois), elle lui déclara que cette dernière avait séjourné dans son appartement, et qu'il était possible qu'elle ait trouvé des doubles de messages adressés au président. Jordan lui fit une réponse quelque peu théâtrale : « Eh bien, rentrez chez vous et assurez-vous qu'ils ne sont plus là. » Pour Monica, cela voulait dire qu'elle devait jeter ou détruire les lettres.

Dans le courant de la conversation, elle lui demanda, un peu désinvolte, s'il pensait que le président resterait marié à Hillary. « Oui, et c'est ce qui doit être », répondit-il, et il illustra son propos en citant la Bible. Une minute plus tard, il ajouta : « Eh bien, peut-être aurez-vous une liaison avec lui quand il aura quitté la Maison-Blanche. » Cette réflexion de Jordan laissa Monica interdite. Une fois de plus, le mirage du mariage avec le président semblait miroiter dans un avenir pas si lointain. Mais elle lui fit comprendre qu'ils avaient déjà eu une liaison, qui s'était interrompue sans qu'ils aient vraiment fait l'amour.

Ce fut une conversation troublante, au milieu d'une semaine qui ne l'était pas moins. Elle ne savait plus que penser ni de son ex-amant, ni de son amie des jours meilleurs, Linda Tripp. Ses problèmes avec cette dernière étaient plus pressants. Cette femme qui, pendant des mois, l'appelait constamment, l'évitait désormais. Son silence était très inquiétant. Monica ne savait que faire. Elle ne savait pas vers qui se tourner. Lorsqu'elle avait parlé de son dilemme à sa mère, courant décembre, Marcia n'avait pas considéré le problème sous l'angle judiciaire, mais plutôt sous son aspect humain. Elle lui avait communiqué le nom d'une conseillère de la Christian Science à New York, qui serait peut-être capable de lui donner des conseils discrets.

Comme Monica devait retourner à New York pour ses entretiens avec MacAndrews & Forbes et Burson-Marsteller, elle avait décidé de tenter l'expérience. Elle s'était dit qu'après tout elle n'avait rien à perdre. Elle avait rencontré la conseillère et lui avait exposé son problème sans entrer dans le détail : à son travail, une femme s'apprêtait à trahir une confidence, et ses indiscrétions risquaient de la compromettre, elle, et plusieurs personnes de son entourage. La conseillère lui suggéra de considérer les qualités de la collègue incriminée. Elle était d'avis qu'il fallait prendre en compte ces qualités humaines pour trouver un moyen de la faire changer d'avis. Elle avait aussi suggéré à Monica de méditer le Psaume 91, qui rappelle que Dieu protège ceux qui ont foi en lui.

Forte de ces recommandations, et malgré sa panique croissante, Monica téléphona à Linda Tripp le Jour de l'An. Elle lui laissa un message, offrant tous ses vœux à Linda et aux membres de sa famille. Cela sembla fonctionner. Son amie la rappela quelques jours plus tard. Les deux femmes jouèrent à cache-cache avec leurs répondeurs respectifs jusqu'au jour où Monica, lasse de l'appeler chez elle, tenta de la joindre au Pentagone. Sa confiance en Linda Tripp, jadis absolue, avait complètement disparu.

Quoi que Linda Tripp ait pensé, Monica affronta son moment de vérité à la fin de la première semaine de janvier 1998. Le 6 janvier, elle reçut du bureau de Frank Carter le brouillon de sa déposition sous serment dans l'affaire Paula Jones et prit ses dispositions pour venir la signer le lendemain. Elle y apporta un certain nombre de corrections (parfois après avoir consulté Vernon Jordan) pour l'ajuster à sa version des faits et se présenta comme convenu au bureau de son avocat, le 7 janvier 1998 à 10 heures du matin. « J'ai respiré à fond, raconte-t-elle, et j'ai traversé le hall d'accueil pour me rendre dans son bureau. J'étais prête à nier ma liaison avec le président, à cause de mon amour pour lui et de ma loyauté à son égard. Quand j'ai vu que le document affirmait que je n'avais pas eu de relations sexuelles, je me suis dit que je pouvais signer, puisqu'en effet nous n'avions jamais eu de rapports sexuels. Cela m'a mise un peu plus à l'aise. Car, en signant cette déposition, j'enfilais le maillot aux couleurs de l'équipe, et je me rangeais aux côtés du président. »

Quelle que soit la couleur de son maillot, sa déposition sous serment était mensongère. Monica Lewinsky (identifiée sous le nom de Jane Doe 6 afin de préserver son anonymat) y affirme qu'elle « ignore absolument pour quelle raison la plaignante (Jones) attend [de moi] des informations pour son affaire ». Elle y décrit les grandes lignes de son travail à la Maison-Blanche et déclare qu'elle a rencontré le président à plusieurs reprises, dans le cadre de son emploi. Le texte poursuit :

> 7. J'ai le plus profond respect pour le président qui a toujours eu, en ma présence, le comportement approprié.
>
> 8. Je n'ai jamais eu de relations sexuelles avec le président. Il ne m'a jamais proposé d'avoir de relations sexuelles avec lui. Il ne m'a pas proposé un emploi ou autres avantages en échange de relations sexuelles avec lui, et il ne m'a pas refusé un emploi ou

autres avantages sous prétexte que j'aurais refusé d'avoir des relations sexuelles avec lui. Je ne connais personne qui ait eu des relations sexuelles avec le président, ou à qui il aurait offert un emploi ou autres avantages en échange de relations sexuelles avec lui, ou à qui il aurait refusé un emploi ou autres avantages sous prétexte qu'elle aurait refusé d'avoir des relations sexuelles avec lui. Après avoir quitté mon emploi à la Maison-Blanche, en avril 1996, je n'ai rencontré le président que dans le cadre de réceptions ou de réunions officielles, ou d'événements liés au ministère de la Défense des Etats-Unis, où j'étais employée à l'époque. En toutes ces occasions, d'autres personnes étaient présentes.

Je certifie, sous peine de parjure, que tout ce qui précède est vrai et sincère.

Signé : Monica S. Lewinsky

C'est le paragraphe 8 qui allait la compromettre irrémédiablement et l'obliger à passer un accord avec le procureur indépendant Kenneth Starr pour échapper à une inculpation de parjure, crime passible d'une peine de prison.

Elle avait signé sa déposition, qui ne serait dûment enregistrée au tribunal que neuf jours plus tard. A ce point, Monica disposait donc encore d'une porte de sortie. Mentir dans une déposition sous serment est un crime fédéral dès que la déposition est enregistrée. Avant cela, il ne s'agit pas d'un délit mineur et rarement poursuivi. Cette distinction importante fut cruciale le jour où Linda Tripp la trahit et la livra au FBI.

Dès qu'elle signa le document, elle se sentit soulagée. Elle était persuadée d'avoir franchi une nouvelle étape vers le moment où cette affaire serait derrière elle, un pas de plus vers le moment où elle pourrait se consacrer à sa propre vie. Il est impératif de comprendre qu'elle n'a jamais eu l'intention de différer l'enregistrement de sa déposition tant qu'on ne lui aurait pas trouvé un emploi. En aucun cas elle n'essayait de faire chanter le président ou ses conseillers en produisant une déposition mensongère en échange de leur appui pour lui trouver une situation. Cette question ne s'est jamais posée dans l'esprit de Monica. Elle ne se posera que plus tard, à cause de Linda Tripp et du procureur spécial.

Le 8 janvier, le lendemain de la signature de la déposition, elle fut reçue pour un second entretien aux bureaux new-yorkais de MacAndrews & Forbes. Monica, dont le pessimisme naturel tendait à obscurcir le jugement, eut l'impression que l'entrevue ne s'était pas très bien passée. Elle appela Vernon Jordan (qui était membre du conseil d'administration de Revlon, une filiale de MacAndrews & Forbes) pour lui faire part de sa déception. Jordan décrocha alors son téléphone et appela Ronald Perelman, le P-DG de la firme, à qui il recommanda Monica comme « une fille brillante et qui, à mon avis, est formidable ». Comme on s'en doute, Perelman transmit ces commentaires à Jaymie Durnan, qui avait mené l'entretien avec Monica. « Voyez ce que nous pouvons faire », lui dit-il.

En fait, l'intervention de Jordan n'était pas nécessaire. Elle ne fera que compliquer les choses le jour où le procureur Starr entrera en lice. Durnan avait été favorablement impressionnée par Monica et, avant que Perelman ne lui en parle, avait déjà contacté ses collègues de Revlon pour étudier la possibilité de dégager un poste dans leur service Communication. Monica fut convoquée le lendemain matin à une nouvelle entrevue avec un des patrons de MacAndrews & Forbes et deux responsables de Revlon, et tout s'arrangea. Le courant passa dans les deux sens. Plus tard dans la journée, ils lui proposèrent officieusement un emploi à la direction des Relations publiques de la compagnie, pour un salaire annuel de 40 000 dollars (moins que ce qu'elle gagnait au Pentagone). C'est une Monica « aux anges, très excitée » qui leur déclara, de manière tout aussi informelle, qu'elle acceptait leur proposition. Le jour même, elle appela Jordan pour lui faire part de la bonne nouvelle. Dans l'après-midi, il appela à son tour Betty Currie et lui dit : « Mission accomplie ! » Il transmit également la nouvelle à son ami le président, qui lui répondit simplement : « Merci beaucoup. »

De retour à Washington, Monica eut une entrevue plus longue et plus émouvante avec Jordan, à qui elle offrit une élégante cravate avec pochette assortie, en guise de petit remerciement pour son aide. « Vous êtes la seule personne que je connaisse qui ait tenu les promesses qu'on m'a faites, lui dit-elle. Vous êtes le seul à être allé jusqu'au bout. » Quand Jordan claquait des doigts, les choses bougeaient. La comparaison avec les efforts du président était inévitable.

Il semblait bien que celle qui avait joué le rôle de la malheureuse Cendrillon, tant en amour qu'au travail, était enfin sur le point d'aller au bal. Même si elle laissait son cœur à la Maison-Blanche, elle avait fait ses bagages pour New York et s'était résignée à vivre sans « Handsome ». Mais le conte de fées ne devait pas connaître un heureux dénouement. Les deux méchantes sœurs, Linda Tripp et Lucianne Goldberg, allaient faire en sorte que Monica ne puisse jamais aller danser.

Monica, sur ses gardes, parla enfin à Linda Tripp le vendredi 9 janvier. Pendant leur conversation, elle eut l'impression que les recommandations de la conseillère avaient porté leurs fruits. Inexplicablement, Tripp avait viré de bord. Elle prétendait maintenant qu'elle avait décidé de rester très vague à propos de Kathleen Willey, et laissa entendre qu'elle ne citerait même pas Monica dans son témoignage. Celle-ci se dit qu'elle était peut-être enfin tirée d'affaire. Il se passait exactement le contraire. On était en train de l'entraîner dans un piège.

Linda Tripp, qui avait l'habitude de se vanter de sa « sensibilité de sorcière », attribua sa propre révolution à une voyante qui lui aurait dit que ses paroles pouvaient mettre une de ses amies en danger. La vérité, c'était qu'elle avait renvoyé son avocat, Kirbe Behre, qui l'avait menacée d'aller voir Bob Bennett, l'avocat du président, pour lui conseiller de régler à l'amiable l'affaire Paula Jones. Ce dont Tripp et Goldberg avaient besoin, ce n'était pas d'un règlement à l'amiable mais d'une bonne histoire. Au moment où elle bavardait avec Monica, Tripp avait déjà, grâce aux bons offices de Lucianne Goldberg, engagé un nouvel avocat, James Moody. Et ils se préparaient à entrer en contact avec le procureur spécial Kenneth Starr.

Au cours de leur conversation, Monica s'efforça de ne pas susciter la jalousie de Tripp. C'est pourquoi elle minimisa le succès qu'elle avait remporté à New York et se contenta de lui annoncer qu'elle avait sans doute trouvé un emploi temporaire. Aussitôt, Linda se mit à se vanter : on lui avait conseillé, à elle aussi, de partir à New York et de chercher un boulot dans les relations publiques parce qu'elle « en connaissait un sacré rayon ». Cela inquiéta quelque peu Monica, qui l'avait toujours soupçonnée d'essayer de copier son mode de vie.

Pour entretenir la fiction selon laquelle Tripp avait le dessus dans leurs relations, Monica lui déclara qu'elle n'avait pas encore signé sa déposition. « Monica, promets-moi de ne pas signer cette déposition avant d'avoir obtenu le boulot, insista Tripp. Dis à Vernon que tu ne la signeras pas avant d'avoir ce boulot. » Pour lui faire plaisir, Monica acquiesça.

L'insistance de Linda Tripp sur cette question précise était cruciale. Il suffisait de prouver que Monica recevait un emploi en échange de son silence et que Jordan et le président étaient impliqués dans une tentative d'étouffer des faits afin de faire obstruction à la justice pour que l'enquête de Starr puisse élargir son champ d'action et, au bout du compte, constituer une affaire pouvant aboutir à la destitution du président. Il est donc pour le moins curieux que Tripp ait évoqué précisément le scénario indispensable pour faire intervenir le procureur spécial Starr, bien avant la date à laquelle, prétend-on, ce dernier s'intéressa réellement à l'affaire.

Au téléphone, les deux femmes convinrent de se voir quelques jours plus tard. C'est Monica qui en eut l'idée. Elle se méfiait vraiment de Linda Tripp, désormais, et se disait qu'une rencontre *de visu* lui permettrait de mieux contrôler le cours de la conversation. Elle en était même venue à penser que Tripp était assez fourbe pour essayer d'enregistrer leurs conversations privées. Elle projeta donc de jeter un coup d'œil dans son sac à main si d'aventure elle devait passer à la salle de bains – et, si elle trouvait un magnétophone, de l'en faire disparaître. Mais même dans ses cauchemars les plus fous, elle n'aurait pu imaginer l'ampleur de la trahison de son « amie ».

Mais quoi qu'elle ait compris ou simplement soupçonné, Monica avait raison d'être sceptique sur la curieuse volte-face de Tripp. Un changement de stratégie qui, étant donné l'imminence de l'entrée en scène du procureur indépendant, a tout l'air, rétrospectivement, d'une conspiration pour piéger quelqu'un. Car Tripp avait découvert, en novembre, que la loi en vigueur dans le Maryland interdisait d'enregistrer une personne sans son autorisation expresse. Loin de la protéger, par conséquent, la « police d'assurance » que constituaient les bandes – cette preuve de sa probité et de son honnêteté – risquait bien au contraire de l'envoyer en prison. Selon Lucianne Goldberg, quand l'ancien avocat de Tripp, Kirbe Behre, découvrit l'existence de ces enregistrements illégaux, il se fit offensif et lui demanda d'arrêter. Au lieu de quoi elle le renvoya et le remplaça par James Moody. Apparemment, Tripp s'inquiétait assez des poursuites qui pouvaient être engagées contre elle (même si elle continuait d'enregistrer ses conversations avec Monica) pour demander à Lucianne Goldberg de trouver un moyen de contacter le Bureau du procureur indépendant, espérant ainsi obtenir l'immunité pour ses actes illicites en échange de sa coopération à l'enquête.

C'est ainsi que le 12 janvier 1998 Linda Tripp appela le Bureau du procureur indépendant et déclara aux enquêteurs que le président entretenait une liaison avec une jeune employée du gouvernement qui avait été citée à comparaître dans l'affaire Paula Jones. Elle leur dit que le président et Vernon Jordan avaient demandé à cette employée de produire un faux témoignage dans le cadre de cette affaire. Tripp ajouta qu'elle disposait de vingt heures de conversations enregistrées pour corroborer son témoignage. Elle prétendit que la jeune femme en question avait déjà signé une déposition sous serment mensongère (alors que, dans ses rencontres ultérieures avec Monica, elle continuera à faire pression sur elle pour qu'elle ne signe pas avant que Vernon Jordan lui ait trouvé un travail). Pour la première fois de sa vie, Linda Tripp se retrouva au centre de l'attention générale. Moins d'une heure après son coup de fil au Bureau du procureur indépendant, six procureurs fédéraux et un agent du FBI débarquaient chez elle, à Columbia, Maryland, pour recueillir son témoignage. On découvrira plus tard la raison de leur enthousiasme : le bureau de Starr connaissait déjà, apparemment grâce aux avocats de Paula Jones, la lisaison de Monica et du président. Ce soir-là, Tripp leur dit tout ce qu'elle savait. Mais, apparemment, une dénonciation verbale, même corroborée par ses bandes magnétiques, ne leur suffisait pas. A la demande des enquêteurs, Tripp accepta de porter un mouchard lors de sa prochaine rencontre avec Monica, pour permettre au Bureau du procureur indépendant d'écouter et d'enregistrer leur conversation.

L'entrée en lice du procureur spécial allait donner une nouvelle dimension à l'histoire concoctée par Linda Tripp. Il ne s'agissait plus d'une trahison personnelle en vue de gagner de l'argent avec « le livre qui dit toute la vérité ». L'affaire était devenue un complot pour piéger le président.

Depuis quatre ans, le procureur spécial chargé de l'affaire Whitewater – Kenneth Starr, un baptiste du Sud proche de l'extrême droite – essayait avec un zèle infatigable de prouver que le président était coupable de délits. [Le Bureau du procureur indépendant avait été créé en 1978, au lendemain du scandale du Watergate. Il avait compétence pour enquêter sur le pouvoir exécutif, c'est-à-dire sur la présidence.] A l'origine, Starr avait été frappé de l'enquête sur le scandale immobilier de Whitewater, auquel étaient mêlés Bill et Hillary Clinton. Il avait pour mission de rassembler des preuves de délits, notamment de la part du président. En janvier 1998, après avoir mené l'enquête pendant quatre ans et dépensé quarante millions de dollars d'argent public, Starr devait convenir que ses recherches n'avaient pas abouti. C'est pourquoi le coup de fil de Tripp lui apparut comme un cadeau du ciel. Si les allégations et les preuves apportées par cette femme tenaient le coup, il pourrait enfin prouver la culpabilité du président, même si cette nouvelle affaire se situait à des années-lumière de Whitewater. Ses hommes avaient surtout envie d'entendre Tripp leur raconter que Vernon Jordan avait trouvé un emploi à Monica. Le nom de Jordan était cité dans l'affaire Whitewater, en liaison avec un pot-de-vin prétendument versé à l'ancien vice-ministre de la Justice Webster Hubbell.

Starr avait besoin d'une autorisation officielle pour élargir son champ d'investigation. Il lui fallait donc prouver qu'il existait un lien entre Monica Lewinsky et l'affaire Whitewater. Vernon Jordan était le lien manquant qui allait lui permettre de lier son enquête (sur une affaire immobilière douteuse) à une histoire de liaison sexuelle du président censément entachée de corruption. Sur le fond, si l'on pouvait prouver que le président avait fourni, via Jordan, un emploi à Monica en paiement de son silence, on pourrait le déclarer coupable d'abus de pouvoir – ce qui constituait, du point de vue de Starr, un crime passible de destitution. D'où l'importance des cassettes de Tripp et de son témoignage démontrant l'implication de Jordan dans la quête d'un emploi pour Monica. Mais, de même que le contexte dénaturait le contenu des conversations de Monica et Tripp, les enregistrements donnaient une image trompeuse de la vie de Monica à l'automne 1997, une impression erronée sur laquelle Tripp broda de manière théâtrale, déformant pour le bénéfice de Kenneth Starr la véritable nature des événements.

Par hasard ou à dessein, Tripp n'a pas enregistré (ou elle n'a pas conservé l'enregistrement) de nombreuses conversations significatives qui auraient sérieusement affaibli les arguments de Starr pour rattacher Monica

Lewinsky à son enquête. Elles auraient montré que Jordan ne s'était engagé pour Monica qu'à sa demande à elle, et cela bien avant que Monica, le président ou Jordan lui-même ne sachent qu'elle risquait d'être liée à l'affaire Paula Jones.

Un autre enregistrement brillait par son absence : celui d'une conversation du 6 octobre 1997 de Linda Tripp avec son amie Kate Friedrich, au cours de laquelle cette dernière aurait affirmé que Monica était mise à l'index par la Maison-Blanche. C'était un mensonge, comme Friedrich en témoignera par la suite, et la perfidie démontrable de Tripp aurait conséquemment réduit sa crédibilité en tant que témoin. Selon le Rapport Starr, une enquête ultérieure du FBI a aussi découvert la preuve que les bandes elles-mêmes auraient pu être falsifiées, ou dupliquées. Si c'est exact, cela signifie que Tripp a menti sous serment devant le Grand Jury et dans sa déposition au FBI.

Comme un commentateur, Elise Ackerman, a pu le dire : « Le tableau qui émerge [de ces enregistrements] ne dévoile pas des activités sexuelles illicites ou une entreprise d'obstruction de la justice. Il s'agit plutôt des bavardages d'une fille chauffée par une Linda Tripp tortueuse et rusée dans ses efforts pour fournir du matériel au procureur spécial et aux avocats de Paula Jones, et – le plus lucratif de toute l'opération – pour préparer un livre sur la " découverte " (par Tripp en personne) d'une vaste conspiration d'obstruction de la justice et de dissimulation d'activités sexuelles illicites. »

Quant à Kenneth Starr, à ce stade initial, il tenta un coup de poker. Il viola le règlement pour pincer l'homme qu'il soupçonnait d'en faire autant avec la loi. Techniquement, en effet, le procureur n'avait le droit d'enquêter que sur l'affaire Whitewater. Lorsque Linda Tripp, sur ses instructions, fut équipée du dispositif d'écoute qui lui permettrait d'enregistrer ses conversations avec Monica, il outrepassait son mandat. Beaucoup ont prétendu qu'il agissait ainsi pour découvrir les preuves qui convaincraient le ministre de la Justice, Janet Reno, qu'il pouvait être autorisé à faire apparaître Monica Lewinsky dans l'enquête en cours.

Dissimulant un émetteur sous ses vêtements, Linda Tripp retrouva Monica pour déjeuner à l'hôtel Ritz-Carlton de Pentagon City, le mardi 13 janvier 1998. Elle embrassa sa jeune amie à son arrivée, tout en sachant que dans une chambre de l'hôtel, quelque part au-dessus de leurs têtes, les hommes du Bureau du procureur indépendant écoutaient leur conversation et en retenaient les moindres détails.

Leur entrevue fut longue, très tendue – trois heures interminables durant lesquelles Linda Tripp fit parler Monica de sa liaison avec le président. Monica, comme prévu, eut l'occasion de fouiller dans le sac de son amie. Elle n'y trouva pas de magnétophone, bien entendu, car micro et émetteur étaient cachés sur le corps de Tripp. Une fois de plus, Monica dit ce qu'elle pensait que cette dernière avait envie d'entendre. Elle n'insista pas trop sur son nouvel emploi, mais répondit de façon étonnante aux questions sans nombre sur Vernon Jordan et le président. Un moment, elle recourut même au chantage affectif lorsqu'elle déclara que sa mère avait dû l'emmener à l'hôpital pour lui faire administrer des sédatifs, tellement elle était à bout.

C'est au cours de ce déjeuner que Monica – dont la conversation était pour l'essentiel un mélange de mensonges et d'exagérations – s'est involontairement incriminée. Au-dessus de leurs têtes, les procureurs à l'écoute comprirent très vite qu'ils avaient là une matière suffisante pour obtenir l'autorisation d'étendre leur champ d'investigation. Elément décisif : Monica réitéra la fable selon laquelle elle ne signerait pas sa déposition tant que Vernon Jordan (qu'elle avait vu l'autre matin pour lui offrir un cadeau en guise de « remerciement » !) ne lui trouverait pas un emploi. Pour les procureurs, c'était la preuve que le président avait commis un abus de pouvoir en impliquant Jordan pour le bénéfice de la femme avec laquelle il entretenait une liaison.

Le mensonge de Monica soulève plusieurs questions essentielles. Elle déclara à Tripp – et par conséquent (mais sans le savoir) au Bureau du procureur indépendant –

qu'elle n'avait pas encore signé sa déposition sous serment. Comment les hommes de Starr pouvaient-ils savoir que c'était faux, sinon parce qu'un tiers le leur avait dit ? Qui était ce tiers ? Les défenseurs de Paula Jones ? A ce moment-là, le camp de Jones avait certainement reçu par fax, de l'avocat de Monica, une copie de la déposition mensongère de Monica, qu'elle avait signée le 7 janvier, soit six jours plus tôt. Par ailleurs, la question de la collaboration des défenseurs de Paula Jones (dont les honoraires étaient réglés par le Rutherford Institute, un organisme d'extrême droite farouchement anti-Clinton) avec le Bureau du procureur indépendant reste assez obscure, et soulève le problème de l' « indépendance » réelle du procureur indépendant. Monica trouva son déjeuner avec Tripp aussi irritant qu'embarrassant. Loin d'être de son côté, Tripp semblait faire marche arrière, tournant inlassablement autour d'un sujet précis : ce que Monica dirait dans sa déposition. Pendant trois heures elle se montra amicale et complice. Durant tout ce temps-là, elle savait pertinemment qu'elle entraînait Monica sur un chemin qui pouvait la conduire dans une cellule de prison.

Contrairement à Lucianne Goldberg ou Michael Isikoff, Linda Tripp connaissait bien Monica, et elle appréciait son amitié. Mais elle était prête à jeter cette jeune femme vulnérable, naïve et confiante en pâture aux loups judiciaires. Monica a du mal à évoquer sans colère cette période terrible de sa vie. Elle est incapable de comprendre (et encore moins de pardonner) la trahison de Linda Tripp. Ni ses méthodes. « J'avais été bonne pour elle. Elle connaissait mes faiblesses et je me fiais absolument à elle. Mais elle m'a trahie, sans autre motif que la malveillance et la rancune. J'ignore si cela l'empêche de dormir et si elle parvient à se regarder dans la glace. Pour moi, c'est un être dégoûtant, méprisable, venimeux et mauvais. » Tôt le lendemain de ce déjeuner fatidique, le mercredi 14 janvier, les deux femmes se parlèrent à nouveau. Monica déclara à Tripp qu'elle envisageait de signer sa déposition sous serment. Pour sa part, Tripp lui dit qu'elle avait l'intention de changer d'avocat, sous prétexte que le sien était trop « neutre ». Ni l'une ni l'autre ne disait la vérité.

Elles se parlèrent encore à plusieurs reprises, ce matin-là, Monica entretenant la fiction selon laquelle elle s'apprêtait à signer sa déposition. Tripp lui demanda de la conduire chez son avocat, ce qui la soutiendrait moralement. La jeune femme, toujours généreuse, accepta de bon cœur. Mais, avant cela, Monica lui fit une proposition. Peut-être serait-ce une bonne idée de rédiger quelques notes (basées sur leurs conversations antérieures et sur ce qu'elle avait appris en rédigeant sa propre déposition sous serment) concernant ce que Tripp pourrait dire dans son témoignage. Il lui fallut deux heures pour définir les zones que Tripp, selon elle, devrait couvrir. Cette argumentation deviendra célèbre sous le nom de « *Talking Points* ». De plus, elle en écrivit deux versions : l'une, que Tripp pourrait lire dans la voiture ; l'autre, qu'elle donnerait à son avocat comme si elle l'avait écrite elle-même.

Le texte se cantonne presque exclusivement au problème de Kathleen Willey, conformément à l'idée que Monica défendait depuis un mois. Il n'y avait qu'une brève référence à une autre femme : quelqu'un dont Tripp avait pensé qu'elle était importante, mais qui s'avéra être « une énorme menteuse » qui harcelait le président. Pour l'essentiel, ce texte de trois feuillets reflétait ce que Monica avait compris de ce que Tripp lui avait dit au sujet de Willey pendant les quelques mois qui venaient de s'écouler – au regard à la fois de ses commentaires publiés dans l'article original de *Newsweek* et de ses conversations privées. En même temps, en se concentrant sur Willey, ce document éloignait Monica de la ligne de feu. Quand le scandale éclata, Tripp émit publiquement des doutes sur le fait que Monica avait elle-même écrit ce texte, en arguant – de façon particulièrement insultante – qu'il reflétait une pensée beaucoup trop subtile et structurée pour être celle de son amie. On proposa toutes sortes d'auteurs, de l'avocat du président Bob Bennett au conseiller de la Maison-Blanche Bruce Lindsey, en passant par Vernon Jordan et le président en personne. « Si c'est Monica Lewinsky qui a écrit cela... elle ferait un excellent avocat ! » fit remarquer un journaliste.

Et pourtant, un simple coup d'œil sur les retranscriptions des enregistrements de Linda Tripp, la lecture de l'article de *Newsweek*, et une connaissance de la structure de la déposition que Monica avait signée quelques jours plus tôt suffisent à prouver que Monica et elle seule pouvait l'avoir écrit. Plus simplement, le fait que deux heures seulement se soient écoulées entre sa proposition et l'existence du document indique qu'elle en est l'auteur, car personne d'autre qu'elle ne possédait une telle connaissance du sujet et n'était capable d'essayer de produire un document aussi complet dans un laps de temps aussi court. Encore une calomnie dirigée contre Monica. Et il allait falloir des mois pour la réfuter.

Quand Tripp vit les « *Talking Points* », elle déclara à Monica qu'elle trouvait le texte « brillant ». Elle l'avait lu point par point, en murmurant : « Oui, c'est cela, oui, c'est cela... » Puis elle annonça à Monica qu'elle avait renvoyé son avocat, Kirbe Behre, pour le remplacer par un autre, proche de sa famille. En fait, nous l'avons vu, son nouvel avocat, Jim Moody, lui avait été présenté grâce aux contacts de Lucianne Goldberg.

Plus tard, le même jour, Tripp et Monica se parlèrent à nouveau. Tripp, désormais sous le contrôle du Bureau du procureur indépendant, essaya une fois de plus de pousser son amie à s'incriminer. Elle fit plusieurs remarques que Monica trouva ridicules, étant donné ce qu'elle savait. Elle fit allusion, par exemple, à des prétendus rapports sexuels de Monica avec le président – allégation pour le moins bizarre de la part de quelqu'un qui connaissait leurs relations dans le moindre détail.

Exaspérée et lassée par l'attitude de Tripp, Monica avait enfin pris une décision sur la manière de s'y prendre avec son amie à l'humeur si fantasque. Si le témoignage de Tripp l'incriminait, ou bien elle nierait avoir jamais mentionné ses relations avec le président, ou bien elle dirait qu'elle les avait suscitées – et qu'elle était prête à payer la facture.

C'était trop tard. Le lendemain, 15 janvier, il s'avéra que les avocats de Paula Jones avaient fait saisir les archives de la compagnie de coursiers appartenant à la famille Goldberg, cette compagnie précisément que Tripp avait recommandée à Monica. Le document faisait référence aux envois que Monica avait expédiés à la Maison-Blanche. En même temps, Michael Isikoff appelait Betty Currie et la harcelait pour lui extorquer des informations sur le contenu de ces mystérieux paquets.

Pendant les quelques mois qui venaient de s'écouler, Linda Tripp et les autres conspirateurs avaient tressé la corde. Ces dernières semaines, Tripp avait confectionné la boucle. C'était encore l'affaire de quelques heures : le vendredi 16 janvier 1998, dans la chambre 1012 du Ritz-Carlton de Pentagon City, elle verrait les hommes du FBI et du Bureau du procureur indépendant glisser le nœud coulant autour du cou de Monica.

11

Terreur dans la chambre 1012

Malgré sa tenue sportive, qu'elle avait gardée après sa gym matinale, et son mètre soixante-sept, Monica Lewinsky paraissait petite et frêle comparée aux deux agents du FBI en armes et au procureur au regard de glace qui lui faisaient face. Cela ne l'empêcha pas d'exiger d'un ton impératif : « Dites-lui de rester. Je veux que cette garce voie ce qu'elle m'a fait. »

Ainsi, pendant les quarante-cinq minutes suivantes, dans la chambre 1012 de l'hôtel Ritz-Carlton de Pentagone City, à Arlington, en Virginie, Linda Tripp resta assise en silence pendant que l'univers de Monica s'effondrait. Le temps passait et Tripp demeurait impassible, les mains crispées sur le pantalon de son tailleur marron, une froide indifférence sur son visage de marbre, comme si elle se félicitait tranquillement de sa fermeté, de son courage et de sa sagesse. Telle une bonne citoyenne qui fait son devoir dans des circonstances pénibles mais nécessaires.

A quel point les circonstances étaient pénibles, tous ceux qui étaient présents dans la chambre s'en aperçurent rapidement. Monica était tour à tour abasourdie et furieuse de se retrouver dans cette chambre du dixième étage du Ritz-Carlton. Seule la haine qu'elle ressentait pour Linda Tripp était plus grande que son hostilité envers les deux agents du FBI au visage de pierre qui l'avaient abordée à Pentagon City quelques minutes auparavant.

C'était Linda Tripp qui l'avait attirée dans cette réunion, un « coup monté » sophistiqué afin de la piéger. Monica comprit clairement les conséquences de sa traîtrise quand Mike Emmick, un des adjoints de Kenneth Starr, entra dans la pièce. Grand, brun, les yeux bleus, la voix égale, il avait beau être séduisant, Monica en vint à le considérer comme un personnage particulièrement répugnant.

Malgré sa rage et sa détresse, elle remarqua une trace de nervosité dans sa voix quand il lui résuma ce qui s'était passé pendant les dernières semaines. C'était en grande partie du jargon obscur : « Le ministre de la Justice Janet Reno... Procureur indépendant... Crimes fédéraux... Enquête détaillée... Kenneth Starr. » En entendant ce nom, elle se demanda : « Que diable a-t-il à voir avec moi ? J'essaie seulement de cacher ma liaison avec le président... En quoi mon aventure le regarde ? » Elle ne tarda pas à le découvrir. Emmick lui affirma détenir la preuve qu'elle avait commis plusieurs délits.

« Nous pouvons vous accuser de parjure, d'obstruction à la justice, de subornation de témoin et de conspiration, dit-il d'un air sombre. Vous risquez jusqu'à vingt-sept ans de prison. »

Il ajouta qu'ils étaient prêts à la poursuivre si elle n'acceptait pas de coopérer immédiatement. Monica, qui ne comprenait pas le quart des crimes qu'on lui reprochait, fondit en larmes. La douleur qu'elle ressentit alors et la terreur qui l'étreignit la hantent encore aujourd'hui : « J'ai du mal à décrire ce que j'ai ressenti. Je me sentais impuissante, démunie, j'étais terrorisée. C'était comme si on m'avait ouvert le ventre et qu'on avait versé de l'acide sur la plaie. C'était douloureux comme une brûlure. Je ne comprenais rien à ce qui se passait. »

Les événements qui conduisirent Monica dans la chambre 1012 avaient commencé en début de semaine lorsque Linda Tripp avait remis les enregistrements illicites de leurs conversations aux adjoints de Kenneth Starr ; ensuite, Linda Tripp, équipée d'un micro caché afin que les procureurs entendent ce qu'elles se disaient, avait déjeuné avec Monica ; enfin, le vendredi 16 janvier, trois juges avaient accédé à la demande du ministre de la Justice Janet Reno d'étendre les investigations sur le scandale immobilier de Whitewater à la liaison secrète entre le président et Monica Lewinsky.

Le lien entre Whitewater et Monica était la présence de Vernon Jordan, l'ami du président, dans les deux affaires. Starr avait argué que Jordan et le président avaient conspiré pour entraver le cours de la justice en offrant un poste à Monica en échange de sa fausse déposition dans l'affaire Jones. (En réalité, Jordan avait commencé à aider Monica avant que l'un et l'autre aient la moindre idée qu'elle risquait d'être impliquée dans l'affaire Paula Jones.) Selon Kenneth Starr, les ingrédients d'un dossier contre le président étaient réunis, et l'accord de coopération de Monica, comme celui de Tripp, était un élément-clé dans la constitution des preuves des agissements coupables de Clinton.

Dans la chambre 1012, lorsque Monica prit la mesure de la dure réalité, son humeur oscilla entre l'hostilité et l'acceptation indignée de sa situation, avec de temps à autre des crises de larmes. « Je préfère aller en prison si c'est la seule manière de protéger le président, se disait-elle. En tout cas, il n'est pas question que je le trahisse. » Sachant qu'elle risquait de détruire la vie de l'homme qu'elle adorait, un épouvantable sentiment de culpabilité la submergeait.

Au début, le suicide fut la seule solution qu'elle envisagea pour éviter d'aller en prison et pour protéger son « Handsome ». « Je n'aurais pas supporté la prison, dit-elle. J'en serais sortie vieille et je n'aurais trouvé personne pour m'épouser. Je n'aurais jamais connu la joie de fonder une famille. Ma vie aurait été gâchée. Je ne voyais pas d'autre issue que le suicide. Si je me suicidais, on ne m'arracherait pas d'informations et je n'aurais pas à affronter la peine et les ennuis que j'aurais causés au président. »

La pièce était munie de fenêtres coulissantes ; Monica songea à se jeter du dixième étage. Dans son état de panique, les nerfs à bout, elle s'imaginait que le FBI avait placé un tireur d'élite dans l'immeuble opposé, prêt à la tuer au premier geste malencontreux. A un certain moment, elle s'interrogea à haute voix : « Si je me suicide, qu'est-ce qui arrivera à ceux qui sont visés par cette enquête ? Est-ce que les poursuites s'arrêteront ? »

Elle répéta ce qu'elle avait déjà dit quand les agents du FBI l'avaient abordée dans le centre commercial : elle exigea de parler à son avocat, Frank Carter. Après avoir échangé un regard, le procureur et les agents du FBI lui dirent qu'ils ne voulaient pas qu'elle parle de cette affaire à quiconque parce que le « temps était compté ». Monica en déduisit que leur insistance à obtenir sa coopération avait un rapport avec le fait que le président devait faire sa déposition dans l'affaire Paula Jones le lendemain. Mais ce qui comptait aussi pour Kenneth Starr, c'était le fait que *Newsweek* était sur le point de publier l'histoire, ce qui aurait rendu inutile la coopération éventuelle de Monica, car dès que son nom aurait été rendu public, Clinton et ses conseillers juridiques auraient fait preuve d'une prudence accrue.

Après un certain temps, Emmick dit à Monica que si elle acceptait de coopérer, elle devrait aller dans la chambre voisine où ses collègues recueilleraient son témoignage sur sa liaison avec le président. Il insista sur le fait qu'elle devrait leur dire toute la vérité. Puis il lui expliqua qu'elle devrait passer quelques coups de téléphone, qu'ils enregistreraient, et qu'ils lui installeraient peut-être aussi un micro caché afin qu'elle aille parler à Betty Currie, Vernon Jordan et peut-être même au président.

Monica sentit la tête lui tourner, pas tant à cause de l'idée grotesque que ces hommes envisageaient sérieusement d'enregistrer les conversations du président des Etats-Unis dans le Bureau Ovale de la Maison-Blanche, mais parce qu'on lui demandait de trahir Betty Currie, une femme douce, sympathique, croyante et pratiquante, qui avait eu plus que son lot de malheurs au cours des derniers mois.

« Je me suis d'abord imaginée, raconte Monica, en train d'appeler Betty alors que son téléphone serait sur écoute. Je ne pouvais pas faire ça. C'était méprisable, c'était inhumain. Betty est une femme bien, je n'aurais pas supporté de me regarder dans la glace après avoir fait ça. »

Les minutes s'égrenaient lentement ; un silence s'abattit dans la pièce, puis les adjoints de Starr recommencèrent à malmener Monica avec une agressivité croissante. Ils apportèrent un magnétophone et lui proposèrent de lui faire écouter les enregistrements de sa conversation avec Linda Tripp au début de la semaine. Monica comprit alors que Linda avait porté un micro pendant leur déjeuner et que les agents du FBI avaient entendu tout ce qu'elles s'étaient dit. Pis, ils lui montrèrent des photos en noir et blanc sur lesquelles elles quittaient ensemble le centre commercial après le déjeuner. Monica s'aperçut que les hommes de Starr la tenaient bel et bien. Elle n'avait pas de porte de sortie.

Ils lui proposèrent de nouveau de coopérer. Ils lui assurèrent que si elle faisait ce qu'ils lui demandaient, ils obtiendraient du juge qu'il réduise sa peine de vingt-sept ans à, disons, cinq si elle acceptait de coopérer immédiatement.

Pendant tout ce temps, Linda Tripp assistait, indifférente, à l'effondrement de sa jeune amie. Le simple fait de la voir dans la pièce mettait Monica en rage. « J'aurais aimé lui faire du mal, dit-elle. J'aurais aimé être un animal pour la griffer jusqu'au sang. »

Finalement, on fit sortir Tripp, et une femme agent du FBI la remplaça. Elle n'avait pas dit un seul mot de toute la réunion. Il est bon de se rappeler qu'après que le scandale eut éclaté, Tripp déclara dans une interview, au cours de laquelle elle se dépeignait en victime : « Si j'avais été une spectatrice naïve, j'aurais pensé que j'étais au mieux un traître, au pire un monstre. »

Monica réclama de nouveau le droit de parler à Frank Carter ; si on ne lui permettait pas de lui téléphoner, peut-être pourrait-elle sauter dans un taxi et aller à son cabinet ? Les procureurs lui répétèrent qu'elle ne pouvait pas lui parler, ajoutant cette fois qu'ils étaient réticents à cause de la manière dont elle avait fait la connaissance de son avocat. Ils craignaient que Carter ne renseigne Vernon Jordan. Monica cessa de se montrer belliqueuse et adopta une attitude conciliante en leur déclarant qu'elle comprenait leur position.

Pendant l'après-midi, dans ses moments de lucidité, Monica réclama à plusieurs reprises l'autorisation de contacter son avocat. A un moment, on lui répondit que, Frank Carter ne plaidant pas au pénal, il ne lui serait pas d'une grande utilité. C'était un mensonge déloyal : Carter avait dirigé le service de l'assistance judiciaire de Washington pendant six ans. Monica proposa alors de lui téléphoner afin qu'il lui recommande un avocat spécialisé dans le droit pénal, mais on lui répondit que c'était impossible parce que Carter risquait d'avoir des soupçons. En désespoir de cause, elle demanda l'autorisation de téléphoner à l'associé de Carter pour qu'il lui fournisse le nom d'un avocat. Cette fois, les procureurs revinrent à leur première réponse : toute l'affaire devait être tenue secrète.

Monica fit valoir qu'elle ne pouvait se défendre sans avocat. Ils lui proposèrent de lui donner le numéro de téléphone d'un avocat pénal, mais elle refusa, pensant qu'un avocat recommandé par eux défendrait surtout leurs intérêts. Comme plusieurs commentateurs l'ont souligné, la conduite des procureurs était en violation flagrante avec les droits constitutionnels de Monica. En outre, ces hommes, et surtout les agents du FBI, davantage exercés à traquer les assassins endurcis et les truands, profitaient d'une jeune femme impressionnable, terrorisée, et qui ignorait la procédure légale aussi bien que ses droits inaliénables. Même le président, lorsqu'il enregistra son témoignage vidéo pour le Grand Jury, fustigea les procureurs pour avoir traité Monica comme une « criminelle ».

Ayant épuisé le sujet de l'avocat, Monica changea de tactique et demanda la permission de téléphoner à sa mère. Là encore, on lui rétorqua qu'elle ne devait appeler personne. Et pendant tout ce temps, elle restait sous haute surveillance. Lorsqu'elle voulut aller aux toilettes, on lui ordonna de vider ses poches, et un agent du FBI alla d'abord retirer le téléphone qui se trouvait dans les toilettes.

Le supplice recommença quand Bruce Udolf, un autre lieutenant de Starr, entra dans la chambre et reprit les choses depuis le début.

On lui laissait le choix : vingt-sept ans de prison ou une coopération immédiate. L'idée de passer autant de temps derrière les barreaux lui était tout simplement insupportable. A un certain moment, elle se plaignit à Emmick : « Ma vie est fichue. Si je fais vingt-sept ans de prison, qui voudra m'épouser en sortant? Comment pourrai-je avoir des enfants? » « C'est pour ça que nous vous offrons une chance de coopérer, répliqua le procureur. C'est ce que vous avez de mieux à faire. »

Tout à coup, l'atmosphère s'épaissit, l'air devint plus brûlant, la pièce plus encombrée avec l'arrivée de la silhouette imposante de Jackie Bennett Jr, un des bras droits de Kenneth Starr, davantage habitué aux gangsters teigneux qu'aux jeunes femmes éplorées. Bennett, tel un pitbull avec un chaton, ne fit qu'une bouchée du témoin récalcitrant. « Il faut prendre une décision, Monica. Vous avez eu deux heures pour réfléchir. Ça suffit. » Lorsqu'elle le supplia de la laisser appeler sa mère, il répliqua d'un ton brusque : « Vous avez vingt-quatre ans, Monica, vous êtes assez grande pour vous passer de votre maman. »

En fait, Marcia Lewis, qui téléphone à sa fille tous les jours, l'avait déjà appelée trois fois et avait laissé un message sur son bipeur. Monica déclara que si on ne l'autorisait pas à téléphoner pour rassurer sa mère, Marcia préviendrait la police. Ils acceptèrent à contrecœur de la laisser passer un bref coup de fil, mais à condition qu'elle se borne à assurer à sa mère que tout allait bien. Il était 15 h 20. Monica n'avait passé que deux heures avec le FBI, mais elle avait l'impression que cela faisait une éternité.

Comme elle l'avait promis, Monica déclara à sa mère qu'elle allait bien et qu'elle la rappellerait bientôt. Pendant la courte communication, l'agent Fallon maintint son doigt sur l'interrupteur, prêt à couper si Monica essayait de dire à Marcia ce qui se passait. L'implacable exigence de coopération recommença de plus belle, et la rude voix de basse de Bennett se fit entendre dans l'air confiné de la chambre ; les minutes passaient ; si Monica refusait de coopérer, ils ne pourraient plus l'aider à affronter les conséquences judiciaires.

A un moment donné, l'agent Fallon lui demanda avec un sourire narquois : « Est-ce que mon arme vous dérange ? Je peux la mettre dans la pièce à côté. » Plus tard, quand on répéta à Monica qu'elle risquait vingt-sept ans de prison, il ouvrit sa veste d'un geste désinvolte afin de lui montrer ses menottes. Monica fut soumise à des pressions psychologiques et à des manœuvres d'intimidation ; ses inquisiteurs lui certifiaient qu'elle pouvait partir quand elle voulait tout en lui faisant clairement comprendre ce qu'elle risquait si elle mettait fin à l'entretien. On comprend pourquoi Monica réfute l'affirmation de Kenneth Starr – qui n'était pas présent – selon laquelle elle n'était pas retenue contre son gré par les procureurs qui se bousculaient dans la chambre 1012. « J'en fais encore des cauchemars, déclare Monica. Je rêve que je suis prise au piège et que je me noie. »

Pendant dix heures d'affilée, Monica resta seule avec neuf agents armés du FBI et les adjoints de Starr, des durs qui traquent ou poursuivent habituellement les criminels soupçonnés des pires délits fédéraux. Il est bon de noter qu'Udolf avait déjà été reconnu coupable par un jury d'avoir « violé arbitrairement et volontairement » les droits d'un accusé lorsqu'il était procureur de l'Etat de Géorgie ; le jury avait accordé au plaignant 50 000 dollars de dommages et intérêts.

Cependant, en dépit des intimidations, entrecoupées de rares flatteries, Monica refusa fermement de trahir le président et ses amis en portant un micro caché, ou d'autoriser les enquêteurs à écouter ses communications téléphoniques. Pour supporter cette épreuve, elle pensa à Hannah Senesh, la poétesse juive hongroise dont elle avait relaté l'héroïsme et l'amour filial dans une dissertation scolaire.

Cette évocation permit à Monica de trouver en elle la force de résister. Elle déclara à Bennett d'un air de défi que le fait de ne pas la laisser téléphoner librement à sa mère ne l'incitait pas à coopérer. Bennett, surnommé « la Brute » dans le milieu judiciaire, abattit son atout maître : « Il faut que vous sachiez que nous allons poursuivre aussi votre mère, à cause de ce que vous avez dit qu'elle a fait. Nous avons tout enregistré. »

Pour Monica, l'affaire se résumait au plus cruel des dilemmes : devait-elle protéger l'homme qu'elle aimait ou bien sa mère ? Elle éclata de nouveau en sanglots devant l'assemblée des agents du FBI et des procureurs. Passe encore que son propre destin dépende de son choix, mais elle ne voulait pas prendre une décision qui aurait mis sa mère en danger. Monica dut admettre qu'elle n'était pas Hannah Senesh. Elle supplia les procureurs de la laisser téléphoner à nouveau à sa mère. Craignant que Marcia ne contacte un avocat, ils se montrèrent très réticents. Monica leur promit que, si on lui permettait de parler à sa mère, elle s'assurerait que Marcia ne dirait rien à personne. Ils finirent par accepter. Le procureur Emmick déclara que Marcia pouvait l'appeler afin qu'il lui explique la situation. Monica insista pour téléphoner à sa mère seule, en dehors de la chambre 1012. Ils eurent beau lui certifier qu'ils n'écouteraient pas la communication, elle tenait absolument à appeler d'un endroit où elle serait sûre que le téléphone n'était pas sur écoute. Lorsqu'elle déclara que tous les téléphones du centre commercial étaient sans doute sur écoute, ils lui rirent au nez comme si elle était folle. Monica se souvient d'avoir pensé : « Ils m'ont photographiée à mon insu, ils ont enregistré mes conversations, Kenneth Starr me poursuit, et on m'accuse de paranoïa ! »

Ils l'autorisèrent à quitter la pièce sous les conditions prévues et lui promirent de ne pas la suivre. Mais à peine était-elle dans la rue qu'un agent du FBI la filait. Comme au cinéma, elle le sema en changeant d'ascenseur et finit par atteindre seule le centre commercial. Soudain, à son grand étonnement, en passant devant le magasin du musée des Beaux-Arts, elle aperçut Linda Tripp qui en sortait chargée de paquets. La femme qui l'avait plongée dans cet affreux cauchemar faisait tranquillement ses courses, l'âme en paix. En la croisant, Monica lui lança un amer : « Merci infiniment ! » Tripp sursauta, mais se contenta de réciter, tel un mantra : « Ils m'ont fait la même chose. Ils m'ont fait la même chose. » Monica continua son chemin. Si elle avait connu toute l'ampleur de la trahison de Linda Tripp, elle aurait agi différemment. « Je l'aurais tuée, dit-elle simplement. Je l'aurais tuée sans pitié.

Du centre commercial, Linda Tripp se rendit à une autre réunion avec les avocats de Paula Jones, qui devaient interroger le président Clinton le lendemain matin après sa déposition. Tripp leur fit un compte rendu détaillé de l'affaire Monica Lewinsky.

Comme le commentateur Steven Brill le remarqua : « Ainsi, les inquisiteurs du président [le Bureau du procureur indépendant], en ayant terminé avec Linda Tripp, avaient fourni aux avocats de la partie adverse [les défenseurs de Paula Jones] des munitions pour mettre en cause Bill Clinton à propos de sa déposition sous serment, à partir de laquelle Kenneth Starr, à son tour, pourrait ensuite l'accuser de parjure. » Lorsque, le 17 janvier, le président Clinton vint faire sa déposition, les avocats de Paula Jones lui tendirent une embuscade avec les informations sur Monica fournies la veille par Linda Tripp.

L'embuscade s'avéra mortelle. Pendant le contre-interrogatoire mené par l'avocat de Jones, le président nia sous serment avoir eu une liaison avec Monica. « Avez-vous eu des relations sexuelles avec Monica Lewinsky ? » demanda alors l'avocat. La réponse de Clinton scella son destin politique : « Je n'ai jamais eu de relations sexuelles avec Monica Lewinsky. Je n'ai jamais eu de liaison avec elle. » L'affaire rendue publique, beaucoup de choses devaient dépendre de la définition exacte du terme « relation sexuelle » – la fellation, par opposition à la pénétration, entre-t-elle ou non dans cette définition ?

Tout en errant dans Pentagon City et bien que consciente du danger que courait le président, le premier souci de Monica fut de parler à sa mère. Elle finit par trouver une cabine, appela Marcia et, entre deux sanglots, réussit à garder son calme le temps de lui expliquer la situation. Sa fragile assurance vacilla quand une femme encombrée de paquets s'approcha de la cabine ; toujours terrorisée, Monica crut que la femme était un agent du FBI en civil. Baissant la voix, elle supplia sa mère : « Ne me force pas à coopérer, je t'en prie. »

Monica respecta le marché qu'elle avait conclu dans la chambre 1012 : elle fit promettre à sa mère de ne répéter à personne ce qu'elle lui avait dit et lui demanda d'appeler le procureur Mike Emmick au Ritz-Carlton. La communication terminée, elle regagna l'hôtel et expliqua à ses « tortionnaires » que sa mère voulait leur parler. L'un d'eux téléphona à Marcia et, après une brève conversation, l'autorisa à prendre le train pour rejoindre sa fille.

Dans l'appartement de Marcia sur la 5e Avenue, Debra Finerman était assise avec sa sœur et sa mère quand Monica appela. La scène est restée gravée dans la mémoire de Debra : « Nous étions tranquillement en train de bavarder lorsque le téléphone sonna. Marcia alla répondre et se mit à trembler aussitôt. Elle hurlait : " Où es-tu ? Où es-tu ? " Je crus qu'il était arrivé un malheur à Monica, qu'elle avait eu un accident. Quand Marcia raccrocha, elle était livide. " Le FBI a arrêté Monica, dit-elle. Je ne sais pas exactement ce qui se passe, mais Linda Tripp l'a piégée au Ritz-Carlton de Pentagon City. Ils la détiennent dans une chambre d'hôtel et ils refusent de la laisser téléphoner à un avocat. Elle est en larmes, il faut qu'on y aille tout de suite. " »

Consternées, les trois femmes saisirent leurs manteaux et foncèrent à la gare attraper le train de 17 heures pour Washington. Pendant le trajet qui leur sembla interminable, elles s'efforcèrent d'assimiler l'énormité de la situation. Elles n'arrivaient pas à comprendre pourquoi Monica risquait la prison à cause de l'affaire Paula Jones. C'était proprement invraisemblable. « Nous avions peur, déclare Debra. Nous étions abasourdies. Nous ne mesurions pas l'ampleur du danger. C'était déjà assez effrayant de penser qu'elle se trouvait enfermée dans une chambre d'hôtel pleine d'agents du FBI. »

Dans le train, Marcia s'énerva sur son téléphone portable sans parvenir à joindre son ex-mari Bernie à Los Angeles à qui elle voulait expliquer dans quelle affreuse situation se trouvait leur fille. Elle était accablée. Elle mit un temps fou à obtenir la communication, et quand elle put enfin lui parler la ligne fut continuellement coupée; comme le train avait du retard, elle dut faire la queue parce que tout le monde voulait se servir du téléphone public.

Bernie Lewinsky présidait une réunion de cancérologues radiothérapeutes du comté de Los Angeles quand il reçut l'appel. Lorsqu'on lui dit que Marcia cherchait à le joindre, il crut qu'elle lui téléphonait pour lui dire que Monica, qui emménageait à New York, avait besoin de lui le temps de se retourner. Marcia détruisit rapidement ses illusions; elle lui expliqua que Monica était aux mains du FBI et qu'elle avait de sérieux ennuis à cause de choses en rapport avec l'affaire Whitewater et d'une liaison avec le président des Etats-Unis.

Bien que tombant des nues – Monica s'était un peu confiée à sa mère, mais n'avait rien dit à son père –, apprenant que le FBI menaçait sa fille de prison si elle ne coopérait pas, la réaction instinctive de Bernie fut de dire qu'elle devait faire exactement ce qu'on lui disait. Bernie, un homme qui ne traverserait jamais en dehors des clous, éprouvait un profond respect, presque de la crainte, pour le Federal Bureau of Investigation. « On ne plaisante pas avec ces gens-là », avait-il coutume de dire.

Il tomba d'accord avec Marcia pour trouver d'urgence un avocat. Ils ne connaissaient personne à Washington, mais Bill Ginsburg, l'avocat de Bernie spécialisé dans les fautes professionnelles médicales, y avait un cabinet. Bernie promit à Marcia de le contacter et de le mettre sur l'affaire. Dès qu'il fut mis au courant des ennuis de Monica, Bernie travailla d'arrache-pied pour sa fille, et les dix années de rancœur que Bernie et Marcia avaient connues depuis leur divorce furent oubliées. « Bernie a été tout simplement merveilleux, déclare Marcia. Il a remué ciel et terre. Je lui ai écrit pour lui dire qu'il était un père pour le pays tout entier. » Même Debra Finerman, qui n'avait plus parlé à Bernie depuis le divorce, fut impressionnée : « Il s'est conduit comme le père idéal. C'était son heure de gloire. »

De retour dans la chambre 1012, sachant que sa mère était en route, Monica se montra plus calme. Elle avait prévu de sortir le soir même avec son amie Ashley Raines, mais savait maintenant qu'elle n'avait aucune chance de réaliser son projet. Craignant toujours que les téléphones de la chambre ne soient sur écoute, elle exigea d'appeler Ashley du hall de l'hôtel afin d'annuler son rendez-vous. Comme au cinéma, un agent du FBI la suivit discrètement. Son amie n'étant pas chez elle, elle laissa un message sur son répondeur en espérant que l'inquiétude qui perçait dans sa voix alerterait son amie du danger qui menaçait le président. Un espoir vain, bien entendu.

Le soir arriva et le cabinet de Frank Carter était fermé. Comme le lendemain était un samedi, Monica demanda comment elle pourrait contacter son avocat pendant le week-end si elle décidait de ne pas coopérer. Sachant que le danger immédiat pour l'enquête – la possibilité pour Monica de consulter son avocat – était écarté, l'agent Fallon proposa de téléphoner au cabinet de Carter afin de connaître ses déplacements pendant le week-end. Quand il revint, il lui dit que Carter ne pouvait être contacté que par l'intermédiaire de la permanence téléphonique de son cabinet.

Il s'avéra que l'appel de Fallon, qu'il ait été volontaire ou non, permit ensuite à Kenneth Starr d'affirmer publiquement que ses hommes n'avaient pas violé les droits de Monica. Il put démontrer qu'on avait bien téléphoné au cabinet de l'avocat, ce qui prouva qu'on avait donné à Monica la possibilité de s'entretenir avec lui. Comme souvent dans cette affaire, les faits paraissent authentiques, mais la vérité se cache ailleurs.

Au Ritz-Carlton, deux pensées consumaient Monica : elle s'inquiétait pour sa famille, surtout pour sa mère, et elle était farouchement déterminée à œuvrer, d'une manière ou d'une autre, pour que le président soit prévenu et protégé. Comme elle sentait qu'elle devenait folle dans la chambre encombrée de monde, elle proposa de tuer le temps jusqu'à l'arrivée de sa mère en allant se promener dans le centre commercial. Les enquêteurs acceptèrent. Accompagnée de Fallon et d'Emmick, elle traîna dans le grand magasin Crate and Barrel et fit du lèche-vitrines. Elle se montra de bonne humeur, amicale et bavarde, plaisanta avec ses gardiens et s'efforça, comme à son habitude, de se faire aimer d'eux. Elle s'imaginait que si elle réussissait à leur montrer qu'elle n'était qu'une femme ordinaire, sympathique de surcroît, ils renonceraient peut-être à la poursuivre.

Elle gardait surtout présent à l'esprit le besoin impérieux de sauver le président. Pendant qu'ils se promenaient dans le magasin Macy, elle s'excusa pour aller aux toilettes qui se trouvaient au troisième étage. Là, elle tomba sur un téléphone et essaya d'appeler Betty Curie afin de la prévenir, mais n'obtint pas de réponse et, exaspérée, raccrocha violemment. Réprimant une angoisse, elle remarqua une mère en train de changer son bébé et se dit que si elle lui donnait le numéro de Betty, elle pourrait peut-être l'appeler. Mais une autre pensée vint contrecarrer son plan. Si le FBI découvrait la manœuvre, la mère du bébé risquait de finir en prison, elle aussi. Paralysée par la peur, elle renonça. « C'est épuisant rien que d'y penser, raconte-t-elle. J'étais tellement affolée que j'entendais les battements de mon cœur, boum, boum, boum, et le souffle de ma respiration. »

En sortant des toilettes, elle s'aperçut que l'agent Fallon, inquiet de sa longue absence, était parti à sa recherche. Lorsqu'il reparut, elle proposa, toujours pour tuer le temps, d'aller dîner quelque part. Ainsi, à 18 h 30, Monica se retrouva dans un box du Mozzarella's American Grill avec un agent du FBI et un adjoint de Starr. « C'était incroyable, se souvient-elle. Autour de nous, les clients riaient et s'amusaient, et j'étais là, empêtrée dans ma vie gâchée. Je pensais au président et à la tête qu'il ferait en apprenant ce qui s'était passé. C'était comme de s'imaginer, enfant, la colère de ses propres parents quand ils découvriront qu'on vient de faire une bêtise. Je me repliais sur moi-même. Comme la victime d'un viol qui commence par hurler et se débattre puis renonce, je me fermais comme une huître. »

Même la conversation fut bizarre. Monica demanda à Emmick de lui expliquer pourquoi elle devrait faire vingt-sept ans de prison. Là-dessus, il compta rapidement sur ses doigts les années de prison pour chaque délit. Il ne précisa pas, bien sûr, qu'il s'agissait de la peine maximale encourue. En fait, comme Monica n'avait jamais été condamnée, elle s'en serait probablement tirée avec du sursis ou une peine de détention minime. Même l'affirmation d'Emmick selon laquelle elle avait commis un crime était douteuse, pour la simple raison que lorsqu'ils l'avaient arrêtée et détenue, son avocat, Frank Carter, n'avait pas encore enregistré sa déposition mensongère. Tant qu'elle n'était pas officiellement enregistrée, elle pouvait la modifier, sans conséquences judiciaires graves. Cela explique pourquoi, tout au long de l'après-midi, les hommes du Bureau du procureur indépendant et du FBI firent tout pour empêcher Monica de contacter son avocat. Carter a confirmé que, s'il avait pu lui parler, sa déposition sous serment n'aurait pas été enregistrée. Les choses ayant pris la tournure que l'on connaît, il envoya le soir de ce jour-là par courrier express la déposition au tribunal de Little Rock, en Arkansas, où l'affaire Jones devait être jugée.

Kenneth Starr et ses sbires s'étaient-ils comportés en agents provocateurs ? Avaient-ils tout fait pour qu'un crime soit commis ? Ils auraient pu aisément l'éviter, s'ils l'avaient voulu, mais ils savaient que si Monica commettait le parjure, ils auraient non seulement prise sur elle mais aussi sur le président, leur véritable cible. De même, si le président avait eu vent de l'intérêt de Starr pour Monica Lewinsky, il aurait presque certainement modifié la nature de sa déposition dans l'affaire Paula Jones, changeant par là même le cours de l'histoire. Ce n'était pas la première fois que Kenneth Starr tentait de faire avancer son enquête par des moyens pour le moins discutables, et ce ne serait pas la dernière. Comme le déclara un avocat endurci à propos des méthodes du Bureau du procureur indépendant : « Ce qu'ils ont fait est typique de leur part. Procédure classique. » Il est bon de rappeler qu'aux Etats-Unis, en 1998, il y eut à peine une poignée de poursuites dans les affaires civiles pour des crimes identiques à ceux dont Monica Lewinsky était accusée. « Au moment où ils l'ont arrêtée, observe Billy Martin qui allait devenir l'avocat de Marcia, ils n'avaient rien contre elle. » Il approuve l'opinion, exprimée entre autres par le *New York Times*, selon laquelle toute l'affaire avait été manipulée par les avocats de Paula Jones et d'autres avocats d'extrême droite, dans le but de nuire au président.

De même que les hommes de Starr contournèrent la loi afin de relier l'enquête immobilière de Whitewater à Lewinsky, de même au cours des douze heures pendant lesquelles Monica fut entre leurs mains, ils exploitèrent sans vergogne son ignorance de la loi et de ses droits. Et pourtant, bien que malmenée, elle résista à leurs menaces et à leur chantage.

Bernie Lewinsky éprouve une immense admiration pour sa fille. « Plus ils l'intimidaient, plus ils la menaçaient, plus elle se sentait forte. J'admire son immense courage ; je ne connais pas beaucoup de jeunes gars qui auraient résisté à une épreuve pareille. Je trouve incroyable qu'elle ait réussi à tenir tête à ces brutes. »

Le dîner terminé, Monica et ses gardiens retournèrent dans la chambre 1012 afin d'attendre Marcia. Les agents du FBI choisirent un programme de télévision, évitant soigneusement les chaînes d'informations, et tombèrent sur une comédie musicale de 1954, *La Joyeuse Parade*, avec Ethel Merman, Donald O'Connor et, dans un petit rôle, Marilyn Monroe. Monica raconta gaiement qu'elle avait participé à des comédies musicales à l'école, puis elle sombra dans un silence agité. Elle prit la bible de l'hôtel et relut plusieurs fois le Psaume 91, le Psaume de la protection divine que sa conseillère de la Christian Science lui avait recommandé. Elle trouva un certain réconfort dans les vers : « Je dirai du Seigneur, Il est mon refuge et ma forteresse : mon Dieu; j'ai confiance en lui. »

Finalement, à 22 h 16, on sonna à la porte. Un agent alla ouvrir et Marcia apparut, tel un ange gardien. « Jamais je n'avais été aussi contente de la voir, raconte Monica. J'avais l'impression d'être de nouveau une petite fille et que maman allait tout arranger. Elle était ma bouée de sauvetage parce que depuis des heures j'avais eu le sentiment de nager seule dans le vaste océan. J'étais dans le noir, j'avais peur et elle m'a secourue. » Marcia, qui, à sa descente du train, avait dit à sa sœur et à sa mère d'aller chez Debra dans l'immeuble du Watergate, s'était promis de garder son calme dans l'intérêt de sa fille. Néanmoins, elle défaillit en voyant dans quel état était Monica. « Je l'ai trouvée debout près de la fenêtre, les yeux gonflés de larmes, son visage était crispé par l'angoisse. Elle serrait une bible contre son cœur et elle tremblait de la tête aux pieds. Qui avait fait cela à ma fille ? » Marcia se précipita, serra Monica dans ses bras et lui murmura les mots que toute mère utilise pour rassurer son enfant : « Ça va s'arranger. » Puis, avec tout le calme et la dignité dont elle était capable, elle se présenta aux agents et aux procureurs qui envahissaient la chambre.

Les procureurs s'étaient entendus pour accorder à la mère quelques minutes en tête à tête avec sa fille avant de parler à Marcia Lewis seule. Convaincue que des micros avaient été cachés dans la chambre, Monica insista pour aller discuter avec sa mère dans le couloir. « Je ne peux pas le faire, dit-elle dès qu'elles furent seules. Je ne veux pas porter un micro, je ne veux pas enregistrer mes communications téléphoniques. Je ne peux pas faire ça au président. » Elle supplia sa mère pour qu'elles partent et qu'elles essaient de contacter Betty Currie afin que le président soit mis au courant. Elle voulait lui expliquer dans quel pétrin elle était, elle voulait qu'il sache qu'elle comptait déclarer avoir tout inventé au sujet de leur liaison. Elle était tellement agitée que sa mère eut un mal fou à la calmer.

Au bout de quelques minutes, on vint leur dire que le temps qui leur était imparti était écoulé. On fit entrer Marcia Lewis dans une autre chambre où les adjoints de Starr lui expliquèrent la situation de sa fille. « Ils m'affirmèrent que Monica risquait vingt-sept ans de prison pour avoir menti, et ils utilisèrent des formules incompréhensibles pour le commun des mortels comme " subornation " et " parjure ". C'étaient des mots bien compliqués pour un mensonge banal, pour avoir voulu protéger l'homme qu'elle aimait. D'une certaine manière, je n'arrivais pas à croire ce qui se passait et j'avais envie d'expliquer à ces hommes qu'ils commettaient une lourde erreur, que jamais ma fille ne passerait vingt-sept minutes en prison, encore moins vingt-sept ans. »

Confrontée à l'hostilité des procureurs, Marcia leur raconta tout ce qui lui passait par la tête et qui, croyait-elle, pouvait les persuader de laisser partir Monica : elle était immature, elle avait été suicidaire six ans auparavant (une exagération bien pardonnable étant donné les circonstances) et elle était très émotive. Après l'avoir écoutée, les procureurs lui dirent que Monica devait décider au plus vite si elle acceptait ou refusait de coopérer, car il s'agissait d'une « question de minutes ».

Marcia se souvient d'avoir regardé la pendule, qui indiquait 23 heures et de s'être demandé quel bureau pouvait bien rester ouvert à une heure aussi tardive, et dont les exigences faisaient de la coopération de Monica une question de minutes. Elle tenta un compromis en les suppliant de la laisser louer une chambre voisine pour que sa fille et elle puissent se reposer; ils pouvaient, précisa-t-elle, poster des gardes armés devant la porte afin de s'assurer qu'elles ne s'enfuiraient pas. La proposition ne dégela pas les accusateurs de sa fille. Avec le recul, Marcia se revoit s'efforçant désespérément d'arranger les choses : « Je ne pensais pas qu'ils nous laisseraient partir et je me suis dit que l'étape suivante serait l'arrestation. Nous n'avions pas le choix. Ils disaient que des poursuites criminelles seraient engagées si Monica refusait de coopérer. Il n'était pas question de rentrer chez soi et de faire comme si rien ne s'était passé. Je disais n'importe quoi parce que je n'avais qu'une idée en tête, qu'ils la laissent partir. Dans ma naïveté, je croyais qu'ils allaient se réunir et se dire que, peut-être, on ne pouvait pas traiter cette fille comme ça. " Peut-être que ce que nous faisons n'est pas bien. " J'aurais voulu qu'ils prennent le temps de s'interroger, de se dire par exemple : " Une minute, nous n'avons pas affaire à Lindra Tripp ; ce n'est pas une femme mûre et endurcie que nous bousculons, c'est une enfant. " Il n'y a donc pas de mères au FBI ? Il n'y a pas de compassion ? Qui, après avoir écouté la voix de Monica sur les enregistrements de Linda Tripp, celle d'une personne jeune et innocente, a pu se dire : " Voilà, on va l'enfermer dans une chambre d'hôtel, la menacer de prison et elle marchera avec nous. " ? »

La clé, c'était la coopération. Ils insistaient régulièrement là-dessus ; si Monica se conformait à leurs exigences, elle ne serait pas poursuivie. Pendant ses discussions avec les adjoints de Starr cette nuit-là, Marcia, qui ne comprenait toujours pas le fin mot de l'histoire, leur demanda ce qui se passerait si Monica leur disait ce qu'elle savait, ou si l'affaire Paula Jones s'arrangeait, ou si sa fille avait menti à Linda Tripp au cours de ses conversations enregistrées. Car elle était sûre d'une chose : « Je connais ma fille, jamais elle n'acceptera de porter un micro et de trahir ses amis. Inutile de discuter, c'est une perte de temps et de salive. »

Marcia était assez maligne pour ne pas se fier à ces hommes. Elle avait suivi l'affaire de Ted Kaczynski, « Unabomber », que le FBI avait arrêté grâce aux renseignements de son frère David, qui ne l'avait dénoncé qu'à la condition que le FBI lui promette de ne pas réclamer la peine de mort. Ayant conclu le marché, David Kaczynski, se rongeant les sangs, avait conduit le FBI jusqu'à son frère. En garde à vue, le terroriste s'était vu accusé d'un crime pour lequel la peine capitale était de règle si sa culpabilité était prouvée. Le FBI prétendit n'avoir rien promis. A la lumière de cette affaire, Marcia, extrêmement méfiante, exigea de Mike Emmick qu'il répète devant une tierce personne, en l'occurrence son ex-mari, sa promesse de ne pas poursuivre Monica si elle coopérait. Emmick répliqua qu'il était hors de question d'appeler Bernie. Gardant son calme pour ne pas nuire à sa fille, Marcia lui fit comprendre qu'elle tenait à ce que Bernie soit mis au courant afin d'avoir une preuve de la réalité de leur promesse. « Vous voulez peut-être que je le couche par écrit ? » lui rétorqua le procureur, sarcastique. Après réflexion, Marcia accepta sa proposition en l'air. Enervé, Emmick alla discuter avec ses collègues. A son retour, il dit à Marcia qu'il ne pouvait lui donner une promesse écrite car il n'avait pas de machine à écrire. « Ça a fait tilt dans ma tête, se souvient Marcia. Plus personne n'utilise de machine à écrire. Il aurait pu noter ça sur un bout de papier. J'ai compris à ce moment-là que la situation était bien plus grave que je ne l'avais imaginé. » C'est pourquoi, à onze heures du soir passées, elle commença à exiger fermement l'autorisation de téléphoner au père de Monica.

Depuis le coup de fil de Marcia, Bernie Lewinsky n'avait pas chômé. Il avait réussi à contacter Bill Ginsburg, qui plaidait au tribunal. Quand on vint lui dire que Bernie voulait lui parler, Ginsburg annonça, avec une emphase théâtrale qui allait devenir sa griffe, qu'un cancérologue radiothérapeute le réclamait d'urgence et il demanda une suspension d'audience.

Une fois que Bernie lui eut expliqué le peu qu'il savait, Ginsburg le mit en garde : « Ne me dis plus rien au téléphone. Je te verrai le plus tôt possible. »

« Après ça, raconte Bernie, j'ai commencé à trembler. » Connaissant la réputation de Ginsburg, notamment son efficacité inégalée lors des contre-interrogatoires dans des affaires de fautes professionnelles médicales, il respectait son jugement. Il était depuis plusieurs années l'avocat du cabinet de Bernie – le Western Tumor Medical Group – et les deux hommes s'entendaient bien, entre autres parce qu'ils avaient le même âge et qu'ils avaient fréquenté ensemble l'université de Berkeley, à San Francisco, même s'ils n'étaient devenus amis qu'au milieu des années 90 après le remariage de Bernie. Ils sortaient souvent tous les quatre, Bernie, sa deuxième épouse Barbara, Bill et Laura Ginsburg, participaient à des week-ends de dégustation de vins et partaient en vacances ensemble. Le vendredi, ils se retrouvaient souvent pour aller au cinéma et manger des sushis. Avec ses nœuds papillons, ses manières de vieil oncle et sa voix de W. C. Fields sobre, Ginsburg allait devenir une célébrité nationale.

Ce soir-là, toutefois, pour Bernie, c'était simplement l'homme providentiel qui volait au secours de sa fille. Les deux amis se rencontrèrent à Los Angeles, dans un club du centre-ville où, après ce qui lui parut une éternité, Bernie reçut enfin sur son portable un appel de Marcia qui lui expliqua où elle était et avec qui. Comme la réception était mauvaise, Bernie sortit afin d'essayer de comprendre ce qui se passait. Dans la rue, au milieu du bruit des voitures, il parla brièvement à Monica qui pleurait à chaudes larmes. « Ne me dis plus un mot, Monica, lui recommanda-t-il. Je suis avec Bill Ginsburg. Il ne veut pas que tu me dises un mot de plus. » Comme la communication était sans cesse coupée, il trouva une cabine publique au coin de la rue et téléphona à Mike Emmick. Emmick dit à Bernie, que Ginsburg avait rejoint, que tout ce qu'il allait lui dire était strictement confidentiel et ne devait en aucun cas être répété à quiconque. « Je tremblais comme une feuille, admet Bernie. Je n'avais encore jamais parlé à un agent du FBI, j'étais terrorisé. »

Une fois de plus, Emmick expliqua que Monica avait de graves ennuis. Pour les enquêteurs, elle était impliquée dans une affaire de faux témoignage, une conspiration et une tentative d'étouffer une affaire concernant le président des Etats-Unis, et si elle refusait de coopérer avec la justice, elle risquait vingt-sept ans de prison. « Qu'entendez-vous par " coopérer " ? » demanda Bernie, déconcerté. Emmick lui expliqua que Monica devait accepter de porter un micro et d'enregistrer ses conversations avec Vernon Jordan, Betty Currie, et peut-être même avec le président.

Malgré son état de choc et son inquiétude, Bernie eut la présence d'esprit de demander : « N'a-t-elle pas droit à un avocat ? » Emmick lui demanda si elle en avait un – alors qu'il savait pertinemment qu'elle était représentée par Frank Carter ; Bernie répondit que oui, qu'il s'appelait William Ginsburg. Monica, qui avait rencontré Ginsburg deux ans plus tôt, confirma au procureur que c'était bien son avocat à Los Angeles. Prudent, Emmick conseilla à Monica de ne pas accepter un avocat qu'elle n'avait pas choisi elle-même. Bernie, qui ignorait tout de l'affaire de sa fille, ou de son lien présumé avec l'affaire Paula Jones, ne savait pas qu'elle avait déjà engagé un avocat. « Nous ne connaissions pas l'existence de Frank Carter, raconte Bernie Lewinsky. J'essayais juste d'aider ma fille dans une passe difficile. »

Après avoir brièvement parlé à Monica, Bill Ginsburg discuta avec Emmick des options qui s'offraient à sa nouvelle cliente, et en particulier de la possibilité d'une « immunité transactionnelle » qui permet d'éviter les poursuites qu'un témoignage pourrait déclencher. De même que l'instinct de Marcia l'avait incitée à la prudence, les antennes de Ginsburg se mirent à vibrer quand Emmick lui assura qu'il était peut-être en mesure de garantir l'immunité à Monica.

D'après Ginsburg, cette réponse prouvait que les procureurs essayaient de rouler Monica. Couvrant l'appareil d'une main, il souffla à Bernie qu'ils n'avaient pas le droit de proposer une immunité transactionnelle sans l'autorité requise. Il décida donc de contrer leur piège en leur demandant de noter leur promesse par écrit et de la lui faxer. Emmick rechigna, expliquant cette fois qu'il n'avait pas d'ordinateur à sa disposition. L'avocat lui demanda alors de l'écrire à la main, de signer et de lui envoyer un fax. Emmick répéta à Ginsburg qu'il devait lui faire confiance, ce qui lui attira une réponse cinglante : « Je place ma confiance dans Dieu, pas dans les procureurs des Etats-Unis. » Finalement, Emmick admit qu'il n'avait pas le pouvoir de proposer une immunité par écrit. Sa manipulation avait été éventée. En outre, les méthodes pour le moins douteuses du Bureau du procureur indépendant étaient mises à nu. « Tout au long de cette affaire, les enquêteurs ont employé des méthodes autoritaires, tyranniques, pour pousser les témoins à dire ce qu'ils voulaient leur faire dire », déclare Ginsburg.

Monica se souvient que, pendant la conversation entre Ginsburg et Emmick, le procureur avait proposé de faxer à son nouvel avocat une copie de sa déposition mensongère. Toutefois, les deux agents du FBI lui avaient aussitôt arraché le téléphone des mains. Ils avaient deviné que Ginsburg comprendrait aussitôt que le Bureau du procureur indépendant avait vu une copie de la déposition de Monica avant qu'elle ait été officiellement enregistrée, ce qui signifiait que les avocats de Paula Jones, à qui Frank Carter en avait envoyé une copie, la leur avaient fait parvenir. Le Bureau du procureur indépendant savait, lorsque Monica avait été arrêtée, que, techniquement, elle n'avait pas encore commis de délit grave. En outre, en l'empêchant de contacter Carter, ils s'étaient assurés que le grave délit en question – faire une déposition mensongère – allait être commis dans la journée. On comprend que l'opinion publique s'indigne des méthodes de Starr.

La discussion sur l'immunité fut une perte de temps, sauf dans la mesure où elle avait dévoilé les stratégies suspectes des hommes de Starr, car Monica n'avait aucune intention de porter un micro et de trahir ainsi l'homme qu'elle aimait. Sa conduite poussa son père à déclarer : « Elle a fait preuve d'une présence d'esprit remarquable en refusant de coopérer, et il est vraiment dommage que si peu de gens aient compris que, si elle n'avait pas été aussi forte, si elle avait porté un micro caché, elle aurait fait au président ce que Linda Tripp lui avait fait à elle. Peu importe que sa propre vie ait été en jeu, elle n'aurait jamais trahi personne comme elle avait été trahie. Quels que soient ses défauts – un manque de justesse et de discrétion, peut-être –, dans les moments cruciaux, elle fait front. On ne lui reconnaît pas assez cette qualité. On la traite comme une potiche alors qu'elle est tout sauf ça. Il n'y a pas beaucoup de femmes qui ne se seraient pas laissé avoir par l'homme le plus puissant de la planète, et même si je n'approuve pas ce qu'elle a fait, je considère qu'elle reste une fille bien. » La fermeté mentale de Monica est reconnue par les amis de la famille : « Elle a refusé de tirer un quelconque bénéfice en trahissant ses amis, observe Dale Young. Dans cette situation, sachant qu'elle risquait la prison, elle a montré son véritable caractère. Pour son courage, je serai éternellement fière d'elle. »

Après avoir éventé le bluff d'Emmick, Ginsburg parla avec Monica et lui dit qu'il prenait l'avion pour Washington le lendemain. Il lui recommanda, de même qu'à Marcia, de ne plus rien dire et de quitter l'hôtel. « Fais-moi confiance, assura-t-il. Tout se passera bien. » Les deux femmes firent part de leur décision aux procureurs qui leur remirent à chacune une citation à comparaître avant qu'elles partent.

Ce soir-là, avant de quitter Ginsburg, Bernie Lewinsky lui demanda s'il avait l'expérience requise pour se charger d'une affaire aussi délicate ; après tout, il était spécialisé dans les affaires médicales. Bill Ginsburg lui assura qu'il connaissait le droit pénal et qu'il n'aurait aucune difficulté à réunir une équipe d'avocats expérimentés de Washington. Bernie posa alors la question des honoraires. « Si c'est une affaire facile, répondit Ginsburg, 150 000 dollars. Si ça va jusqu'au procès, disons un million de dollars. » Il demanda en outre une provision de 25 000 dollars, réglable avant même qu'il prenne l'avion pour Washington et rencontre Monica. Cette nuit-là, Bernie et Barbara ne fermèrent pas l'œil. Ils étaient hantés par la pensée de Monica, menacée de prison à cinq mille kilomètres de là. « Nous pleurions dans les bras l'un de l'autre, se rappelle Barbara. Nous avions peur qu'elle aille en prison. C'était atroce. »

Il était plus d'une heure du matin quand Monica et Marcia regagnèrent leur appartement du Watergate. Parfaitement éveillées et pleines d'adrénaline, mais craignant que le FBI n'ait placé des micros partout, elles osèrent à peine se parler. Monica ne pensait qu'aux dangers qui guettaient le président. Il devait être prévenu d'une manière ou d'une autre. Inconsciente, comme toujours, des risques qu'elle encourait, elle se laissa aller à bâtir des plans plus fous les uns que les autres. Elle songea à prendre un taxi pour aller réveiller Betty Currie et la prévenir, ou à appeler Bruce Lindsey, l'avocat du président, alors qu'elle ne le connaissait pas. Mais sa mère lui fit jurer de ne parler à personne, craignant qu'elle ne détruise ses chances d'obtenir plus tard une immunité éventuelle.

A deux heures du matin, elles prirent la voiture pour se rendre à l'hôtel Four Seasons afin d'appeler Bill Ginsburg. Elles songeaient à quitter le pays, à passer la frontière et à aller au Canada, mais elles abandonnèrent aussitôt l'idée parce qu'elles croyaient que le FBI surveillait tous les aéroports et toutes les frontières. Pour montrer à quel point elles étaient paniquées, lorsqu'elles virent arriver un jeune couple à l'hôtel, elles crurent qu'il s'agissait d'agents du FBI. « On a tout de suite eu l'angoisse d'être constamment suivies », déclare Monica.

Monica, qui passait d'une activité maniaque à un silence déconcertant, s'était de nouveau refermée comme une huître. De retour chez elle, Marcia commença à être terrorisée à l'idée que sa fille se suicide ; elle lui demanda de laisser la porte de la salle de bains ouverte en prenant sa douche, afin de s'assurer qu'elle ne ferait pas de bêtise. Monica passa la nuit dans son lit, à moitié consciente, tandis que sa mère restait à ses côtés, craignant toujours qu'elle n'attente à sa vie.

L'horreur venait de commencer.

12

Je n'avais plus aucune importance

L'image de Susan McDougal, l'amie du président Clinton, quittant menottée le tribunal de Little Rock, dans l'Arkansas, en 1996 est devenue le symbole des iniquités de Kenneth Starr dans sa traque acharnée du président et de la First Lady. Le refus de McDougal de témoigner devant le Grand Jury à Little Rock sur l'affaire Whitewater parce que, selon ses propres termes, Starr cherchait à détruire la vie des Clinton au lieu d'enquêter impartialement lui valut une condamnation à dix-huit mois de prison ferme pour outrage à la Cour, peine qu'elle passa en grande partie en isolement, et lui gagna une place de choix au panthéon des héroïnes du peuple américain : non sans humour, on la baptisa « Jeanne d'Arkansas ».

L'image d'une Susan McDougal enchaînée se fixa dans l'esprit de Marcia Lewis dès que Monica et elle échappèrent aux griffes des adjoints de Starr. « Tout ce que je savais, c'est qu'il s'agissait des mêmes personnes qui avaient jeté Susan McDougal en prison sans procès, uniquement parce qu'elle n'avait pas fait ce qu'ils lui demandaient. »

Par une étrange coïncidence, Susan McDougal avait été évoquée dans leur dernière conversation par Monica et Catherine Allday Davis, juste après le nouvel an. Sentant que la situation devenait mauvaise pour son amie, Catherine lui avait déconseillé d'adopter la même attitude que Susan McDougal parce que, se souvient-elle, « je ne voulais pas qu'elle mente pour protéger le président si cela signifiait pour elle des problèmes ».

Quand elles quittèrent enfin le Ritz-Carlton de Pentagon City, très tôt le samedi matin 17 janvier, Marcia ne savait pas exactement de quelles accusations sa fille risquait de répondre, et elle ne comprenait pas pourquoi elle-même était impliquée dans cette affaire, car elle ignorait alors qu'à plusieurs reprises Monica avait mentionné son nom pendant ses conversations enregistrées avec Linda Tripp. Après tout, le seul « crime » qu'elle ait commis avait été d'écouter les malheurs romantiques de sa fille et de l'avoir encouragée à quitter Washington. Le souvenir de ces jours reste gravé dans la mémoire de Marcia : « Quand nous sommes rentrées, nous étions persuadées que les adjoints de Starr allaient arriver un peu plus tard. C'est ainsi que nous avons vécu dans l'appartement, dans l'obscurité, seules, complètement isolées du reste du monde, la porte verrouillée, en redoutant qu'ils ne surgissent la minute suivante. Je sais qu'une telle attitude peut paraître relever de la paranoïa, mais il m'est impossible d'expliquer la terreur que j'éprouvais alors, ni ma certitude absolue que ces gens allaient nous jeter en prison et que Monica, qui jamais n'accepterait d'entrer dans leur jeu et de coopérer, allait y croupir pendant vingt-sept ans. »

Elles étaient convaincues que le FBI avait mis leur téléphone sur écoute, que leur appartement de Watergate fourmillait de micros et que des yeux invisibles mais accusateurs épiaient leurs moindres faits et gestes. Pendant une bonne partie du temps avant que le scandale n'éclate – et continuellement ensuite –, elles restèrent cloîtrées dans l'appartement, rideaux tirés, à faire les cent pas sans oser se parler sauf dans un murmure, en s'attendant à chaque instant à ce qu'on frappe à la porte et qu'on les emmène en prison. Elles mangeaient à peine – leurs bouches étaient presque trop sèches pour qu'elles conversent, encore plus pour avaler de la nourriture – et elles avaient constamment trop chaud ou trop froid, comme si leur corps défaillait. Les deux femmes souffraient d'un état de choc sévère, et elles tremblaient tout le temps. « Si j'avais été seule, dit Marcia, j'aurais cru que j'étais en train de mourir, mais comme nous partagions les mêmes symptômes je me suis rendu compte qu'ils résultaient seulement de notre peur. » Leur terreur était telle qu'elles n'osaient même pas se débarrasser des détritus, de crainte que ceux qu'elles soupçonnaient de les surveiller ne les accusent de détruire des preuves. Chaque jour Marcia plaçait le contenu de la poubelle dans un sac qu'elle rangeait dans la cuisine, de sorte que lorsque le FBI viendrait elles pourraient démontrer qu'elles avaient agi correctement. « Quand vous êtes dans un tel état, dit Marcia, vous faites des choses folles. Nous étions littéralement terrorisées. Pendant des jours nous sommes restées là, effrayées par le moindre bruit, recluses, sans oser parler à qui que ce soit. Une idée me taraudait : " Si nous allions toutes deux en prison, qui viendrait rendre visite à Monica ? " Et je pensais aussi à mon fils, Michael. Que se passerait-il quand il se marierait et qu'il aurait des enfants ? Je ne pouvais supporter l'idée de mes petits-enfants venant me voir au parloir de la prison. »

Bien entendu, la première pensée de Marcia fut pour sa famille. Elle n'osait pas quitter Monica des yeux, de peur qu'elle ne se fasse du mal. Tandis que les jours passaient et qu'elles comprenaient que le scandale allait éclater au grand jour, ses craintes pour la sécurité de sa fille s'intensifièrent. Tout en cherchant à la protéger, elle désirait que les autres personnes qu'elle aimait échappent à cet « horrible gâchis ». Peu après le coup de tonnerre que créa la révélation de l'histoire, le mercredi 21 janvier 1998, elle appela en urgence Debra, qui avait conservé son pied-à-terre au Watergate, et la pressa de faire ses valises et de quitter Washington. Craignant que le FBI ne surveille les gares et les aéroports, Marcia lui recommanda d'aller en voiture aussi loin que possible. Debra rassembla quelques effets personnels de sa maison de Virginie puis roula pendant huit heures d'affilée pour aller rejoindre son fils, Alex, à Boston dans le Massachusetts. « J'avais réellement peur, et je me sentais comme une fugitive dans mon propre pays », se souvient Debra. Avant que l'affaire ne soit révélée au grand public, Marcia avait brièvement contacté son fiancé, Peter Straus. Celui-ci allait être opéré des yeux et attendait son retour imminent à New York. Elle lui avait annoncé que Marcia avait eu un accident et qu'elle devait rester quelque temps à Washington pour lui tenir compagnie. « Je me sentais très mal, se remémore Marcia, je ne voulais pas que Peter sache quoi que ce soit. A cette époque je pensais que je ne reverrais jamais plus aucune des personnes que je connaissais ou que j'aimais. Cela peut paraître mélodramatique, mais cette affaire était entourée d'une sorte de noirceur de cauchemar qui obscurcissait ma vie. Maintenant que les pièces du puzzle sont en place, il est bien sûr aisé de dire " Pourquoi n'ai-je pas fait ceci, ou cela ? ", mais pour une personne ordinaire comme moi, qui ne s'était jamais retrouvée dans une situation criminelle, être malmenée par le FBI, Starr et le gouvernement... c'était réellement terrifiant. » Quelques jours plus tard elle appela Peter pour prendre de ses nouvelles, lui expliqua qu'il s'était produit quelque chose de terrible mais qu'elle ne pouvait rien lui dire de plus. Elle ajouta que s'il ne voulait plus jamais lui parler après la révélation du scandale elle comprendrait fort bien, et le remercia pour les jours heureux qu'ils avaient vécus ensemble. Peter se souvient : « Elle cherchait à me protéger, et je n'ai jamais été aussi touché de mon existence. »

Pour Marcia, un des aspects les plus douloureux de cette horrible affaire était de devoir mentir à son fils. Juste avant que le scandale éclate, Michael téléphona de Pittsburgh, où il était inscrit à la Carnegie Mellon University, pour annoncer qu'il y avait quelque chose sur sa sœur sur Internet, et pour demander ce qui se passait. Croyant toujours que cette affaire ne serait jamais rendue publique, sa mère lui répondit que ce n'étaient que des rumeurs sans fondement. « Je me suis culpabilisée de faire ça, parce qu'il avait une entière confiance en moi, et qu'il a cru que tout cela était faux. Mais une mère veut rassurer son enfant, c'est normal », dit-elle. Après que le scandale eut éclaté, elle découvrit qu'il lui était impossible d'expliquer la situation à son fils par téléphone, et elle dut s'adresser à lui par l'intermédiaire de l'avocat de la famille, Bill Ginsburg.

Pour Marcia comme pour sa fille, « tout baignait dans une atmosphère de peur paralysante. Je pensais que jamais plus je ne retournerais à New York, jamais plus je ne marcherais dans la rue, jamais je ne respirerais l'air du dehors, jamais je ne reverrais mon fils. Je pensais que nous allions tous finir en prison. Point à la ligne. » Marcia découvrit pour la première fois la vérité sur la robe bleue tachée alors qu'elles regardaient la télévision. Ayant vu un reportage sur la robe, elle se tourna vers sa fille et lui demanda : « Où est cette robe, maintenant ? » A quoi Monica répondit : « Maman, elle se trouve dans la penderie de l'appartement de New York, avec tous mes autres vêtements. »

Rétrospectivement, il semble ridicule que Marcia, Monica ou quelqu'un ayant accès à l'appartement de New York n'ait pas pris la robe pour la détruire. La raison en est simple : à cette époque les deux femmes étaient trop terrorisées pour se déplacer, quitter l'appartement ou seulement passer un coup de téléphone. Elles craignaient d'être épiées et suivies par des agents du FBI, et d'être arrêtées la minute suivante. Tétanisées, elles laissèrent cette preuve incriminante dans une penderie, où elle attendit de prendre sa place dans l'histoire.

Comme Marcia le déclare théâtralement : « Monica a-t-elle envoyé cette robe à sa mère pour qu'elle la cache ? Non. Sa mère a-t-elle subtilisé cette robe pour la détruire ensuite ? Non. Sa mère savait-elle où se trouvait cette robe ? Elle ne l'a appris que par la télévision. »

Elles n'étaient pas les seules à avoir peur. Quand il fut impliqué dans l'affaire, même un avocat aussi expérimenté que Bill Ginsburg fut suffisamment inquiet d'une possible filature du FBI pour retenir six billets d'avion différents pour se rendre de Los Angeles à Washington. En fait il passa par Pittsburgh, et de là prit la navette jusqu'à la capitale où il arriva en fin d'après-midi le samedi 17 janvier.

Malgré sa crainte d'être arrêtée par un groupe d'agents du FBI, Monica alla le chercher à l'aéroport. Ce soir-là, en une parodie de normalité qui ne manquait certes pas de sel, elle, sa mère et Ginsburg sortirent dîner à l'Oval Room, un restaurant situé non loin de la Maison-Blanche. Comme ni Monica ni Marcia ne connaissaient très bien l'avocat, ce fut une sorte de réunion de présentation, pendant laquelle Ginsburg questionna Monica et discuta de leur plan d'attaque.

A un certain moment elle utilisa un téléphone public dans le restaurant pour appeler son père à Los Angeles. Ce fut un échange larmoyant, et très chargé émotionnellement. Bernie lui fit promettre de ne rien tenter contre elle-même, en ajoutant que « ce salopard » – le président – n'en valait pas la peine. Une fois cette pénible conversation terminée, Bill Ginsburg prit le téléphone et lança une bombe : à cause de son état émotionnel, déclara-t-il, il ne pouvait autoriser sa cliente à recontacter son père. Il craignait que durant une telle discussion elle ne révèle quelque chose qui risquerait de l'incriminer, ce qui aurait des conséquences désastreuses si l'appareil qu'elle utilisait était sur écoute.

Il y avait autre chose. Bernie et Barbara avaient projeté un séjour de vacances à Hawaii, mais ils avaient décidé d'annuler leur réservation et de prendre l'avion pour Washington afin d'être auprès de Monica. Ginsburg ne voulut pas en entendre parler, et déclara avec la plus grande fermeté que leur présence ne ferait que compliquer la situation. Il insista pour qu'ils partent en vacances comme prévu, et ajouta qu'il leur téléphonerait quotidiennement pour leur faire un résumé des derniers développements de la situation. Non sans quelque amertume, Bernie déclara : « A notre insu, Bill Ginsburg n'a jamais dit à Monica que nous avions l'intention de venir à Washington. Or elle a été profondément blessée que nous ne l'ayons pas fait. Ce n'est qu'en mai qu'elle a découvert la vérité. »

Le lendemain, dimanche 18 janvier, Monica attendit avec angoisse dans l'appartement tandis que Ginsburg allait rencontrer les procureurs au bureau de Starr afin d'évaluer leur position. A présent, son propre destin échappait à Monica – plus encore qu'elle ne le croyait, puisque sur Internet *The Drudge Report*, le site de ragots qui s'était déjà fait l'écho de l'histoire de Kathleen Willey, diffusait une rumeur selon laquelle *Newsweek* aurait supprimé un article de Michael Isikoff sur une liaison entre le président et une stagiaire. Pour l'instant cependant le nom de Monica n'avait pas été cité.

La mère et la fille allèrent chercher Ginsburg à la sortie de son entrevue et le ramenèrent au Ritz-Carlton où il était descendu. Dans la voiture, il leur annonça qu'il allait déclarer publiquement que le président avait harcelé sexuellement Monica et qu'il n'était rien de plus qu'un satyre qui s'en prenait aux enfants. Pour la pauvre jeune femme, ce fut le premier indice de la façon dont les déclarations de Ginsburg risquaient de la gêner plutôt que l'aider. L'effet sur elle fut instantané : « J'ai piqué une colère terrible. Je lui ai crié qu'il [Clinton] ne m'avait pas harcelée, et que nous avions eu une relation entre adultes. »

A ce moment-là, elle déclara aussi qu'elle désirait être admise dans un hôpital psychiatrique. « La pression était trop forte pour moi, et je me sentais au bord de la dépression nerveuse », dit-elle. Au lieu de se montrer compréhensif, Ginsburg lui intima sèchement l'ordre de se calmer, puis s'énerva et lui cria qu'elle devait s'endurcir afin de pouvoir affronter la situation. C'est cette attitude qu'il conserva durant les mois suivants.

Au Ritz-Carlton, une fois calmé, le trio loua une salle de réunion pour être en mesure de discuter des résultats de l'entrevue entre Ginsburg et les adjoints de Starr. D'après l'avocat, il existait deux options, toutes deux également désagréables. Premièrement, elle pouvait porter un micro et enregistrer ses conversations téléphoniques, solution qu'elle avait déjà écartée avec la plus grande vigueur. Deuxièmement, elle pouvait accepter un procès. Dans cette éventualité, dit Ginsburg, sa défense coûterait au moins 500 000 dollars, ce qui, fit-il remarquer, ruinerait le cabinet médical de son père. Marcia éclata en sanglots, Monica explosa et Ginsburg se mit en colère. « Ce fut une réunion ridicule », se souvient Monica.

Entre-temps elle n'avait cessé de recevoir des messages de plus en plus affolés sur son pager de la part de Betty Currie. « Cela me fendait le cœur », avoue-t-elle maintenant. En effet, même si elle désirait par-dessus tout mettre en garde Betty et le président, elle savait qu'en agissant ainsi elle perdrait sa dernière chance d'immunité, ce qui ne mettrait pas en péril uniquement sa propre personne, mais aussi sa mère. A ce stade Marcia devait affronter la possibilité de poursuites pénales en relation avec la conspiration. Dans un cas comme dans l'autre, les procureurs du Bureau du procureur indépendant n'offraient pas l'immunité contre toutes poursuites judiciaires, mais seulement la promesse d'informer le juge, si Monica était reconnue coupable, qu'elle avait coopéré avec eux. Ce genre de marché n'était pas du goût de Ginsburg.

Le lendemain – qui se trouvait être le Martin Luther King Day –, les représentants de Starr décidèrent de perquisitionner l'appartement de Monica. En réalité, ils ne se montrèrent pas. Pendant ce temps Betty continuait de lui envoyer des messages – « Urgence familiale. Téléphone S.T.P. », « Bonnes nouvelles, appelle S.T.P. », etc. Ensuite ce fut au tour de Vernon Jordan de chercher à la contacter, puis de son précédent avocat, Frank Carter, mais Monica était trop effrayée pour leur répondre. Finalement elle se rendit dans une cabine publique et appela Betty, mais une fois de plus elle craignait d'être entendue par des ennemis invisibles et elle chercha une manière secrète de faire comprendre ce qui s'était passé à la secrétaire du président. Quand Betty répondit, Monica ne dit qu'un mot : « Hoover » (référence à J. Edgar Hoover, patron du FBI de 1924 à sa mort en 1972), puis raccrocha. Après ce très bref appel elle eut si peur d'utiliser le téléphone qu'elle écrivit une lettre à Betty, dans laquelle elle la remerciait pour avoir laissé « sa fille Kay [leur mot de passe] visiter la Maison-Blanche et les bureaux du FBI ». Jamais elle n'envoya ce mot, qui d'ailleurs n'aurait en rien résolu le dilemme qui la hantait : l'immunité impliquait de trahir l'homme qu'elle aimait ; l'autre solution risquait de voir sa mère poursuivie. « J'avais constamment à l'esprit le bien-être de ma mère et de ma famille, et celui de l'entourage du président, dit-elle. Je ne me souciais pas de moi. Je n'avais plus aucune importance. »

Tandis que Monica se débattait avec sa conscience, Bill Ginsburg et l'avocat pénaliste de Washington qu'il avait engagé, Nathaniel Speights, bataillaient ferme avec les adjoints de Starr. Pendant des heures elle attendit dans l'immeuble du Bureau du procureur indépendant, surveillée par divers assistants de Starr. Cependant ses deux avocats, qui avaient insisté auprès d'elle sur le fait que leur tâche première était de s'assurer qu'elle s'en tire au mieux, quoi qu'il arrive à autrui, s'efforçaient de conclure un marché. Les perspectives n'étaient pas très encourageantes. Ginsburg envisagea un scénario dans lequel Monica, comme Susan McDougal, pourrait être condamnée pour outrage à la Cour et envoyée dans une prison pour femmes si elle n'acceptait pas de coopérer avec le Bureau du procureur indépendant. Même la possibilité de gagner le procès paraissait maintenant bien mince.

Washington bourdonnait de rumeurs sur une liaison présidentielle ; *The Drudge Report* les alimenta ce 19 janvier en mentionnant le nom de Monica. Elle était à présent « radioactive ». Les adjoints de Starr jugèrent peu probable qu'ils puissent encore offrir une immunité transactionnelle – qui évite à une personne d'être poursuivie pour des éléments découlant de son témoignage – puisque la Maison-Blanche était maintenant sensibilisée à son implication dans l'affaire.

Après des heures de négociations infructueuses, Monica et ses avocats traversèrent la rue pour aller dîner au Hard Rock Café. Ils conservaient encore l'espoir que Starr ferait une offre d'immunité en échange de laquelle Monica leur dirait ce qu'elle savait, au lieu de porter un micro et de faire mettre son téléphone sur écoute, comme le voulait Starr à l'origine.

Ils retournèrent au Bureau du procureur indépendant vers 22 h 30. Monica attendait avec angoisse dans une pièce voisine du bureau où ils discutaient quand elle entendit Ginsburg qui s'écriait : « Bande de salopards !

Vous voulez assigner le père à comparaître ? » Il ouvrit la porte de communication, saisit Monica par le coude et lui lança : « Allez, nous partons ! » Dans le couloir il lui expliqua qu'ils avaient voulu lui faire accepter que le Dr Lewinsky soit cité à comparaître. « J'ai craqué, se souvient Monica. Je me suis écroulée sur le sol, terrassée par le désespoir. J'avais le sentiment d'être soumise à une torture qui ne prendrait jamais fin. Qu'infligeaient-ils à ma famille ? Je ne pouvais pas en supporter plus. »

Avec brusquerie, Ginsburg lui ordonna de se relever et de se calmer. « Vous ne devez pas les laisser voir dans quel état vous êtes », dit-il. Tandis que Monica et lui quittaient l'immeuble du Bureau du procureur indépendant, Nate Speights resta encore un peu et réussit à persuader les adjoints de Starr d'abandonner l'idée d'une citation à comparaître visant Bernie.

Dans le même temps Marcia avait pris un avocat, Billy Martin. Quand ils se rencontrèrent pour la première fois, le 18 janvier, après qu'elle eut appris qu'elle était citée à comparaître, il se montra profondément troublé. Il avait quinze ans d'expérience en tant que procureur, il s'était occupé de toutes sortes de cas, de l'homicide au viol, et il comprit aussitôt qu'il avait affaire à une femme victime d'un crime très grave. « Elle était très, très effrayée, dit-il, et ma première impression fut qu'elle en rajoutait. Toutefois il ne me fallut pas longtemps pour prendre conscience que son comportement était tout à fait approprié à la situation. » Derrière la décision de forcer Marcia à déposer contre sa propre fille, il y avait une malveillance manifeste qui inquiéta nombre d'avocats chevronnés. Comme le dit Billy martin : « Au sein du Bureau du procureur indépendant semblait prévaloir l'optique d'enquêter sur cette affaire avec l'objectif défini d'engager des poursuites contre le président en personne, et ce depuis le début. Ils voulaient traîner Clinton devant un tribunal, contre vents et marées. »

De fait, leur décision de forcer Marcia à témoigner devant le Grand Jury faisait partie de cette tactique. « Cela n'avait pour but que de pousser Monica à accepter de coo-

Monica avec Andy Bleiler, le premier homme qu'elle ait vraiment aimé. Ils s'étaient rencontrés lorsqu'elle allait encore au lycée. Il était technicien du spectacle au Département d'Art dramatique.

Monica et Andy à la fête organisée pour les 21 ans de Monica, durant l'été 1994, à Portland, dans l'Oregon.

Une soirée
en compagnie
de ses amis
de l'université
Lewis and Clark.

Avec Linda
Estergard,
la « mère »
d'adoption de son
groupe d'amis
à l'université,
dont elle devint très
proche.

Jour de remise des diplômes, en mai 1995.

Monica avec ses amies proches : Neysa DeMann Erbland *(ci-dessus)* et Catherine Allday Davis *(ci-dessous à gauche)*. Ces jeunes femmes ont toutes deux été appelées à témoigner devant le Grand Jury. Malgré cela, l'amitié qui les lie à Monica est plus forte que jamais.

Catherine rendit ▶ visite à Monica durant son stage à la Maison-Blanche. La photo est prise devant l'East Room, sur le portique nord.

Le superviseur de Monica durant son stage, Tracy Beckett, fit obligeamment visiter la Maison-Blanche à la famille de la jeune femme. Comme c'est la coutume, tous furent photographiés derrière le podium de la salle des conférences de presse.

De gauche à droite : la tante de Monica, Debra ; sa grand-mère ; Marcia, sa mère ; son cousin Alex ; Monica et Michael.

La toute première photographie montrant le président et Monica ensemble. Elle fut prise lors de la fête d'anniversaire organisée pour les 49 ans de Bill Clinton sur la Pelouse Sud de la Maison-Blanche, le 10 août 1995. Avant même que leur relation ait commencé, leur attirance mutuelle sautait aux yeux.

Le président et Monica dans le bureau du secrétaire général de la Maison-Blanche, le vendredi 17 novembre 1995. Aucune des personnes présentes ne le sait, mais ils se sont déjà rencontrés en privé à deux reprises plus tôt ce soir-là.

(*P.A. News.*)

Monica lors d'une cérémonie organisée pour l'arrivée du président de la République d'Irlande, le 13 juin 1996. Elle s'y rendit en compagnie de son père et de son frère Michael. Lorsque le président Clinton passa près d'elle, il déclara : « J'aime bien votre chapeau, Monica. » Le père de Monica fut abasourdi que Bill Clinton l'ait reconnue.

Sortie de famille à la Maison-Blanche pour écouter le discours radiodiffusé du président, le 14 juin 1996. *De gauche à droite :* Barbara, la belle-mère de Monica ; Bernard Lewinsky ; le président Clinton ; Michael et Monica. Michael venait tout juste d'avoir dix-huit ans et souhaitait vivement faire savoir au président que son premier vote serait pour lui.

Monica serre la main au président à une fête de fin d'année de la Maison-Blanche, en décembre 1996. Le lendemain soir, le président l'appela pour la complimenter sur son apparence. Il lui annonça également qu'il avait des cadeaux de Noël pour elle – une épingle à chapeau faite à la main venant du Nouveau-Mexique et une très belle édition reliée de *Leaves of Grass*, du poète Walt Whitman.

Cette photo la représentant avec Bill Clinton est la préférée de Monica. Elle fut prise dans le Bureau Ovale le 28 février 1997 et le président la lui dédicaça pour son anniversaire, en juillet de la même année.

Départ pour la Bosnie dans un avion-cargo C-17. Il s'agissait du premier voyage de Monica en Bosnie. On la voit ici en compagnie de son patron, le porte-parole du Pentagone Ken Bacon *(à gauche)*, et du colonel P.J. Crowley.

Monica reçoit des mains de Ken Bacon un prix pour ses « réalisations exceptionnelles », de la part du ministre de la Défense, en 1997. Sur le revers de son « tailleur vert porte-bonheur », elle arbore la broche que lui a offerte le président pour son vingt-quatrième anniversaire.

Monica avec sa mère et sa tante Debra au Georgetown Club,
à Washington D.C., en 1998.

(A.P.)

Linda Tripp devant chez elle, dans le Maryland, en janvier 1998.
Dans un premier temps amie de Monica, elle la trahit ensuite
en enregistrant secrètement leurs conversations privées.

Quelques jours après que le scandale a éclaté, en janvier 1998, l'ex-amant
de Monica organise une conférence de presse devant chez lui à Portland
afin de rendre publique sa version de leur relation.

(A.P.)

(P.A. News.)

Retrouvailles émues avec son père devant chez lui, à Los Angeles, en février 1998. C'est la première fois que Monica le revoit depuis que le scandale a éclaté. Il fut son « rocher de Gibraltar » durant les journées les plus difficiles de son existence.

Sa belle-mère Barbara garde à distance les paparazzi en furie tandis que Monica et elle sortent d'un restaurant de Santa Monica, plus tard cette semaine-là.

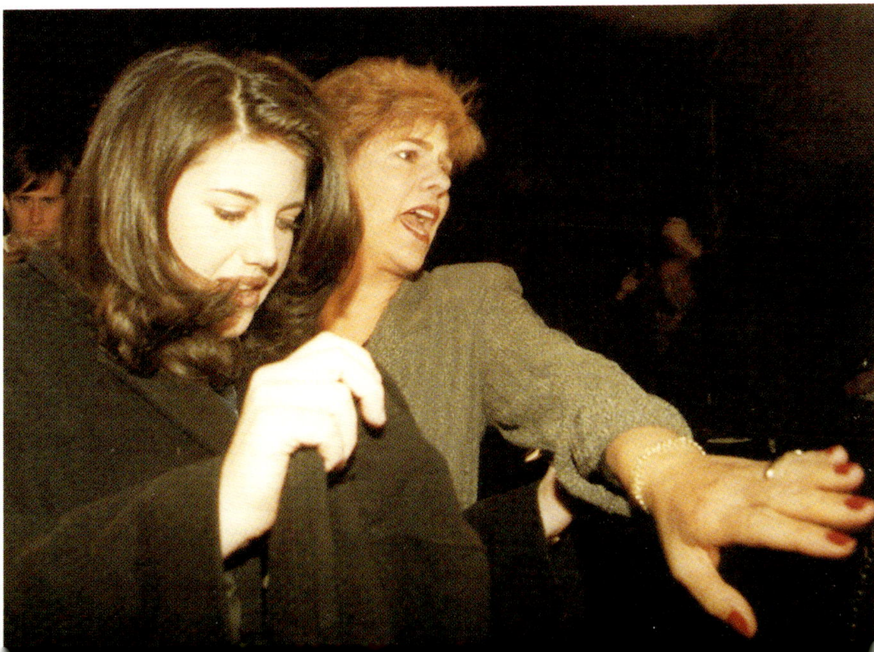

(A.P.)

(A.P.)

Lorsqu'elle vit cette photographie de sa mère sortant de son deuxième jour de témoignage devant le Grand Jury, en février 1998, Monica en fut malade. Elle ne fut que plus résolue à tenir tête au Bureau du procureur indépendant.

(P.A. News.)

L'homme à l'origine des quatre années d'enquête sur le président Clinton, le procureur indépendant Kenneth Starr.

Sortie de l'immeuble du FBI à Los Angeles, le 28 mai 1998, après trois heures passées à donner des échantillons d'écriture et d'empreintes digitales au FBI. *De gauche à droite :* Todd Theodora, Monica et l'avocat Bill Ginsburg.

(Rex Features.)

Monica en compagnie d'Ashley Raines, sa collègue de la Maison-Blanche et sa meilleure amie à Washington D.C., lors de la cérémonie de remise des diplômes de Michael Lewinsky, en juin 1996. Ashley fut la première des amies de Monica à être appelée à témoigner contre elle devant le Grand Jury.

L'avocat Jacob Stein *(à droite)* se joignit à l'équipe juridique en juin 1998 afin d'essayer d'obtenir pour Monica l'immunité contre toute poursuite. En compagnie de Plato Cacheris, un autre vétéran du barreau de Washington, il remplaçait Bill Ginsburg. L'avocat Nathaniel Speights *(à gauche)* conservait son poste.

(A.P.)

La famille de Monica au complet, réunie pour fêter ses vingt-cinq ans – le plus beau cadeau d'anniversaire qu'elle eût pu imaginer. Elle avait appris ce jour-là qu'elle obtiendrait sans doute l'immunité.
De gauche à droite :
sa belle-mère Barbara, Bernard Lewinsky, Monica, Marcia, Michael, et Peter Strauss, son beau-père.

Premier jour du témoignage de Monica devant le Grand Jury, le 6 août 1998. Lorsque le témoignage s'acheva, elle avait réussi à établir des rapports affectueux avec les jurés, qui lui offrirent un « bouquet de bons vœux » pour l'avenir. Ce fut là un geste très important pour elle.

(A.P.)

pérer avec le Bureau du procureur indépendant, car il était évident que de tous ceux qui pouvaient déposer à propos de cette affaire, c'était la mère de Monica qui en savait le moins », dit Martin.

A présent convaincues que leur téléphone était placé sur écoute et que l'appartement fourmillait de micros, Monica et Marcia décidèrent de faire leurs valises et de déménager dans l'appartement de Marcia, situé au sixième étage. Comme elles avaient été toutes deux citées à comparaître, et qu'on leur avait de plus interdit de parler de l'affaire entre elles, elles se rendaient dans la salle de bains, tard dans la nuit, ouvraient les robinets et conversaient dans un murmure. « Ce n'est pas ainsi que nous devrions vivre aux Etats-Unis à notre époque. Cela me faisait penser au *Journal d'Anne Frank*. Nous vivions dans une peur constante », dit Monica en se souvenant qu'elles ne dormaient que rarement, et pas plus de quelques heures d'affilée, pour se réveiller dans l'étau de l'angoisse.

Le mardi 20 janvier 1998 fut le dernier jour d'anonymat de Monica. Elle quitta l'appartement de sa mère alors que les adjoints de Starr venaient enfin perquisitionner le sien. Elle attendit qu'ils aient accompli leur tâche, sans rien faire. « C'était comme un viol, ces hommes qui fouillaient dans mes affaires intimes. » Starr avait déjà délivré une assignation à comparaître à la Maison-Blanche, en exigeant que tout ce qui pouvait avoir un rapport avec Monica Lewinsky lui soit communiqué.

A 5 heures le lendemain matin, incapable de trouver le sommeil, Monica sortit dans le couloir où elle trouva la dernière édition du *Washington Post*. L'histoire venait d'éclater au grand jour. L'article de Susan Schmidt, publié en première page, citait des « sources » qui affirmaient que, sur les enregistrements effectués par Linda Tripp, Monica décrivait la façon dont Clinton et Vernon Jordan lui avaient expliqué comment mentir lors de son témoignage. Ce n'était absolument pas le cas, comme Monica l'avait juré solennellement, cependant Starr en avait fait le pivot de son argumentation pour obtenir des compétences étendues, et ce fut également le principe de base de toutes les unes et des flashs télévisés qui traitèrent de l'affaire durant les semaines suivantes.

Alors qu'elle lisait l'article du *Washington Post*, il lui sembla que le temps s'arrêtait, un sentiment qui fut renforcé les jours suivants par le cauchemar sans fin qu'elle dut vivre. Les médias devinrent frénétiques, d'une manière qui n'avait plus eu cours depuis le procès de O.J. Simpson en 1995. Les reportages télévisés réalisés par des journalistes aguerris sur la visite historique du pape à Cuba furent supplantés par les moindres détails sur des enregistrements secrets de conversations, une mystérieuse robe tachée, la voix du président sur le répondeur de Monica, ses visites secrètes à la Maison-Blanche et toute rumeur, supposition ou invention qui pouvait naître ici ou là.

Elle avait même choisi un message de Saint-Valentin pour lui, quelques vers d'Emily Dickinson qu'elle avait eu l'intention de faire insérer dans le *Washington Post* :

Nuits de folie! Nuits de folie!
Quand j'étais avec Toi
Ces nuits de folie seront
Notre luxe intime

Une fois de plus, Bill Ginsburg augmenta la pression en accusant le président d'être misogyne, et Starr d'avoir détruit la vie de Monica. « Une fois l'affaire rendue publique, se souvient Monica, nous sommes restés cloîtrées et la tempête s'est déchaînée autour de nous. Tout le monde disait qu'il allait devoir démissionner. Je n'arrivais pas à y croire. J'étais toujours très amoureuse du président, je voulais à toute force le protéger et je n'appréciais pas du tout que Bill Ginsburg prétende qu'il était misogyne. En même temps, je ressentais une frustration profonde parce que je savais que ces accusations étaient tout simplement fausses. Il ne m'a jamais demandé de mentir. » Elle était déterminée à aider le président, et elle l'approuva sans réserve quand il déclara à la télévision qu' « il n'y avait eu entre eux aucune relation sexuelle ».

Autant elle désirait le protéger, autant elle était angoissée par la façon dont sa famille et ses amis – qu'elle n'osait plus appeler – réagissaient à ce déferlement d'assertions. Sa tante Debra, qui était alors à Boston, jugea l'expérience « effrayante », tandis que son frère attribua sa capacité à supporter cette période très trouble au soutien amical de ses amis étudiants de la Carnegie Mellon University. Michael ne pouvait communiquer avec sa famille que par messages téléphoniques très courts et cryptés, et il s'écoula un mois avant qu'il n'entende à nouveau la voix de sa sœur. « Les deux jours avant que le scandale n'éclate, j'étais une véritable épave tant je m'angoissais de ce qui risquait d'arriver, se souvient-il. Je me sentais très seul et quand l'affaire a été révélée tout s'est emballé. J'étais dans le déni. Pour moi, la jeune femme qu'on montrait à longueur de flashs télévisés n'était pas ma sœur. C'était tellement laid, je ne m'en suis tiré que grâce à mes amis et aux professeurs de la Carnegie Mellon University. »

Les effets furent tout aussi violents sur les amies de Monica. Le problème qu'elle rencontrait si elle se confiait à des personnes très proches se résumait en une formule : infraction à la loi. Si elle téléphonait à ses amies, ou qu'elle était appelée par elles, un enregistrement serait créé, ce qui signifiait qu'elles seraient soupçonnées par Starr. Il en résulta une quarantaine imposée par la situation qui frappa Monica et sa famille. A cette époque Monica savait que Tripp l'avait enregistrée lors de leur déjeuner à Pentagon City, mais elle ignorait encore que Tripp avait également enregistré leurs conversations privées. Ses amies les plus proches étaient déjà impliquées dans l'affaire parce que Monica avait confié à Tripp ce qu'elle leur avait dit et comment elles avaient réagi – tout cela avait été enregistré.

Monica se faisait tout spécialement du souci pour Neysa DeMann Erbland, qu'elle avait appelée et à qui elle avait laissé un message la veille des événements au centre commercial. Quand Neysa lui téléphona, Monica fut brève et lui dit qu'elle la recontacterait ultérieurement. Comme tous ses amis, Neysa n'apprit ce qui se passait réellement que lorsqu'elle entendit mentionner le nom de

Monica à la radio alors qu'elle passait en voiture à Marina Del Rey, en Californie. « Je n'en ai pas cru mes oreilles », dit-elle. Pendant plus de six mois elle ne put reparler à Monica et la réconforter ; le seul contact qu'elle eut avec son amie passa par l'intermédiaire de Bill Ginsburg.

Pour les amis de Monica à Portland, la nouvelle fut un traumatisme aussi violent, mais en plus ils se retrouvèrent très vite harcelés par les médias. Tout comme elle l'avait fait à l'université, Linda Estergard, alors en fin de grossesse, joua « la mère » pour d'anciens étudiants qui d'un peu partout lui téléphonèrent chez elle, à Portland, pour lui demander des conseils. Elle leur recommanda de ne rien dire, et elle répéta ce message chaque jour aux centaines de journalistes qui l'appelaient ou traînaient autour de sa maison.

Comme Linda et toutes les anciennes étudiantes amies de Monica, Carly Henderson reçut un choc en apprenant la nouvelle et fut très inquiète pour Monica. Elle préparait alors un doctorat en psychologie, et elle se souvient de cette période : « Tout le monde était bouleversé, et nous avions très peur pour Monica. Je pleurais et je criais des injures en regardant la télévision. J'ai même pensé qu'elle risquait de se suicider parce qu'elle ne pourrait pas supporter une pression aussi intense. Elle faisait l'ouverture du journal télévisé, avant le pape à Cuba, vous vous rendez compte ! »

La raison pour laquelle ses amies devaient se fier aux informations des médias pour avoir des nouvelles de Monica était aussi simple que lamentable : elle et sa mère vivaient dans un autre monde, rideaux tirés, l'immeuble du Watergate assiégé par les médias du monde entier, et chaque coup de fil leur apportant espoir ou désespoir. Elles n'osaient plus sortir, car le gérant de l'appartement leur avait révélé que des équipes de télévision avaient loué les appartements qui donnaient sur leur balcon. Debra Finerman se rendit compte de l'enfer qu'elles vivaient quand elle leur téléphona un matin pour savoir comment elles allaient. Un orage venait d'avoir lieu, laissant derrière lui un ciel clair et lumineux, mais Marcia ignorait qu'il avait cessé de pleuvoir car les rideaux étaient restés tirés. Pour Debra, « c'était une métaphore de toute cette situation – elles vivaient comme des animaux en cage. Ma sœur, qui n'avait rien fait, devait se cacher dans l'ombre comme la pire des criminelles. »

Elles n'avaient pas un instant de répit. Quelques jours après le début du scandale, les deux femmes se glissèrent sans être vues sur le balcon, à 2 heures du matin, pour respirer un peu d'air frais. « J'avais l'impression d'être à l'agonie, comme si toute cette affaire allait me torturer lentement, jusqu'à la mort. C'était terrifiant », dit Monica.

A l'intérieur de l'appartement, le poste de télévision était allumé vingt-quatre heures sur vingt-quatre. « C'était totalement irréel, dit Marcia, parce qu'on parlait de nous. La photo de Monica apparaissait sans cesse à l'écran, or elle était là, assise à côté de moi, et nous étions effrayées et écrasées par l'énormité de l'affaire. C'est très dur d'assister à la destruction de votre existence à une heure de grande écoute, sur toutes les chaînes de télévision. »

Tels des piranhas s'agitant autour d'une nouvelle victime, les médias dépouillèrent rapidement les vies de Monica, de sa mère et de sa famille. Une des scènes peut-être les plus édifiantes de cette frénésie fut celle qui se déroula à l'extérieur du palais de justice de Los Angeles, où une nuée de journalistes se partagea les détails sur le divorce des Lewinsky. Or, quelques semaines avant toute cette agitation, Marcia avait envisagé la possibilité de faire sceller les documents en raison de son mariage imminent avec Peter Straus. Son sentiment de totale impuissance était partagé par Bernie, qui passait contre son gré des vacances moroses à Hawaii. Même si à l'époque Barbara et lui vivaient à quelques rues du lieu du meurtre dont avait été accusé O. J. Simpson, à Brentwood, Los Angeles, rien ne les avait préparés à participer au cirque médiatique qui suivit. Bernie, homme flegmatique et tranquille, fut horrifié en voyant sa vie disséquée par des inconnus, une vivisection médiatique qui le poussa au bord du désespoir. « Chaque fois que Bill Ginsburg téléphonait, c'était pour annoncer des nouvelles encore plus lamentables que précédemment, dit-il. Le pire, ce fut quand les papiers du divorce furent publiés. » Barbara se souvient de l'avoir entendu dire : « Oh, mon Dieu, le nom de Lewinsky va apparaître dans le monde entier ! Les gens du Mozambique sauront tout de mon divorce ! Je ne peux que remercier le Seigneur que mon pauvre père soit déjà décédé. »

Alors que Barbara arpentait son appartement au huitième étage d'un hôtel d'Honolulu, son mari était agenouillé sur le lit et récitait sans arrêt le kaddish, la prière juive utilisée notamment pour les deuils. Il éprouve toujours de très grandes difficultés à parler de ces jours, qu'il qualifie de période la plus sombre de sa vie. « Nous étions en état de choc, dit-il. Nous ne savions rien de tout cela. A un moment, j'ai regardé par-dessus la rambarde du balcon, et j'ai pensé à sauter. Mais je crois que la hauteur n'aurait pas été suffisante pour me tuer. »

Mais c'est fin janvier, à leur retour, que le cauchemar commença réellement. Sur le conseil de Ginsburg, ils avaient demandé et obtenu des mesures de sécurité spéciales aux aéroports d'Honolulu et de Los Angeles, mais ces précautions furent inutiles. Leur soulagement fut néanmoins de courte durée, car leur maison de Brentwood était assiégée par les médias. Des camionnettes d'équipes de télévision et des escouades de photographes et de reporters occupaient la rue. Aujourd'hui, leur maison figure dans le « Star Tour », ce circuit qui montre aux touristes les demeures célèbres de Los Angeles.

A peine arrivé chez eux, Bernie rassembla les serviettes à thé, les tabliers et les autres cadeaux rapportés pour eux par Monica de Washington, et il brûla le tout sur leur barbecue. Ensuite, sur le conseil de la police de Los Angeles, il installa un broyeur pour papier afin que les médias qui fouillaient leurs poubelles n'y trouvent rien d'utilisable. En fait, une des premières choses qui y passa fut la carte que Monica lui avait envoyée pour lui souhaiter son cinquante-cinquième anniversaire, juste avant le scandale. Elle avait écrit, sans penser à mal : « Je sais qu'au fil des années je t'ai donné quelques cheveux blancs, mais je n'ai jamais voulu qu'ils tombent tous. »

On leur apprit également qu'un détective privé de renom, spécialisé dans la pose de micros chez les particuliers, rôdait dans les parages, ce qui les rendit particulièrement prudents dans leurs conversations, y compris les plus anodines. Même quand Bernie revenait du travail et se rendait au West Hills Hospital pour voir ses patients, il se retrouvait poursuivi par des équipes de télévision. « Après tout ce qui avait été raconté, j'étais très nerveux quand je rencontrais mes collègues, se souvient-il. A la cantine l'un d'eux s'approcha et me prit dans ses bras en signe de sympathie. C'était un moment plein d'émotion, et très pénible. »

Il avait raison de s'inquiéter, surtout pour sa fille. Quand Barbara et lui revinrent d'Hawaii, une image très peu flatteuse et résolument injuste commençait déjà à s'imprimer dans l'esprit du public. Elle était empêtrée dans un véritable filet de positions politiques opposées, d'intérêts divers, généraux ou particuliers, sans que personne ose s'aventurer sur ce terrain dangereux pour la défendre, non parce que ses amis ne le voulaient pas, mais parce que tous craignaient d'être dans ce cas cités à comparaître. Les républicains la condamnaient pour adultère, alors que les démocrates l'éreintaient à cause de la menace qu'elle représentait pour le président. Parce qu'elle vivait sa sexualité de façon épanouie, elle s'était aliénée l'Amérique moralisatrice, tandis que les féministes, qui respectaient l'action d'Hillary Clinton, l'accusaient de n'être que le produit de la féminité exploitée. En même temps, la misogynie toujours très présente dans l'esprit américain, et spécialement dans ses médias, raillait sans scrupules ni limites son poids, ses goûts vestimentaires et son passé à Beverly Hills. Les détails de ses relations sexuelles avec Bill Clinton étaient pain béni pour les invités des débats télévisés et radiodiffusés, pour les amuseurs publics et pour des dizaines de sites sur Internet consacrés au scandale.

Tout en remuant les courants souterrains politiques et culturels de l'Amérique, elle était en même temps submergée par des intérêts personnels divers qui convergeaient sur elle, notamment la Maison-Blanche, l'axe Tripp-Goldberg, l'équipe Starr, son ex-amant Andy Bleiler, et une armée de personnages surgis de son passé.

Une conversation d'homme à homme entre le président et Dick Morris, un ancien stratège de la campagne démocrate et un « chien d'attaque » des médias, qui eut lieu le 22 janvier, soit le lendemain de l'annonce du scandale, montre ce à quoi elle se frottait. Morris, qui six mois plus tôt avait démissionné de l'administration – où il était un des conseillers politiques de Clinton – après qu'eut été révélée sa liaison avec une prostituée, annonça au président qu'il s'appêtait à publier une déclaration dans laquelle il ridiculiserait l'histoire racontée par Lewinsky en la qualifiant de « rêve enfiévré d'un esprit adolescent », et en réclamant de Monica « des excuses totales » à la nation. Il avait l'intention de tenir une conférence de presse pour disserter sur la façon dont Lewinsky « jouait à faire semblant ». Avant de lui donner son feu vert, le président demanda à Morris de se montrer prudent puisqu'il demeurait une faible chance que Monica ne coopère pas avec Starr et qu'il conviendrait alors de ne pas se l'aliéner. Cet échange était des plus révélateurs. L'homme aimé par Monica pour sa vulnérabilité et son humanisme était devenu une créature du passé. Elle avait maintenant face à elle le président, le politique qui se battait pour sa survie.

La vérité et Monica Lewinsky furent les premières victimes de cette guerre. Comme le dit Dick Morris, aujourd'hui animateur de télévision, quand l'affaire éclata la Maison-Blanche adopta immédiatement une stratégie qui se résumait en trois verbes : « Duper, nier et retarder ». La déclaration de Clinton niant qu'il ait eu une liaison, devant sa femme, son cabinet et les leaders démocrates, donna le ton de la contre-attaque orchestrée par la Maison-Blanche.

Très tôt, le président dit à un de ses conseillers, Sidney Blumenthal, qui plus tard devait témoigner devant le Sénat, que Monica l'avait harcelé, essayant de l'obliger à avoir des relations sexuelles avec elle par le chantage. Ce qu'on transmit au public en donnant d'elle l'image d'une jeune femme très portée sur le flirt, obsédée par le président et affectivement instable.

Le premier stade de cette campagne culmina dans le Bureau Roosevelt de la Maison-Blanche, le 26 janvier, cinq jours après que le scandale eut éclaté dans la presse. Devant les caméras, le président déclara en agitant l'index : « Je n'ai pas eu de relations sexuelles avec cette femme – Mlle Lewinsky. Je n'ai jamais demandé à personne de mentir, pas une seule fois... jamais. Ces allégations sont fausses. Et je dois retourner au travail pour le peuple américain. » C'est une petite phrase qui devait le hanter plus tard.

Presque tous ceux qui connaissaient la vérité le regardèrent avec une incrédulité rageuse mentir au pays. Monica elle-même éprouvait des sentiments mitigés. « J'étais contente qu'il l'ait nié, parce que tout le monde disait qu'il allait devoir démissionner si c'était vrai, et que je ne voulais pas qu'il démissionne. Mais j'ai été très choquée quand il a dit " cette femme ". Sa distance et sa froideur étaient un message très direct à mon égard, pour me montrer combien il était en colère. D'un autre côté, si le président avait reconnu la relation, cela aurait ôté beaucoup de pression et d'attention sur moi. Mais il ne l'a pas fait, et les conséquences sont évidentes. »

D'autres furent moins charitables. Quand elles virent le numéro de Clinton, Neysa DeMann Erbland et Catherine Allday Davis lancèrent des jurons en direction de l'écran de télévision. Bernie Lewinsky était plus blessé qu'en colère : « C'était très douloureux de l'entendre dire " cette femme ". Quand il a nié toute l'affaire, j'ai su qu'il mentait. Non pas à cause de quoi que ce soit que j'aurais su, mais parce qu'il avait ce regard de menteur qui ne trompe pas. Il jouait un rôle, et il le jouait mal. »

Après que le président eut parlé à la nation, la First Lady monta au créneau. Le 27 janvier, un Grand Jury se réunit à Washington pour entendre les témoignages à propos de l'affaire Lewinsky. Ce même jour, Hillary Clinton déclara à l'émission de télévision matinale « Today » que Starr était un « procureur aux motivations d'ordre politique », qu'il participait à un « vaste complot de la droite » rassemblant des gens « retors » et « méchants ». Ce sont des paroles avec lesquelles Monica, en première ligne depuis le début, était entièrement d'accord. Pendant que la Maison-Blanche cherchait à salir sa réputation, Starr et son équipe mettaient la pression sur Monica, le président et Vernon Jordan par une série de fuites en direction des médias qui n'avaient pas seulement pour but de placer la barre plus haut dans toute négociation, mais aussi de forcer Monica et ses avocats à courber l'échine.

Pendant ce temps, Lucianne Goldberg relayait à sa manière vers les médias les propos de Tripp sur la relation de Monica, et décrivait Tripp comme la « diseuse de vérité ». D'ailleurs cette dernière, dans une déclaration faite par l'intermédiaire de son avocat le 29 janvier, affirma noblement avoir choisi « le chemin de la vérité ». Elle faisait preuve d'une pitié olympienne pour la situation de Monica : « C'est quelqu'un d'intelligent, d'attentionné, de généreux, qui a malheureusement fait les mauvais choix. » Et elle ajoutait : « Monica a une notion toute personnelle de la morale. » Ainsi la réalité et les appréciations de chacun étaient-elles imbriquées pour former un tableau où Monica apparaissait sous le plus mauvais jour imaginable. Tripp attribuait la rédaction du mémo « *Talking Points* » à d'autres que Monica, notamment au président, parce qu'elle ne la pensait pas capable d'une pensée aussi subtile. Jake Tapper, un journaliste de Washington qui était sorti avec Monica juste avant le scandale, remarqua : « La caractéristique majeure qui a malheureusement permis qu'elle soit utilisée comme un pion par chaque acteur de cette tragédie – Clinton, Starr, Linda Tripp, les médias – est qu'elle fait trop aisément confiance à autrui. »

Alors que la Maison-Blanche reprenait la chanson du déni présidentiel avec des fuites orchestrées suggérant que Monica n'était qu'une tête de linotte prenant ses rêves pour des réalités, par une coïncidence étrange un duo surgi du passé de Monica se joignit au chœur. Le 27 janvier 1998, le jour où le président fit son discours sur l'état de l'Union, une conférence de presse organisée à la hâte sur la pelouse de la maison d'Andy Bleiler à Portland submergea toute voix qui pouvait encore parler en faveur de Monica.

Andy et Kate Bleiler, qui depuis se sont séparés, avaient essayé de vendre leur histoire à la presse mais, quand on apprit qu'ils négociaient, ils décidèrent de parler à tout le monde en disant qu'ils avaient l'intention de raconter aux adjoints de Starr tout ce qu'ils savaient sur Monica. Les Bleiler firent un portrait de la jeune femme bien différent de celui que tout le monde connaissait d'elle à Portland et Los Angeles. Ils la décrivirent sous les traits d'une véritable nymphomane ayant un penchant marqué pour les hommes mariés, et affirmèrent qu'elle avait essayé d'« infiltrer » leur couple. Monica les aurait suivis à Portland et aurait menacé Andy de parler à Kate de leur liaison passée, forçant ainsi son ex-amant à reprendre leurs rapports.

Elle était décrite comme une femme manipulatrice qui avait quitté Portland pour Washington avec en tête un programme bien rempli – pour gagner ses « protège-genoux » présidentiel. Ils déclarèrent également que Monica avait tendance à déformer la réalité et qu'elle s'était vantée d'avoir fait une fellation à une « personnalité de haut rang » à la Maison-Blanche, sans jamais utiliser le nom du président mais en se référant à lui sous le sobriquet de « Gros Dégueulasse ». Elle avait même subi un avortement pendant son séjour à Washington, dirent les Bleiler, en laissant entendre que l'enfant pouvait être du président. Pis encore, ils ajoutèrent que pendant qu'elle travaillait à la Maison-Blanche elle leur avait envoyé des documents, dont certains « d'une extrême importance », qu'ils avaient déposés dans un coffre-fort, en honnêtes citoyens qu'ils étaient. En réalité, comme il a déjà été spécifié, les « documents » venaient de la boutique de cadeaux de la Maison-Blanche, et la plaisanterie de Monica à propos de « protège-genoux » se référait au surnom d'un des membres du personnel de la Maison-Blanche. Puis Terry

Giles, l'avocat des Bleiler, déclara à des journalistes abasourdis : « Quand cette histoire a éclaté, comme beaucoup d'Américains j'ai cru qu'un homme très puissant avait abusé d'une stagiaire de vingt et un ans. J'ai également cru, de par la façon dont cette histoire a été connue, par ses confessions à une amie qui les a enregistrées, qu'elle n'avait pas d'objectif défini. De tout cela, j'ai déduit que son histoire était vraie. Mais, après avoir eu l'occasion de discuter avec Andy et Kathy, je dois reconnaître que je n'en suis plus aussi sûr. »

Quand Monica avait appris que les Bleiler projetaient de tenir une conférence de presse, elle avait espéré, contre toute raison, qu'au moins ils diraient la vérité, même si Andy devait révéler qu'ils avaient eu une liaison. Elle n'était nullement préparée à la manière dont ils travestirent la réalité. « J'étais anéantie, à la fois folle de rage et désespérée. » Par bien des aspects elle trouva les mensonges d'Andy Bleiler plus cruels que la trahison de Linda Tripp. « J'ai donné à Andy mon âme, mon corps, mon cœur et ma virginité, dit-elle, alors que je n'ai accordé à Linda que ma confiance. D'une certaine façon ma relation avec Andy était plus réelle que celle avec Linda, car je n'étais pas moi-même quand je lui faisais des confidences. » Toujours amoureuse du président, Monica était à la fois sur les nerfs et très inquiète, car le mensonge du couple à propos d'un avortement pouvait avoir un très mauvais effet sur lui. « Je me sentais horriblement coupable, j'en arrivais à penser au suicide. J'étais au bord de l'hystérie, je criais et je pleurais tout le temps. Je ne pouvais pas sortir et je devais rester enfermée dans ce petit appartement avec ma mère. » La réaction de Marcia aux mensonges des Bleiler fut de combattre le feu par le feu. Elle voulut contacter les mères des autres étudiantes qu'il avait pu séduire et leur demander de parler aux médias pour rétablir l'équilibre. Mais Monica refusa. Elle ne supportait pas l'idée de voir d'autres jeunes femmes soumises aux pressions médiatiques qu'elle subissait. Pour Marcia, « cette position reflétait une remarquable force morale – elle ne voulait pas utiliser un autre être humain, même pour son propre salut ». Toutefois cet incident révèle aussi la mauvaise opinion que Monica avait d'elle-même. Elle se jugeait indigne de l'aide de ses amis, et cette disposition d'esprit ne faisait qu'exacerber son sentiment de désespoir et d'isolement.

D'autres personnes furent tout aussi horrifiées que Monica par la conférence de presse. Lenore Reese, ancienne étudiante à Lewis & Clark – qui elle aussi injuria Bleiler quand il débita ses mensonges à l'écran – réunit quelques amies, dont Linda Estergard, et envoya une lettre à la chaîne de télévision ABC pour rétablir la vérité. Elle ne fut jamais diffusée, ce qui n'a rien d'étonnant. Des apparitions des Bleiler à l'écran, Linda Estergard dit : « Ils sont passés devant les caméras tant de fois, et tant de fois ils ont menti ! Par exemple, il est faux de dire qu'elle l'a suivi à Portland. Elle y était depuis un an quand il y est arrivé. En fait, quand Monica a quitté la Californie, il avait une liaison avec une étudiante plus jeune qu'elle. » Catherine Allday Davis, qui vit maintenant à Portland, relève le manque de moralité que constitue la trahison du couple : « Ils ont simplement décidé que c'était une proie idéale, même si c'était une de leurs proches. Le pays entier s'évertuait à la détruire, et ils y ont concouru à leur manière dégoûtante. Tout cela a atteint un stade où elle n'était plus traitée comme un être humain. »

Carly Henderson, une autre amie qui connaissait la vérité, dit : « Monica n'a pas forcé Andy à poursuivre leur liaison en le menaçant de tout raconter à Kate. En réalité c'est une autre de ses maîtresses qui a tout révélé. »

Dans cette atmosphère où les théories de conspiration se multipliaient, le père de Monica crut voir la main de la Maison-Blanche derrière ces « révélations » : « Il est très probable, dit-il, que la Maison-Blanche ait poussé Bleiler à s'exprimer à ce moment précis. Cela faisait partie d'une tactique visant à faire passer Monica pour une traînée. Bleiler s'est servie d'elle pour gagner de l'argent, en racontant des choses qui étaient fausses mais salaces. » De fait, les Bleiler gagnèrent assez d'argent grâce à leurs prestations télévisées pour payer le premier versement de leur maison. Ils ne furent pas les seuls à s'enrichir sur le dos de Monica. Son premier petit ami, Adam Dave, apparut pendant quelque temps dans des émissions à sensation, et ce qu'il racontait devenait plus dégradant pour Monica à chaque fois. Dans une interview, il déclara qu'elle aimait être menottée au montant du lit pendant leurs relations sexuelles – alors qu'ils n'en avaient jamais eu. Le plus incroyable fut que sa mère, Larraine Dave, écrivit à Monica pour lui annoncer qu'Adam avait pu s'offrir un voyage au Brésil grâce à ses passages à la télévision, comme si elle avait dû s'en réjouir pour lui. « Pour moi, dit Monica, cela symbolise les valeurs qui ont cours à Beverly Hills. »

Il semble que de telles valeurs demandent un prix élevé. Robin Wyshack, ancienne voisine des Lewinsky qui se vantait d'avoir pu acheter une paire de bottes chez Saks, dans la 5e Avenue, grâce à l'argent reçu des médias, fit des commentaires très défavorables sur les parents de Monica, en particulier sa mère. Elle affirma que Marcia n'avait permis aux enfants Wyshack de ne prendre qu'un citron à son arbre, lequel évidemment croulait sous les fruits. Ce qu'elle omit de préciser, c'est qu'elle avait fait un procès à un autre voisin pour avoir chuté alors qu'elle traversait sa pelouse, et que les Lewinsky ne voulaient pas écoper d'un procès si l'un des enfants Wyshack grimpait au citronnier et en tombait. Des anciens « amis » qui se manifestaient maintenant pour participer à la curée, Michael Lewinsky dit : « J'ai trouvé écœurant qu'Adam Dave ait essayé de grappiller un dollar pour chaque mot qu'il crachait devant une caméra. Nos anciens voisins, que nous n'aimions pas à l'époque, essayaient de gagner de l'argent sur les malheurs de Monica. »

Certaines offres faites par les médias étaient très tentantes. *The National Enquirer* proposa 100 000 dollars à Neysa DeMann Erbland pour une photo de Monica en bikini, mais la jeune femme refusa. D'autres ne montrèrent pas les mêmes scrupules. On raconte qu'une ancienne étudiante régla la facture de son mariage en vendant à la presse des photos de Monica. Alors que ce désastreux mois de janvier 1998 arrivait à son terme, il semblait que personne n'allait parler en faveur de Monica et de sa famille, que personne ne rétablirait l'équilibre, que personne n'insisterait pour que les médias délaissent un peu le sensationnel et s'intéressent enfin à la vérité. Mais, comme nous l'avons déjà dit, il y avait de très bonnes raisons à cette attitude générale.

Le problème était que, sur l'insistance de Bill Ginsburg, ni Monica ni sa mère ne devaient permettre à leurs véritables amies de parler pour les défendre. Quiconque l'aurait fait aurait risqué l'inquisition de Starr et la possibilité très réelle d'une citation à comparaître, avec toutes les conséquences judiciaires en découlant.

Protéger leurs amies obligeait Monica et Marcia à un isolement douloureux, mais elles étaient prêtes à payer ce prix et elles dirent à leurs connaissances de tenir leur langue, pour leur propre bien. « Quand de bonnes amies téléphonaient, dit Marcia, nous réduisions la conversation au minimum. Nous répétions toujours la même chose : ne nous appelle pas, ne parle à personne, sois prudente. De sorte que cela créait un vide, et que des gens que nous connaissions à peine le remplissaient en parlant de nous, surtout pour l'argent. Vous ne pouvez pas vous défendre quand vous vous trouvez dans une telle position. »

Submergé par cette vague d'accusations, de mensonges et d'affabulations, le capitaine du navire de Monica, Bill Ginsburg, mena bien la barque dans un premier temps, en faisant une impression considérable à la télévision. Mais avec le temps Monica commença à penser qu'il devrait peut-être passer moins de temps devant les caméras et plus sur le dossier.

Dans ce déferlement de dénigrements contre Monica et sa famille, il y avait néanmoins des moments de décence. L'un d'eux fut particulièrement réconfortant. Avant que le scandale n'éclate, Peter Straus, alors âgé de soixante-seize ans, avait discuté avec Marcia d'un possible mariage, bien qu'aucune annonce officielle n'ait été faite. Craignant le pire, Marcia était persuadée qu'une fois l'affaire révélée il ne voudrait plus avoir aucun rapport avec elle et sa famille. De sorte qu'elle ne lui donna même pas le numéro de téléphone de l'appartement du Watergate.

Mais elle se trompait. Peter Straus annonça leurs fiançailles dans un journal sans même la prévenir. Gentleman de la vieille école, il fait remarquer : « Quand vous aimez quelqu'un et que cette personne a un problème, vous ne disparaissez pas. C'est ainsi que les êtres humains civilisés se conduisent. »

En même temps, un autre événement positif se produisit : Monica découvrit chez Peter un extrait d'un poème de Walt Whitman qui l'aida à supporter les épreuves :

Tout cela – toute la méchanceté et la souffrance sans fin, [assis je les observe,
Vois, entends, et me tais.

Monica dut se taire quand elle quitta l'appartement pour la première fois, à la fin janvier. Cette première confrontation avec les médias fut une cacophonie d'appareils photo cliquetant, de ronronnements de caméras et d'une avalanche de questions hurlées par les journalistes surexcités. Bill Ginsburg arriva en limousine au milieu de ce cirque, pour l'emmener au cabinet de Nate Speights où elle devait répondre à d'autres questions du Bureau du procureur indépendant par l'intermédiaire de ses avocats. La veille encore, elle avait cru avoir échappé à leurs griffes quand la juge Susan Webber Wright, qui présidait les audiences de l'affaire Jones contre Clinton, avait décrété que Monica n'était pas un témoin central dans ce dossier et qu'en conséquence elle excluait son témoignage. Hélas, l'euphorie de Monica fut de courte durée. Le fait qu'elle ne soit plus importante dans une affaire, lui expliquèrent ses avocats, ne signifiait nullement qu'elle ne restait pas un témoin clé dans l'enquête de Starr.

Dans la voiture, alors qu'ils étaient en chemin, Ginsburg lui conseilla de sourire et ajouta qu'elle ne devait surtout pas se laisser intimider par les photographes. « Il y avait des flashs tout le temps et les journalistes étaient massés autour de la limousine, se souvient Monica.

C'était fou, ces paparazzi à moto qui nous mitraillaient avec leur appareil avant de tomber. Il fallait que je me morde les lèvres pour ne pas rire tant j'étais nerveuse. »

Malgré ses réticences, elle suivit les recommandations de Ginsburg, souriant invariablement aux objectifs. Le but de cette attitude était de montrer à Starr qu'il ne parviendrait pas à la faire plier aisément. Malheureusement, cette tactique échoua, car les experts des médias analysèrent ses sourires comme autant d'indices qu'elle raffolait de toute cette publicité faite autour d'elle.

Les adjoints de Starr ne souriaient pas, eux. Ce jour-là, ils interrogèrent ses avocats sur le contenu des fichiers de l'ordinateur qu'elle possédait chez elle et laissèrent entendre que des tableaux avaient peut-être été décrochés des murs de son appartement pour dissimuler des preuves. Ils semblaient oublier qu'elle se préparait à déménager pour s'installer à New York.

Animosité et antagonisme s'étaient peu à peu développés entre les avocats de Monica et les adjoints de Starr, la méfiance que ces derniers avaient toujours montrée devenant mutuelle. Ginsburg et Speights avaient l'impression que les hommes du Bureau du procureur indépendant restaient évasifs et modifiaient constamment les règles de l'affrontement. Ils proposèrent à Monica un marché qu'ils baptisèrent « reine d'un jour », selon lequel elle leur dirait tout, en laissant Starr décider s'il lui accordait l'immunité. Ce marché fut transformé en « reine d'un mois ». Les conditions étaient les mêmes, sauf qu'en plus Monica devrait se soumettre à un détecteur de mensonges. A un moment donné, un des adjoints annonça qu'ils voulaient que Monica rencontre Starr en personne, afin qu'il puisse la jauger par lui-même. Après que Ginsburg et Speights eurent accepté, les enquêteurs du Bureau du procureur indépendant changèrent d'avis. Après plusieurs jours de cette tactique déroutante, pendant lesquels Starr notifia dans les formes à Monica qu'elle était l'objet d'une enquête préliminaire à une mise en accusation, Ginsburg lança un ultimatum : ce serait l'immunité transactionnelle ou le procès.

Après de nombreuses discussions, le Bureau du procureur indépendant accéda à sa demande – bien qu'à contrecœur. Fin janvier, deux agents du FBI se présentèrent au Cosmos Club, où Ginsburg était à présent installé. Parce qu'ils craignaient que le document instituant l'immunité de Monica ne soit diffusé, au lieu de le donner aux avocats, ils le lurent à haute voix pendant que Ginsburg et Speights le retranscrivaient à la main. Le texte d'une demi-page comprenait quatre points principaux. Monica le jugea toutefois trop vague et écrivit une alternative qu'elle estimait acceptable, dans laquelle elle détaillait ce qu'elle était prête à dire sous serment en échange de l'immunité contre toute poursuite. Comme elle en témoigna plus tard, elle pensait que ce serait une esquisse, et non un document parfait.

Dans cette offre écrite de dix feuillets, elle admettait avoir eu avec le président « une relation affective et intime » qui incluait la fellation mais non le coït. Elle décrivait ensuite en détail les deux années précédentes, en soulignant les raisons qui l'avaient poussée à quitter la Maison-Blanche, ses efforts pour revenir y travailler et sa recherche ultérieure d'un travail à New York. Après avoir rédigé plusieurs versions de l'accord d'immunité, les deux partis convinrent verbalement d'un marché. Le lundi 2 février, les services de Starr envoyèrent un agent du FBI porteur d'une lettre confirmant l'accord, qui fut dûment paraphée par Monica et ses avocats. Quand ils eurent lu la version de Monica, les adjoints de Starr la déclarèrent acceptable – à l'exception d'un point crucial. D'après eux, Ginsburg avait affirmé que le président avait dit à Monica : « Niez, niez, niez » à propos de sa déclaration sous serment dans l'affaire Paula Jones. La tension monta entre l'avocat et sa cliente quand celle-ci lui affirma avec la plus grande fermeté que jamais elle n'avait prétendu que le président avait proféré ces mots.

Comme Monica l'avait toujours dit, pendant leur liaison le président et elle s'étaient mis d'accord, dès les premiers temps, pour nier toute relation si on devait les questionner à ce sujet. Cela devint le onzième point de l'offre écrite de Monica, ainsi rédigé : « A un certain moment de la relation entre Mlle Lewinsky et le président, le président a dit à Mlle Lewinsky de nier toute relation si elle venait à être interrogée à ce sujet. Il a ajouté que, si les deux personnes concernées affirment que rien ne s'est passé, rien ne s'est passé. Mlle Lewinsky se souvient que cela a été dit avant la citation à comparaître dans l'affaire Paula Jones. » Leur accord de nier leur liaison n'avait donc été conclu qu'en termes généraux et avait eu lieu bien avant la déposition de Monica, ce qui explique sa colère contre Ginsburg.

Elle était alors la proie de sentiments contradictoires. Bien que l'accord l'assurât qu'elle et sa famille ne seraient pas poursuivies, il signifiait aussi qu'elle serait définitivement séparée de l'homme qu'elle continuait à aimer, de celui qui devant le monde entier avait nié toute liaison avec elle. Elle se remémore cette ambivalence avec une pointe d'amertume : « Cela ne me plaisait pas du tout. Je me faisais l'impression d'être la prostituée d'Hitler. Et j'avais le sentiment que ce que faisait Starr était sale. Lui et ses adjoints cherchaient à blesser des gens que j'aimais. Il ne s'agissait pas seulement du président et de ma mère, mais aussi de ceux pour qui j'avais de l'affection et une affinité certaine, comme Betty Currie et Vernon Jordan. »

Si la fièvre judiciaire semblait baisser, la température émotionnelle se calmait elle aussi. Après deux semaines de demandes pour voir un psychiatre – ses avocats craignaient qu'en ce cas il ne soit beaucoup plus difficile de traiter avec Starr –, Monica eut finalement la permission de rencontrer la femme qui, dit-elle, lui sauva la vie. Elle passa six heures en consultation avec le Dr. Susan, qui non seulement l'encouragea à parler des traumatismes engendrés par le scandale, mais aussi lui prescrivit des médicaments (deux antidépresseurs) pour l'aider à passer ce cap. Le meilleur remède fut cependant l'annonce de Ginsburg qu'elle était autorisée à parler à son père, maintenant que son immunité paraissait acquise. Durant les dernières semaines, Monica avait cru, parce que Bernie et Barbara n'étaient pas venus à Washington pour la soutenir

– sur le conseil péremptoire de Ginsburg, on s'en souvient –, qu'ils lui en voulaient tant qu'ils l'avaient reniée. L'appel téléphonique qu'elle passa calma instantanément ses craintes : à l'évidence son père était impatient de revoir sa fille. Jusque-là, admet Bernie, « nous avions vécu avec un sentiment de vide, puisque Bill Ginsburg redoutait que je sois cité à comparaître si je contactais ma fille ».

Dans les premiers jours de février, Monica embarqua sur un avion à destination de Los Angeles. Elle croyait alors qu'enfin la perspective cauchemardesque d'aller en prison appartenait au passé. Elle se trompait lourdement.

13

Le cabinet Starr

Les habitants de Brentwood, un faubourg aisé de Los Angeles, assistaient avec lassitude à un spectacle qui leur était devenu étrangement familier : le défilé des voitures de police allant et venant toutes sirènes hurlantes, la cohue incessante des équipes de télévision, les célébrités émergeant à contrecœur d'une limousine de location sous un déluge impitoyable de flashs. En 1994, Brentwood avait été projeté sous les feux de projecteurs pour avoir été le théâtre du meurtre de l'ex-femme d'O.J. Simpson et d'un ami de celle-ci. Pendant plus d'un an, les médias avaient quadrillé les rues tranquilles tandis que le « procès du siècle » se déroulait dans un tribunal du centre-ville. A présent, flairant un nouveau procès tout aussi croustillant, ils étaient de retour, campant sur les pelouses des voisins de Bernie Lewinsky, guettant le retour de Monica.

Pour elle, le voyage se transforma en « véritable cauchemar » dès l'instant où elle quitta son appartement du Watergate en ce jour de début février. Dans l'espoir de passer inaperçue, elle prit pour la première fois de sa vie un billet d'avion de première classe, Bill Ginsburg sur ses talons, les cameramen et les reporters suivant ses moindres mouvements, notant chaque bouchée de nourriture qu'elle portait à ses lèvres. Réalité et journalisme ont rarement été aussi éloignés, comme en témoigne le gros titre du *New York Post* qui, avec cette subtilité qui a fait à juste titre la renommée du journal, proclamait : « Ne supportant plus d'être cloîtrée à Washington, la bombe sexuelle rentre chez elle. »

A leur arrivée à l'aéroport de Los Angeles, Monica et Bill Ginsburg furent accueillis par la police qui leur fournit une escorte de motards, gyrophares et sirènes allumés, jusqu'au domicile de Bernie. Même ce retour aux sources fut transformé en séance de photos, l'occasion pour le monde entier de constater que Monica était une jeune femme parmi tant d'autres, avec une famille et de vrais sentiments, et non une quelconque starlette de Beverly Hills essayant de coincer le président.

Comme à son habitude, Ginsburg joua les maîtres de cérémonie, poussant malgré eux ses protégés dans l'arène médiatique. Même s'ils ont reconnu plus tard l'intérêt d'une telle démarche sur le plan de leur image publique, ni la fille ni le père ne tenaient à se donner en spectacle. « Bill m'a appelé sur son portable depuis la voiture, se souvient Bernie. Il m'a dit que, lorsque la voiture s'arrêterait devant la maison, je devais aller à la rencontre de Monica et l'embrasser sur la pelouse. Nous avions l'impression d'être des acteurs de cinéma. Ce n'était pas du tout ce que nous voulions. » Lorsque Ginsburg ordonna à Monica de descendre de voiture et de se jeter dans les bras de son père, elle n'était guère plus enthousiaste : « C'était un moment intime. Je n'avais pas envie de faire l'étalage de mes émotions devant tout le monde. Aucun de nous n'était à l'aise. Toutefois, avec le recul, je me rends compte que cette image du père et de la fille réunis m'a valu la sympathie de l'opinion publique. »

Ginsburg ternit néanmoins les réjouissances en déclarant aux reporters que Monica rentrait chez son père tout comme Chelsea Clinton revenait auprès du président après son premier semestre à l'université. Ce commentaire agaça profondément Monica, qui déclare avec véhémence : « Je sais à quel point le président adore Chelsea et le prix qu'il attache à sa vie privée. Je n'ai jamais voulu qu'on m'associe à elle de cette façon. » A vrai dire, le « bienveillant maître Ginsburg » faisait très souvent des déclarations qu'elle jugeait déplacées, ce qui, ajouté à son goût prononcé pour les projecteurs, finit par creuser un gouffre entre l'avocat et sa jeune cliente. Pour le moment toutefois, l'heure était aux embrassades, aux larmes et aux rires : c'était la première fois que Bernie, Barbara et Monica se retrouvaient depuis que le scandale avait éclaté dans les journaux. Pour Monica, « revoir mon père était comme d'avoir été perdue en mer et d'apercevoir soudain un phare au loin. Nous étions tous très émus. Etre de nouveau avec lui était très sécurisant. J'avais besoin de lui ». Pendant que les cohortes de journalistes se bousculaient au-dehors, ils s'assirent pour déguster un des fameux repas de Bernie (c'est un cordon-bleu autodidacte) et faire le point sur la folie des dernières semaines. Ils ne s'appesantirent pas sur les questions d'ordre judiciaire, supposant que la maison avait été truffée de micros par le FBI. En parlant de l'affaire, Bernie s'exposait à être assigné à comparaître par Starr. « C'était très émouvant. On pleurait et on se remontait réciproquement le moral, se souvient Bernie. Ces retrouvailles étaient très chargées sur le plan affectif parce que nous avions tous terriblement souffert de la manière dont notre vie de famille avait été mise en pièces. Monica avait un grand besoin de parler de ses sentiments avec son père. »

Monica passa le plus clair de son temps à Los Angeles enfermée dans la maison, bien que, chaque jour, elle parvienne à se glisser discrètement sur la terrasse du dernier étage afin de prendre un peu d'air frais et de soleil. Pour Barbara, « avoir tous ces gens constamment devant la maison était très étouffant et menaçant ». La famille connut le véritable sens de l'expression « la meute des journalistes » un soir où elle sortit dîner dans un restaurant du quartier, L.A. Farms. Au moment de finir leur repas, ils aperçurent des dizaines de photographes et de cameramen qui les atendaient devant la porte. Pendant que Bernie allait chercher la voiture, Barbara et Monica tentèrent de se frayer un passage entre les journalistes, pensant qu'ils s'écarteraient pour les laisser passer. Au lieu de cela, elles se retrouvèrent écrasées par une marée humaine, un cameraman agrippant même Monica par ses vêtements pour l'empêcher de se sauver. Il fallut à Bernie toute la force accumulée par des années d'entraînement sportif pour ouvrir la portière de la voiture et les faire grimper à l'abri. « C'était terrifiant », se souvient Monica. Mais ils n'avaient encore rien vu. Le lendemain, ils se trouvaient sur l'autoroute à l'heure de pointe quand une voiture remplie de photographes percuta leur pare-chocs arrière, projetant Barbara en avant et lui causant un traumatisme cervical. Un hélicoptère du journal télévisé d'une chaîne locale, KNBC TV, les survolait en filmant la scène. Ils appelèrent la police de Los Angeles, qui leur recommanda de ne surtout pas sortir de la voiture car il s'agissait d'une tactique courante utilisée par les reporters pour forcer leurs proies à quitter leur véhicule afin de mieux les photographier. A leur crédit, même les commentateurs de la presse locale furent horrifiés par le comportement de leurs collègues. L'un d'eux observa que Monica était à présent traquée encore plus brutalement que ne l'avait été la princesse de Galles. Charlie Peters, rédacteur en chef du *Washington Monthly*, a dit de cette curée : « Pendant des mois, les journalistes sont devenus comme fous. C'est la couverture médiatique la plus disproportionnée à laquelle j'aie jamais assisté. »

Les membres de la presse n'étaient pas les seuls à être excités par l'odeur du sang frais. Kenneth Starr rôdait autour de sa proie, s'apprêtant à bondir. Avant son départ, Monica et son équipe juridique étaient convenus que, dans le cadre de l'accord d'immunité, elle serait interrogée quatre heures par jour par les adjoints de Starr à Los Angeles. L'encre n'avait pas encore eu le temps de sécher sur le document que Starr changea d'avis. Le mercredi 4 février, il retira son offre d'immunité, officiellement parce que Monica refusait d'accuser le président de lui avoir demandé de mentir ou de l'avoir aidée à déformer les faits. Il tenait également à rencontrer son témoin vedette face à face. « Il n'y a rien de tel que de regarder un témoin dans les yeux, déclara-t-il à la presse, de lui poser des questions détaillées, de comparer ses réponses à des faits vérifiables ou, si besoin est, aux résultats d'un test de détecteur de mensonges. »

Ginsburg se démena comme un beau diable, déposant une motion à la cour pour faire valoir l'accord écrit. Une chose était sûre : la décision de Starr marquait un changement de tactique de sa part. Il cherchait à présent à corroborer indépendamment le récit de Monica tel qu'il avait été enregistré par Linda Tripp. Pour cela, il allait citer sa famille, ses amis et le personnel de la Maison-Blanche à comparaître devant le Grand Jury. Non seulement cela mettrait à l'épreuve la crédibilité de son témoin-clé, dont la parole était encore en doute, mais cela réduirait également son pouvoir de négociation quant à un éventuel nouvel accord d'immunité.

Le recours abondant de Starr à cette « stratégie de l'étranglement » conduisit Monica au bord du désespoir mais elle refusa de se soumettre à cette lente torture judiciaire. Elle ne se rendait pas encore compte que le traitement que lui infligeait le procureur spécial n'était pas uniquement motivé par le droit. Il en faisait une affaire personnelle. Comme l'a dit le commentateur Peter Maas : « Il régnait dans le bureau de Starr une atmosphère presque palpable de frustration et de colère puritaine, comme si Lewinsky devait coûte que coûte être punie pour son opiniâtreté, et ce dès le moment où elle avait refusé de porter sur elle un micro-émetteur. »

Alors que Monica était pénalisée pour sa moralité sexuelle, sa loyauté et ses principes, celle qui l'avait trahie, Linda Tripp, était choyée par les adjoints de Starr, placée dans une maison protégée et autorisée à conserver le salaire annuel de 80 000 dollars que lui versait le gouvernement. Lors d'une conversation avec Monica, Bob Bittman, un adjoint de Starr, lui confia que, lorsque les enquêteurs se rendaient chez elle, Tripp leur préparait de délicieux gâteaux et leur offrait toutes sortes de friandises. S'il avait voulu la blesser, il ne s'y serait pas mieux pris.

Déjà à la fin janvier, Starr avait donné les premiers signes qu'il ne reculerait devant rien. Deux agents du FBI se présentèrent à l'université de Michael Lewinsky sans se faire annoncer. Quelques jours avant que le scandale n'éclate, Monica avait envoyé par Federal Express un pull-over à son frère. Les agents soupçonnaient cet innocent paquet de receler des cadeaux présidentiels que Monica aurait confiés à son frère pour les mettre en lieu sûr. Bien qu'ils sachent déjà que la famille était représentée par Bill Ginsburg, ils interrogèrent Michael, qui n'avait alors que vingt ans, dans sa chambre de Carnegie Mellon, lui demandant de leur rapporter tout ce qu'il savait sur les allées et venues de Monica et l'essentiel de leurs conversations lorsqu'il avait séjourné chez elle à Washington. Lorsqu'ils furent partis, Michael téléphona à Ginsburg pour le mettre au courant de cette visite impromptue. L'avocat laissa exploser sa colère, insistant auprès du jeune homme pour qu'il ne parle plus à personne sans l'avoir consulté au préalable. « Je me suis senti très mal, raconte Michael. J'avais l'impression d'avoir commis une terrible bêtise mais, quand deux agents du FBI se présentent à votre porte, votre première réaction est de leur donner ce qu'ils demandent. »

Starr semblait déterminé à fouiller la vie de Monica dans ses moindres recoins. Non content de l'avoir contrainte à remettre son ordinateur et ses disquettes aux enquêteurs, le Bureau du procureur indépendant somma une librairie de Washington, Kramerbooks & afterwords, de lui fournir tous les reçus des livres qu'elle avait achetés depuis 1995. « C'était vraiment une violation de ma vie privée, se plaint Monica. C'était comme si tout le monde en Amérique avait des droits, sauf moi. J'avais l'impression de ne plus être une citoyenne de ce pays. » Allant encore plus loin, le FBI, agissant sur les instructions du bureau de Starr, commença à faire pression sur le docteur Lewinsky. Ginsburg prévint Bernie que le bureau de Starr ou le FBI s'apprêtaient à éplucher ses déclarations de revenus, une méthode généralement réservée aux personnes soupçonnées de blanchir l'argent de la drogue. Cette première recherche n'aboutissant à rien, ils s'en prirent aux registres fiscaux de son cabinet médical, déclarant qu'ils voulaient effectuer un audit détaillé de ses factures du service d'assistance médicale Medicare. Bernie estime que « le harcèlement et les menaces dont notre famille a fait l'objet visaient à contraindre Monica à leur donner ce qu'ils voulaient. A l'époque, elle ne bénéficiait pas encore de l'immunité et la menace de la prison était constante. Bill Ginsburg nous préparait sans cesse à cette éventualité ».

Harceler son père et son frère ne suffisant pas, ils s'en prirent à Marcia. Celle-ci comprit pour la première fois qu'elle risquait d'être inculpée quelques jours après l'épisode éprouvant du Ritz-Carlton. L'avocat de Monica, Bill Ginsburg, lui avait affirmé que les adjoints de Starr avaient décidé, selon leurs propres termes, de « passer l'éponge sur Maman », à savoir de ne pas la poursuivre en justice. « Pour eux, c'était une sorte de jeu ou de plaisanterie, se souvient Marcia. N'oubliez pas que j'ignorais ce qu'il y avait sur ces cassettes et même si elles existaient réellement. » Marcia constituait le point le plus vulnérable dans la défense de Monica et, dès qu'elle fut citée à comparaître à sa sortie de la chambre 1012 de l'hôtel Ritz-Carlton, elle comprit qu'on se servait d'elle contre sa fille. « Ils avaient trouvé son talon d'Achille, c'est-à-dire moi, déclare-t-elle simplement. Quel meilleur moyen de forcer une personne à agir contre son gré qu'en menaçant ceux qu'elle aime ? Ma famille a déjà vu cette technique mise en œuvre avec efficacité par Joseph Staline. C'est pour ça qu'elle a quitté la Russie. »

Le 10 février, alors qu'elle regardait la télévision chez son père à Brentwood, Monica vit avec horreur sa mère entrer dans la salle d'audience du Grand Jury pour témoigner. Elle ne s'y attendait pas du tout car, avant son départ pour Los Angeles, Billy Martin, l'avocat de Marcia, lui avait assuré que la comparution de sa mère serait reportée. La première journée de témoignage sembla se dérouler sans heurts, mais, à l'issue du deuxième jour, Marcia ressortit de la salle d'audience défaite et visiblement bouleversée. De fait, elle avait craqué à la barre des témoins. On lui avait amené une infirmière et un fauteuil roulant mais elle avait tenu à sortir seule du tribunal.

Se sentant à la fois coupable et très inquiète, Monica décida aussitôt de rentrer à Washington pour réconforter sa mère. Avant de partir, elle eut une longue conversation avec son père devant la salle de bains, le seul endroit de la maison où, leur avait-on dit, ils ne risquaient pas d'être entendus par d'autres. Les yeux humides, Bernie lui dit qu'il était fier d'elle et l'incita à se montrer forte durant les épreuves qui l'attendaient. De grosses larmes lui coulant le long des joues, Monica lui répondit : « Papa, tu es mon rocher de Gibraltar. »

On notera en passant que, si le scandale eut le moindre effet positif, ce fut sans doute celui de rapprocher le père et la fille, les malentendus et l'amertume accumulés au cours des dernières années passant soudain au second plan. Pour Monica : « Mon père a été vraiment formidable. Il m'a soutenue et a toujours été là pour moi. Pouvoir compter sur lui était merveilleux. » Toutefois, tous deux reconnaissent que beaucoup d'eau devra encore passer sous les ponts avant que leurs rapports soient complètement rétablis.

Pour Marcia Lewis, certaines choses ne seront jamais plus comme avant. Le cauchemar vécu dans la salle numéro quatre du Grand Jury début février, alors qu'elle savait qu'un seul mot de travers de sa part pouvait envoyer sa fille en prison, restera à jamais gravé dans sa mémoire. Evoquer ces jours noirs revient pour elle à retourner dans un endroit terrifiant et sombre de son âme. Elle parle de son témoignage devant le Grand Jury avec peine, marquant des pauses pour reprendre son souffle, comme si elle plongeait deans une dangereuse grotte sous-marine.

Ayant perdu sa bataille pour éviter de témoigner, Marcia avait l'impression de marcher sur un champ de mines. D'une part, elle voulait éviter à tout prix de nuire à sa fille ; de l'autre, elle était bien obligée de dire la vérité, toute la vérité. Si, par exemple, les procureurs lui avaient demandé où se trouvait la fameuse robe bleue tachée, elle aurait été contrainte de le leur dire. Parallèlement, elle savait que, là-bas, en Californie, Monica la regardait. Tout comme elle avait voulu remonter le moral de sa fille dans la chambre 1012 de l'hôtel Ritz-Carlton, elle tenait à lui démontrer qu'il était possible de témoigner devant le Grand Jury fédéral et d'y survivre.

Le premier jour, elle s'en sortit plutôt bien, mais, le lendemain, le 11 février, elle arriva au tribunal déjà ébranlée. Le matin même, elle avait lu un article calomnieux qui la présentait comme une arriviste de Beverly Hills ayant plus ou moins encouragé sa fille à avoir une liaison avec le président. En réalité, elle venait de passer deux douloureuses années à aider sa fille à se sortir d'une relation frustrante et sans lendemain.

Le deuxième jour de son contre-interrogatoire, on l'interrogea sur le surnom de sa grand-mère, Babushka, le même que celui que Monica utilisait pour Hillary Clinton, « Baba ». C'est alors qu'elle s'effondra, en larmes. Elle explique sa réaction de la manière suivante : « Ces gens avaient attaqué toute ma famille, or ma famille est ce que j'ai de plus précieux. Ils s'en étaient pris à ma sœur, à ma fille, à mon fils et à moi-même. A présent, ce procureur voulait me faire parler de ma grand-mère, qui était morte depuis vingt-six ans et qui m'avait en partie élevée après la mort de mon père, lorsque ma mère avait été contrainte de travailler. Quand il a osé invoquer son nom dans ce lieu maudit, c'en fut trop pour moi. Je me suis dit qu'il ne pouvait pas citer ma grand-mère à comparaître puisqu'elle était morte. Qu'est-ce qu'ils comptaient faire, la déterrer ? J'avais peur qu'ils m'arrêtent si je quittais la salle, alors j'ai simplement baissé la tête et je me suis mise à pleurer. On vous oblige à parler devant les vingt-trois inconnus du jury. Ils écoutent les détails les plus intimes de votre vie et de celle des membres de votre famille. Ces procureurs sont prêts à exploiter le moindre détail de votre intimité pour le jeter en pâture à ces inconnus. »

L'audience interrompue, Marcia refusa de se laisser approcher par ceux qu'elle considérait comme les tortionnaires de sa famille, les procureurs de Starr, ne répondant qu'une fois que son avocat Billy Martin fut entré dans la salle. Celui-ci la conduisit dans les toilettes, où elle s'effondra sur le sol, en proie à une crise d'hystérie.

Lorsqu'elle eut suffisamment retrouvé son calme, elle quitta le tribunal. Billy Martin déclara à la presse qu'« aucune mère ne devrait être ainsi acculée par un procureur fédéral à incriminer sa propre fille ». Par la suite, Marcia se rendit à Baltimore pour y consulter un psychiatre, Neil Blumberg, mais c'est surtout Billy Martin, qui veillait sur elle et la traitait comme une personne à part entière plus que comme une simple cliente, qui l'a aidée à se remettre de cette épreuve traumatisante. Il parvint à convaincre les autorités de la laisser faire une déposition par écrit plutôt que de paraître à nouveau devant le Grand Jury. Lorsque Monica rentra à Washington, elle reconnut à peine sa mère. Celle-ci parlait de ce qui lui était arrivé comme si elle avait été victime d'un viol, pleurant sans cesse tandis que sa fille tentait vainement de la réconforter. « Ce fut une expérience terrible pour elle, se souvient Monica. C'était ma mère... et j'ai haï ces salauds pour ce qu'ils lui avaient fait. Je les ai haïs. »

L'image d'une Marcia Lewis blême et effondrée sortant du tribunal en choqua plus d'un, tout comme la tactique de Starr de monter la mère contre la fille. La Maison-Blanche baptisa cette stratégie : « Jeter Maman sous le train », tandis que Bill Ginsburg dénonçait la « torture » de Marcia Lewis qui, selon lui, était « un avertissement clair pour les autres, y compris Monica, qu'il [Starr] ne reculerait devant rien ». Comme le fit remarquer Margaret Carlson dans un article de magazine : « Nous voilà prévenues : les conversations que nous avons avec nos enfants ne sont pas à l'abri du gouvernement... Dans l'Amérique de Ken Starr, les mamans qui ne dénoncent pas leurs filles encourent les pires représailles. »

Le triste spectacle de son ex-femme sortant défaite du tribunal acheva de convaincre Bernie Lewinsky que le moment était venu de monter au créneau pour défendre les siens. Il en parla à Ginsburg qui, après quelques hésitations, convint qu'il devait accepter de paraître pour la première fois à la télévision dans l'émission de Barbara Walters sur la chaîne ABC. Bernie se sentit immédiatement à l'aise avec la journaliste. En lui serrant la main lors de leur première rencontre, elle lui dit : « Ce que vous vivez doit être un vrai cauchemar pour un père. » Lors de l'entretien de vingt minutes, qui fut diffusé le 20 février, il parvint difficilement à contenir sa colère en évoquant le traitement infligé à Marcia. « Opposer une mère à sa fille, la forcer à parler... ça me rappelle l'époque de McCarthy, l'Inquisition, voire les méthodes d'Hitler. » Après la diffusion de l'émission, Monica appela son père pour le féliciter. Elle se trouvait dans l'appartement de sa tante dans l'immeuble du Watergate. Pendant qu'elle discutait avec lui au téléphone, elle aperçut sa mère sur le balcon. Celle-ci gémissait, pleurait et gesticulait tout en parlant à voix basse. Monica craignit soudain qu'elle ne se jette dans le vide tant son désespoir était patent. Elle se précipita pour l'étreindre et la réconforter mais Marcia, secouée de sanglots, la repoussa, déclarant qu'elle ne voulait pas lui parler. Puis elle rentra dans l'appartement et se coucha en position fœtale sur le sol de la cuisine, pleurant de plus belle. Monica était désemparée. « Je n'avais jamais vu ma mère dans cet état. Maman, c'était celle qui savait toujours arranger les choses, me serrait dans ses bras, me couvrait de baisers et trouvait toujours une solution... et là, elle était en train de craquer sous mes yeux. »

Elle téléphona à sa tante Debra, puis à Bill Ginsburg, qui lui conseilla de ne pas appeler d'ambulance car les médias ne manqueraient pas alors de déclarer que sa mère faisait une dépression nerveuse. Lorsque Marcia se calma enfin, la mère et la fille eurent une longue conversation à cœur ouvert sur ce qui la perturbait tant. D'après Marcia, ce n'était pas tant le fait d'avoir dû témoigner devant le Grand Jury que la méchanceté des commentaires de la presse qui avaient suivi. On y affirmait, entre autres choses, que ses larmes pendant l'audience n'étaient que du cinéma. A cela s'ajoutait l'angoisse constante que Debra et elle puissent jouer un rôle dans l'inculpation de sa fille. Cet aspect affectif, la peur ressentie par la mère et la tante à l'idée que leurs moindres paroles puissent se retourner contre Monica, hantait chaque instant de leur vie. « La terreur de devoir témoigner contre moi pendant le procès planait comme un nuage indicible au-dessus de tous ceux qui m'entouraient », se souvient Monica.

Inquiète pour la santé mentale de sa mère et craignant qu'elle n'attente à sa vie, Monica ne ferma pratiquement pas l'œil de la nuit. Elle finit par s'assoupir vers 4 heures du matin pour être réveillée un peu plus tard par des gémissements sourds provenant de la chambre de sa mère. « Quand je suis entrée dans sa chambre, elle pleurait et disait qu'elle ne voulait pas aller en prison, qu'elle était terrifiée par ce qui allait arriver au point d'en devenir paranoïaque. Enfin, elle m'a laissée la serrer contre moi. Elle ne pouvait pas s'arrêter de pleurer. » Le lendemain, le psychiatre qui avait vu Marcia après l'épisode au tribunal vint la voir dans l'appartement et insista pour qu'elle prenne les médicaments qu'il lui avait prescrits. Dans d'autres circonstances, elle aurait été hospitalisée le temps de se remettre. Mais il faut bien dire aussi qu'en temps normal, elle n'aurait jamais été soumise à une pression aussi insoutenable.

Le scandale avait éclaté depuis un mois à peine et déjà le tissu même de la famille de Monica avait été réduit en lambeaux. Ses parents avaient tous deux sérieusement envisagé de mettre fin à leurs jours. Michael, lui, intériorisait ses problèmes. « Je porte un grand sac sur mon dos et tout ce que je rencontre, je le fourre dedans », explique-t-il simplement.

Après avoir été contrainte d'observer sans rien dire les enquêteurs intimider son frère, harceler son père et pousser sa mère au bord du désespoir, Monica dut assister, impuissante, au spectacle de ses amies citées une à une à comparaître devant le Grand Jury. Ce fut un moment terrible pour elle. On avait déjà confisqué les cadeaux que lui avait offerts le président, lu ses messages électroniques privés, écouté ses conversations les plus intimes, épluché ses lectures et fouillé son appartement. A présent, non content d'avoir exploité le lien entre la mère et la fille, on avait décidé de tester les limites de ses amitiés.

Chaque jour, assise devant la télévision avec sa mère, elle regardait transfigurée par l'horreur ses amies proches et d'autres, comme Betty Currie qu'elle aimait beaucoup, pénétrer dans la salle d'audience. Elle n'avait aucun moyen de savoir qui serait convoqué, ce qu'elles diraient, ou ce qu'elles pensaient d'elle après le scandale. Etant d'une nature pessimiste, elle supposait que toutes la méprisaient, d'abord pour avoir eu cette liaison et s'être laissé prendre, ensuite pour avoir conduit la présidence au bord du chaos, mais surtout pour les avoir entraînées dans cette affaire sordide. Sa mère décrit ainsi la scène quotidienne tandis qu'elles attendaient devant la télévision les mauvaises nouvelles du jour : « Monica allumait le poste et attendait, assise, fixant l'écran. Une voiture s'arrêtait et, tout d'abord, on ne voyait pas qui était dedans. Puis apparaissait, disons... une tête blonde. La caméra faisait alors un gros plan et Monica s'écriait : " Oh, mon Dieu, c'est Ashley ", ou une autre, puis elle éclatait en sanglots. C'était déjà dur pour elle d'être harcelée, mais de voir ses amies, dont le seul crime était d'avoir écouté ses confidences, traînées ainsi devant la Cour était insupportable. »

Si Monica se sentait coupable d'avoir entraîné malgré elle Neysa, Catherine, Ashley et les autres dans cette affaire, ces dernières se sentaient également très mal à l'aise de devoir trahir les secrets les plus intimes de leur amie, surtout en étant conscientes que leur témoignage pouvait l'envoyer en prison. Après leur comparution, plusieurs d'entre elles envoyèrent des messages d'amitié et de soutien à Monica par l'intermédiaire de leurs avocats. Ce fut au moins une petite consolation dans cet océan de chagrin.

Son amie Neysa fut la première de ses confidentes à raconter au monde l'usage qu'avait fait Monica de l'un des cigares du président. Neysa se souvient : « A un moment de mon témoignage, j'ai eu une sueur froide. Je me trouvais devant une salle pleine d'inconnus qui envisageaient d'inculper mon amie à cause de sa vie sexuelle avec le président. »

Si Neysa, Ashley Raines, Debra Finerman et d'autres furent toutes obligées de divulguer le contenu de leurs conversations avec Monica quel que soit le risque encouru par cette dernière, le cas de Catherine Allday Davis fut encore compliqué par le fait qu'elle vivait à l'époque à Tokyo. Non seulement elle fut citée à comparaître, mais elle dut remettre l'ordinateur sur lequel elle avait échangé des e-mails avec Monica lorsque celle-ci travaillait au Pentagone. A la mi-mars, pendant que le FBI extrayait le contenu de son disque dur, Catherine prit le vol Tokyo – Washington aux frais du gouvernement. Elle devait témoigner contre son amie devant le Grand Jury le 17 mars. Elle se sentait à la fois embarrassée et humiliée : « C'était affreux. Je ne suis pas prude, mais ils exigeaient des détails très, très précis sur leurs relations sexuelles. J'avais l'impression de violer son intimité. Je trouvais très déplacé et écœurant de devoir parler d'une autre femme devant un groupe de parfaits inconnus. Mais le pire, c'était l'impression qu'ils essayaient de se servir de moi pour la coincer, pour la forcer à se soumettre, pour prouver qu'elle avait menti lors de sa déclaration sous serment. Ça, c'était ce qu'il y avait de plus horrible. Ils voulaient l'inculper pour l'obliger à dénoncer le président. Il y a eu des moments pendant mon témoignage où je me suis dit : « Mon Dieu, je suis ici pour aider ces gens-là à faire sauter le président des Etats-Unis. »

Tout aussi dégradante fut la manière cavalière avec laquelle le Bureau du procureur indépendant imprima tous les e-mails contenus dans l'ordinateur confisqué, sans tenir compte du fait qu'ils aient ou non un rapport avec l'enquête. Toutefois, cela n'aida pas nécessairement les enquêteurs de Starr car, si Catherine avait effacé certaines informations, elle avait fort judicieusement conservé des messages liés à la recherche d'un nouveau poste pour Monica par Vernon Jordan. Ces messages prouvaient que l'avocat avait commencé ses tractations bien avant que Monica ait été citée à comparaître dans l'affaire Paula Jones. Fait impardonnable, en dépit des protestations de Catherine et de son avocat, les adjoints de Starr publièrent sa correspondance privée, incluant des lettres ayant trait à divers membres de sa famille et notamment un message où elle exprimait ses sentiments à l'égard de son mari Chris. Le tout figurait dans le rapport du procureur spécial devant le Congrès.

L'effet sur Catherine fut dévastateur. « Je n'ai jamais été aussi furieuse de ma vie. Voir ses pensées intimes exposées au vu et su de tous est un véritable viol. Je n'arrive pas à m'en remettre. Je hais ce gouvernement pour tout ce qu'il a fait aux gens dans cette affaire. Aux dernières élections, je n'ai même pas voulu voter. Mon père étant britannique, j'envisage sérieusement de renoncer à ma nationalité américaine. » Chris, cadre dans une entreprise, est pareillement outré par ce qu'il considère comme une « monstrueuse » atteinte à leur vie privée. « Nous n'étions que des figurants dans cette affaire. Nous n'avions rien à voir avec cette histoire. Pourtant, nos droits de citoyens ont été bafoués par cette étrange procédure politique. »

Il est intéressant de noter que, grâce aux mésaventures de Monica, de Catherine et d'autres, l'enquête de Starr aura appris aux utilisateurs d'ordinateurs dans le monde entier que « Big Brother » les regarde constamment. Désormais, de nombreuses entreprises demandent à leurs employés de toujours rédiger leurs e-mails confidentiels comme si quelqu'un lisait l'écran par-dessus leur épaule.

Autre effet secondaire intéressant, ceux qui sont entrés malgré eux dans le « pays de Starr » ont vite vu la face cachée du rêve américain. Les amis et la famille de Monica sont blancs, aisés, de classe moyenne, avec des idées libérales. Ce sont des gens respectueux de la loi qui ont appris à leurs dépens les dures réalités du pouvoir quand celui-ci n'est plus entravé, qu'il s'agisse du gouvernement, de l'appareil judiciaire ou des médias. Grâce à son amitié avec Billy Martin, le vaillant avocat afro-américain, Marcia Lewis a pu constater comment vivait « l'autre Amérique », la peur et la répression constantes auxquelles sont confrontées les minorités ethniques, notamment la communauté noire. « Quand je descendais une rue du ghetto avec Billy, des gens venaient à ma rencontre et m'embrassaient en disant : " Vous êtes des nôtres. " Manifestement, si ni les médias ni la plupart des classes aisées de l'Amérique ne la considéraient comme une victime, ce n'était pas le cas des autres victimes de la société. De fait, dès le 21 janvier, jour où éclata le scandale, Monica, la victime principale, se retrouva soudain transportée dans un autre monde, un monde où le temps s'était arrêté et où les ténèbres et Dan Rather régnaient en maîtres. Chaque jour, elle se levait vers huit heures, déjeunait d'un café et demi-bagel tartiné de fromage blanc, puis regardait les informations sur CNN ou surfait sur Internet (quand elle était chez son père), ne voulant pas perdre une miette de sa propre histoire.

A l'heure du déjeuner, elle regardait l'émission juridique « Burden of Truth » (« L'Essence de la vérité »), qui traitait immanquablement d'un sujet lié à l'enquête Starr, tout en faisant des kilomètres sur son tapis roulant avant d'avaler un repas Weight-Watchers. « Je n'avais pas la patience de lire, je n'arrivais pas à me concentrer. Je passais le plus clair de mon temps obnubilée par l'affaire, ressassant les détails juridiques. En fait, c'était une vraie formation accélérée en droit. »

Le soir, elle zappait de chaîne en chaîne, regardant des émissions de débats telles que « Larry King Live » ou « Geraldo » où l'on discutait constamment de nouvelles pistes dans l'enquête dont elle seule comprenait le sens exact. Cette nouvelle vie relevait d'un masochisme inutile, c'était un reflet de sa personnalité, de son besoin de reprendre le contrôle de sa vie tout en se punissant par la contemplation impuissante de sa vie en train d'être disséquée sans pitié.

Dans cette quête quotidienne de bribes d'informations, elle entendit les vedettes de la télévision vilipender son style de vie, sa façon de s'habiller, sa moralité. « A leurs yeux, j'étais une paumée pitoyable qui s'était inventé une aventure avec le président pour faire parler d'elle. » De fait, Monica aurait sans doute moins souffert de ces dénigrements si elle avait laissé ses avocats faire leur travail et avait évité d'allumer la télévision, mais c'était plus fort qu'elle. Néanmoins, à partir de la mi-mars, elle adopta une attitude plus constructive : elle se rendit au cabinet de Nate Speights au centre-ville et aida à la constitution de son dossier, au classement et à la recherche des informations. C'était une démarche aussi thérapeutique que vitale. Se sentir utile était une de ses consolations, l'autre étant l'avalanche de lettres d'encouragements. Sept correspondants sur dix lui exprimaient leur sympathie, mais la loi lui interdisait de leur répondre. Une lettre en particulier retint son attention : elle était signée d'une actrice, Sheri Densuk, habitant à New York, qui s'inquiétait parce qu'elle avait été contactée par le Bureau du procureur indépendant et ne savait pas quoi faire. Elle expliquait qu'elle n'avait jamais eu de liaison avec le président, bien qu'elle en ait eu d'autres tout aussi clandestines avec divers hommes célèbres. Elle voulait savoir si l'avocat de Monica, Bill Ginsburg, accepterait de la représenter. Monica et sa mère trouvèrent la démarche amusante, supposant qu'il s'agissait d'une actrice cherchant à se faire de la publicité en ayant recours à l'homme qui était alors l'avocat le plus célèbre des Etats-Unis.

Quelques semaines plus tard, début mars, Monica reçut une autre lettre de Mlle Densuk. Cette fois, elle contenait une copie de la citation à comparaître que lui avait envoyée Starr. Contre l'avis de sa mère, Monica transmit la lettre à son avocat Nate Speights, qui la passa à son tour à un collègue et ami, Keith Watters, lui aussi basé à Washington. Puis il n'en fut plus question, pour un temps du moins.

Vers la même époque, Monica subit deux coups durs qui achevèrent de miner son moral. Bayani Nelvis, l'intendant du président à la Maison-Blanche, fut convoqué pour témoignage devant le Grand Jury pour la seconde fois. En le regardant à la télévision, elle remarqua avec horreur qu'il portait la première cravate qu'elle avait offerte au président. Elle en conclut aussitôt deux choses : d'abord que le président avait insisté auprès de « Nel » pour qu'il porte sa cravate afin de signifier à Monica qu'elle devait le soutenir ; puis, qu'il faisait si peu cas d'elle qu'il avait offert son présent à un autre. Compte tenu de son pessimisme naturel, elle penchait plutôt pour la seconde hypothèse. Le second incident, qui survint quelques jours plus tard, était plus démoralisant encore. Son coiffeur, Ishmael Demir, lui téléphona pour lui apprendre l'incroyable nouvelle que Linda Tripp était venue le voir. Il était devenu brievement célèbre quelque temps plus tôt quand Monica s'était fait couper les cheveux dans son salon, « Toka », suivie par une armée de reporters et de photographes qui avaient filmé la scène à travers la vitrine. Tripp ayant pris rendez-vous sous un faux nom, Ishmael avait été obligé de la coiffer pour ne pas risquer de se voir intenter un procès pour non-respect de ses engagements. En apprenant la visite de Tripp, les avocats de Monica la sommèrent de ne plus fréquenter le coiffeur, qu'elle aimait beaucoup, sous peine de l'exposer à des tracas judiciaires. Cela peut paraître sans importance, mais Monica le prit fort mal car, dans un monde où chaque fragment de sa vie appartenait à d'autres, qu'il s'agisse de journalistes ou de juristes, Ishmael était une des rares personnes à représenter son existence heureuse et libre d'autrefois.

Ce n'était pas la première fois que Tripp défiait délibérément Monica. Lors de sa première apparition en public après que le scandale eut éclaté en janvier, elle arborait un manteau que Monica lui avait offert. Puis, le jour de juin où elle comparut devant le Grand Jury, elle portait un faux sac Chanel que Monica lui avait rapporté de son voyage en Corée avec le ministère de la Défense. Plus récemment, en octobre 1998, peu après l'annonce de la diffusion de la première interview télévisée de Monica par Barbara Walters, Tripp contacta les producteurs de l'émission afin de tenter d'obtenir, elle aussi, un temps d'antenne.

Le jeudi 12 mars au soir, alors qu'elle essayait encore d'encaisser ces deux coups, Monica se rendit dans une rôtisserie de Washington, « Sam et Harry's », pour y dîner avec ses avocats. Ils furent rejoints par Keith Watters, l'avocat qui représentait à présent Sheri Densuk. Tandis qu'ils mangeaient leur steak-frites, Nate Speights se pencha vers Monica et lui annonça sur un ton de conspiration que Densuk n'était autre que « Mlle X numéro 7 », la femme citée après elle dans l'affaire Paula Jones. Le cauchemar de Monica devenait réalité, car cela signifiait que le président voyait une autre femme pendant leur liaison. Il s'était moqué d'elle depuis le début. Elle se précipita dans les toilettes où elle éclata en sanglots. « S'il existait une Mlle X numéro 7, explique-t-elle, cela signifiait que tout ce qu'il m'avait raconté n'était que des salades, que je n'avais aucune importance pour lui et que notre relation qui avait pourtant duré deux ans n'était qu'une vaste farce. Après avoir tant souffert, lui avoir tant donné et avoir pris tant de risques, tout ce que j'arrivais à me dire c'était qu'elle avait peut-être plus compté pour lui que moi, qu'elle lui plaisait davantage, qu'ils avaient fait l'amour, peut-être même qu'il lui avait dit qu'il l'aimait. »

Elle revint à table toujours en larmes et demanda qu'on la raccompagne. Les avocats refusèrent de partir avant d'avoir fini de dîner et Ginsburg lui ordonna sèchement de se calmer. Tandis qu'elle restait dans son coin, malheureuse, elle se persuada que tout était fini : elle était au bout du rouleau. « J'ai décidé de rentrer chez moi et de me tuer. C'était fini. Je n'en pouvais plus. »

De retour dans son appartement, elle hésita entre prendre une overdose de somnifères et se taillader les veines. Elle mesura le pour et le contre de chaque solution, puis appela sa thérapeute, le Dr Susan. « J'étais hystérique. Cette nuit-là, elle m'a sauvé la vie. Je n'ai jamais été aussi proche du suicide de toute ma vie. Je n'arrivais même plus à penser, mais elle m'a calmée. A ce moment-là, ma vie ne tenait plus qu'à un fil. Elle m'a retenue et ramenée dans le royaume des vivants. J'étais prête à me tuer à cause de mon amour sans retour pour le président des Etats-Unis. J'avais l'impression que ma vie était terminée. J'étais en morceaux. Pourquoi continuer à vivre ? Il n'y avait plus rien pour moi sur cette terre. »

Après avoir parlé au Dr Susan, Monica alla se coucher. Elle se réveilla le lendemain matin avec de nouvelles perspectives. Elle savait désormais que, quoi qu'il arrive, elle s'en sortirait et que, si elle avait été terrassée, elle n'était pas pour autant abattue. Elle venait de franchir un cap. En outre, l'incident eut une fin plus ou moins heureuse : il s'avéra que Sheri Densuk avait été citée à comparaître à tort et qu'il n'y avait pas de Mlle X numéro 7. Monica avait failli se suicider à cause d'un malentendu.

Pour une fois, elle n'eut pas le temps de méditer sur la question. Après deux mois de réclusion dans le Watergate, on l'autorisa enfin à recevoir une visite, celle de sa meilleure amie, Catherine Allday Davis, qui venait juste de témoigner devant le Grand Jury. Monica avait imploré ses avocats de la laisser la voir. Ces derniers s'inquiétaient des conséquences judiciaires mais finirent par capituler, non sans avoir fait jurer à Monica que les deux femmes ne parleraient pas de l'affaire. Naturellement, Monica passa les heures qui précédèrent l'arrivée de Catherine dans un état d'angoisse et d'excitation extrêmes, ne sachant pas si, après son épreuve du 17 mars devant le Grand Jury, Catherine serait disposée à lui adresser la parole. Elle s'inquiétait pour rien. De crainte que son appartement ne soit sur écoute, elles se retrouvèrent dans une des salles de conférence du Watergate. Ce fut une réunion très émouvante, ni l'une ni l'autre ne sachant comment l'autre réagirait. Catherine craignait que son amie ne se sente trahie par son témoignage tandis que Monica était inquiète parce qu'elle ne se souvenait pas si, au cours de ses conversations avec Linda Tripp, elle n'avait pas fait des remarques désobligeantes sur son amie, qui ne manqueraient pas de figurer dans les dossiers de Starr. Catherine se souvient de la rencontre dans les moindres détails : « Dès qu'on s'est vues, on a compris que tout se passerait bien. On est tombées dans les bras l'une de l'autre, on a pleuré, on a parlé de nos émotions, de nos aventures avec les médias, etc. On était toutes les deux choquées par la véhémence avec laquelle la presse s'acharnait sur Monica. Il y avait une Monica quelque part au-dehors qui n'était pas la vraie Monica. On a fini par rire de l'absurdité de toute cette situation. »

Pour Monica : « Revoir Catherine m'a vraiment mis du baume au cœur. Je savais au moins qu'il me restait une amie dans le monde et qu'il y avait encore une partie de moi qui existait, qu'il y avait encore quelqu'un qui m'aimait pour ce que j'étais réellement. Si le Dr Susan a préservé ma vie physique, Catherine a sauvé mon âme. A partir de ce jour, j'ai su que je survivrais. »

A son réveil le lendemain matin, Monica avait mal au visage. Elle se rendit compte qu'elle avait tant souri la veille en voyant son amie que les muscles de ses joues étaient endoloris. C'était la première fois depuis deux mois qu'elle avait une bonne raison de sourire.

Avril apporta son lot de larmes et de nouveaux sourires. Les larmes furent provoquées par l'annonce qu'elle ne pourrait se rendre au mariage de sa mère avec Peter Straus à New York. Si elle s'y était rendue, la cérémonie aurait été transformée en curée par les piranhas des médias, gâchant cette journée si importante pour Marcia et Peter.

Pour échapper un moment à sa prison de Washington, Monica se rendit à nouveau chez Bernie et Barbara à Los Angeles. Outre le fait d'y mener une vie presque normale, cela lui permit de panser d'autres plaies avec son père. « C'était un moment très particulier pour mon père et moi. J'ai appris à le connaître beaucoup mieux, ainsi que Barbara, et ils ont eux aussi appris à m'apprécier davantage. Pour la première fois, ils se retrouvaient en première ligne, suivant les moindres rebondissements de l'affaire. Aussi, tout devint aussi intense pour eux que pour moi. »

La belle-mère et la belle-fille devinrent inséparables. Barbara apprit à Monica à tricoter et l'encouragea à reprendre la couture. Elle réalisa des sacs et des écharpes pour ses amis, cousant sur chacune de ses œuvres une étiquette en coton rouge et blanc disant « Fait spécialement pour toi par Monica ». « C'était très thérapeutique, dit-elle. Cela m'a rappelé que, depuis que je vivais à Washington, j'avais complètement laissé de côté ma créativité. »

La famille de Barbara, les Lerner, se montra très gentille avec Monica. De fait, ils la soutenaient plus que certains des membres de la famille de Bernie, qui non seulement gardaient leurs distances mais lui écrivaient des lettres moralisatrices, ce qui blessait autant Bernie que sa fille. (Il dut également écouter, refoulant son indignation, les juifs orthodoxes locaux d'un certain âge discuter de la possibilité de recourir à la loi religieuse pour exclure Monica de la foi.) Hanna, la plus jeune sœur de Bernie, et sa famille furent également parmi ceux qui la défendirent.

Ce séjour à Los Angeles ne fut pas positif uniquement sur le plan spirituel et affectif. Kacy Duke, le gourou du fitness, se trouvait en ville pour le mois. Quelques séances musclées avec elle remirent Monica d'aplomb. « Allez, ma fille ! » lançait Kacy avec sa gouaille typiquement new-yorkaise tandis qu'elles faisaient une promenade à bicyclette ou marchaient d'un pas rapide sur la plage. « Faut que tu sois forte, ma grande ! Il te faut des biscotos ! » La réussite de ces séances fut amplement démontrée quand Monica emmena une cousine allemande, Natalie, visiter Venice Beach. La fille dont le visage avait fait la une de milliers de journaux s'entendit dire dans une boutique : « C'est drôle, vous ressemblez à Monica Lewinsky, mais en plus mince. » Cette bataille-là, au moins, elle avait une chance de la gagner.

14

Le bon tonton Ginsburg

Avec Bill Ginsburg, les médias tenaient soudain une nouvelle superstar. Quelques semaines après son arrivée à Washington, l'obscur avocat spécialisé dans les erreurs médicales était devenu un personnage. Sa barbe, son nœud papillon, son chapeau et sa grosse voix de W. C. Fields au régime sec, tout cela le signala immédiatement à l'attention de millions d'Américains.

Il se délectait de ce vedettariat. Il ne se fit donc pas prier pour assister à la soirée prestigieuse donnée, en mars 1998, pour les soixante-dix ans de *Time Magazine*, et qui promettait d'être le dîner des célébrités de l'année. Il annonça à Monica qu'il prendrait la parole, comme l'invité d'honneur, le président Clinton. Sa cliente en fut complètement retournée : elle ne pouvait revoir son « Handsome », c'était évidemment impensable, et si Ginsburg était convié à la fête, c'était à elle et à ses malheurs qu'il le devait.

Elle n'en était pas moins impatiente, le lendemain, d'entendre le récit de la soirée, et surtout de savoir s'il avait bien vu le président. « Oui, je l'ai vu, lui raconta Ginsburg encore tout bouffi de son importance. Il m'a dit : “ Je lui souhaite bien des choses ” et il m'a fait un clin d'œil. » Monica fut transportée de joie : l'homme qu'elle s'était si vaillamment efforcée de protéger tenait encore assez à elle pour lui envoyer un message amical. Elle devait apprendre un mois plus tard que Ginsburg l'avait fait marcher.

L'incident est caractéristique des rapports tumultueux qu'elle entretint avec son cabotin d'avocat. Il aurait voulu tenir lieu de père à Monica, mais il ne comprit jamais la profondeur de ses sentiments envers le président, ni que ses commentaires intempestifs, souvent sexuels, ajoutaient à sa peine en privé et à son humiliation en public. Par ailleurs, en brouillant entre eux les membres de la famille Lewinsky, le soi-disant « bon tonton Ginsburg » révéla une autre facette de sa personnalité. De même que Kenneth Starr était l'ennemi du dehors, au bout de quelques semaines Monica et sa famille en vinrent à considérer Bill Ginsburg comme l'ennemi de l'intérieur sur tous les plans : juridique, affectif et financier. Peter Straus résume ainsi le principal travers de l'avocat : « Rétrospectivement, c'était un choix désastreux. Son goût du spectacle et du tapage médiatique n'a fait que renforcer auprès du public l'image de Monica comme la fille de Beverly Hills qui en faisait vraiment trop. »

Pendant que Monica assistait à la désintégration de sa famille, son avocat jubilait de se voir ainsi propulsé sous les feux de la rampe. Tous les jours, une meute de reporters attendaient devant le Cosmos Club, le fief de Ginsburg à Washington, qu'il leur jette en pâture l'information du jour. C'était pain béni pour eux, mais le nouveau roi des petites phrases faisait tiquer, même dans les médias. D'après Katie Couric, l'animatrice d'une émission télévisée du matin, Ginsburg se serait targué de participer à cinq débats télévisés dans la même journée.

Lorsque Monica s'en plaignait, il haussait les épaules et répondait : « Si tu ne donnes pas à manger à l'ours [les médias], il te mangera parce qu'il a faim. Si tu lui donnes trop à manger, il te chiera dessus. Mais si tu lui donnes juste ce qu'il veut, il te fichera la paix. » L'ennui, c'est que l'ours avait beau lui manger dans la main, Bill Ginsburg ne pouvait pas s'empêcher de le nourrir, en lâchant des remarques improvisées à un point de presse musclé du *Washington Post*, ou en commettant des gaffes dans un studio de télévision.

La façon dont il courtisait les médias, qu'il prévenait chaque fois qu'il allait au restaurant ou dans n'importe quel endroit public avec Monica, ajoutait à la pression qui pesait sur elle, et lui valut souvent d'être cataloguée comme accro aux médias. Un exemple caractéristique : au début d'avril 1998, Ginsburg devait faire un discours devant l'Association américaine du barreau à Philadelphie (invitation uniquement due à sa stupéfiante accession à la renommée, sinon à sa notoriété), et il emmena Monica avec lui sous prétexte de la faire un peu sortir des quatre murs de son appartement de Washington. Il lui fit miroiter qu'il l'emmènerait voir l'illustre Liberty Bell, la Cloche de la Liberté, le symbole de la liberté de l'Amérique.

En arrivant à l'hôtel, elle fut estomaquée de voir une horde de cameramen, de reporters et de photographes massés devant l'entrée. Elle croyait qu'ils voyageaient incognito, Ginsburg et elle. Elle ne tarda pas à découvrir qu'il avait une autre vision des choses : un journaliste de CNN s'approcha et lui demanda à quel moment ils pensaient aller voir la Cloche de la Liberté. Monica en voulut beaucoup à son avocat. « Je n'en croyais pas mes yeux. J'étais tellement furieuse que j'ai préféré m'éloigner. » Une douzaine de journalistes de la presse à scandale les suivirent et les paparazzi les mitraillèrent pendant qu'ils faisaient la queue devant Independance Hall, où se trouve la célèbre cloche fêlée.

La présence des médias ne pouvait qu'attirer l'attention des autres visiteurs, au point qu'une parade célébrant l'anniversaire de l'indépendance de la Grèce dut être interrompue, au grand déplaisir des organisateurs. La proie de cette gloutonnerie médiatique était mortifiée. « J'avais l'impression d'être une bête de foire, dit-elle. Je m'en serais vraiment passée. Et tout ça parce que Bill aimait parader sous les projecteurs. » Cela dit, Ginsburg n'eut pas toujours gain de cause. Au début du mois d'avril, Monica et sa famille tapèrent du pied lorsqu'il annonça son intention de se rendre au dîner annuel des amis de la Maison-Blanche, dont le président et la First Lady étaient traditionnellement les hôtes d'honneur. C'était le genre d'événement auquel Monica aurait adoré assister, en d'autres circonstances, mais bien qu'ayant été invitée, elle savait que, la situation étant ce qu'elle était, il n'était pas envisageable qu'elle s'y rende. Ses parents prirent son parti, son père arguant que si Ginsburg acceptait l'invitation malgré leurs objections, ils se verraient obligés de changer d'avocat. Il finit par céder, mais pour Monica et ses parents, la controverse n'aurait même pas dû avoir lieu. « C'était très frustant, admet-elle, de devoir constamment brider l'ego de mon avocat. »

Il y avait pire que cette fâcheuse propension à faire le clown en public : Ginsburg s'immisça dans la dynamique intime de la famille Lewinsky, dressant ses membres les uns contre les autres. Par exemple dans cet entretien donné en mars à *Time Magazine* où il parlait avec chaleur de Bernie Lewinsky mais faisait sur le comportement « agressif » de Marcia Lewis une remarque déplacée par laquelle il sortait de son rôle d'avocat de la famille.

En réalité, Ginsburg ne se considérait pas seulement comme l'avocat de la famille. Il se vantait souvent de jouer, auprès de Monica, le rôle imprenable de père adoptif. Il prétendait lui avoir embrassé l'intérieur des cuisses alors qu'elle n'avait que six jours. « Regardez-moi cette petite chatte » aurait-il dit juste après la naissance de Monica. En fait, lorsqu'il la rencontra pour la première fois, elle avait déjà une vingtaine d'années. Compte tenu des implications sexuelles du dossier, ces remarques, au demeurant fantaisistes, étaient on ne peut plus déplacées. Et il se montra encore plus blessant à l'égard de Monica en la dépeignant comme « un chien en cage avec une libido de vingt-quatre ans », description qui fut dûment reproduite dans *Time*.

Il était encore plus trivial en privé. Au cours d'un dîner auquel étaient invités chez lui, à Los Angeles, Bernie et Barbara Lewinsky, il lâcha que le président n'aimait que les femmes à la toison pubienne brune – allusion manifeste à Monica. Sa femme, Laura, fut tellement révulsée par sa vulgarité qu'elle quitta la pièce. Monica, quant à elle, se dit assez choquée par l'insistance avec laquelle Ginsburg, qui était marié et père de deux adolescents, lui avait demandé de lui raconter les détails précis de sa relation avec le président, manifestant un intérêt qui n'avait plus grand-chose à voir avec les relations normales entre un avocat et sa cliente.

Il outrepassa assurément le rôle de père adoptif qu'il s'était arrogé. En avril de cette année-là, alors que le père et la fille étaient en train de parler dans la maison du Dr Lewinsky, à Brentwood, Ginsburg les prit par les épaules et leur dit : « On ne tient pas à ce que vous vous rapprochiez trop, tous les deux, hein ? » Ginsburg avait amené Barbara Walters, qui avait interviewé Bernie quelques semaines plus tôt. Au fil de la conversation, Monica confia à Walters qu'elle avait été une adolescente plutôt sage, qui se tenait généralement à carreau : elle ne fumait pas, ne se droguait pas, elle avait toujours de bonnes notes et elle n'avait jamais fauché dans les magasins, comme bien d'autres jeunes. Walters avait répondu, du tac au tac : « La prochaine fois, fauchez plutôt dans les magasins. »

Pendant que les deux femmes bavardaient, le Dr Lewinsky et Bill Ginsburg avaient, dans une autre pièce, une discussion plus sérieuse au cours de laquelle l'avocat remit sur le tapis un sujet qu'il avait souvent abordé au cours de leurs conversations téléphoniques à distance. « Vous savez, Bern, elle vous en veut vraiment, dit-il. Vous étiez au courant que Monica ne pouvait pas vous sacquer ? » Si c'était vrai, ce commentaire constituait une intrusion intolérable dans leur vie privée. Et si c'était faux, ces paroles étaient impardonnables. Quand elle en eut vent, Monica fut anéantie. « Mon père a le cœur brisé, il se saigne aux quatre veines, il est angoissé, désespéré, et voilà que Bill Ginsburg lui raconte que sa fille, à cause de qui il a tous ces ennuis, ne peut pas le sacquer. J'adore mon père. Ils ont été merveilleux, Barbara et lui, depuis le début de cette histoire. Evidemment que j'ai parfois des accrochages et des disputes avec lui, mais tout le monde peut en dire autant, non ? Et puis c'est notre affaire. » A quoi son père ajoute, avec la retenue qui le caractérise : « Bill Ginsburg s'est immiscé de façon intempestive dans la dynamique familiale. Ses remarques n'ont fait qu'ajouter à notre colère et à notre stress. »

La stratégie de Ginsburg était de diviser pour mieux régner, ce fut mis en évidence par le biais de la question sensible de l'argent. Pendant des mois, il avait facturé des sommes rondelettes en faisant valoir que Monica ne consentait à se déplacer qu'en limousine avec chauffeur. « Il va vous falloir de la patience avec Monica, dit-il à Bernie de sa grosse voix. J'essaie de la déshabituer des limousines. » En réalité, les rares fois où Monica sortait de son appartement du Watergate, si elle ne pouvait faire le trajet à pied, elle prenait un taxi. La vérité éclata le jour où elle vit son père signer un énième gros chèque à Ginsburg, pour régler une facture sur laquelle figuraient notamment 5 000 dollars de limousines « pour la sécurité de Monica ».

Ginsburg passa les bornes une fois de plus en racontant, au hasard d'une conversation amicale, que Monica avait pensé au suicide. Elle découvrit cette indiscrétion en mars, lorsqu'une de ses amies lui dit d'un ton compatissant : « Bill m'a confié combien tu étais déprimée l'autre soir. Je voulais juste te dire que rien au monde ne vaut la peine qu'on se tue. » Ces paroles, prononcées dans une intention bienveillante, ne contribuèrent guère à restaurer la confiance de Monica dans le jugement – ou la discrétion – de Ginsburg.

Le reste de la famille ne put faire autrement que de partager le point de vue de Monica, après le déchaînement médiatique que lui valut la parution, cet été-là, d'une série de photos de charme dans un numéro du prestigieux mensuel *Vanity Fair*. Une photo, en particulier, fit monter la tension de nombreux patriotes : on y voyait Monica poser avec la bannière étoilée sur la plage de Malibu, en Californie.

L'idée de poser pour une série de photos lui était venue par hasard, en mars, alors qu'elle assistait avec Bill Ginsburg à un lunch organisé à Washington pour la sortie d'un livre de Larry King, le présentateur de CNN. Ce fut l'une des très rares sorties de Monica, et elle n'avait décidé d'y aller qu'après bien des hésitations. Elle bavardait avec des gens des médias lorsqu'un journaliste de *Vanity Fair* proposa de lui faire faire une série de photos. L'idée ne pouvait que lui plaire, dans la mesure où toutes les photos d'elle qui étaient parues dans la presse jusque-là avaient été volées par des paparazzi qui l'avaient prise au dépourvu. A un moment où tout lui échappait dans sa vie, y compris son image, c'était un moyen de reprendre un peu le contrôle de la situation.

C'est ainsi qu'en avril elle se rendit à Los Angeles pour la séance de photos avec le célèbre photographe Herb Ritts. « Comme j'ai toujours eu des complexes par rapport à mon poids, confie-t-elle, j'étais très inquiète. » En dehors des photos proprement dites, Monica s'était préoccupée, avec Ginsburg, des questions de droit à l'image, de confidentialité et tout ce qui s'ensuit. Elle comptait sur lui pour veiller à ce qu'ils aient un droit de regard sur toutes les photos publiées. Il se fâcha, selon sa bonne habitude, quand elle évoqua les problèmes juridiques, et il lui dit que si elle n'était pas contente de la façon dont il avait organisé les choses, il était encore temps de tout arrêter. Monica, qui était déjà grisée par l'idée de se retrouver au grand air et au soleil après des mois de quasi-emprisonnement à Washington, ne voulut évidemment pas en entendre parler.

La séance fut, selon ses propres termes, « du champagne pour l'âme. Pendant les quatre derniers mois, j'avais été constamment ridiculisée, critiquée... Ça m'a vraiment revitalisée ». Elle avait pris beaucoup de plaisir à travailler avec Herb Ritts, à poser pour lui dans toute une série de tenues dans lesquelles elle avait de faux airs d'Elizabeth Taylor à ses débuts. Elle avait un coiffeur personnel, un maquilleur et une bardée d'assistants, dont un garde du corps qui veillait sur les 600 000 dollars de diamants qu'elle portait sur les photos. Cette fois, elle était vraiment « la reine d'un jour ».

Quand son père, qui a lui-même un certain talent de photographe, et Barbara arrivèrent, ils découvrirent avec stupéfaction une Monica en robe de gaze bleue, tenant un caniche rose. La journée fut néanmoins quelque peu ternie par une de ces remarques salaces dont Ginsburg avait le secret : « Quand le président verra ça, dit-il, il va balancer la purée dans son froc. »

Monica est un peu partagée quant à l'épisode de Malibu. Elle conserve de ce jour-là des amitiés précieuses et le souvenir d'une expérience qui lui a vraiment donné l'impression de redevenir un être humain à part entière. Avec le recul, elle dit tout de même que, si c'était à refaire, elle ne poserait plus avec le drapeau américain, ne serait-ce que pour éviter le tapage inévitable, mais c'est son seul regret. Elle n'est pas, et elle n'a jamais été, déloyale envers son pays, et elle ne voit pas pourquoi elle aurait honte d'avoir été photographiée avec son symbole le plus chargé d'affects. En fait, avant même le scandale de *Vanity Fair*, Marcia s'était inquiétée de la façon discutable dont Ginsburg exploitait les médias, au détriment de sa fille. Elle avait trop souvent vu Monica pleurer à cause d'une remarque grivoise, déformée ou exagérée de son avocat. Il était déjà assez ennuyeux qu'elle ait acquis l'image d'une fille avide de publicité et qui se faisait du cinéma. La dernière chose dont elle avait besoin, c'était que Ginsburg en rajoute.

Après avoir discuté avec son avocat, Billy Martin, et avec sa sœur, Debra, du problème des relations avec les médias, Marcia décida d'engager un expert en relations publiques afin de permettre aux avocats de se consacrer plus pleinement à la bataille juridique. Martin, qui était un puissant appui, non seulement pour Marcia mais pour toute la famille, proposa une collègue de longue date, Judy Smith. Cette avocate et publicitaire confirmée avait travaillé dans les relations publiques à la Maison-Blanche et pour la chaîne de télévision NBC. Ils en parlèrent à Monica, laquelle, sachant que Kenneth Starr avait lui-même embauché un conseiller en relations publiques, trouva l'idée justifiée. Par chance, elle fut aussitôt favorablement impressionnée par Judy Smith, qu'elle trouva impertinente et pointue – et, surtout, prête à travailler gratis.

Restait à convaincre Ginsburg de se cantonner au dossier et aux tribunaux au lieu de batifoler avec les correspondants de CBS, CNN et autres chaînes de télévision. Fin avril, un conseil de famille en bonne et due forme fut organisé chez Bernie et Barbara, à Los Angeles, et l'avocat y fut convié. La réunion réveilla chez Monica des émotions profondément enfouies. C'était une première à double titre : la première fois depuis des années que ses parents se retrouvaient dans la même pièce, et la première fois que son père et Barbara rencontraient le second mari de Marcia, Peter Straus. « Tout le monde s'entendit à merveille, se souvient-elle. Je ne m'étais jamais sentie aussi entourée d'affection, et me retrouver à table avec mes deux parents et les voir se parler était un sentiment vraiment merveilleux. »

Il n'y avait qu'une ombre au tableau : Bill Ginsburg. Quand Monica, qui présidait la réunion, expliqua pourquoi elle souhaitait faire entrer Judy Smith en lice, il se mit à griffonner ostensiblement sur son set de table, faisant clairement comprendre qu'il ne s'intéressait guère à la question. Monica avait préparé un argumentaire en trois pages exposant les raisons pour lesquelles elle souhaitait séparer les dossiers judiciaire et médiatique. « Nous arrivons à un tournant de l'affaire, dit-elle. D'abord, et avant tout, Starr déclare être là pour un bon moment, et il a engagé un consultant en médias. Ça fait de notre équipe la seule à ne pas disposer d'un spécialiste des médias, dont ce soit l'unique responsabilité et le seul domaine de compétence. »

Bien qu'elle se soit promis de ne pas répondre aux attaques personnelles, elle avait l'impression d'avoir sérieusement besoin que l'on défende efficacement ses intérêts. « J'ai la réputation d'une évaporée de Beverly Hills, à la disposition des hommes. Ce n'est pas tolérable, parce que ce n'est pas moi. » Comme il fallait s'y attendre, malgré le bien-fondé de ses arguments, Ginsburg éleva toutes sortes d'objections, arguant qu'il devait rester seul aux commandes des affaires de la famille. Il n'accepta qu'à regret de relâcher son emprise sur l'image publique de Monica.

Peu après, Judy Smith se joignit à eux; l'« équipe Lewinsky » était née. Judy et Monica travaillaient conjointement afin de reconquérir la faveur du public et de faire savoir qu'il n'y avait rien contre elle dans le dossier de Starr. C'est un Bill Ginsburg très en retrait qui affronta les médias après le déjeuner de famille du 17 mai, à l'hôtel Park Hyatt de Los Angeles, déjeuner au cours duquel la controverse avait été finalement réglée. Comme le remarqua un journaliste : « Par contraste avec l'air réjoui de la famille, les avocats faisaient grise mine. »

Non que Monica ait beaucoup de raisons de se réjouir. Deux jours plus tôt, une cour d'appel fédérale avait refusé de statuer dans son conflit à répétition avec Kenneth Starr et de se prononcer sur la validité de son immunité. Depuis le mois de février, date à laquelle le procureur indépendant avait rejeté le protocole d'immunité, les avocats de Monica lui avaient déclaré la guerre, dénonçant ses méthodes et mettant son intégrité en cause. Maintenant, non content de déposer une motion pour faire appliquer légalement l'accord écrit d'immunité, Ginsburg demanda au ministre de la Justice, Janet Reno, de faire soumettre Starr et ses adjoints au détecteur de mensonges afin de déterminer s'ils avaient ou non organisé des fuites d'informations auprès de la presse.

Cette démarche faisait écho à une plainte officielle déposée par l'avocat personnel du président, David Kendall, qui avait produit, début février, une requête accusant Starr d'outrage à la Cour et demandant une enquête sur le Bureau du procureur indépendant, au motif qu'il aurait fait filtrer dans la presse des informations concernant son témoignage devant le Grand Jury. Une enquête judiciaire fut diligentée et releva vingt-quatre possibilités de fuites d'informations du Grand Jury, en violation des lois fédérales. Le juge ordonna un supplément d'enquête.

Pendant que Kendall s'en tenait à la bataille juridique, Ginsburg continuait à défendre son dossier sur les plateaux de télévision, tançant inlassablement Starr dans toutes les émissions-débats du paysage audiovisuel, allant jusqu'à déclarer que le procureur spécial était « une menace... un monstre anticonstitutionnel ». Ses remarques, justifiées ou non, firent les manchettes de la presse à sensation, mais il jouait plus le rôle de pilier de studio que d'avocat de Monica.

Cette attitude ne pouvait que déplaire au juge Norma Holloway Johnson, un juge du district de Washington dont l'aversion pour les avocats médiatiques est célèbre. En arbitrant la question controversée de la validité de l'accord d'immunité signé entre Monica et le Bureau du procureur indépendant, elle avait clairement exprimé qu'elle n'appréciait pas que ses procès soient jugés devant les caméras – une pierre dans le jardin de Ginsburg. L'associé de celui-ci, Nate Speights, avait beau lui demander d'arrêter de « nourrir l'ours », au motif que ses prestations quotidiennes portaient préjudice au dossier, Ginsburg ne pouvait pas s'empêcher de parler dès qu'on lui tendait un micro.

Malgré toutes ses vitupérations publiques, Ginsburg était un outsider à Washington, et il avait affaire, avec Starr, à un régional de l'étape coriace et tenace. On peut dire qu'il se conduisait avec Monica comme un chien de meute enthousiaste mais brouillon, n'empêche qu'il ne lâchait pas le morceau. Vers la fin du mois de mars, tandis que le défilé se poursuivait devant le Grand Jury, et après qu'il eut obtenu du Congrès le vote de 1,3 million de dollars pour une éventuelle demande de destitution, le procureur indépendant semblait bien avoir tous les atouts en main.

La famille Lewinsky avait affaire à forte partie dans ce jeu de poker juridique, et elle allait très vite manquer d'argent pour suivre. A bout de ressources, Bernie lança un appel à la générosité publique sur le plateau du « Larry King Show » et de quelques autres émissions de télévision afin de payer les factures des avocats, de plus en plus lourdes. Ses prestations lui permirent de recueillir près de 35 000 dollars envoyés par de généreux donateurs, mais Bill Ginsburg, furieux, se débrouilla pour apparaître dans les mêmes émissions, histoire de prouver qu'il était toujours le chouchou des médias. Comme disait Bernie : « Il considérait mes apparitions télévisées comme une atteinte personnelle, une privation de pouvoir. Il ne voulait pas que le papa [de Monica] joue un rôle. »

Le 1er avril, un rayon de soleil illumina fugitivement ce scénario juridique affligeant : le juge Susan Webber Wright débouta Paula Jones de sa plainte contre le président Clinton, attendu que « sa conduite supposée ne constituait pas une agression sexuelle ». Après ce verdict, la nation, quadrillée par les sondages d'opinion, déclara, à près de deux contre un, que Kenneth Starr devait abandonner aussi le dossier. Mais celui-ci n'avait pas l'intention de rendre les armes, et il déclara que la décision du juge Wright « ne changeait rien à l'affaire ». Quant à Monica, si elle était contente pour le président, sa joie était mitigée du regret de ne pouvoir partager sa réaction en apprenant la nouvelle. « Je l'ai vraiment regretté du fond du cœur, dit-elle. Je me suis sentie très seule. J'aurais voulu voir son expression lorsqu'il a appris la bonne nouvelle. »

En réalité, elle avait assez d'ennuis pour ne pas se morfondre pour le président : c'était elle, et pas lui, qui risquait de se retrouver en prison. Les défenseurs de Monica étaient prévenus : les procureurs les plus archarnés de l'équipe de Starr étaient prêts à accuser la jeune femme de parjure si le juge Johnson se prononçait en leur faveur, c'est-à-dire si elle statuait que l'accord d'immunité du mois de février n'engageait pas le procureur. Le moins que Starr pouvait exiger, en échange d'un nouvel accord d'immunité, était une proposition plus alléchante de la part de Monica – la promesse qu'elle témoignerait sous serment que le président Clinton avait eu des relations sexuelles avec elle et avait ensuite tenté de se couvrir.

Ses deux avocats étaient confiants : ils gagneraient contre Starr. Ils se trompaient. A la fin du mois d'avril, le juge Johnson rejetait l'argumentation de Ginsburg ; l'accord d'immunité ne tenait pas. Ginsburg changea alors de discours et dit qu'il s'attendait à perdre devant le juge du district, mais qu'il était sûr de gagner en appel. Et si ça ne marchait pas, il attendait le procès avec impatience, parce qu'il lui permettrait de procéder au contre-interrogatoire de Linda Tripp dans le box des témoins. L'honnêteté oblige à dire que, malgré tous ses défauts, Ginsburg est un excellent avocat en plaidoirie.

Il faut aussi reconnaître qu'il ne se laisse pas facilement abattre. Chaque petite défaite, chaque contretemps était accueilli par cette phrase, devenue immortelle : « Nous sommes arrivés exactement à ce que nous voulions » (maxime dont la famille Lewinsky fait maintenant des gorges chaudes). Deux semaines plus tard, quand la cour d'appel du district de Colombia refusa de statuer dans la controverse, Monica en était arrivée exactement où elle ne voulait pas : elle était menacée d'inculpation et peut-être d'une peine de prison pour parjure et autres délits. Pour reprendre une blague des médias : « Le moment est venu pour Monica de décider si elle veut voir comment lui va la tenue orange du pénitencier. »

Monica et sa famille ne prirent pas cette menace à la légère, loin de là. Elle ne craignait plus d'écoper de vingt-sept ans de prison – la peine maximum prévue par la loi –, mais il lui arrivait encore souvent de se réveiller en sursaut, au milieu de la nuit, paralysée par la peur d'être emmenée, les menottes aux poignets, comme Susan McDougal. Son angoisse était partagée par son père, qui faisait toujours le même cauchemar : il se voyait l'escorter au pénitencier. « Je ne pouvais supporter d'imaginer Monica menottée et les fers aux pieds », disait-il.

Monica vécut constamment dans la crainte d'être arrêtée jusqu'à ce qu'on lui accorde l'immunité. Un jour, elle allait à la gare en taxi avec Judy Smith lorsqu'une voiture de police banalisée – comme celles du FBI – leur ordonna de se ranger le long du trottoir. Un policier en civil en descendit, s'approcha et leur montra sa plaque. Monica raconte qu'elle se mit à transpirer. Son cœur battait la chamade, elle avait la bouche sèche. En réalité, le chauffeur de taxi s'était fait arrêter pour une infraction au code de la route. Mais l'incident réveilla chez Monica la peur paralysante qu'elle avait éprouvée dans la pièce 1012. « J'ai cru qu'ils allaient m'arrêter et m'inculper séance tenante, raconte-t-elle avec un frisson. J'ai fait des cauchemars pendant je ne sais combien de temps, après ça. »

Dans sa nouvelle vie de femme célèbre, son principal ennemi était la horde de photographes qui rôdaient autour de l'immeuble du Watergate et guettaient le moindre de ses déplacements. Même les autres journalistes étaient choqués par la façon dont ils la harcelaient. La présentatrice d'une émission de télévision à scandale qui n'avait cessé de l'asticoter sur les ondes tomba un jour, par hasard, sur elle, chez le coiffeur. Elle se dit horrifiée de voir les équipes de télévision massées sur le trottoir, devant le salon de coiffure, et les photographes qui la mitraillaient à travers la vitre alors qu'elle se faisait coiffer. (L'une des raisons pour lesquelles elle s'est fait couper les cheveux est qu'elle peut ainsi s'en occuper toute seule, de sorte qu'elle n'a plus à affronter les paparazzi.)

Pour conforter l'ennemi dans l'illusion qu'elle ne pouvait sortir à son insu, Monica utilisait rarement l'entrée principale du Watergate. En passant par d'autres portes, elle parvenait à éviter la meute des médias et elle réussissait à aller et venir à Washington sans se faire repérer. Avec des lunettes noires, les cheveux tirés en arrière dissimulés sous un chapeau de paille, elle échappait à ses poursuivants, pendant un moment au moins. (Un jour, elle se promenait dans le quartier élégant de Georgetown quand l'escouade présidentielle passa à grand bruit. Elle ne put même pas entrevoir son « Handsome ».) Le plus souvent, le dimanche, Walter Ellerbee, un enquêteur privé qui travaillait pour Billy Martin, lui téléphonait à son appartement et demandait laconiquement : « On peut enlever le paquet ? » Shawn Wright venait alors la chercher et l'emmenait « prendre l'air » à la campagne.

Le reste du temps, Monica partait du principe qu'on la suivait en permanence. Elle en était arrivée à vivre conformément à la maxime : « Ce n'est pas parce que vous êtes paranoïaque que personne ne vous observe. » Ses premiers soupçons datent du mois de juin, alors qu'elle allait à Los Angeles, avec Judy. Mike Emmick, l'adjoint de Starr qui avait interrogé Monica dans la chambre 1012, était aussi dans l'avion.

Le spectre de la prison commença à se rapprocher sérieusement après que la cour d'appel eut rejeté sa demande d'immunité, le 15 mai. Quelques jours plus tard, le procureur indépendant la citait à comparaître devant la cour fédérale de Los Angeles pour prendre ses empreintes. Ainsi que le lui avaient souvent dit ses avocats, c'était la première étape de la procédure d'inculpation, dont le clou devait être la visite de la prison où elle serait envoyée si elle était condamnée.

Le 28 mai, Monica, son père, Bill Ginsburg et un autre avocat, Todd Theodora, affrontèrent les journalistes qui faisaient le pied de grue devant le bâtiment de la cour fédérale, sur Wilshire Boulevard, où l'on devait prendre ses empreintes et les enregistrer. En réponse à une question hurlée par un journaliste, Bernie lança : « Ma fille est l'otage de deux hommes puissants. C'est totalement anti-américain. » Dans le sinistre bâtiment, Monica dut subir une réédition des intimidations plus ou moins subtiles auxquelles elle avait eu droit dans la chambre 1012, plus de quatre mois auparavant. Le groupe dut emprunter le tourniquet de prison et passer devant la salle où les inculpés sont photographiés avant d'arriver dans la pièce où on prend les empreintes. Ce n'était pas un hasard, se dit Monica, si l'agent Fallon, l'homme du FBI qui avait essayé de l'effrayer en lui montrant son pistolet et ses menottes, s'était précipité pour l'accompagner.

Le cérémonial de prise d'empreintes fut aussi fastidieux qu'humiliant. En plus des impressions habituelles de ses doigts, ses accusateurs exigèrent de prendre des empreintes du dessus, des côtés et des paumes de ses mains. Tout cela dura une bonne demi-heure – Bernie Lewinsky avait regardé sa montre. « Quand j'ai vu ce qu'ils lui faisaient, je me suis mis à pleurer, avoue-t-il. C'était terrifiant, et rigoureusement inutile. Après tout, elle avait dû montrer patte blanche pour entrer au Pentagone, où les procédures sont autrement strictes. Non, ils la traitaient sciemment comme un tueur en série pour l'intimider. »

Les adjoints de Starr n'exigèrent d'elle ni empreinte vocale ni prélèvements, mais des spécimens multiples de son écriture : elle dut écrire avec divers stylos, dans des styles différents. Toutefois, comme elle se méfiait des accusateurs du Bureau du procureur, lorsqu'ils lui demandèrent de signer des chèques et de recopier une lettre qu'elle avait envoyée au président, elle refusa. Ce fut une épreuve fastidieuse, d'autant plus stressante que, Bill Ginsburg n'étant pas un avocat criminaliste, il ne connaissait pas très bien la procédure et devait constamment appeler son collègue Nate Speights, spécialiste en droit criminel, pour lui demander conseil. Monica se rappelle qu'elle était « très calme et stoïque mais, intérieurement, glacée d'épouvante ».

Affolée et angoissée par ce petit jeu judiciaire, Monica quitta le bâtiment avec ses avocats, et des policiers leur ouvrirent un chemin à travers la foule des journalistes, tels des shérifs vengeurs dans un western. A ce moment-là, pourtant, Monica n'avait qu'une personne dans le collimateur : Bill Ginsburg. Deux jours plus tôt, un papier intitulé « Lettre ouverte à Kenneth Starr » était paru, sous sa signature, dans une revue d'avocats californiens. Il y reconnaissait quasiment que Monica et le président avaient eu des relations sexuelles. Comme à ce moment-là elle s'en tenait encore à son faux témoignage, cela revenait à lui couper l'herbe sous le pied, provoquant une éruption médiatique et la consternation dans les milieux judiciaires.

Ginsburg accusait aussi Starr de faire de Monica une « quasi-prisonnière » et de fouler aux pieds son droit à la vie privée. « Bravo, monsieur Starr ! écrivait-il. Par votre mépris agressif envers nos si précieux droits constitutionnels, vous avez peut-être réussi à démasquer une relation sexuelle entre deux adultes consentants. Ce faisant, évidemment, vous avez aussi gâché la vie de plusieurs personnes, dont Monica et sa famille, et vous leur avez fait dépenser 1 000 dollars rien qu'en frais de procédure afin de se protéger des abus de pouvoir de votre Bureau. »

Même Alan Dershowitz, juriste et avocat respecté – qui devait par la suite critiquer sévèrement Starr dans un livre intitulé *McCarthyisme sexuel*, lui reprochant d'avoir fait d'une « série de rencontres scabreuses dans le Bureau Ovale une crise constitutionnelle » –, s'alarma. Pour lui, si justifiées que soient les critiques de Ginsburg, il était allé trop loin. Dershowitz conseilla publiquement aux Lewinsky de virer Ginsburg et de « repartir de zéro » avec un avocat de Washington expérimenté. Bernie Lewinsky reconnut de mauvaise grâce – « C'était très gênant », dit-il – que son ami avocat avait cessé de leur être utile.

En réalité, les indiscrétions de Ginsburg auraient pu être infiniment plus graves. Le week-end des photos de *Vanity Fair*, il avait appelé Monica pour lui dire qu'un avocat de Californie lui avait commandé un article. Elle s'était inquiétée, songeant qu'un surcroît de publicité ne pouvait qu'entraver ses chances de se voir accorder l'immunité. Lorsque Ginsburg lui lut un extrait de son texte, ses pires craintes se confirmèrent. « Grâce à vous, monsieur Starr, avait-il écrit, nous allons maintenant savoir si d'autres lèvres que celles de la First Lady ont embrassé le pénis du président. » Monica était consternée : « Bill, je ne vous laisserai jamais dire ça ! Il faudra que vous passiez sur mon cadavre ! C'est la chose la plus vulgaire, la plus horrible que j'aie jamais entendue. » Il promit, non parce qu'il s'était assagi, mais parce qu'il reconnaissait le bien-fondé de ses objections, d'édulcorer l'article et d'informer Judy Smith de sa date de parution. Néanmoins, la teneur de son article filtra prématurément.

Monica devant à présent affronter la perspective d'une inculpation imminente, et son avocat étant la risée de tous, il était urgent d'agir. Il y eut un nouveau conseil de famille, à l'issue duquel il fut décidé que Billy Martin serait chargé de constituer une brève liste d'avocats prêts à reprendre le dossier. Un consensus se dégagea pour que les nouveaux membres de l'équipe soient des avocats expérimentés, rompus à toutes les manœuvres spécifiques de la jungle de Washington. Bernie ne connaissait personne, mais Marcia avait lu, dans le *New Yorker*, un portrait flatteur de Jake Stein, qui avait lui-même été procureur indépendant. Martin contacta Stein et une autre figure estimée du microcosme, Plato Cacheris. Il les connaissait tous les deux depuis quinze ans, et les deux hommes exprimèrent leur intérêt pour l'affaire, à une condition : qu'ils n'aient pas à travailler avec Bill Ginsburg.

Après avoir consulté deux autres avocats, Billy Martin retint, pour le lundi 1er juin, une salle de conférences du discret Washington Court Hotel. Il programma un « concours de beauté » prévu pour durer toute la journée, au cours duquel Monica pourrait rencontrer ses avocats potentiels, les jauger et faire son choix.

Restait un problème de taille pour l'« équipe Lewinsky » ainsi reformée : comment faire venir Monica de Los Angeles à Washington, au nez et à la barbe des médias – et, plus important, de Bill Ginsburg. Il fallait ruser. Monica et Judy Smith prirent l'avion de nuit pour Washington, où Walter Ellerbee vint les chercher à l'aéroport et les emmena discrètement à leur hôtel. Et voilà comment, alors que Ginsburg, resté à Los Angeles, croyait que Monica était sur une plage de Californie avec son frère, en réalité, elle écoutait, en compagnie de Judy Smith et Billy Martin, quatre avocats, dont Jake Stein et Plato Cacheris, exposer leurs stratégies juridiques.

Stein, le premier de la liste, était un homme courtois, discret, aux cheveux d'argent. Il dit à Monica qu'il pensait, malgré la rebuffade de la cour d'appel, pouvoir encore lui obtenir l'immunité. Ensuite vint Plato Cacheris, un avocat affable et brillant. Il fit valoir que, s'ils projetaient une transaction en échange d'une mesure d'immunité, il n'était pas leur homme. En revanche, s'ils étaient prêts à se battre pour obtenir l'immunité complète, ou pour opposer une défense agressive en cas de procès, il était disposé à entrer en lice. Pour lui, c'était la meilleure et même la seule approche possible. Il justifiait sa décision par le fait qu'il avait obtenu l'immunité pour Fawn Hall, secrétaire d'Oliver North, au cours de l'enquête sur le scandale de l'Irangate, dans les années quatre-vingt.

Monica fut impressionnée par les deux hommes, mais à la fin de la journée, après avoir écouté les deux derniers avocats exposer leur plan pour combattre Starr et pesé les quatre candidatures, elle était saoule de fatigue. Elle avait appelé son père, ce matin-là, pour lui dire qu'elle avait l'impression que c'étaient des hommes comme Stein et Cacheris qu'il lui fallait, et il lui avait conseillé de suivre son instinct. C'est ainsi qu'à 11 heures, ce soir-là, Martin appela les deux avocats pour leur demander s'ils seraient d'accord pour travailler ensemble sur l'affaire Monica. Il apparut qu'ils avaient déjà évoqué, de façon informelle, cette idée, et avaient conclu qu'ils seraient plus efficaces s'ils travaillaient en tandem.

Le lendemain, le 2 juin, ils se rencontrèrent à nouveau, cette fois en présence de Marcia, Bernie suivant la réunion par téléphone. « Tout ce que je veux, dit-il à Stein et à Cacheris, c'est être sûr qu'on s'occupe de ma fille », profession de foi à laquelle tout le monde souscrivit. Après avoir discuté de leurs honoraires, les deux avocats s'en allèrent afin que la famille et ses conseillers puissent prendre leur décision et s'assurer qu'elle convenait à tout le monde. Peu après, Billy Martin appela les nouveaux avocats de Monica et leur demanda officiellement d'être sa nouvelle équipe juridique de rêve. Stein jugea prudent d'appeler aussitôt Kenneth Starr afin de le mettre au courant avant que les médias aient vent du nouvel arrangement. Starr ayant négligé de le rappeler, Cacheris informa un de ses adjoints, Bob Bittman, qu'ils étaient désormais, Stein et lui, les défenseurs de Monica.

Pendant ce temps, Judy Smith était au téléphone avec Ginsburg – qui la croyait toujours à Los Angeles. Depuis quelques jours, ulcéré par la virulence croissante des critiques élevées par les médias et par la détérioration de ses relations avec Monica, il menaçait de tout laisser tomber. Il revint sur ce sujet avec Judy, mais elle se garda bien de l'informer de leurs nouvelles dispositions, craignant qu'il ne prévienne immédiatement les médias, en présentant la chose comme une démission et non comme un limogeage. Le 2 juin, une demi-heure avant de lâcher l'information à la presse, Judy et Monica tinrent avec Ginsburg une conférence téléphonique à trois et lui dirent qu'elles n'avaient plus besoin de ses services. Il réagit avec fureur, accusa Monica d'ingratitude, après tout le travail qu'il avait fourni, et menaça perfidement, sinon de façon très précise, de faire ce qu'il fallait pour se protéger, ainsi que sa famille et ses clients. Judy lui demanda de faire bonne figure et de signer un communiqué de presse annonçant cette décision comme prise d'un commun accord. Mais Ginsburg leur raccrocha au nez et appela Bernie pour lui expliquer rageusement ce qu'il pensait de la façon dont il avait été congédié. Bernie tint bon : « Je l'ai remercié de tous ses efforts et des sacrifices qu'ils avaient faits, sa famille et lui. » Et d'ajouter avec mansuétude : « Nous n'oublierons jamais qu'au tout début, il est venu à notre rescousse. » Le dernier mot sur le « bon tonton Ginsburg » revient à Marcia. Sa vision, moins généreuse peut-être que celle de Bernie, est d'une lucidité caractéristique : « C'était un avocat qui s'était laissé séduire par les sirènes des médias au détriment de son rôle de défenseur. Il trouvait plus important de se pavaner sous les projecteurs que de s'occuper de Monica. Le but avait toujours été l'immunité, parce qu'il était clair que Monica était simplement l'agneau du sacrifice, pour les deux parties en présence. Dans sa haine pour Starr, il avait perdu de vue cet objectif. La goutte d'eau qui fit déborder le vase fut sa lettre ouverte à Starr dans laquelle il déclarait presque que Monica avait eu des relations physiques avec le président. C'était une position intenable. »

Le changement d'avocats – sauf Nate Speights, qui était resté – se fit en douceur, de façon professionnelle, et, pour une fois, sans la moindre fuite à la presse. Stein et Cacheris annoncèrent la nouvelle lors d'une brève conférence sur le trottoir, Monica debout derrière eux. L'information fit les gros titres de tous les journaux du pays. Certes, Monica venait de s'adjoindre un tandem de guides avisés qui savaient naviguer entre les écueils à Washington, néanmoins rien ne prouvait qu'ils arriveraient à la mener à bon port. Elle aurait bien besoin d'aide pour la soutenir dans ce voyage incertain au milieu de ces eaux infestées de requins, alors qu'elle était confrontée quotidiennement à la perspective de l'inculpation et de la prison.

Ceux qui l'avaient trahie au cours des derniers mois étaient des proches, des gens qu'elle aimait et en qui elle avait confiance. Par un contraste cruel, des gens qu'elle connaissait à peine, ou auxquels elle n'avait jamais prêté une grande attention, firent preuve d'une intégrité irréprochable : le portier du Watergate, qui refusa de laisser les journalistes fouiller dans ses ordures ; l'employé du garage qui refusa 5 000 dollars offerts par un journal pour informer ses journalistes des déplacements de Monica. Elle leur est profondément reconnaissante de leur honnêteté. « Si j'ai appris quelque chose pendant cette affaire, c'est à ne jamais juger les gens trop vite. Tous ceux qui travaillaient au Watergate se sont vu offrir des milliers de dollars. Au lieu d'accepter, ils m'ont protégée et respectée en tant qu'être humain. Je leur en serai toujours reconnaissante, ainsi qu'au gérant, Chris Hueple. » Un grand nombre de parfaits inconnus lui témoignèrent leur profonde sympathie et leur compréhension. Elle reçut des milliers de lettres de soutien du monde entier. Une vieille dame de cent un ans lui écrivit qu'elle n'était pas à blâmer pour ce scandale, ce qui la réconforta profondément. De Suède, un monsieur lui fit part de sa compassion face à l'angoisse que sa famille et elle devaient éprouver. « Il n'y a rien de plus glaçant, écrivit-il, que de se dire qu'on affronte le pouvoir terrifiant de l'Etat. » Le scandale fait toujours rage, mais elle continue à recevoir de ces preuves d'amitié qui lui réchauffent le cœur. Le dernier jour de 1998, au King's Road Café, un jeune homme lui donna un petit bouquet de fleurs en lui disant : « Bonne année. Vous les avez bien méritées. »

Le plus touchant de tous les messages fut peut-être celui qui lui parvint en avril. C'était un paquet contenant deux lettres : une pour Monica, l'autre pour son père, accompagnées d'une boîte. Dans la première lettre, l'auteur, une femme anonyme, parlait de ses propres difficultés qui lui rappelaient, disait-elle, celles que connaissait Monica. Le paquet adressé à son père contenait une élégante boîte en porcelaine de Limoges dans laquelle se trouvait une bague de diamants et de saphirs d'une grande valeur, que l'expéditrice demandait à Bernie de passer au doigt de Monica pour lui rappeler combien elle était spéciale. Si elle lui envoyait cette bague, écrivait-elle, c'est que, dans une période éprouvante de sa propre vie, on lui en avait envoyé une exactement semblable, accompagnée du même message. « Je trouvai très émouvante la générosité de cette parfaite étrangère qui avait voulu partager ce beau cadeau avec moi », raconte Monica. Elle retrouva l'adresse de l'inconnue grâce à la messagerie et lui envoya une lettre de remerciements aussi sincère que chaleureuse.

Quelques personnages publics lui témoignèrent aussi leur soutien, dont la comédienne Kathy Buckley, qui était sourde de naissance. Son état n'ayant été diagnostiqué que lorsqu'elle avait une vingtaine d'années, on l'avait d'abord mise dans une école pour handicapés mentaux. Dans son spectacle, seule en scène, elle faisait alternativement rire et pleurer son public en lui racontant les épreuves et les péripéties de sa vie – elle avait été renversée par un camion de vigiles, elle avait été atteinte d'un cancer du sein, et, pour couronner le tout, elle ne pouvait prononcer la lettre « f ».

En juin 1998, après avoir engagé Stein et Cacheris, Monica, Bernie et Barbara allèrent voir Kathy se produire sur une scène de Los Angeles. Le récit des critiques et de l'hostilité qu'elle avait dû affronter leur arracha des rires mêlés de larmes. A la fin du spectacle, elle adressait à tous ceux qui l'avaient attaquée dans le passé une ruade verbale : « Ne vous opposez pas à moi. » Ce soir-là, en prononçant ces mots, elle fit un clin d'œil à Monica et lui souffla un baiser du bout des doigts.

Après le spectacle, Kathy revint saluer son public et fila droit vers Monica. Elle la serra affectueusement sur son cœur et lui confia qu'elle avait souvent prié pour elle. Les deux femmes versèrent une larme, puis Kathy mit les mains sur les épaules de Monica, la regarda dans les yeux et lui dit en souriant : « Faites comme moi, Monica : la sourde oreille. »

15

« Un document parfaitement grotesque »

Le matin du 23 juillet 1998, quand Monica se réveilla dans la maison de son père à Los Angeles, elle vibrait pour une fois d'expectative et d'excitation. C'était son anniversaire, le vingt-cinquième, une date importante de son calendrier personnel, qu'elle se réjouissait de fêter avec ses amies et sa famille. Catherine Allday Davis était venue spécialement en avion de Portland ; quant à sa mère et à Peter Straus, ils avaient quitté New York pour être près d'elle.

Tandis qu'elle méditait sur les perspectives du jour à venir – se demandant notamment si Catherine et son amie Neysa DeMann Erbland, qui ne s'étaient jamais rencontrées, allaient s'entendre –, elle reçut un coup de téléphone de Plato Cacheris. D'un ton grave, il expliqua qu'il tenait à ce que son père soit aussi en ligne avant de dire ce qu'il avait à dire. Hélas, Bernie était en train d'opérer un malade, et ils durent patienter plus d'une heure pour l'avoir au bout du fil.

Pendant cette pénible attente, l'intuition de Monica lui souffla dans un premier temps que Starr avait attendu exprès son anniversaire pour décider de son inculpation. Depuis mai et la séance de prise d'empreintes, ses chances d'être poursuivie semblaient avoir augmenté, et la menace restait toujours présente à l'arrière-plan de ses pensées. Il lui semblait que même l'entrée en scène de sa nouvelle « équipe de rêve », Jake Stein et Plato Cacheris, ne suffirait pas à conjurer une inculpation apparemment inévitable. En attendant la sortie de Bernie du bloc opératoire, elle eut tout le temps de ressasser les rebondissements de l'affaire au cours des dernières semaines.

Début juin, elle avait subi un interrogatoire en profondeur de cinq jours de la part de sa nouvelle équipe. Les avocats en étaient ressortis persuadés d'avoir affaire à une personne sincère, éminemment crédible, intelligente malgré sa candeur, à des années-lumière de son image quasi universelle de prédatrice opportuniste. Malheureusement, ils n'avaient pas réussi à communiquer cette impression à Starr. Le 9 juin, lors d'une réunion entre les collaborateurs du procureur indépendant et les avocats de Monica, un assistant de Starr, Bob Bittman, leur avait rappelé que les éléments réunis contre la jeune femme en matière de parjure et d'entrave à l'exercice de la justice étaient très consistants. Dans la foulée, il avait confirmé sa déclaration par une lettre disant que le Bureau du procureur indépendant devrait interroger Monica avant de prendre sa décision sur un possible accord d'immunité.

A la mi-juin, Bernie s'était envolé pour Washington afin de rejoindre Monica, sa mère, Judy Smith et l'équipe d'avocats pour une réunion dans l'appartement du Watergate. A ce stade des opérations, tous les signaux de fumée émis par le bureau de Starr indiquaient qu'il y avait plus de chances pour qu'il inculpe Monica que le contraire. L'horrible perspective de voir sa mère, sa tante, ses amies et ses anciens collègues de la Maison-Blanche forcés de témoigner contre elle dans un procès pénal, et pas seulement devant un Grand Jury, n'avait jamais paru aussi proche.

Au cours de ce jeu de patience, Monica et sa famille avaient toutefois connu un moment de plaisir sans mélange quand il avait été annoncé que le procureur général du Maryland allait ouvrir une enquête pour décider si oui ou non Linda Tripp avait violé la législation de l'Etat en enregistrant les propos de Monica sans son consentement. Les Lewinsky se réjouirent de la nouvelle. « Dans notre famille, tout le monde rêve de voir Linda Tripp passer ses nuits à se demander si elle ira en prison, dit Monica, parce que c'est ce que nous avons subi. J'étais enthousiaste, je sautais littéralement de joie. Nous avions enfin le sentiment que, d'une manière ou d'une autre, la justice finirait par triompher. »

Alors que Monica et sa nouvelle équipe d'avocats attendaient le prochain coup de l'adversaire, il leur apparut évident que le temps valait de l'or pour le procureur indépendant. Le 17 juillet, Starr avait créé un précédent historique en citant le président à comparaître comme témoin devant le Grand Jury. Il allait donc avoir besoin de toutes les informations qu'il pourrait tirer de son témoin vedette potentiel pour interroger l'homme le plus puissant du monde.

Quatre jours plus tard, Starr avait contacté Stein et Cacheris pour les inviter à prendre le petit déjeuner avec lui le 23 juillet (jour de l'anniversaire de Monica) au domicile de son conseiller d'éthique Sam Dash, dans le Maryland. Lors de l'entretien, il apparut que Starr souhaitait vivement interroger Monica. Mieux encore, il semblait qu'après six mois de tergiversations, il était prêt à lui proposer un accord d'immunité. Loin de voir ses pires craintes se confirmer, Monica Lewinsky était sur le point d'assister à la concrétisation de ses espoirs les plus improbables.

Au terme de la négociation, Plato Cacheris avait regagné son bureau de Washington pour présenter par téléphone à Monica le cadeau d'anniversaire de Starr. Lors de son audioconférence avec la jeune femme et son père, il annonça que Stein et lui sentaient Starr prêt à offrir à Monica l'immunité transactionnelle – c'est-à-dire une immunité pleine et entière sur tous les aspects de l'affaire quels qu'ils soient –, mais qu'il souhaitait au préalable lui faire subir l'épreuve dite de la « reine d'un jour » : un interrogatoire à l'occasion duquel le témoin dit au procureur tout ce qu'il sait, sans crainte d'être poursuivi, afin qu'on puisse évaluer sa crédibilité. Cacheris expliqua aussi que le démocrate Sam Dash serait impliqué dans le processus, un détail qui rassura tout le monde. L'avocat demanda ensuite à Monica de se rendre à New York pour une réunion avec Dash et les collaborateurs de Starr le lundi 27 juillet. Il souligna que cette entrevue devrait rester absolument secrète. Pour sa part, Monica insista pour que Starr laisse à l'écart les procureurs qui l'avaient tant malmenée dans la chambre 1012.

Comme si cette bonne nouvelle n'était pas suffisante, Cacheris rappela un peu plus tard pour lui offrir un second cadeau d'anniversaire : il venait de recevoir un message de l'avocat d'Ashley Raines, qui souhaitait transmettre ses meilleurs vœux à Monica et lui redire son affection. « Je n'aurais pas pu imaginer meilleure surprise, dit Monica. Je pensais qu'elle me détestait à cause des ennuis que cette affaire lui avait valus à la Maison-Blanche. C'était vraiment merveilleux pour moi de savoir qu'elle restait mon amie. »

Monica suivit la consigne de son avocat : elle fut tout sourire avec ses amis, mais ne leur dit pas un mot de son prochain voyage à New York. Avant le départ, Judy Smith, dorénavant chargée de ce qu'elles appelaient les « opérations spéciales », acheta pour Monica une perruque blonde à la Pamela Anderson. Histoire de compléter la transformation, Monica monta dans l'avion du dimanche matin sans maquillage, affublée d'une casquette de baseball et d'une paire de lunettes de lecture. Le subterfuge fonctionna : personne ne leur adressa un regard pendant les cinq heures de vol.

L'après-midi même, elles retrouvèrent Plato Cacheris, Jake Stein et Sydney Hoffmann, une associée de Cacheris appelée en renfort pour travailler sur le dossier, dans un petit appartement de la 5e Avenue. Monica fut tout de suite à son aise avec Hoffmann, qui pendant l'entretien l'orienta avec tact et compétence sur les aspects les plus embarrassants de l'affaire. Hoffmann fut – et est toujours – impressionnée par Monica : « C'est une jeune femme incroyablement intelligente, fine et analytique. Elle a été épatante d'un bout à l'autre de cette enquête pourtant oppressante et uniquement menée à des fins politiques. »

En dépit des bénéfices fournis par cette réunion préparatoire, Monica passa une nuit agitée, sans pouvoir trouver le sommeil, consciente que lors de la confrontation du lendemain, la partie se jouerait à quitte ou double. Le matin, elle rencontra de nouveau ses avocats. Ils décidèrent que Sydney Hoffmann l'interrogerait pendant les trente premières minutes de l'épreuve, abordant avec elle des points aussi essentiels que les détails de sa liaison, sa déclaration sous serment, sa recherche d'un emploi, le document des « *Talking Points* » et les cadeaux offerts par le président. Ensuite, ils prirent un taxi pour gagner l'appartement en terrasse de la belle-mère de Starr, qui dominait l'East River – décor tout à fait approprié pour sacrer Monica « reine d'un jour ». Elle y fut présentée à l'équipe de procureurs de Starr, constituée de Sam Dash, de Mary Anne Wirth, de Solomon Wisenberg et de Bob Bittman.

Comme convenu, Sydney Hoffmann ouvrit l'interrogatoire. Quand elle eut fini, ce fut au tour des collaborateurs de Starr de prendre le relais. Monica fit un piètre début, fondant en larmes lorsque Mary Anne Wirth lui demanda ce que le président lui avait dit pour lui faire sentir qu'il tenait à elle. Cette question avait touché un nerf à vif, et il fallut quelques minutes à la jeune femme pour se refaire une contenance.

Dès qu'elle eut recouvré son calme, l'accusation se concentra sur des aspects moins affectifs – essentiellement des dates, des lieux – et l'interrogea avec insistance sur le rôle de Vernon Jordan et l'origine du document des « *Talking Points* ». Monica montra clairement que, si on replaçait ce qui s'était passé lors des semaines critiques de décembre 1997 dans le contexte général d'une liaison de deux ans avec le président, certains points qui auraient pu paraître suspects en d'autres circonstances (notamment l'implication de Vernon Jordan dans sa recherche d'un emploi et les « *Talking Points* ») étaient parfaitement explicables.

Après une pause-sandwich, l'interrogatoire reprit de plus belle et se poursuivit jusque tard dans l'après-midi. L'équipe de Monica était sereine, sûre que sa cliente avait fait bonne figure, mais sa satisfaction fut de courte durée.

De retour à l'appartement, quand elle alluma la télévision, elle entendit avec horreur la correspondante de NBC Lisa Myers annoncer que Monica Lewinsky venait de rencontrer des assistants de Starr et d'admettre qu'elle avait eu des relations sexuelles avec le président des États-Unis. Comment la chaîne avait-elle pu savoir aussi vite ? Forcément par le biais d'une fuite délibérée – et Monica savait qu'elle ne pouvait provenir de son camp. Elle en fut « complètement bouleversée. Je craignais surtout qu'un détraqué n'essaie de me tuer parce que j'avais allumé le président. C'était très perturbant et très égoïste à la fois. » En outre, l'équilibre délicat qu'elle croyait avoir enfin trouvé risquait d'être anéanti, parce qu'aucun accord formel n'avait encore été rédigé : les assistants de Starr avaient indiqué qu'ils feraient connaître leur décision le lendemain. Donnant un dernier tour de vis, la journaliste ajouta que Starr souhaitait soumettre Monica au détecteur de mensonges – une idée dont Plato Cacheris ne voulait pas entendre parler.

Soucieuse de la sécurité de la jeune femme et certaine que les médias surveilleraient les aéroports et les gares pour guetter son retour à Washington, Judy Smith décida qu'elles repartiraient par la route. Walter Ellerbee sauta dans un avion, loua une voiture et les ramena de nuit à la capitale.

Le lendemain, mardi 28 juillet, fut une journée d'intense émotion pour Monica. Quand ses avocats regagnèrent leur bureau après un nouvel entretien avec Starr, ils avaient dans leur serviette un accord en béton, signé par le procureur indépendant. Monica et ses parents bénéficiaient à présent d'une immunité totale sur tous les aspects de l'enquête du Bureau du procureur indépendant. En échange, elle s'engageait à témoigner devant le Grand Jury et à tout dire de ses relations avec le président. Assez logiquement, Stein et Cacheris s'attendaient à ce qu'elle apprécie la nouvelle. Ils ne furent pas peu surpris de la voir fondre en larmes. « Ils n'ont pas compris mon émotion, dit-elle. C'était l'idée que j'allais me retourner contre quelqu'un avec qui j'avais eu envie de vivre, quelqu'un près de qui j'aurais voulu me réveiller chaque matin, quelqu'un que j'aimais. Il avait beau m'avoir appelée " cette femme ", il avait beau m'avoir profondément blessée, je l'aimais toujours. Ces derniers mois avaient anéanti le côté obsessionnel de ma relation avec lui, mais l'amour fondamental, l'amour profond et silencieux, était toujours là. »

Elle pleurait tellement qu'elle eut toutes les peines du monde à signer l'accord d'immunité. Quand Stein et Cacheris ressortirent pour annoncer l'arrangement aux journalistes, Monica était toujours dans la salle de bains, s'efforçant d'effacer les traces de ses larmes. Il n'était pas question pour elle d'affronter les médias. Elle craignait trop qu'on essaie de la montrer comme étant ravie de témoigner – comme quelqu'un d'à peine meilleur que l'« ignoble » Linda Tripp. Tripp avait déjà déposé devant le Grand Jury. Par la suite, elle avait fait une déclaration nerveuse – et aussitôt raillée – lors de laquelle elle avait lancé au peuple américain : « Moi, c'est vous », avant d'enchaîner en disant que si elle devait trahir Monica une seconde fois, elle n'hésiterait pas à le faire. D'un petit air de sainte-nitouche, elle avait aussi enjoint son ancienne amie de dire la vérité quand elle se présenterait à son tour devant le Grand Jury.

Au moment où Monica, accompagnée de Judy Smith et de Billy Martin, quittait le bureau de son avocat, elle éprouva une piètre consolation en apprenant la réaction du président à l'accord d'immunité : selon son attaché de presse, Mike McCurry, il se disait heureux que les choses s'arrangent pour elle. Elle reçut ces paroles avec un pincement d'amertume. Elle redoutait en effet, maintenant qu'elle avait accepté de coopérer avec Starr, de voir la Maison-Blanche lâcher ses chiens sur elle. Et de fait, il ne fallut que quelques jours au *National Enquirer* pour mettre en cause son honnêteté et sa santé mentale, citant une source de la Maison-Blanche qui la décrivait comme une « psychopathe en puissance » acharnée à nuire au président.

Chez Billy Martin, ce soir-là, sachant ce qu'on lui réservait, Monica et Judy Smith partagèrent un dîner de célébration plutôt discret que leur hôte était passé prendre à son restaurant favori. Mais si leur joie était atténuée par les mauvais présages qui subsistaient, les proches de Monica furent naturellement soulagés de savoir qu'elle ne risquait plus de se retrouver en prison. Le matin même, alors que la jeune femme s'en allait signer l'accord chez son avocat, sa grand-mère, Bernice, avait lâché : « Je vais enfin pouvoir dormir la nuit. »

Quelques semaines plus tard, toujours chez sa grand-mère, Monica découvrit un sac à glissière, plein de feuilles volantes couvertes d'annotations. Tout en suivant à la télévision les commentaires sans fin du scandale, Bernice avait pris des notes qu'elle estimait pouvoir être utiles au cas où Monica se trouverait embarquée dans un procès. « Elle avait gardé pour elle ses souffrances et ses peurs, dit Monica. A mes yeux, cette pochette symbolisait très exactement ce que toute ma famille avait subi. Enfin, nous avions le droit de pousser un soupir de soulagement. »

Ce soulagement, toutefois, allait être payé au prix fort. Même en n'ayant plus à redouter la prison, Monica était en passe de subir un châtiment encore plus cruel et encore plus implacable. La procédure judiciaire qui se mit en branle à ce moment-là allait la dépouiller, lentement et méthodiquement, de sa dignité et de son identité. Quand elle s'acheva, Monica était sans doute la femme la plus humiliée de l'Histoire.

La déchéance de Monica Lewinsky commença le 29 juillet, quand elle dut rendre tous les cadeaux du président oubliés par les agents du FBI lors de leur descente initiale dans son appartement du Watergate. On lui reprit aussi les cadeaux de Noël offerts par le président à l'occasion de leur ultime rencontre ; Monica n'ayant jamais parlé d'eux à Tripp, ils n'étaient pas mentionnés sur les enregistrements. Plus significatif que tout le reste, elle dut aussi remettre la robe Gap bleue qu'elle portait lors de sa rencontre fatidique du 28 février 1997 avec « Handsome ». Elle se trouvait dans l'appartement new-yorkais de sa mère, à l'insu de celle-ci, quand le scandale avait éclaté en janvier ; Monica ne l'avait rapportée chez elle à Washington qu'en mai. Elle allait être envoyée au laboratoire du FBI pour être soumise à un test d'ADN qui devait par la suite prouver de façon certaine, et indépendamment de toute autre preuve, que le président avait eu une relation à caractère sexuel avec Monica Lewinsky.

De nombreux observateurs se sont demandé pourquoi Monica n'avait pas détruit ou fait nettoyer cette robe avant de signer l'accord d'immunité. « Devoir rendre cette robe a été une des épreuves les plus humiliantes. Je me suis battue de toutes mes forces, et longtemps, avant de la remettre au procureur. J'avais pensé à la laver avant et à leur dire : " Tenez, la voilà, seulement elle a été nettoyée ", mais j'étais tellement paranoïaque, tellement persuadée d'être surveillée... Ils risquaient en outre de me soumettre au détecteur de mensonges et de découvrir que j'avais violé la loi en détruisant une preuve. Du coup, j'aurais été accusée d'entrave à l'exercice de la justice, et j'aurais perdu mon immunité. »

Comme cela a déjà été expliqué, Monica n'a jamais eu l'intention de garder la robe comme un trophée, ainsi que Linda Tripp – avec son mépris habituel de la vérité – l'a prétendu. Pour commencer, elle n'était absolument pas sûre de la nature de ces taches minuscules. Il aurait pu s'agir de guacamole, puisqu'elle en avait consommé le soir de sa rencontre avec le président. Elle en était même si peu sûre qu'elle demanda à Mike Emmick, en lui remettant la robe, de ne rien divulguer tant que le Bureau du procureur indépendant ne saurait pas exactement de quoi il retournait. Comme de bien entendu, dans la demi-heure qui suivit, les médias annoncèrent que les procureurs avaient la robe. De façon légitime, quand son interrogatoire commença dans une chambre du Watergate Hotel, la confiance de Monica envers les assistants de Starr était au plus bas : elle craignait que ses moindres déclarations, à peine proférées, ne se retrouvent dans la presse.

Les séances d'interrogatoire furent longues, ennuyeuses et cruellement embarrassantes, surtout quand on la questionna sur ses moments d'intimité avec le président. Mais la vraie humiliation commença au bout de quelques jours, quand les deux femmes procureurs, Karin Immergut et Mary Anne Wirth, lui posèrent des questions extrêmement détaillées sur l'aspect sexuel de la relation. Lorsqu'on lui demanda si le président l'avait masturbée quand il avait mis la main à l'intérieur de son pantalon, Monica fondit en larmes et dut quitter la pièce pour reprendre ses esprits. Le souvenir qu'elle a gardé de cet interrogatoire reste aussi vif que douloureux. « C'était terriblement humiliant de parler de choses aussi intimes dans une pièce pleine d'inconnus, en majorité des hommes. Il n'est jamais facile de parler ouvertement d'un moment d'intimité sexuelle. Très franchement, j'ai trouvé écœurant le niveau de précision qu'ils ont exigé de moi. »

Elle fut tout aussi bouleversée quand les procureurs lui demandèrent d'indiquer quelles questions étaient susceptibles de surprendre le président et de lui faire perdre son aplomb en lui laissant entendre qu'ils connaissaient les moindres secrets de sa vie, aussi insignifiants fussent-ils. Monica trouva difficile de répondre. Elle voulait bien dire la vérité, mais il n'était pas question de les aider dans leur tentative d'anéantir le président. « Je ne vous aiderai pas à le piéger. Je ne suis pas Linda Tripp. Je ne me délecte pas de ce qui arrive. »

Après une épuisante semaine d'interrogatoire, l'audition de Monica devant le Grand Jury fut programmée pour le 6 août. La nuit précédente, inquiète de ce qu'elle devrait dire devant la Cour, elle ferma à peine l'œil. En sa qualité de témoin – et même de témoin vedette – du procureur spécial, elle devait être escortée par un agent du FBI, mais elle était fermement décidée à ne pas arriver au tribunal dans une voiture du Bureau, comme l'avait fait Linda Tripp : Monica tenait à ce que le monde voie que même si on lui avait concédé l'immunité, elle n'était pas un mouchard au service du procureur indépendant. En même temps, sa famille et elle s'inquiétaient pour sa sécurité, sachant qu'il y aurait forcément là des gens qui lui en voudraient à mort d'avoir accepté de témoigner contre le président. Une fois de plus, Billy Martin, depuis longtemps adoubé « ministre de la Défense » du clan

Lewinsky, trouva une solution : Monica ferait le déplacement dans sa propre voiture, conduite par le fidèle Walter Ellerbee, au côté d'un agent du FBI.

Quand Monica Lewinsky arriva devant le tribunal fédéral de Washington, sur Constitution Avenue, elle fut frappée par l'ampleur du contingent médiatique qui l'attendait à l'extérieur. Mais, face aux caméras, c'était désormais une vraie pro, et elle n'eut pas besoin de se mordre les joues pour refouler un rire nerveux au moment de traverser la haie grondante des flashes, des micros et des questions vociférées. C'était d'ailleurs aussi bien : malgré son état de stress et d'anxiété, il y aurait eu largement de quoi rire. Avec leurs glacières bourrées de bière et de sandwiches, les parasols déployés au-dessus de leurs crânes pour se protéger du brûlant soleil d'août, leurs radio-cassettes et leurs transats à rayures, la meute agglutinée des journalistes de « Monica Beach » donnait plutôt l'impression de couvrir une foire de comté.

Après avoir franchi la foule et le seuil, Monica se prépara à une longue journée d'audience. Elle était formidablement tendue, au point que tout son corps se mit à trembler quand elle fut appelée à la barre ; elle craignait de dire quelque chose qu'il ne fallait pas ou de décevoir l'attente de Starr, ce qui lui donnerait un prétexte pour annuler l'accord d'immunité. Heureusement, elle n'était pas totalement privée d'aide et de réconfort. Le président de séance, Norma Holloway Johnson, avait bien indiqué que la présence des parents de Monica était indésirable : elle tenait à éviter que le « clan Lewinsky » au grand complet ne soit là pour la soutenir moralement. Mais Judy Smith avait fait le nécessaire pour que des biscuits, du chocolat et des boissons sucrées soient maintenus à disposition au moment des suspensions de séance, et Stein, Cacheris, Preston Burton, Hoffmann et Bob Bredhoff se tenaient tous sur le qui-vive pour lui offrir leurs conseils et leurs encouragements.

Devant les vingt-trois membres du Grand Jury, Monica parla longuement de son aventure avec le président, de même qu'elle s'attacha à éclairer le rôle de Vernon Jordan dans sa recherche d'un emploi. Mais fatalement, ce furent les détails intimes de sa relation avec Bill Clinton – motif initial de la convocation du Grand Jury – qui retinrent l'attention de la Cour. A l'intention des jurés, et aussi pour épargner à Monica de revenir sur des détails sexuels intimes pendant son témoignage, les procureurs avaient préparé un résumé des principaux événements, divisé en plusieurs parties ; dans l'une d'elles, intitulée « Sexe », ils avaient noté « fellation » en regard des dates où le président et elle avaient partagé des instants d'intimité physique à la Maison-Blanche.

L'expérience fut aussi pénible qu'humiliante, surtout parce que la formulation aride du résumé ignorait totalement les sentiments qui avaient sous-tendu la liaison. « Ce qui était très frustrant, dit Monica, c'est que tout le monde, de l'accusation aux médias en passant par l'opinion, s'était focalisé sur la fellation comme si c'était l'essentiel de notre relation. Je ne me suis jamais rendue au Bureau Ovale uniquement pour pratiquer une fellation. C'était toujours quelque chose de beaucoup plus passionné, de beaucoup plus tendre que cela. J'ai très mal supporté cette interprétation étroite de nos rapports. »

Tout en livrant son témoignage, Monica s'efforça au maximum de capter le regard des jurés, dans l'espoir de les impliquer davantage dans son histoire. Pour cette fille qui cherchait toujours à être aimée par tout le monde, même par les procureurs de Starr, un des aspects les plus pénibles de cette journée fut l'hostilité qu'elle lut sur les traits de plusieurs jurés. Il est fort possible qu'elle n'ait pas été la seule à tenter d'établir un canal de communication visuelle ce jour-là – et que quelqu'un d'autre ait tenté de lui envoyer un signal. A la fin de la séance, un des procureurs lui confia en effet qu'il pensait que le président portait ce jour-là une cravate qu'elle lui avait offerte ; il n'avait pas voulu le lui dire pendant sa déposition pour ne pas la déconcentrer.

C'est une Monica éreintée et nerveusement à plat qui rentra chez elle au Watergate ; désolée de n'avoir pas pu assister à la séance, sa mère lui avait acheté son plat de poulet chinois favori. Monica regarda le journal télévisé pour jeter un coup d'œil sur la cravate présidentielle, et en effet, Bill Clinton portait une des siennes. A ses yeux, c'était un signe clair de soutien et d'amitié. « La veille, justement, j'avais pensé qu'il pourrait porter une de mes cravates pour toucher une corde sensible. Je suis prête à mettre ma main au feu qu'il l'a fait exprès, même s'il l'a nié pendant son audition. »

Le président se trouvait dorénavant en première ligne : dès lors que Monica avait donné sa version au Grand Jury, la pression était évidemment sur lui. Quelques jours après la comparution de Monica, on apprit qu'il allait devoir témoigner devant le Grand Jury en duplex vidéo depuis la Maison-Blanche, et aussi qu'il comptait s'adresser à la nation dans la foulée.

Au fond de son cœur, Monica regrettait qu'il n'ait pas admis leur liaison plusieurs mois auparavant. Elle estimait que la formidable pression qu'ils subissaient tous deux aurait été allégée s'il avait promptement reconnu les faits et présenté ses excuses. Il avait opté pour une autre ligne de conduite : à lui d'en supporter les conséquences. Mais depuis que Monica avait accepté de coopérer avec le Bureau du procureur indépendant, ce qui lui avait permis de se rendre compte de la quantité d'éléments accumulés contre le président, elle était encore plus inquiète pour lui. « L'accord d'immunité m'obligeait à dire la vérité coûte que coûte. Tout ce qui le disculpait le disculpait, mais tout ce qui l'incriminait l'incriminait. Je ne pouvais plus le protéger. »

Le 17 août, Monica passa dans l'angoisse les heures qui précédèrent l'allocution du président à la nation, se demandant si son témoignage devant le Grand Jury, livré plus tôt dans la journée et toujours secret, recouperait son propre récit. Neysa DeMann Erbland, qui séjournait à New York avec son mari scénariste, Chris, s'efforça de lui changer les idées, sans grand succès.

Ce soir-là, de même que la majorité des Américains, Monica fut profondément déçue par les paroles de l'homme qu'elle avait naguère rêvé d'épouser. Fatigué et nerveux après avoir croisé le fer pendant quatre heures avec Starr et ses six adjoints devant le Grand Jury, le président, dont le premier talent était la capacité de persuasion, donna l'impression de regretter moins sa conduite que le fait d'avoir été pris la main dans le sac. De nombreux téléspectateurs sentirent qu'il éprouvait très peu de vrais regrets concernant son mensonge, et aucun concernant la façon dont Monica avait été traitée.

Durant son allocution, le seul président en exercice à avoir jamais été appelé à témoigner devant un Grand Jury admit, pour la première fois, qu'il avait bel et bien induit l'opinion publique en erreur, même s'il insista sur le fait que son témoignage donné dans le cadre de l'affaire Paula Jones était « juridiquement exact ». Il reconnut avoir eu des relations « inappropriées » avec Monica Lewinsky, et ajouta : « Je sais que mes commentaires publics et mon silence sur ce sujet ont donné une mauvaise impression. J'ai induit les gens en erreur, y compris ma propre épouse. Je le regrette profondément. » Toutefois, sa déclaration de quatre minutes ressemblait moins à une présentation d'excuses, mêlant sincérité et contrition, qu'à une tentative irritée de justifier sa conduite. Ce ne fut que vers la fin de son intervention qu'une étincelle de sincérité se laissa entrapercevoir, quand il condamna Kenneth Starr pour avoir ainsi enquêté sur sa vie privée et demanda qu'il soit mis un terme à l'enquête du procureur indépendant.

Ce laïus, qu'elle avait insisté pour regarder seule, fit venir des larmes aux yeux de Monica. Ce n'était que le politicien, le président ; elle ne reconnaissait pas l'homme Bill Clinton, qu'elle avait tant aimé. « Sa déclaration m'a profondément blessée et révoltée, dit-elle. J'avais l'impression d'être une rien du tout. » Sur la manière dont le président l'a traitée, Monica dit aujourd'hui : « Je me demande comment j'ai pu m'attacher à cet homme. Il était tellement imbu de lui-même, tellement égocentrique. J'espérais qu'il m'accorderait une sorte de sceau d'approbation, qu'il dirait au monde que j'étais une fille bien, intelligente, et qu'il empêcherait les gens de continuer à être aussi durs avec moi. Je trouvais aussi qu'il aurait dû être reconnaissant envers ma famille – après tout, la plupart des pères se seraient montrés beaucoup plus virulents dans leur critique de sa conduite. Mais mon père avait trop de respect pour la présidence. »

Malgré la façon dont elle voyait à présent son ancien amour, elle ne pouvait totalement expurger sa mémoire du souvenir de ce que le président avait jadis représenté pour elle. Le lendemain, 18 août, la famille Clinton s'envola vers Martha's Vineyard pour ses vacances annuelles. En regardant Bill, Hillary et Chelsea marcher main dans la main vers l'hélicoptère qui les attendait, Monica se sentit « affreusement navrée pour Chelsea, parce qu'aucun jeune ne souhaite penser à ses parents sous l'angle de leurs pratiques sexuelles intimes. J'étais vraiment triste pour elle ».

Elle passa les deux journées suivantes dans le Bureau du procureur indépendant, à être interrogée par les assistants de Starr. Là, et aussi à force de lire la presse, la conviction grandit en elle que lors de son témoignage (toujours secret) devant le Grand Jury, le président avait dit qu'elle ne signifiait rien pour lui. Monica exprima nettement ce soupçon quand elle comparut devant le Grand Jury pour la deuxième fois le 20 août. « Si j'ai bien compris, il se serait agi d'une forme de service : je me serais contentée de lui faire une fellation, et nos rapports se seraient arrêtés là. Sauf que ça signifiait beaucoup plus pour moi, et je croyais que ça signifiait beaucoup plus [pour lui]. » Ses craintes n'étaient pas fondées. Quand le témoignage du président fut publié un mois plus tard, il apparut clairement que, loin d'avilir Monica, il l'avait décrite comme « une jeune femme bien, au bon cœur et la tête bien faite ». Il avait ajouté : « Je crois qu'elle porte encore le poids des circonstances malheureuses de son enfance, mais c'est fondamentalement quelqu'un de bien. »

Lors de sa deuxième audition – il s'agissait de répondre aux questions du Grand Jury, et non de riposter au témoignage présidentiel –, Monica se montra beaucoup plus détendue, allant même, curieusement, jusqu'à trouver l'expérience positive. Les visages et la routine de la Cour lui étaient désormais familiers, et elle avait acquis une capacité toute neuve à compartimenter ses sentiments.

Quand elle arriva au tribunal, elle dut de nouveau affronter la horde médiatique. Sa méthode était plus au point : lisser sa jupe, rentrer le ventre, descendre de voiture. En passant en revue le troupeau de reporters, elle faillit toutefois être désarçonnée quand quelqu'un lui cria : « Monica, croyez-vous que le président aurait dû vous présenter ses excuses l'autre soir ? » L'espace d'une fraction de seconde, elle envisagea de se retourner pour répondre « oui », mais elle se reprit et fit ce qu'elle avait fait pendant les sept derniers mois : elle ignora la question.

Elle avait attendu cette audition sur des charbons ardents, sachant que chaque question, que chaque réponse la rapprocherait un peu plus du moment où elle pourrait enfin reconquérir sa vie. Et cependant, elle avait beau s'être aguerrie, rien n'aurait pu la préparer à l'humiliation totale qui l'attendait ce jour-là, où sa sexualité, son caractère, ses mœurs, et pour tout dire, jusqu'à son âme, furent mis à nu devant vingt-trois inconnus. Ce fut un défilé de questions viles, médiocres, stupides, aussi impitoyables qu'embarrassantes. Le président s'était-il servi d'un cigare à des fins sexuelles ? Lui avait-il touché les seins ou les organes génitaux ? L'avait-il fait à travers ses vêtements ou en contact direct avec la peau ? Plus d'une fois, Monica ferma les yeux, en une vaine tentative de préserver un peu de dignité, au moment de répondre.

Parallèlement, on lui posa un certain nombre de questions pertinentes, parfois poignantes, des questions qui allaient au cœur de sa relation avec le président, qui la forçaient à contempler la façon souvent contradictoire dont elle avait réagi. Quand on lui demanda si elle l'aimait encore, elle répondit qu'elle aurait répondu par l'affirmative avant l'allocution télévisée du 17 août, mais que depuis, elle n'en était plus très sûre.

Plus déconcertant encore que les questions sur sa vie sexuelle, il y eut le fait d'être forcée à parler sous serment des défauts, failles et faiblesses de caractère contre lesquels elle se battait depuis des années. Un des jurés intimidait particulièrement Monica : une femme noire d'âge moyen, à la mine vigoureusement réprobatrice. Dans une question qui en disait long sur sa façon de penser, elle demanda à Monica comment elle osait parler de vérité et d'honnêteté dans ses rapports avec le président, alors que leur aventure était fondée sur le mensonge ; c'était d'ailleurs le reflet fidèle de sa relation avec Andy Bleiler. « Vous êtes jeune, vous êtes sensible, enchaîna la femme. Je n'arrive pas à comprendre pourquoi vous persistez à poursuivre des objets qui ne sont pas disponibles, qui ne sont pas accessibles. »

Monica trouva à la fois très délicat et très douloureux de répondre. Elle admit qu'elle avait encore à travailler sur elle-même et dit qu'elle regrettait particulièrement d'avoir eu une liaison avec un homme marié. Mais cette réaction, bien que sincère, ne suffisait pas – tant s'en fallait – à expliquer le conflit non résolu entre la raison de Monica et son cœur, dont la dynamique dérivait largement de sa réaction d'enfant au divorce de ses parents. Une femme intelligente, des choix stupides. « C'est sans doute la question la plus dure à laquelle j'aie été confrontée, admet-elle aujourd'hui. J'avais l'impression d'être exhibée nue devant le monde entier, avec mes faiblesses exposées à tous les regards. »

Le jury entreprit ensuite de la questionner sur une autre expérience déchirante : le supplice subi dans la chambre 1012 de l'hôtel Ritz-Carlton, à Pentagon City. Avant de revenir sur la pire journée de son existence, Monica exigea que Mike Emmick, l'assistant de Starr qui l'avait cuisinée ce jour-là, quitte la salle d'audience. Plusieurs jurés écrasèrent une larme avec elle tandis qu'elle revivait la terreur, la culpabilité et la souffrance de ces longues heures d'épreuve. Afin de les aider à mieux ressentir sa véritable personnalité, elle leur demanda de l'appeler « Monica ». Une femme du jury objecta : « Mais... vous serez toujours Mlle Lewinsky ! » « Sauf si je me marie », rétorqua Monica.

L'interrogatoire touchant à sa fin, les jurés lui demandèrent s'il y avait encore quelque chose qu'elle souhaitait leur faire partager. Monica, comprenant qu'elle tenait sa première chance de faire une déclaration publique en même temps que des excuses aux représentants du pays, avait prévu cette possibilité. Elle déclara : « Je voudrais simplement dire que personne ne m'a jamais demandé de mentir et qu'on ne m'a promis aucun emploi en échange de mon silence. Je demande pardon. Oui, je demande sincèrement pardon pour tout ce qui s'est passé. » Une fois de plus, elle fondit en larmes, réussissant tout juste à bafouiller une dernière phrase : « Et je déteste Linda Tripp ! »

Malgré l'aspect effrayant et dégradant de l'interrogatoire qui venait de s'achever, l'honnêteté et la franchise de Monica avaient clairement ému les inconnus alignés face à elle. La femme du jury qui lui avait posé des questions si pénibles répondit qu'elle lui accordait son pardon, et plusieurs autres lui conseillèrent avec chaleur d'oublier Linda Tripp et de s'appliquer à vivre sa vie. Finalement, le porte-parole des jurés se leva et, s'exprimant au nom de l'ensemble du Grand Jury, annonça à la jeune femme en larmes : « Nous souhaitons vous offrir notre bénédiction, ainsi qu'un bouquet de nos meilleurs vœux de chance, de réussite et de bonheur. » Une fois encore, Monica lutta pour ravaler ses larmes, émue par ces paroles généreuses. Même les collaborateurs de Starr étaient impressionnés. Ainsi Karin Immergut déclara-t-elle à son témoin vedette : « Je n'avais jamais assisté à de telles effusions. »

Monica se sentait lavée, non par le fait que le président, après sept mois de dérobades, ait enfin admis sa liaison avec elle, mais par la réaction des jurés, qui avaient mis de côté leurs préjugés et ouvert leur cœur et leur raison à une jeune femme fragile, mais sincère. Cependant, elle ne put s'empêcher de continuer à se poser une question : si elle avait refusé l'immunité, le Grand Jury l'aurait-il inculpée ? Elle éprouva un moment de tristesse, encore aggravé par le sentiment que, d'une certaine façon, elle aurait peut-être pu préserver le président et s'épargner les peines et les humiliations de ces dernières semaines. Sa seule consolation était que, comme tout le reste du « clan Lewinsky », elle s'estimait à présent délivrée du procureur spécial, du Grand Jury et du FBI.

Son réveil fut brutal. Le Bureau du procureur indépendant lui fit savoir qu'en raison de ce que le président avait dit dans son témoignage devant le Grand Jury, elle allait devoir faire une déposition sous serment sur l'aspect sexuel de leur relation. Ce n'était pas tout. Le procureur spécial tenait à ce que les caméras tournent pendant que Monica expliquerait avec force détails comment, quand et où elle avait pratiqué des fellations sur le président – entre autres détails intimes de leurs jeux sexuels. Ainsi, une enquête longue de quatre ans semblait avoir pour objectif ultime la production, au nom du peuple américain, d'une vidéo aussi verbalement explicite qu'un film porno.

Officiellement, il s'agissait d'épargner à Monica l'épreuve d'avoir à parler de vive voix de ces choses scabreuses devant le Grand Jury. Les dépositions filmées sont généralement utilisées dans les procès impliquant de jeunes enfants, surtout en cas de viol ou d'abus sexuels. Dans ces cas-là, toutefois, les documents vidéo sont visionnés à huis clos et restent strictement confidentiels. Mais le 9 septembre, quand Starr remit au Congrès son rapport et ses dix-huit caisses de documentation, presque tous les détails furent rendus publics.

A l'idée que la vidéo de sa « déposition sexe » risquait d'être livrée au public – et les cassettes se seraient sûrement vendues comme des petits pains –, Monica fut envahie d'une indicible terreur. Ses réserves pourtant impressionnantes de courage et d'endurance n'auraient sans doute pas résisté à une telle intrusion. « Cette diffusion aurait provoqué mon anéantissement complet et définitif. Je ne crois pas que j'aurais pu m'en remettre. Je tâche de ne pas trop penser à cette possibilité ; la seule façon que j'aie trouvé de la supporter, c'est de la mettre de côté. Comme dit mon oncle Jeff, l'efficacité de la dénégation est sous-estimée. »

Quand la question de la vidéo fut évoquée, Monica consulta son avocat Plato Cacheris, qui lui répondit dans un premier temps qu'il ne voyait pas de gros inconvénient à ce qu'elle soit filmée. Ensuite, tout bien réfléchi, il sentit qu'il s'agissait d'une mesure inutile. Par contraste, Bernie Lewinsky n'eut pas une seconde d'hésitation pour condamner l'idée dès qu'on lui en parla. « J'ai fait savoir qu'en tant que père, je trouvais cette idée stupide et salace, devait-il raconter plus tard. J'étais écœuré. » L'idée de la vidéo fut donc abandonnée. Mais Monica n'en fut pas moins tenue de revenir par le menu sur chaque moment d'intimité sexuelle face aux procureurs Karin Immergut et Mary Anne Wirth. Ce qui l'indigna le plus dans cette nouvelle déposition, outre son caractère misogyne, c'était que le Bureau du procureur indépendant l'avait justifiée en prétendant que le témoignage du président concernant leurs relations intimes différait substantiellement du sien. Or, quand la déposition de Clinton fut rendue publique, il apparut clairement que ses déclarations se fondaient sur une définition étroitement juridique des relations sexuelles, conformément à la ligne de défense qu'il avait déjà adoptée dans l'affaire Paula Jones, et sur une série d'acrobaties sémantiques visant uniquement à lui permettre d'éviter d'avoir à reconnaître une relation sexuelle avec Monica. Par ailleurs, dans la mesure où elle avait déjà répondu aux questions du Grand Jury sur l'aspect sexuel de leur liaison, Monica estimait superflue cette nouvelle déposition.

Le 26 août, date de sa déposition au Bureau du procureur indépendant de Pennsylvania Avenue, elle connut peut-être le moment le plus avilissant de tous. A certain moment, forcée à parler de la manière dont elle avait fait une fellation au président, Monica lança à ses deux interlocutrices : « Je n'arrive pas à croire que mon père sera obligé d'entendre tout ça un jour ! » Elles lui assurèrent que son témoignage ne serait pas forcément rendu public. Sur ce, les questions reprirent de plus belle : « Qui a ouvert cette fermeture Eclair ? » « Est-ce qu'il vous a touchée par-dessus votre soutien-gorge, ou par en dessous ? » « Sa bouche était sur votre sein, ou sur votre soutien-gorge ? » Et ainsi de suite pendant deux terribles heures. Quand ce fut fini, Monica rentra chez elle et prit une longue douche brûlante, tentant vainement de laver sa honte et son humiliation. « Je me sentais souillée, comme si je venais d'être victime d'un viol affectif. C'était vraiment dégoûtant. »

Elle émit le vœu de quitter Washington, la ville qui l'avait déshonorée, le plus tôt possible. Les adjoints de Starr rechignèrent toutefois à la laisser partir : ils risquaient d'avoir besoin d'elle pour réécouter les enregistrements de Linda Tripp. Ayant finalement consenti à lui accorder quelques jours de répit, ils exigèrent de savoir où elle irait. Monica, estimant que cela ne les regardait pas, refusa de le leur dire. Ils finirent par céder, non sans avoir expliqué qu'ils tenaient à savoir si elle comptait se rendre dans la région de Martha's Vineyard, où les Clinton passaient leurs vacances. N'y tenant plus, Cacheris éclata de rire : « Bien sûr, elle va aller trouver Vernon Jordan pour qu'il lui trouve un job ! »

Monica alla en Nouvelle-Angleterre, mais pas à Martha's Vineyard. Elle y passa quelques précieux moments avec sa mère et la famille de Peter Straus dans leur résidence secondaire. Mais, au bout de quatre jours, Plato Cacheris l'appela pour lui dire que le Bureau du procureur indépendant lui ordonnait de rentrer à Washington afin d'auditionner les enregistrements de Linda Tripp. « Je redoutais ce moment depuis le début, dit-elle. Je ne savais vraiment pas comment j'allais y faire face. J'étais nerveuse et angoissée. Après la prison, la divulgation des enregistrements Tripp était ma pire hantise. »

Le 3 septembre, Monica et son avocate Sydney Hoffmann arrivèrent au Bureau du procureur indépendant à Washington et se lancèrent dans le « tortueux » processus qui consistait à analyser quelque vingt heures d'entretiens entre Tripp et elle. Il leur fallut trois journées pleines, dans une pièce aveugle et sans aération, pour écouter les enregistrements, relire les transcriptions et choisir les commentaires à caractère personnel que Monica souhaitait supprimer ou corriger. Selon elle : « C'était humiliant, c'était douloureux, et cela a vraiment ouvert les vannes de ma haine et de ma colère vis-à-vis de Linda Tripp. Cela a aussi réveillé mon incrédulité face aux stupidités que j'avais pu dire. Il y avait là-dedans tellement plus de conneries que de choses sensées – la moitié des conversations parlait de régimes, de lèche-vitrines, de kilos en trop et d'autres sottises. Même quand je parlais du président, ce n'était pas grand-chose d'autre que des jérémiades. »

A un moment donné, elle éclata de rire et dit à Karin Immergut, le procureur qui écoutait les enregistrements avec elle, qu'elle avait du mal à croire que l'investigation ait pu se fonder, initialement, sur de telles sornettes. Cependant, une personne au moins prenait l'affaire des enregistrements de Tripp très au sérieux. Pendant que Monica s'écoutait en train de se plaindre à Tripp de l'attitude de « Gros Dégueulasse », le président déclarait à l'occasion d'une conférence de presse en Irlande : « J'ai commis une grosse faute. C'est indéfendable, et je le regrette. » C'était son premier embryon d'excuse, et il échappa bien sûr à Monica, concentrée comme elle l'était sur ses transcriptions.

Plus elle écoutait les enregistrements, plus elle percevait que, quand Linda Tripp avait approché les services du procureur indépendant en janvier, elle leur avait fourni un récit partial et partiel des événements d'octobre, novembre et décembre 1997. Un certain nombre de conversations significatives – notamment sur le rôle de Vernon Jordan dans la recherche d'emploi de Monica, prouvant clairement que l'avocat l'avait aidée avant qu'elle se trouve impliquée dans l'affaire Paula Jones – étaient tout simplement absentes.

Leur omission apparente la conduisit à soupçonner Tripp d'avoir manipulé ses enregistrements, laissant de côté certains dialogues-clés afin de rendre les commentaires restants de Monica encore plus dramatiques. Monica est persuadée, « de tout mon cœur et de toute mon âme, que Linda Tripp a abusé les collaborateurs de Starr. Je l'ai vu dans son témoignage. Elle a tout déformé pour accentuer le côté sordide ».

A l'écoute des enregistrements, elle fut à la fois surprise et consternée par le peu d'éléments compromettants pour Vernon Jordan, et l'étonnante fréquence avec laquelle les sentiments de Tripp – en ce qui concernait Kathleen Willey, par exemple – recoupaient les « *Talking Points* ». Monica se dit en outre que Starr et ses assistants auraient dû s'apercevoir, en écoutant ces enregistrements, que les thèmes abordés dans la note des « *Talking Points* » étaient le reflet de ses conversations avec Tripp, et qu'aucun tiers, et encore moins un avocat, n'avait participé à son élaboration.

Mais ce qui préoccupait Monica par-dessus tout, c'était qu'elle avait parfois lâché des phrases très blessantes sur certains membres de sa famille, et qu'elle redoutait terriblement qu'ils ne viennent à les entendre un jour. Elle en conçut même un tel abattement et une telle honte que, jusqu'à la fin du processus, elle ne voulut plus voir ses proches, ni même leur parler. « Je me faisais horreur. Je ne pouvais pas croire que j'avais dit des choses aussi stupides et aussi cruelles sur les gens que j'aime. J'avais tellement peur de leur gâcher la vie à tous... » Dans une moindre mesure, elle était aussi inquiète de la façon dont sa personnalité apparaissait sur les enregistrements : Immergut elle-même avait quelque peine à croire que la jeune femme assise face à elle était la même que celle qui s'exprimait sur les cassettes. Monica toucha le fond de l'abîme quand elle se trouva contrainte de s'écouter pleurnicher avec Linda Tripp au bout du fil. « J'ai fondu en larmes, admit-elle. J'avais oublié à quel point cette relation m'avait fait souffrir. Je n'arrivais pas à concevoir que quelqu'un puisse être assez cruel pour enregistrer aussi méthodiquement mes souffrances. »

Outre le fait de devoir affronter les émotions brutes ravivées par l'écoute des enregistrements, Monica fut obligée de relire des documents retrouvés par les procureurs dans le disque dur de son ordinateur. Il s'agissait de lettres au président, pour la plupart jamais envoyées, écrites pendant la période tumultueuse qui avait précédé Noël 1997. Non contents de l'avoir dépossédée de son intimité physique, les collaborateurs de Starr envahissaient à présent son intimité spirituelle. Ils avaient mis à nu sa vie sexuelle et disséqué sa personnalité ; ils cherchaient à présent à voir le tréfonds de son âme. C'était une intrusion de trop. Monica se mit à pleurer et cria à Immergut : « Vous n'aviez pas le droit ! Personne d'autre n'était censé lire ces lettres, ne pouvez-vous pas le comprendre ? » Son avocate était aussi outrée. Confrontée à un double déchaînement de furie, Immergut leur assura que ces documents seraient mis sous clé, avec consigne de ne pas les citer dans le rapport final.

Leur possible publication hantait l'esprit de Monica depuis qu'elle avait obtenu l'immunité. Le jour de la signature de l'accord, elle avait même demandé à Starr une confirmation écrite afin de lui permettre de « rédiger » – c'est-à-dire de modifier – ou d'effacer certains commentaires personnels, portant surtout sur sa famille, qui ne concernaient pas directement l'enquête. Même si elle n'avait reçu aucune confirmation de cet ordre, son avocat lui avait assuré que ce point ne poserait pas de problème.

Cependant, au vu de toutes les fuites qui s'étaient déjà produites, elle n'avait aucune confiance dans les assurances verbales d'Immergut ; aussi, au moment de sa « déposition sexe » du 26 août, elle comprit que c'était sa dernière chance de soutirer au Bureau du procureur indépendant un accord écrit garantissant que la vie privée de sa famille – ou du moins le peu qu'il en restait – serait préservée. Ses parents étaient également inquiets. Marcia écrivit à Starr pour demander que la publication des documents ne viole pas l'intimité de la famille Lewinsky. Starr ne daigna pas répondre. Pas plus que ne répondit le sénateur républicain Henry Hyde, président de la commission judiciaire de la Chambre, à qui elle écrivit dans le même sens avant que la commission prenne la décision de faire passer les enregistrements Tripp dans le domaine public. (Ironie du sort, le Congrès fut tellement stupéfait par le choc en retour de l'opinion face au sensationnalisme, à l'obscénité et à la nature presque pornographique du Rapport Starr que la commission judiciaire ordonna ensuite que les enregistrements Tripp soient fortement censurés avant d'être divulgués.)

Pour finir, le 9 septembre, jour où Starr remit son rapport au Congrès, les procureurs et les avocats de Monica se rencontrèrent pour étudier toutes les coupes acceptées d'un commun accord. Par exemple, Starr souhaitait identifier chacun des amants de Monica de manière à rehausser sa crédibilité face au témoignage du président, mais au bout du compte, le Congrès supprima leurs noms.

Comme toutes les autres personnes impliquées dans l'affaire, Monica fut réduite à l'état de spectatrice impuissante quand le Rapport Starr et les dix-huit caisses de pièces à conviction – qui suggéraient une « culpabilité par volume », selon un observateur – accumulées par le procureur spécial au fil de ses quatre ans d'enquête furent remis à la Chambre des représentants par des policiers en uniforme. Le scandale immobilier de Whitewater, que Starr avait été chargé d'élucider à l'origine, n'était mentionné qu'à quatre reprises dans un rapport de 453 pages qui concentrait presque exclusivement son feu sur la liaison du président avec Monica Lewinsky. En tout, le Rapport Starr établissait une liste de onze motifs possibles d'*impeachment*, dont le parjure, la subornation de témoins, l'obstruction à la justice et l'abus de pouvoir. Toute la question était de savoir, au regard de la Constitution américaine, si Clinton s'était effectivement rendu coupable de « trahison, corruption ou autres hauts crimes et délits ». Il était laissé au Congrès le soin de décider si le procureur indépendant avait réuni un dossier suffisamment convaincant pour mettre en œuvre un tel procès.

Presque aussitôt, l'avocat du président, David Kendall, riposta en déclarant : « C'est une affaire personnelle, qui n'est pas passible d'*impeachment*. Les allégations salaces de ce texte ne visent qu'à humilier, à embarrasser et à atteindre politiquement le président. »

Bien entendu, ce point de vue n'émut pas Kenneth Starr, qui avait écrit dans son rapport : « Au vu de l'énorme confiance et de l'énorme responsabilité attachées à sa haute charge, le président a le devoir évident de veiller à ce que sa conduite, en toutes circonstances, se conforme aux lois du pays. » Le parjure et l'obstruction, poursuivait-il, « sont des fautes gravissimes. Quand elles sont commises par le président des États-Unis, nous estimons qu'elles constituent un motif suffisant d'*impeachment* ».

Tandis que la nation assistait à la mise en place du drame, le président se couvrit une fois de plus la tête de cendres, déclarant publiquement en Floride, toujours le 9 septembre : « Je vous ai déçus. J'ai déçu ma famille. J'ai déçu ce pays. Mais je m'efforce de rattraper ma faute. Je suis déterminé à ne jamais laisser se reproduire une chose de ce genre. »

Deux jours plus tard, après que la Chambre des représentants eut voté pour la diffusion du Rapport Starr sur Internet, un Clinton assez contrit prit la parole lors d'un petit déjeuner de prière à Washington, déclarant notamment : « Je ne vois aucune manière élégante de dire que j'ai péché. »

Il profita de l'occasion pour présenter ses excuses, non seulement à sa famille, à ses amis et à ses collègues, mais aussi, et pour la première fois, à Monica et aux siens : « Il est important pour moi, précisa-t-il, que tous ceux qui ont été atteints sachent que le chagrin que j'éprouve est sincère : d'abord et avant tout ma famille, mais aussi mes amis, mes collaborateurs, mon cabinet, Monica Lewinsky et sa famille, et le peuple américain. A tous, je demande pardon. »

De l'eau avait coulé sous les ponts depuis les jours sombres de janvier où Clinton avait affirmé à ses proches collaborateurs que Monica n'était qu'une détraquée et que ses accusations n'avaient aucun fondement. De manière assez compréhensible, Monica considéra ces excuses comme « un peu tardives et un peu courtes », même si « j'ai apprécié qu'il mentionne les souffrances endurées par ma famille et moi-même ».

Il apparut clairement qu'il avait enfin compris quelque chose à l'existence de ces souffrances quand la vidéo de sa déposition devant le Grand Jury fut rendue publique le 21 septembre. En la regardant, Monica fut surprise, et même « sidérée », de l'étendue du soutien qu'il lui témoignait : « J'ai été sidérée parce que pour une fois, ce n'était pas uniquement le politicien qui parlait. J'ai cru parfois entrevoir le Bill Clinton que j'avais connu. Et ça me changeait agréablement. »

Au cours de ce témoignage, toujours selon Monica, Clinton s'était exprimé en tant qu'homme, non en tant que président, lorsqu'il avait reproché aux procureurs de Starr de l'avoir traitée comme une « criminelle ». Il accusa aussi Linda Tripp de l'avoir « poignardée dans le dos » et précisa qu'il avait eu « le cœur brisé » en apprenant qu'elle serait impliquée dans l'affaire Paula Jones, qu'il décrivit une fois de plus comme une affaire montée de toutes pièces par ses ennemis politiques.

En bon politicien, toutefois, il se montra beaucoup plus circonspect au moment de reconnaître la portée à la fois sexuelle et sentimentale de sa relation avec Monica. Il n'attachait pas, dit-il, la moindre importance aux cravates qu'elle lui avait offertes et, même s'il admettait « des contacts intimes et un badinage sexuel inappropriés », il réfuta la notion selon laquelle son attitude avait constitué une relation sexuelle au sens où il concevait ce terme. Ce furent ses chicaneries, ses subtilités grammaticales et ses contorsions sémantiques autour de la définition de certains mots qui laissèrent la plupart des gens incrédules. Le tout allait aussi offrir aux chansonniers une magnifique source d'inspiration.

Le soutien du président et ses excuses furent certes un baume pour l'âme meurtrie de Monica, mais rien ni personne n'aurait pu guérir les blessures ouvertes au plus profond d'elle-même par le Rapport Starr. Elle était à New York avec sa mère quand le texte fut diffusé sur Internet. Tout en surfant d'un extrait à l'autre, elle ne put s'empêcher de lâcher quelques commentaires qui trahirent sa consternation. Sa mère la pria de lui lire ce que Starr avait écrit, mais Monica était bien trop embarrassée. « Le monde entier sait tout de toi, fit Marcia, interloquée, et tu refuses de m'en parler ? »

La gêne de Monica était compréhensible. Le Rapport Starr est un texte répugnant, tant en raison de l'importance accordée aux détails graveleux, y compris l'épisode du cigare, qu'en raison de l'usage qu'il fait des pièces les plus intimement personnelles. Les lettres de Monica non envoyées à « Handsome », et dont Karin Immergut avait indiqué qu'elles resteraient sous clé, y figurent dans toute leur gloire sentimentaliste et égocentrique. En outre, et même si Monica ne le savait pas encore, sa « déposition sexe », elle aussi censée rester confidentielle, allait être intégralement publiée quelques semaines plus tard.

Et puis, surtout, le Rapport contenait un certain nombre d'erreurs. Monica les avait signalées, mais, à cause de la hâte avec laquelle il avait été rédigé et déposé au Congrès, elles n'avaient jamais été corrigées. Par exemple, son amie Catherine téléphona à Monica, très surprise qu'elle ne lui ait jamais dit qu'elle suivait un traitement depuis 1995, ainsi que le précisait le Rapport Starr. Monica lui expliqua qu'il s'agissait d'une faute de frappe ; elle n'avait commencé son traitement qu'en janvier 1998, après l'explosion du scandale. Cette erreur pourrait paraître insignifiante, mais en réalité, elle devait avoir de lourdes conséquences : des politiciens démocrates ont prétendu plus tard, et de façon totalement erronée, que si le témoignage de Monica divergeait de celui du président, c'était parce qu'elle prenait des antidépresseurs depuis trois ans. Dans les pages de *Vanity Fair*, la journaliste Renata Adler exprima publiquement son mépris pour la prose du procureur indépendant : « Le rapport en six volumes de Kenneth W. Starr (...) est par bien des façons un document parfaitement grotesque : inexact, irresponsable, biaisé, désorganisé, non professionnel et corrompu. »

Au long de son enquête, Kenneth Starr n'a pas une seule fois rencontré Monica Lewinsky ; elle n'en a pas moins le sentiment qu'il l'a déshonorée et violentée – non pas physiquement, mais en usant de ses pouvoirs légaux et constitutionnels jusqu'à la dépouiller de ses derniers lambeaux de dignité et d'humanité. « A la publication de ce Rapport, je me suis sentie complètement souillée. Je me suis sentie violée, physiquement dégoûtée de moi-même, comme si personne ne pouvait me regarder sans penser à moi en train de pratiquer une fellation. J'avais tout simplement l'impression que le monde me considérait comme une putain. C'était très douloureux, très humiliant. Cela m'a confortée encore un peu plus dans l'idée que personne ne s'intéressait à moi en tant qu'être humain. Je n'étais qu'un pion dont on s'était servi pour attaquer le président. »

Monica fut quasiment inconsolable pendant les quelques jours qui suivirent la publication du Rapport Starr sur Internet. Sa mère et son beau-père, désireux de l'aider, l'emmenèrent dîner à New York avec le rabbin Mark Gollub, qui passa quelques minutes en tête à tête avec elle pour lui offrir ses conseils spirituels. Elle eut besoin de beaucoup d'aide et de soutien pendant les semaines suivantes, d'autant que le Congrès semblait sur le point de divulguer non seulement la transcription des enregistrements de Tripp, mais aussi leur version audio. Depuis que Monica s'était entendue pleurnicher et tempêter au téléphone, c'était ce qu'elle redoutait le plus au monde.

L'idée lui vint de faire une déclaration avant la publication des enregistrements pour présenter des excuses publiques à sa famille, au président, à Hillary et Chelsea Clinton, et au peuple américain pour tout le mal qu'elle avait fait – du moins cela permettrait-il aux gens d'entendre sa voix à un moment où elle savait ce qu'elle disait. Mais le projet fut abandonné parce que le Bureau du procureur indépendant exigeait d'approuver son texte.

Chose étrange, les enregistrements ne furent pas libérés par la commission judiciaire de la Chambre avant les élections de novembre au Congrès et au Sénat. On s'attendait largement à ce que les résultats du scrutin traduisent l'effet négatif du scandale sur le Parti démocrate : en septembre, le sénateur démocrate Joseph Lieberman, pourtant allié de Clinton, avait été salué par une ovation au Sénat lorsqu'il avait qualifié le comportement du président de « honteux et immoral ». En fait, les élections donnèrent lieu à un revers tonitruant pour les Républicains et provoquèrent la démission de Newt Gingrich, le flamboyant président de la Chambre des représentants : vieil adversaire de Clinton, Gingrich était également membre de la commission judiciaire de la Chambre.

Sachant que les enregistrements allaient être rendus publics, et affolée à l'idée du tort qu'ils risquaient de causer à ses proches, Monica avait eu l'intention d'avaler un somnifère et de passer la journée de leur divulgation au lit. Au bout du compte, son amie Neysa vint à son secours en lui proposant de passer la journée dehors afin de se changer les idées.

Comme elle le craignait, les personnes auxquelles Monica tient le plus au monde ont été les plus profondément affectées, non seulement par le Rapport Starr, mais aussi par la publication des enregistrements de Tripp. Un de leurs plus déplorables effets a été de raviver entre le père et la fille des dissensions qui avaient un temps paru s'effacer. Bernie, qui avait émis le vœu de ne plus jamais lire ou écouter quoi que ce soit sur Monica, s'est soudain retrouvé forcé d'entendre, chaque fois qu'il allumait la télévision ou la radio, des détails toujours plus scabreux. Il a trouvé particulièrement pénible l'enregistrement d'une conversation lors de laquelle Monica racontait à Linda Tripp comment elle avait appris, très jeune, à mentir à son père. « Elle a proféré des horreurs sur notre famille, dit-il, que j'espère bien ne jamais entendre intégralement. Les quelques bribes que j'ai entendues m'ont suffisamment secoué, et je suis toujours sous le coup de certains de ses propos. »

Marcia est moins sévère : elle a déjà tellement souffert des incessantes critiques subies par Monica et sa famille qu'il n'y a pas grand-chose sur ces enregistrements qui soit encore susceptible de la blesser. « Je connais Monica et je sais qu'elle aime profondément les siens. Les choses qui m'ont fait beaucoup de mal il y a six mois ont moins d'effet maintenant parce que j'ai renoncé à attendre un traitement humain de la part de qui que ce soit. La dépossession de notre intimité a été un tel viol qu'aujourd'hui, il n'y a plus rien qui puisse me choquer, quoi qu'on puisse raconter ou révéler sur notre famille. »

Elle fut cependant émue par un passage de l'enregistrement, où l'on entend Monica pleurer, parce que cela lui a rappelé tous ces jours terribles de l'automne 1997, quand le monde autour de sa fille semblait s'écrouler. « C'est, reconnaît-elle, quelque chose que peu de gens savent. Bien sûr, ses amies et sa famille savent combien elle a souffert. Cette période de sa vie lui a causé tant de tourment, en partie intentionnellement infligé par certains, en partie infligé par elle-même, pour s'être tant investie dans quelque chose qu'elle aurait dû fuir. »

Le passage des jours n'a jusqu'ici guère eu d'effet pour atténuer la culpabilité et l'angoisse de Monica. Parfois, elle baisse sa garde, et sa souffrance remonte d'un seul coup à la surface. C'est ainsi qu'un matin, en regardant pendant son petit déjeuner l'émission télévisée « Today », elle a entendu une célèbre psychologue, le Dr Joyce Brothers, lancer aux téléspectateurs en parlant du Rapport Starr : « Vous imaginez un jeune homme ramenant Monica Lewinsky chez ses parents et leur annonçant " Monica et moi, on va se marier " ? » C'était plus qu'elle n'en pouvait supporter. Elle a éclaté en sanglots hystériques, inconsolable.

Ces dernières années, sa vie privée, sa sexualité, son esprit et son âme ont été explorés, exploités par Kenneth Starr, par la Maison-Blanche et par les médias. En entendant le cruel commentaire du Dr Brothers, elle s'est aperçue avec effroi qu'on lui avait aussi volé son avenir.

Conclusion

Une fille sur une balançoire

A l'heure où j'écris ces mots, il y a plus d'un an qu'a eu lieu la dernière rencontre de Monica Lewinsky avec le président. Pourtant celui-ci hante encore ses nuits et ses jours. Il apparaît souvent dans ses rêves, toujours présent mais toujours intangible. « Certains matins, à mon réveil, pendant un bref instant il me manque, dit-elle. Tout mon être se languit de lui, ma tête, mon cœur, mon corps. La façon qu'il avait de me prendre dans ses bras me manque. »

Il déclenche en elle tout un kaléidoscope d'émotions, allant de la tendresse et de la nostalgie au remords, à la culpabilité et à la colère. « Récemment, en fermant les yeux très fort, je me voyais dans mon petit bureau de l'Aile Est de la Maison-Blanche. Le téléphone sonnait et je retenais mon souffle. Bien sûr, c'était sa voix que j'entendais. Une voix familière à beaucoup de personnes mais pour moi très intime, une voix empreinte de désir, de tristesse, de passion.

« C'était très étrange. Mon cœur tambourinait et j'avais l'impression d'être vraiment là-bas. Parfois je regrette la joie que j'éprouvais en me dirigeant vers le Bureau Ovale, après son « appel ». Mon pouls s'emballait, j'avais le visage en feu. J'étais excitée à la seule pensée de son odeur, du contact de sa main, de la chaleur de son corps près du mien. J'attendais fébrilement le premier baiser délicieux de mon « Handsome ».

« Je ne peux pas croire que ma relation avec le président soit terminée. Que les tendres caresses et les fougueuses étreintes aient cessé à jamais. Je regrette la lueur d'adoration dans son regard et ce large sourire qui m'accueillait toujours. »

Néanmoins, les rêveries sentimentales que lui inspire l'homme Clinton cèdent aisément la place à la colère que suscite en elle le président, lequel a déclaré au monde en la montrant du doigt qu'il n'avait jamais eu de relations sexuelles avec « cette femme ». C'est là tout le paradoxe de Monica, la bataille intérieure qui la conduit à dire : « Il y a des jours où sa présence me manque, et des jours où je voudrais ne plus jamais le revoir, où j'éteins la télévision parce que sa seule vue me donne la nausée. » Cependant, aussi déchirée soit-elle sur le plan affectif, ces jours-là Monica voit Clinton beaucoup plus comme un politicien que comme un homme, un politicien qui a menti, à elle et à la nation. « J'ai toujours su qu'il n'était pas très fiable, mais les événements de l'année écoulée ont montré qu'il était beaucoup plus menteur encore que je ne le pensais. Désormais je le vois comme un homme égoïste qui ment en permanence. Et j'en conçois de la colère et de la rancune. »

Sa famille et ses amies proches partagent son indignation, on le comprend. L'un des rares sujets de discorde entre Monica et Catherine Allday Davis est le fait que Bill Clinton, quand il était l'amant de Monica, était aussi son président. Intransigeante, Catherine déclare : « Il est mon président, il a le double de son âge et une fille presque du même âge qu'elle, et je ne peux excuser son attitude. »

Pendant tout le scandale, le père de Monica a résolument refusé de critiquer le président, opposant un silence obstiné aux questions des animateurs Barbara Walters, Larry King et Katie Couric quand il apparaissait dans leurs émissions. Depuis la publication du Rapport Starr et la diffusion des enregistrements de Tripp, toutefois, sa position s'est durcie. Aujourd'hui il déclare sans ambiguïté : « Je le déteste pour ce qu'il a fait. Ça m'est difficile de traiter le président des États-Unis de salaud, pourtant c'est ce qu'il est. Je lui en veux beaucoup de sa conduite à l'égard de ma fille, qui a tout juste quelques années de plus que la sienne. Je ne crois pas qu'il apprécierait que l'on fasse la même chose à sa fille. Il s'est défendu comme un lâche, il n'a pas eu le courage d'endosser ses responsabilités. »

De même que Monica est profondément révoltée par la façon dont le président l'a abandonnée au moment où elle avait besoin d'aide, elle éprouve un dégoût profond à l'égard de Linda Tripp et de ses complices, qui les ont trahis, le président et elle. « Je ressens beaucoup de colère envers tout le monde », dit-elle, désabusée, consciente qu'elle ne pourra être elle-même tant qu'elle n'aura pas mis cette rancœur de côté. Ainsi elle a conscience, lorsqu'elle envisage de poursuivre Linda Tripp pour enregistrement illégal de leurs conversations, qu'un tel procès lui imposerait de revivre le passé, un passé qu'elle s'efforce de laisser derrière elle, un passé qui envahit cependant constamment son présent et compromet ses chances d'avenir.

Parallèlement à la colère elle éprouve un sentiment envahissant de culpabilité, de honte pour les ennuis et les chagrins qu'elle a causés non seulement à ses parents et à ses amies, mais aussi au président et à sa famille, particulièrement à Chelsea Clinton. Elle ne peut toujours pas croire, et encore moins accepter, que ce qui a débuté comme une excitante, bien que furtive, aventure amoureuse trois ans auparavant se soit achevée avec la première mesure d'*impeachment* engagée contre un président des États-Unis.

Quand, à la mi-décembre 1998, le Congrès s'est prononcé à une étroite majorité en faveur de l'*impeachment*, Monica s'est sentie coupable. « J'étais réellement, sincèrement malheureuse pour lui, dit-elle. J'ai beaucoup pleuré. J'étais très abattue. Je n'arrivais pas à croire à ce qui se passait. » Elle s'est reproché les malheurs du président, se disant que si elle n'avait pas fait de confidences à Linda Tripp, jamais cet enchaînement d'événements désastreux ne serait advenu. Mais son argument, ainsi que les législateurs du Capitole se plaisent à le dire, est « hypothétique », le président ayant lui-même contribué à sa propre chute avec son témoignage dans l'affaire Paula Jones et devant le Grand Jury de Starr.

Pendant que Monica, inconsolable, passait sa journée au lit, incapable de supporter les nouvelles, le peuple américain réagissait avec un ébahissement horrifié en apprenant le vote d'*impeachment* par la Chambre des Représentants au moment même où le président, en tant que commandant en chef des armées, venait d'engager le pays, aux côtés de la Grande-Bretagne, dans une importante opération de bombardements contre l'Irak.

L'affaire tout entière porte le sceau des procès-spectacles politiques qui ont marqué le régime stalinien dans la Russie communiste, où des procureurs d'État instauraient un règne de terreur, dressant l'un contre l'autre des membres d'une même famille, une mère et sa fille, des amants, des amis, dans des procès où le verdict était connu avant que les preuves soient entendues. Plus charitablement, d'autres observateurs ont comparé l'affaire Clinton-Lewinsky aux aventures d'*Alice au pays des merveilles* de Lewis Carroll, où la Dame de Cœur s'écrie : « Non, non !... La condamnation d'abord, le verdict ensuite. »

A tous égards, le débat sur l'*impeachment* a réussi cette prouesse d'être à la fois le summum du système judiciaire américain et, il faut bien le dire, le niveau zéro de la justice élémentaire, le triomphe du système sur le bon sens. Car le Congrès, respectant les lignes des partis, a opté pour la mise en œuvre de la mesure d'*impeachment* contre le président en se fondant sur le Rapport, écrit par un nègre, d'un homme qui n'avait même pas rencontré, encore moins interrogé, les témoins-clés. Par la suite ce Rapport s'est fondé sur des témoignages faits devant un Grand Jury partial. Or, comme certains se plaisent à le souligner dans les milieux juridiques, un procureur malin pourrait aisément « mettre en accusation un sandwich au fromage » devant un Grand Jury.

Toutefois le Congrès a balayé ces réserves en considérant que le président encourait l'*impeachment* sur deux points : parjure devant le Grand Jury et obstruction à la justice. Ces « articles de l'*impeachment* » ont été envoyés de la Chambre basse – c'est-à-dire la Chambre des Représentants – au Sénat, où un véritable procès a débuté le 7 janvier 1999. Les cent sénateurs ont prêté serment comme jurés. Un peu plus des deux tiers étaient nécessaires pour déposer le président. Comme le Parti républicain ne détient pas la majorité requise au Sénat, la procédure était considérée par nombre d'observateurs comme un exercice inutile et absurde qui ne pouvait que nuire au pays.

Quant à Monica, le procès historique du président Clinton au Sénat a suscité en elle non seulement de l'angoisse et du remords, mais aussi du ressentiment quand la Chambre haute du Congrès a débattu pour savoir s'il fallait appeler des témoins, ce que les procureurs républicains et les adversaires de Clinton souhaitaient ardemment. Chaque jour elle attendait fébrilement de voir si elle allait être convoquée et passée sur le gril devant le Sénat et en direct à la télévision à une heure de grande écoute. Elle gardait en réserve une bouteille de vodka pour noyer son chagrin si elle était appelée à témoigner, et une bouteille de Veuve-Clicquot, son champagne préféré, si le Sénat renonçait à entendre des témoins.

En même temps, elle était révoltée par la façon dont une relation intime s'était transformée en vendetta politique. « C'était mon amour – mon âme et mon corps – et on en a fait cette lamentable farce politique », se plaint-elle.

Cette évolution d'une liaison amoureuse illicite en une procédure d'*impeachment* est peut-être l'élément le plus frappant de toute cette saga. Au départ il y a une histoire d'amour et de trahison, de culpabilité et de remords, mais cette histoire a été présentée presque entièrement sous un jour juridique, et le débat mené par des journalistes, des avocats, des politiciens, autant de professions qui reposent sur une philosophie contradictoire plutôt que conciliatoire. Le sentiment et la romance ne figurent pas dans leurs priorités.

Après les exposés judiciaires des dirigeants de la Chambre des Représentants et de l'équipe de la Maison-Blanche, on a laissé le soin à un membre de cette équipe,

Dale Bumpers, ancien sénateur et gouverneur de l'Arkansas, et ami intime de la famille Clinton, de rappeler à la Chambre et à la nation l'échelle humaine de cette tragédie.

Dans son discours de clôture de quatre-vingt-dix minutes, Bumpers a évoqué les cinq années de nuits sans sommeil endurées par les Clinton depuis le début de l'enquête de Starr sur Whitewater, les énormes frais de justice, et surtout les retombées affectives du scandale Lewinsky. L'enquête, a-t-il expliqué, a mis une terrible pression sur « les relations entre les époux, entre le père et sa fille », ajoutant que les rapports du président avec Chelsea s'en sont trouvés presque anéantis. « Il y a dans cette affaire un manque total de proportion et de mesure. Les accusations et le châtiment sont totalement déphasés », a conclu Bumpers.

Ce n'est pas seulement le sens des proportions des législateurs qui est détraqué car, maintenant que tout est dit et accompli, ce qui a fasciné le monde pendant un an, c'est l'analyse au microscope d'une liaison entre une très jeune employée et son patron. La folie de Monica – et l'on pourrait ajouter son manque de chance – a été de tomber amoureuse d'un homme puissant, dont les ennemis sont à la fois zélés et impitoyables. En toute autre circonstance, l'aventure terminée, elle aurait été autorisée à plier bagage.

En toute autre circonstance peut-être, mais, ainsi que sa mère le fait observer avec lucidité : « Si elle n'avait pas été une jeune femme si sentimentale, si romantique et si vulnérable, l'histoire aurait été bien différente. Dans le cours normal des choses, l'aventure aurait été une de ces leçons de la vie que les femmes apprennent en devenant adultes. Au lieu de cela, son chagrin personnel est devenu matière à spectacle pour toute la population et ce fut sans doute le plus cruel. Quel terrible crime a-t-elle commis qui justifie qu'on la détruise, qu'on la dépouille de ses derniers vestiges de dignité et d'intimité ? »

Jetée dans le marigot à piranhas politiques, la personnalité de Monica a vite été dépecée dans une gloutonne frénésie médiatique, chaque faille et chaque imperfection étant mise à nu par les chroniqueurs, les photographes, les amuseurs, les psychologues amateurs. Tout comme Dale Bumpers rappelait à la nation que les Clinton étaient des êtres humains, le père de Monica lui aussi, dans une arène plus réduite, a fait savoir à une importante station de radio californienne que les commentaires scabreux diffusés sur les ondes au sujet de sa fille blessaient non seulement Monica mais aussi toute sa famille.

C'est seulement au cours des derniers mois – maintenant que le monde prend conscience que Monica ne vivait pas dans un monde de chimères et que son témoignage était le récit exact de sa relation avec le président – que l'hostilité débridée à son égard s'est atténuée. Beaucoup reconnaissent aujourd'hui qu'elle a été cruellement calomniée, par Linda Tripp, par Kenneth Starr, par Bill Clinton et par la presse internationale. Parmi des commentaires déjà riches en paradoxes, il en est un constant, bien que fâcheux, qui oppose le code moral de Monica à celui des trois personnes qui l'ont trahie, démentie ou utilisée.

Dans le *New York Times*, Andrew Sullivan a écrit : « Pendant longtemps elle a fait tout son possible pour éviter de trahir son amant, signant même une déclaration sous serment qui niait leur liaison. Une fois acculée, elle s'est résolue à dire toute la vérité. Ce qui frappe le plus dans le Rapport Starr, c'est jusqu'où cette jeune femme était prête à aller pour se conformer à la loi, au point même de se livrer à l'absurde curiosité du public. Quel contraste avec le président ! Si ce conte moral a pour sujet l'honnêteté, alors Monica Lewinsky en est l'héroïne. »

Monica a payé cher, trop cher, cette honnêteté et cette mise à nu. Durant les semaines que j'ai passées à parler avec elle, la seule question à laquelle elle n'a pu trouver une réponse adéquate concernait l'humiliation qu'elle a subie. « Pendant les dix derniers mois, j'ai vu le procureur spécial, la presse, la Maison-Blanche et le public disséquer mon âme, couche après couche. Je ne sais pas ce que j'ai fait pour mériter cette humiliation. Bien sûr j'ai commis des fautes et des erreurs de jugement, mais justifiaient-elles une pareille violation ? Oui, je suis probablement la femme la plus humiliée du monde, mais je ne peux pas affronter cette pensée. Je dois l'enfouir parce que c'est trop difficile à assumer. »

De même que le procès O.J. Simpson a dévoilé la ligne de faille raciale qui traverse la société américaine, la saga Lewinsky a mis en lumière la misogynie sous-jacente qui imprègne encore la vie américaine, et particulièrement les médias. Clinton, l'homme adultère et menteur, est pardonné. Monica Lewinsky, la tentatrice, est méprisée, bafouée à la fois par les féministes et les conservateurs. Dans l'Amérique moderne et morale, être femme, jeune, sûre de soi, coquette, à l'aise avec sa sexualité – et aimée – constitue une sorte de crime. Plus grave encore, elle a commis le plus grand péché de tous : elle est trop grosse.

Son châtiment consiste à être poursuivie par les paparazzi, qui la bousculent et la harcèlent, la traitent de noms infamants pour la faire fondre en larmes et prendre ainsi des photos plus vendables. Une fois que les photographes l'ont saisie dans leurs filets, les chroniqueurs et les rédacteurs prennent la relève, la soumettant à une flagellation verbale. Décrite comme « la poivrière ventrue », et bien pire, par les journaux à sensation, Monica Lewinsky s'est vu régulièrement dénigrer par les chroniqueurs, tels que Maureen Dowd du *New York Times*. Ainsi que l'écrit la commentatrice britannique Anne McElvoy : « Monica doit faire ce que l'Amérique attend, ou plutôt exige. Perdre du poids. L'embonpoint de Monica est le signe de son relâchement moral ou le châtiment divin. » Néanmoins, de peur que les journalistes non américains ne deviennent trop présomptueux, il convient de relever un autre article, paru dans un important journal britannique. Le 26 janvier, sous le titre funeste « Procès du président, neuvième jour », le *Guardian* rapportait : « Selon un témoin, Monica Lewinsky a mangé deux crêpes et bu un jus d'orange, et elle était vêtue d'un tailleur sombre. » Régime alimentaire et habillement, semble-t-il, étaient aussi importants que son témoignage dans le débat sur l'*impeachment*.

A sa manière très personnelle, obstinément attachée aux principes, Monica s'est efforcée, depuis que le scandale a éclaté, de suivre la voie toute droite de la morale, rejetant par exemple l'offre de 5 millions de dollars de la chaîne de télévision Fox pour des interviews, un livre et un spot publicitaire pour les cheveux. Alors que de nombreuses personnes l'encourageaient à prendre l'argent et à filer, elle a refusé de se compromettre avec les « marchands sordides » qui gâchaient sa vie depuis un an. En revanche, bien qu'elle ait considéré un moment la proposition de l'animatrice de télévision vedette Oprah Winfrey, Monica a préféré accorder sa première interview télévisée à Barbara Walters, et cela gratuitement.

Le temps passant, ce qui était initialement de la notoriété s'est inévitablement mué en une célébrité non désirée. « Je ne veux pas faire carrière sur le fait d'être Monica Lewinsky », dit-elle, avant d'ajouter : « Je n'ai rien fait pour en être fière. » Elle a beau regretter cette célébrité, cela fait désormais partie de sa vie, comme le lui a expliqué son beau-père, Peter Straus, ancien directeur de *Voice of America*. Il fait tout, dit-il, pour qu'elle s'endurcisse et ne lise pas les journaux à sensation. Il y a cependant des aspects positifs. Monica, sa famille et l'auteur de cet ouvrage ont été très amusés quand, dans le *New York Times*, en décembre 1998, un sondage Gallup sur les dix femmes américaines les plus admirées a placé Monica Lewinsky au même rang que la reine Élizabeth II d'Angleterre.

Parallèlement au coût très élevé sur le plan affectif et au profond bouleversement de sa vie, la célébrité a également eu un coût financier sévère, non seulement pour Monica mais aussi pour sa famille et ses amis. Ils le paient encore. Au cours de l'année écoulée, cette employée de bureau au salaire annuel de 40 000 dollars s'est retrouvée avec des factures juridiques de 1 million de dollars, et elle a dû regarder dans un silence impuissant la vie de sa famille et de ses amis être dévastée et exploitée.

Pour elle, le prix à payer est d'être un pion dans la lutte de pouvoir qui oppose deux puissants adversaires, le président Clinton et le juge Starr. L'un lui a brisé le cœur, l'autre a essayé de lui briser l'esprit. C'est de ce dernier qu'elle se méfie le plus. Aujourd'hui encore, Monica vit dans la crainte du procureur spécial, redoutant à tout instant qu'il ne révoque son immunité et ne l'envoie en prison. Il tient la bride serrée sans le moindre remords.

Les événements de 1998 ont rendu Monica et les personnes étroitement impliquées dans le scandale beaucoup plus sceptiques et critiques à l'égard de la nature du gouvernement en Amérique. « Dans ce pays, la justice est une farce, affirme-t-elle. Notre télévision à sensation a engendré un gouvernement à sensation. » La mère de Monica, presque aussi ébranlée que sa fille par le scandale, constate avec une grande lucidité les dommages causés non seulement à sa fille mais à ses amies innocentes, dont beaucoup doivent faire face à des frais juridiques inutiles, au harcèlement des journalistes et parfois même aux enquêtes du FBI. Marcia Lewis porte désormais sur l'Amérique un regard las et désenchanté. « Avant cette affaire, le gouvernement m'apparaissait comme un ami, jamais comme un ennemi, mais je comprends maintenant qu'il a le pouvoir de faire peur et de menacer. Je ne crois pas que je regarderai encore mon pays, ma patrie, de la même façon. » Elle ajoute, parlant du président et du procureur spécial, qu'ils sont les causes jumelles de la plupart des problèmes de sa fille : « Je hais Starr et les autres pour ce qu'ils ont fait à ma fille, pour leurs menaces, pour la peur qu'ils ont semée et la manière dont ils ont gâché sa vie. Ce sont eux qui lui ont fait vivre cet enfer. Mais cela n'excuse pas un seul instant le comportement du président Clinton. »

De fait, les implications de toute cette histoire vont bien au-delà d'un simple scandale sexuel. Ainsi que David Remick l'a noté dans le *New Yorker* : « Monica est la femme des secrets, qui n'en a plus aucun. Ses yeux ne sont plus des fenêtres mais des miroirs, et ce que nous y voyons est atroce. Pourtant nous continuons de regarder. »

Pour Billy Martin, c'est un épisode de l'histoire américaine qui nuit gravement au système judiciaire, au sein duquel il travaille depuis plus de vingt ans. « En ce moment je ne suis pas fier de la loi de mon pays qui autorise ce déni de justice, où un avocat indépendant peut être désigné pour engager des poursuites sur une affaire qui ne vaut pas d'être instruite par le ministère de la Justice des États-Unis. »

Sa collègue Sydney Hoffmann, qui a vu Monica subir durant des jours entiers des questions humiliantes posées par des messieurs d'âge mûr, se fait l'écho des impressions de la First Lady, pour qui la procédure est « une conspiration de la droite ». « Cette enquête avait des motifs politiques, affirme Hoffmann. Tout ce scandale n'est pas de l'ordre d'un procès criminel. »

En dépit de son indomptable volonté, soutenue par son exceptionnel sens de l'humour, qui lui a permis de survivre à l'année la plus tumultueuse de sa vie, la jeune femme enjouée qui a osé traiter le président des États-Unis de « Tête de cul », sort abattue et meurtrie de l'expérience. Son amie Lenore Reese, qui l'a revue à l'automne dernier pour la première fois depuis l'université, a gardé de leur entrevue le souvenir « qu'il y avait en elle de la tristesse, qu'elle était nerveuse et beaucoup plus prudente car depuis un an elle avait perdu sa liberté. L'une de ses qualités les plus attrayantes était sa gaieté, mais l'affaire a mis fin à sa candeur ».

Neysa DeMann Erbland, qui a fréquememnt sorti Monica de ses dépressions affectives au cours des derniers mois, a noté elle aussi des changements chez son amie. « On dirait une femme plus âgée, lasse, une femme qui a eu le cœur et la réputation saccagés en *prime time* à la télévision. Elle a vingt-cinq ans, l'âge où l'on se cherche dans un délicieux malaise. Monica, elle, passe son temps à tricoter des écharpes et des pulls. Elle rêve du temps où elle pourra à nouveau connaître la vie tumultueuse mais privée d'une fille de vingt et quelques années. Elle veut qu'on lui rende sa vie. »

Aussi épuisée sur le plan émotif soit-elle, la Monica d'avant le scandale n'en demeure pas moins, avec ses failles et ses faiblesses. Elle est toujours la jeune femme impatiente, volontaire, opiniâtre et farouchement loyale que ses amis connaissent et aiment. Qui plus est, elle est encore, en dépit de tout, étonnamment confiante et naïve. Mais ces mêmes qualités qui lui ont donné la force de survivre aux assauts de Starr et des médias la handicapent pour assumer sa vie actuelle, une vie en suspens. « Elle n'est pas patiente et sa vie présente lui impose d'apprendre la patience », remarque Catherine Allday Davis.

Les problèmes affectifs auxquels était confrontée Monica avant le scandale, problèmes liés à son poids et à ses relations avec les hommes, ont été exacerbés par l'attention dont elle a fait l'objet. Jusqu'à ce que la caravane des médias s'éloigne – probablement à la fin de la présidence Clinton –, Monica restera sous les feux de la rampe, dans l'attente du jour où, selon les paroles de Barbara Lewinsky, « le nom de Lewinsky ne fera plus bondir quiconque ».

Pour une nature impatiente, cette vie confinée aggrave la difficulté de satisfaire son ambition assez prosaïque : trouver un compagnon aimant, fonder une famille, entreprendre une carrière utile. Monica a parlé de reprendre ses études pour passer un doctorat de psychologie légale ou un diplôme de droit – domaine dans lequel elle a indéniablement bénéficié d'un cours intensif tout au long de cette dernière année –, et même d'entreprendre un travail bénévole auprès d'enfants défavorisés, pour leur apprendre à lire.

Il ne fait aucun doute que son aptitude à rassembler les arguments convaincants, sa vaste mémoire et son esprit analytique prédisposent Monica à une carrière d'avocate. Cependant elle a la forte conviction que si quelque chose de bon doit sortir de toute cette horreur, elle devrait se vouer à une cause louable, tout particulièrement une cause qui concerne les enfants. « Peut-être que si je fais le bien, un jour il m'arrivera quelque chose de bien », dit-elle. Néanmoins, quoi que puissent laisser entendre ses amies et sa famille, la vérité est que Monica a encore à surmonter le traumatisme du passé récent avant de pouvoir envisager sérieusement son avenir. Son père n'a aucun doute quant à ses besoins les plus urgents : « Ma crainte initiale pour Monica était la perspective de la prison.

Maintenant je me demande où elle va aller. Elle aura sûrement besoin pendant longtemps d'une assistance psychologique pour surmonter la dépression post-traumatique qui est inévitable si elle fait face à l'horreur de l'année passée. Elle a aussi besoin de relations saines avec des hommes célibataires. »

Mais cette dernière recommandation est plus facile à faire qu'à mettre en pratique. Ayant toujours eu des problèmes à trouver sa route sur la carte des sentiments, la voie qui s'ouvre devant elle est semée de toutes sortes de fausses pistes. A moins qu'elle ne rompe le cycle qui l'a menée dans deux relations sans issue avec des hommes mariés, il lui sera difficile de choisir le chemin qui conduit à un bonheur durable. A l'heure actuelle il lui faudrait pour la guider une boussole sentimentale, mais le mécanisme ne s'est jamais montré particulièrement fiable. Son problème est qu'elle est désormais le témoin indécis de ses propres perceptions : les trahisons de ses amants et des personnes en qui elle avait confiance la font douter de ses instincts personnels autant que des motivations des autres.

Curieusement, pourtant, elle s'est récemment plu en la compagnie d'un jeune homme. C'est une relation qu'elle a laissé évoluer à son propre rythme, aidée en cela par le fait que, du moins pendant un temps, elle a réussi à ce que le nom de son ami n'apparaisse pas à la une des journaux. Pour elle, cette amitié a été à la fois une révélation et un réconfort, une première étape dans le monde réel des rapports homme-femme.

Ce sont ses premiers pas vacillants sur la longue route de la guérison, une convalescence affective qui devra résoudre les problèmes de sa vie de famille et mettre au rebut les détritus sentimentaux, la blessure, l'humiliation et la colère de l'année écoulée.

Sa vie est en suspens, son avenir incertain, et Monica brûle d'avancer, de trouver un compagnon, de fonder une famille. On comprend qu'elle s'interroge : « Quand tout cela finira-t-il ? Je veux retrouver ma vie et en même temps j'ai peur de ne jamais pouvoir mener la vie dont je rêve.

Une vie pleine, riche, avec un mari affectueux et tendre, des rires d'enfants et peut-être, peut-être seulement, du contentement. »

Par une chaude soirée de novembre 1998, Monica se balance doucement sur une balançoire du terrain de jeu de Holmby Park, près de son appartement de Los Angeles, où elle jouait avec son frère Michael quand ils étaient tout jeunes. Depuis son enfance, elle a toujours aimé les balançoires. Ce soir-là encore. Tandis qu'elle oscille lentement dans le clair de lune, elle parle avec mélancolie de ce qui aurait pu être : ses rêves de se marier vers l'âge de vingt-quatre ans et d'avoir plusieurs enfants avant trente ans.

Car, quelles que soient ses ambitions professionnelles, ses objectifs personnels sont tout à fait conventionnels : trouver un mari et avoir des enfants. Elle fera une mère affectueuse et, comme le croit Marcia Lewis, une mère qui sera capable de regarder ses enfants en face et de leur raconter son histoire sans embarras, en reconnaissant ses erreurs mais en faisant valoir qu'elle n'a trahi personne comme elle a été trahie.

Cependant les rêves de Monica sont compromis, car cette Américaine profondément traditionnelle de la classe moyenne est aujourd'hui contrainte de se cacher, fugitive dans son propre pays. Résultat, elle vit dans un cauchemar orwellien moderne, qui est devenu, pour elle, une réalité quotidienne. Chacun de ses mouvements est surveillé, que ce soit par les paparazzi ou par le FBI. Son régime alimentaire est examiné par des experts, ses moindres achats font l'objet de reportages dans le monde entier.

Mais, au-dessus de tout cela, se dresse la face de lune de Kenneth Starr, l'homme qui s'est érigé en marionnettiste de la vie de Monica. Quand il tire les ficelles judiciaires, elle est contrainte de danser à son ordre. Le visage falot au sourire pincé du procureur spécial est presque l'incarnation du Big Brother d'Orwell, un scénario désormais plus du tout irréel, dans lequel l'État peut fouiller les pensées et l'âme d'un individu aussi facilement que sa maison et son ordinateur. Monica, sa famille et ses amies ne le savent que trop bien.

Un peu plus tôt, dans cette soirée de novembre 1998, le visage de l'homme tant redouté par Monica a envahi l'écran de télévision. Sentant qu'elle devait absolument échapper à son regard, elle a fui son appartement comme un prisonnier évadé, faussant compagnie à ses « gardiens », les inévitables paparazzi. Coiffée d'une casquette de base-ball comme déguisement, elle a démarré en trombe au volant de son 4×4 en leasing, scrutant nerveusement le rétroviseur pour le cas où les prédateurs photographiques qui la poursuivent partout la prendraient en chasse. C'est ainsi que, à 21 heures ce soir-là, elle a pu échapper au procureur spécial et aux médias, jouir de quelques brefs instants de liberté, se balancer dans l'air du soir et rêver de ce que sa vie aurait pu être.

Tel est le sort de Monica Lewinsky, femme-enfant en quête d'avenir et cherchant à oblitérer le passé, jeune femme serviable, intelligente et bien élevée qui pourrait être la sœur, la fille de n'importe qui. Prisonnière sur la terre de la liberté, chacun de ses faits et gestes est offert en pâture au public. Et il en sera ainsi jusqu'au jour où le cirque médiatique passera enfin son chemin.

Postface

« Parfois, il me manque terriblement »

Je croyais avoir écrit le dernier chapitre de ce livre quand, le vendredi 22 janvier 1999, je reçus au beau milieu de la nuit un coup de fil angoissé de Monica Lewinsky. Jamais je n'avais entendu sa voix fluette de petite fille refléter une telle frayeur.

Elle m'expliqua que Kenneth Starr avait obtenu de la Cour une injonction qui allait la contraindre à se rendre à Washington, où elle serait interrogée par les juges républicains de la Chambre des Représentants chargés de l'accusation dans le procès en destitution intenté au Sénat contre le président. Si elle refusait d'obéir à cette injonction, elle courait le risque de se retrouver en prison.

Au cours des mois précédents, j'avais appris à décrypter ses différentes inflexions, sa fureur tout juste contrôlée lorsqu'elle parlait de Linda Tripp, le ton sentimental dont elle usait en parlant du président, les accents apeurés qui marquaient son discours quand elle évoquait Starr et le Bureau du procureur indépendant.

La comparaison qui venait immédiatement à l'esprit pour juger des relations entre Starr et Lewinsky était la réaction d'un enfant martyrisé en présence de son bourreau, ou celle d'un animal systématiquement brutalisé par son maître.

« Et voilà que je me retrouve avec cette histoire de destitution sur le dos, se plaignit-elle. J'ai bien peur que Starr pense que je vais l'aider à emporter le morceau, ce que je ne veux pas faire, même si j'en avais la possibilité. Après tout, s'il n'y a pas matière à procès, je n'y suis pour rien. Mais j'ai peur de ce qu'il risque de me faire s'il n'obtient pas ce qu'il souhaite. »

Depuis que le Sénat avait entamé le procès, début janvier, Monica ne s'était intéressée que de loin à son déroulement quotidien, préférant ignorer les arguments qui s'échangeaient afin de ne pas se miner le moral. Quand nous avions discuté de l'éventualité qu'elle soit appelée à témoigner, nous n'avions évoqué cette hypothèse que dans un cadre plus large, où Betty Currie, Vernon Jordan et plusieurs autres seraient appelés eux aussi à la barre. Or, voilà qu'on lui ordonnait de s'y présenter seule.

Les Démocrates virent dans ce fait nouveau l'ultime coup de dés des procureurs républicains qui demandaient avec insistance que des témoins soient appelés à déposer devant le Sénat – ce à quoi s'opposaient violemment les avocats de la Maison-Blanche. Durant toute la semaine, les procureurs avaient vu leurs thèses en faveur de la destitution disséquées et réfutées avec une adresse et une précision de médecin légiste par les juristes de la Maison-Blanche, parmi lesquels la jeune Cheryl Mills, qui épaulait parfaitement le responsable chevronné de l'équipe juridique, Charles Ruff.

En désespoir de cause, l'accusation fit appel à Starr pour qu'il demande à un juge fédéral, Norma Holloway Johnson, de délivrer une ordonnance urgente obligeant Monica à apporter sa collaboration, même si la phrase utilisée stipulait qu'elle devait « s'autoriser à être interrogée ». Cette décision souleva une tempête de protestations, les Démocrates et les avocats de la Maison-Blanche accusant les procureurs républicains de la Chambre de s'être attaqués à la seule Monica, juridiquement redevable envers Kenneth Starr du fait de l'immunité que lui avait accordée le Bureau du procureur indépendant. D'autres témoins potentiels, comme Vernon Jordan, avaient refusé d'être impliqués dans le procès, à moins – ou en attendant – que le Sénat ne vote en faveur de l'appel à témoignages.

Pour l'essentiel, les procureurs républicains de la Chambre, craignant de ne pas être suivis à l'issue du débat sur l'éventuel appel à témoignages, se servaient de Starr pour forcer la main à Monica Lewinsky en la menaçant de la prison si elle refusait de se plier à ses ordres. Ce qui ne les empêchait pas de tenter d'amadouer les sénateurs en expliquant que leurs intentions n'étaient nullement agressives, leur objectif étant tout bonnement d'avoir une discussion amicale avec l'ex-stagiaire afin que les uns et les autres puissent mieux se connaître, ce qui leur permettrait de découvrir ce qu'elle avait à dire.

La réalité était toute différente. Non seulement Monica était contrainte de coopérer mais, en application de la même ordonnance, sa famille et ses amis se voyaient interdits de parler en son nom.

« Nous étions au plus bas, explique Plato Cacheris, son avocat. On n'aurait jamais dû lui imposer cette épreuve une fois de plus. Monica a certes fait du bon boulot mais ce fardeau supplémentaire a été très traumatisant pour elle. » A l'annonce de la nouvelle, le père de Monica fut si choqué que sa tension, qui a tendance à être élevée et pour laquelle il prend des médicaments, atteignit des niveaux tels qu'il fut sur le point de se faire hospitaliser. « J'ai beaucoup de mal à retenir ma colère, déclara-t-il. Ce dernier épisode prouve à la face du monde que Monica n'est rien de plus qu'un pion dans une bataille politique où tous les coups sont permis. Starr jouit dans ce pays d'un pouvoir effrayant. »

Pour ce qui concerne Monica, la peur et les souffrances qu'elle avait endurées l'année précédente – toutes émotions qui s'étaient peu à peu apaisées – la submergèrent une fois de plus. La terreur et les soupçons qu'elle éprouvait à l'égard de Starr, sa crainte de trahir le président, son effroi à l'idée d'être en permanence épiée et mise sur écoute par le FBI redevenaient son pain quotidien. Ironie supplémentaire de l'histoire, son père assistait à ce moment précis au même congrès annuel sur le cancer que lorsqu'il avait eu vent pour la première fois de l'opération au cours de laquelle Monica s'était fait piéger.

Son avocat lui ayant confirmé qu'elle était bel et bien contrainte de se conformer aux ordres de Starr, Monica eut du mal à trouver le sommeil cette nuit-là, tant la colère et la peur la dominaient. Son père se leva à 4 heures du matin le lendemain pour la conduire à l'aéroport de Los Angeles où elle prit le vol United Airlines de 7 heures pour Washington. Ils s'étreignirent, en pleurs, et le Dr Lewinsky invita sa fille à faire preuve de fermeté lors de l'épreuve qui l'attendait. Ajoutant l'insulte à la douleur infligée à la jeune femme, le bureau de Starr lui avait certes retenu une place d'avion mais ne s'était pas occupé de la facture, que Monica dut régler.

Des scènes d'émeute eurent lieu à l'aéroport de Washington puis à l'hôtel où, à travers une foule de journalistes et de photographes, des agents de sécurité conduisirent Monica (qui arborait une casquette de base-ball à l'effigie de The Shooting Gallery – un studio indépendant de Hollywood où travaille son ami Jonathan Marshall) jusqu'à la quiétude de sa chambre. Se frayant un chemin sous les flashes, elle retrouva sa mère, Peter, son oncle Bill et sa tante Debra, venus lui apporter leur soutien. Marcia se montra particulièrement fière de la façon dont sa fille se comportait devant la pression frénétique des médias et de Starr. « On aurait dit Daniel jeté dans la fosse aux lions, commenta-t-elle. Et elle s'en est sortie plus forte, plus vraie que jamais. »

Une fois en sécurité dans son hôtel de luxe – à 200 dollars la nuit –, Monica demanda aussitôt à changer de chambre, partant du principe que des micros avaient été dissimulés dans celle qui lui était réservée et, dès lors, conversa avec ses différents interlocuteurs en laissant ouverts les robinets dans la salle de bains adjacente. Elle ne connut qu'un bref moment de détente, à la lecture d'un article du *National Enquirer*, un magazine de supermarché qui prétendait qu'elle était enceinte. Parmi les pères putatifs, on trouvait Kacy Duke, *sa* professeur de gymnastique. « J'ai une mauvaise nouvelle pour vous, Andrew, plaisanta-t-elle lorsque je parvins à la joindre au téléphone. Vous n'êtes pas sur la liste. »

Elle attendait avec nervosité l'entrevue avec les procureurs républicains de la Chambre, mais plus encore celle qu'elle allait avoir une fois de plus avec les hommes de Starr, bien déterminée à s'en tenir au témoignage qu'elle avait fait sous la foi du serment. Après tout, le Rapport Starr regroupant ledit témoignage et les transcriptions des bandes enregistrées par Linda Tripp représentait plus de 2 000 pages, et les procureurs républicains eux-mêmes l'avaient félicitée pour sa vivacité d'esprit et sa capacité à se remémorer les moindres détails. Pourquoi alors, puisqu'ils croyaient qu'elle avait une mémoire si fidèle, avaient-ils besoin de la revoir ?

Sous les feux des projecteurs des caméras de télévision, débarquèrent donc à l'hôtel Mayflower Asa Hutchinson, Bill McCollum et Ed Bryant, trois procureurs républicains de la Chambre, ainsi que plusieurs représentants de Starr, dont Mike Emmick. Ils y retrouvèrent Monica et ses avocats, Plato Cacheris, Preston Burton et Sydney Hoffmann. Monica fut heureusement surprise : alors qu'elle s'attendait à affronter des interlocuteurs agressifs, l'entrevue fut cordiale et amicale, tout le monde discutant paisiblement autour d'une tasse de café. Elle lança même sur le ton de la plaisanterie à Emmick, son tortionnaire en chef : « Vous ne croyez pas qu'on devrait cesser de se voir comme ça dans des chambres d'hôtel ? »

Les suites de cette entrevue, qui se prolongea durant une heure trois quarts, furent moins plaisantes pour Monica. Si les procureurs de la Chambre en sortirent plutôt impressionnés par son comportement posé et intelligent, Monica en retira moins de motifs de satisfaction : non seulement elle avait été contrainte d'affronter une fois de plus les médias, mais son petit week-end à Washington lui avait coûté près de 15 000 dollars en honoraires d'avocats, sans compter ce qu'elle avait dû régler en billet d'avion, frais d'hôtel et honoraires d'agents de sécurité.

Jeune femme aux moyens modestes, Monica avait ainsi été contrainte de régler financièrement la note du procès intenté par les Républicains à l'homme qu'elle avait naguère aimé, qui se montait à environ 200 dollars pour chacune de leurs interrogations.

Et si encore ils lui avaient posé des questions incisives ou avaient trouvé des pistes neuves, inexplorées jusqu'alors... Mais non. Entre autres incidences, ils étaient revenus sur les circonstances de son embauche en tant que stagiaire, sur les cadeaux du président, sur le mystérieux coup de téléphone – entre qui et qui ? – ayant amené Betty Currie à se rendre chez Monica, dans son appartement du Watergate, pour y récupérer les présents non encore déballés de leur carton. Elle avait en fait déjà répondu auparavant à toutes leurs questions précises, soit durant son témoignage devant le Grand Jury, soit dans ses déclarations au FBI, ce qui fit dire à Plato Cacheris, son avocat, qu'elle n'avait « rien ajouté au dossier qui ne fût déjà à la disposition du Sénat ».

Ses réponses à une série de questions hypothétiques n'avaient pas plus fait avancer la cause républicaine : elle avait par exemple expliqué qu'elle ignorait quelle pourrait être sa réaction si le président Clinton était présent au Sénat dans le cas où elle serait appelée à témoigner. Lorsqu'ils lui avaient demandé quel serait, selon elle, le verdict final, sa réponse avait fidèlement reflété l'opinion de soixante-dix pour cent des Américains. Elle avait déclaré qu'à son avis, Clinton était un président « incroyable » qui ne devait certainement pas être destitué, sa conduite ne pouvant en aucun cas entrer dans la catégorie des « crimes et délits ».

Pendant les deux jours qui suivirent, Monica resta dans sa chambre d'hôtel, passant de longues heures à tricoter en suivant à la télévision le procès du président. Journalistes, photographes et cameramen demeuraient à l'affût dans le hall de l'hôtel, lui rappelant douloureusement les mois difficiles qu'elle avait vécus en prisonnière virtuelle quand le scandale avait éclaté. « Ça me flanque vraiment la frousse », avoua-t-elle avant d'en revenir, en ne plaisantant qu'à moitié, à l'un des leitmotive de sa vie : « Avec tout ça, je me demande comment je vais bien pouvoir me trouver un petit ami. »

Provisoirement à l'abri des attentions de Starr, elle se vit accorder l'autorisation de retourner à Los Angeles, où elle apprit qu'elle était convoquée à témoigner une fois de plus devant le Sénat, par caméras vidéo interposées, le lundi 1er février. Avant d'endurer cette nouvelle épreuve, elle parvint à se ménager une soirée avec Jonathan Marshall et ses amis à son retour à Los Angeles, un peu plus tard dans la semaine. Pour l'occasion, elle fut l'invitée d'honneur d'une réception à laquelle participait l'acteur britannique Julian Sands, vedette du film de Merchant et Ivory, *Chambre avec vue*, et se montra agréablement surprise quand les convives levèrent leur verre afin de lui souhaiter bonne chance pour l'interrogatoire qui allait suivre.

Et c'est ainsi que, à 4 h 30 du matin le samedi 30 janvier, le père de Monica, désespéré à l'idée de ne pouvoir apporter à sa fille aide et protection, la conduisit une fois de plus à l'aéroport pour y prendre le premier avion à destination de Washington. L'amitié chaleureuse qu'on lui avait manifestée la veille au soir marquait bien, semblait-il, un changement d'attitude de l'Amérique tout entière à l'égard de Monica. Dans leur grande masse, les gens découvraient enfin que cette jeune femme qui avait fait preuve d'une remarquable force d'âme dans sa confrontation avec Starr et dans le traitement indigne que lui avaient fait subir les médias était au fond la seule victime d'un affrontement politique impitoyable.

Dans l'avion, un steward lui glissa ainsi un petit mot touchant, expliquant en substance que ses deux filles, adolescentes, avaient tiré des leçons de l'expérience de Monica. « Vous pourriez être comme la princesse Diana et répandre le bien dans le monde », lui dit-il. Une passagère lui transmit également un message lui souhaitant bonne chance tandis que d'autres lui faisaient savoir qu'ils espéraient pour elle que ses épreuves touchaient à leur fin.

A son arrivée à l'hôtel Mayflower, elle franchit de nouveau à la hâte une double rangée de journalistes et de photographes et se retrouva dans le hall où une autre haie – de clients, cette fois – l'accueillit avec des applaudissements. « J'étais gênée et flattée à la fois », me confia-t-elle. Pour une jeune femme qui comparait sa vie à un film, la dernière bobine laissait présager un nouveau départ, à défaut d'un happy end.

L'affrontement final eut lieu le lundi 1er février, présenté par plusieurs journaux télévisés comme MON day [1]. Au programme de la journée, une rencontre avec les procureurs de la Chambre, l'équipe d'avocats du président et un sénateur de chacun des deux grands partis, qui l'interrogeraient sur sa liaison avec le président.

Les médias n'avaient cessé de spéculer sur la teneur de ses déclarations et sur l'éventuelle épée de Damoclès suspendue au-dessus de la tête du président Clinton.

En réalité, elle avait bien l'intention de s'en tenir au plus près des témoignages qu'elle avait apportés sous serment, en particulier devant le Grand Jury.

La veille du grand jour, elle relut soigneusement ses déclarations, revenant sur des événements qu'elle avait évoqués à de multiples reprises, soit devant le FBI, soit dans le cadre de déclarations sous serment. « Pour trouver rapidement le sommeil, rien de tel que la relecture de votre propre témoignage », plaisanta-t-elle.

Pendant que ses avocats passaient en revue avec elle les événements-clés sur lesquels elle avait toutes les chances d'être interrogée – sa déclaration sous serment, les cadeaux du président, sa recherche d'un travail –, Monica était si nerveuse qu'elle fut incapable d'avaler quoi que ce soit, ce qui prouvait, plaisanta-t-elle, à quel point elle était effrayée. Sans avoir pratiquement fermé l'œil de la nuit, elle se leva à 7 heures du matin et s'habilla avec soin : blazer bleu marine, jupe bleu foncé, collier de perles.

Son père lui ayant conseillé de prendre des protéines, elle avala avec ses avocats un petit déjeuner à base d'omelette aux champignons et de mozzarella. A 9 heures précises, tout le monde prit l'ascenseur pour le dixième étage de l'hôtel où, comme de bien entendu, la suite présidentielle avait été préparée pour sa déposition.

Monica s'installa à une extrémité de la table en acajou recouverte d'une nappe blanche, l'équipe chargée du maniement de la caméra vidéo prenant place en face d'elle. A son côté gauche, ses inquisiteurs du jour, les

1. MONica DAY, jeu de mots sur *monday*, « lundi » en anglais. *(N.d.T.)*

députés républicains Ed Bryant et Jim Rogan ; à sa droite, l'équipe de juristes de la Maison-Blanche, David Kendall, Nicole Seligman et Cheryl Mills, la jeune avocate qui avait suscité l'admiration de Monica lorsqu'elle avait défendu le dossier Clinton. Deux sénateurs, le républicain Mike DeWine et le démocrate Patrick Leahy, arbitraient les débats. A l'occasion d'une pause, Monica devait confier à Leahy qu'elle espérait bien que son projet de loi visant à interdire à un parent de témoigner contre son enfant, et vice versa (comme c'était déjà le cas dans la relation avocat-client), serait un jour voté, afin qu'aucune famille ne puisse plus subir les tourments que Starr avait fait endurer à sa mère.

Devant l'hôtel s'était installé le fan-club de Monica, dont un homme venu de Cincinnati qui, se surnommant lui-même « le Cow-boy nu », arpentait de long en large Connecticut Avenue en grattant sa guitare, vêtu en tout et pour tout d'un slip, de bottes de cow-boy, et d'un Stetson.

Si, au-dehors, l'ambiance était bon enfant, à l'intérieur l'interrogatoire – qui allait se prolonger sur trois heures et vingt minutes – était nettement plus sérieux, l'ex-stagiaire ayant bien conscience que chacun des mots qui sortait de sa bouche risquait d'avoir des conséquences dramatiques pour le président. « J'étais si nerveuse que j'avais l'estomac tout noué », me confierait-elle plus tard.

La semaine précédente, Monica avait fait savoir aux procureurs républicains qu'elle était capable de ciseler ses phrases aussi bien que le président et qu'elle pèserait soigneusement chacun de ses termes avant de répondre. « Je devais faire beaucoup plus attention à ce que je disais que devant le Grand Jury, expliqua-t-elle. J'avais le sentiment que le monde entier était à l'affût de mes paroles. »

A plusieurs reprises, Bryant manifesta un certain mécontentement devant ses réponses, réagissant avec véhémence lorsqu'elle déclara s'en tenir à son témoignage devant le Grand Jury pour ce qui concernait l'affaire des cadeaux du président. Elle ne se montra pas plus disposée à prendre pour argent comptant tout ce qu'on lui jetait à la tête. Ainsi, quand Bryant qualifia de « salace » le premier échange sexuel de novembre 1995 entre elle et le président, elle fit valoir avec force que ce n'était pas ainsi qu'elle le voyait.

Comme l'avaient prédit ses avocats, l'essentiel des questions tourna autour de sa recherche d'un emploi, des cadeaux et de sa déclaration sous serment. Monica s'en tint pour l'essentiel à ce qu'elle avait dit devant le Grand Jury. « Je crois que je leur ai fait mieux ressentir la dimension humaine de notre relation, me confia-t-elle. Les gens comprendront bien que le président m'a fait du mal mais qu'il ne commettait pas un crime. Il commettait tout simplement un adultère. »

Plato Cacheris, son avocat, qui resta à ses côtés durant toute la durée de sa déposition, décrivit son témoignage comme un exemple parfait de la façon dont un témoin devait se comporter. « Sa situation était délicate et stressante, déclara-t-il. Et l'image qu'elle a donnée d'elle était celle d'une personne équilibrée, intelligente, s'exprimant bien et néanmoins vulnérable. » La plupart de ceux qui suivirent le 5 février ce témoignage télévisé approuveraient ce verdict.

L'interrogatoire, qui s'acheva en fin d'après-midi, ne se déroula pas dans une ambiance uniformément pesante. Certains commentaires de Monica l'allégèrent quelque peu. « Vous me connaissez, je ne peux pas rester sérieuse très longtemps », me dit-elle.

Au début de l'interrogatoire, on lui assura que le micro attaché au revers de son blazer capterait la moindre de ses remarques. « Ah, c'est le modèle Linda Tripp », lança-t-elle. Quand on lui demanda si elle estimait que le président était un homme intelligent, elle répliqua qu'elle le considérait comme un président intelligent, réponse qui souleva l'hilarité des hommes politiques de l'assistance. Cette assurance croissante se manifesta lorsque le procureur Bryant retira une question qu'il venait de poser. « Vous voyez, j'élève moi-même mes objections », lança-t-il. « Ojection retenue », répliqua Monica, sous les rires.

Quand Bryant eut achevé son interrogatoire, les avocats de la Maison-Blanche déclarèrent qu'ils n'avaient pas de questions à poser à Monica, et Nicole Seligman lut une brève déclaration qui alla droit au cœur de la jeune femme. « Au nom du président, nous voulons vous faire savoir qu'il est réellement désolé pour tout ce qui s'est passé. »

En évoquant devant moi le déroulement des débats, Monica fondit en larmes – pour la première fois depuis que j'avais commencé à l'interviewer, quelques mois auparavant – et évoqua les « sentiments mêlés » qu'elle éprouvait pour le président. « C'était si dur, la journée avait été chargée d'émotion, et je découvrais soudain, par le biais de cette déclaration, qu'il sortait de ma vie pour toujours. J'avais le sentiment qu'il était avec moi par l'esprit, et j'ai du mal à me convaincre que tout cela est terminé.

« Sur la fin, j'avais vraiment envie de pleurer : ça n'est pas facile de parler d'une telle relation, surtout dans une pièce remplie d'étrangers, dont certains ne songent qu'à nuire au président. Depuis l'année dernière, tout le monde a passé un temps fou à disséquer ma relation, mes émotions, mon amour, et j'en ai vraiment assez. On dirait que ces gens m'ont arraché tout cela.

« Et maintenant, il me manque terriblement. »

Même s'il restera toujours une petite place pour « Handsome » dans le cœur de Monica, elle n'ouvre plus si souvent cette porte. Elle le fit ce soir-là. Elle admet pourtant que, alors qu'elle le considérait auparavant comme un homme et un président, elle ne voit maintenant en lui qu'un homme politique.

En dépit de toutes les gesticulations des procureurs républicains de la Chambre, le procès tombait en quenouille : avant même le verdict final, il apparaissait à l'évidence que les Républicains seraient incapables de rassembler un nombre de voix suffisant pour destituer le président. Monica n'avait pas fourni la « bombe » dont ses accusateurs avaient besoin. Le procès s'achèverait « non sur un coup de tonnerre, mais sur un pleurnichement » pour reprendre les mots de T.S. Eliot, son poète préféré.

L'Amérique allait de l'avant, tout comme Monica Lewinsky.

Glossaire

Air Force One : le jet assigné au président des Etats-Unis.

Bourse Rhodes : programme instauré par Cecil Rhodes (1853-1902), homme d'Etat sud-africain né anglais, afin de permettre à des étudiants venus des Etats-Unis, de l'Empire britannique (aujourd'hui, du Commonwealth) et d'Allemagne d'aller étudier à l'université d'Oxford. Bill Clinton bénéficia de cette bourse.

Bureau du défenseur public : cabinet d'un avocat chargé par le gouvernement de défendre les personnes pauvres ayant à faire face à des poursuites.

Bureau Ovale : situé dans l'Aile Ouest de la Maison-Blanche, c'est l'un des bureaux occupés par le président. On trouve également dans l'Aile Ouest les bureaux du Service de presse et du Cabinet. D'autres bureaux sont situés dans l'Aile Est.

Capitol Hill : c'est là que se trouve l'immeuble du Capitole, à Washington D.C. Capitol Hill est située à l'intersection de Pennsylvania Avenue et de Constitution Avenue. Le Capitole est l'endroit où se réunit le Congrès américain, et où siégeait également la Cour Suprême avant qu'elle obtienne son propre immeuble, en 1935.

Chambre des Représentants : l'une des deux chambres législatives du Congrès américain, établie par la Constitution de 1787. Le nombre des représentants dépend de la population de chaque Etat ; actuellement, la chambre compte 435 membres. Elle partage ses responsabilités avec le Sénat.

Congrès : établi par la Constitution de 1787, le Congrès est le corps législatif des Etats-Unis. Il est séparé de l'exécutif et du judiciaire à l'intérieur du gouvernement américain. Ses deux chambres législatives sont le Sénat et la Chambre des Représentants.

Conseil de la Sécurité nationale : établi en 1947 pour conseiller le président sur les politiques relatives à la sécurité nationale. C'est un organisme qui dépend du Bureau exécutif du président ; ce dernier en est le directeur. Parmi les autres membres de ce Conseil, on trouve les ministres de la Défense et des Affaires étrangères, ainsi que le vice-président.

Cour Suprême : instituée par la Constitution de 1787, c'est la plus haute instance judiciaire fédérale. Elle intervient dans les questions ayant trait à la Constitution, aux lois et aux traités. C'est la dernière cour d'appel, et c'est elle qui, en dernier lieu, est chargée d'interpréter la Constitution.

Démocrate : membre du Parti démocrate, l'un des deux grands partis politiques américains. Historiquement, le Parti démocrate est favorable aux droits des minorités, aux réformes progressistes et au travail organisé. Il a pris son nom actuel durant la présidence d'Andrew Jackson, dans les années 1830. (*Voir aussi* Républicain.)

Déposition : nom donné à un témoignage sous serment devant une cour de justice, en particulier lorsqu'il est effectué par écrit.

FBI : Le Bureau Fédéral d'Investigation américain, qui mène les enquêtes d'intérêt fédéral (c'est-à-dire ne concernant pas uniquement un Etat ou une localité). Il rend compte de ses enquêtes au ministre de la Justice.

Gouverneur : chef de l'exécutif dans un Etat américain. Bill Clinton était gouverneur de l'Arkansas.

Grand Jury : ce jury décide si une loi a été enfreinte, et si les preuves sont suffisantes pour engager des poursuites. Il est composé de profanes et habilité à mener des enquêtes juridiques, mais pas à donner un verdict de culpabilité ou d'innocence. Son rôle est d'établir s'il existe des « présomptions suffisantes » pour estimer qu'un crime a été commis.

Immunité transactionnelle : l'un des deux types d'immunité reconnus par la loi américaine. L'immunité transactionnelle protège la personne qui l'obtient contre toutes les poursuites pouvant se rapporter à l'acte criminel dans lequel elle a pu être impliquée.

Impeachment : aux Etats-Unis, processus pesant impliquant le Sénat dans son ensemble. Les poursuites sont engagées par la Chambre des Représentants et le Sénat joue le rôle de jury; le juge qui préside au procès est le président de la Cour Suprême. L'*impeachment* trouve ses origines dans l'Angleterre du XIVe siècle. C'est, dans le droit coutumier, un procès criminel engagé par un corps législatif contre un fonctionnaire public. Le dernier président américain à avoir été *impeached* est Andrew Johnson (1808-1875). Celui-ci avait été élu vice-président, mais était devenu dix-septième président des Etats-Unis après l'assassinat de Lincoln en 1865. Il fut accusé en 1868 d'avoir tenté de renvoyer illégalement le ministre de la Guerre, Edwin Stanton, et de plusieurs autres offenses, parmi lesquelles celle d'avoir incité un général de l'armée à violer un acte du Congrès. Les charges se révélèrent faibles, et il manqua un vote pour atteindre les deux tiers nécessaires à sa condamnation.

Jour des Vétérans : jour férié national annuel aux Etats-Unis (le 11 novembre), en l'honneur des vétérans des forces armées.

Juge de district : juge qui siège dans une cour de district, aux Etats-Unis. Il y a 90 cours de ce type dans le système judiciaire fédéral américain. Chaque Etat dispose d'au moins une cour de district; il en va de même pour le District de Colombia.

Newsweek : l'un des « trois grands » magazines hebdomadaires d'information américains, fondé en 1933.

Pentagone : bâtiment à cinq côtés situé près de Washington D.C. dans lequel se trouvent les bureaux du ministère de la Défense américain. Il fut dessiné par George Edwin Bergstrom et construit entre 1941 et 1943 pour réunir sous un même toit les différentes antennes du ministère de la Guerre, jusqu'alors dispersées dans un certain nombre d'immeubles différents. Il couvre plus de 1,3 kilomètre carré, ce qui en fait l'un des plus grands immeubles de bureaux du monde.

Rapport Starr : rapport sur le scandale préparé par le procureur spécial, ou procureur indépendant, Kenneth Starr. Le Bureau du procureur indépendant ne dépend pas du gouvernement.

Républicain : membre de l'un des deux principaux partis politiques américains, souvent surnommé le « Grand Vieux Parti » (Grand Old Party, GOP). A l'instar des conservateurs anglais à tendance de droite, les Républicains favorisent traditionnellement des impôts réduits et un rôle limité du gouvernement. Le Parti républicain est né dans le Michigan en 1854. (*Voir aussi* Démocrate.)

Sénat : établi par la Constitution en 1787, le Sénat est l'une des deux chambres législatives des Etats-Unis. L'autre est la Chambre des Représentants. Le Sénat fut conçu par les Pères Fondateurs comme un moyen de contrôler l'autre chambre. Quelle que soit sa taille, chaque Etat dispose de deux sénateurs. Le Sénat partage avec la Chambre des Représentants la tâche d'élaborer les lois.

Thanksgiving : fête annuelle américaine qui célèbre la moisson et autres « bienfaits divins ». Elle date de 1621.

Université Lewis and Clark : elle tire son nom de deux aventuriers, le capitaine Meriwether Lewis et le lieutenant William Clark, qui entreprirent en 1804-1806 la première expédition aller-retour à travers les Etats-Unis jusqu'à la côte Pacifique.

Watergate : complexe de bureaux et d'appartements à Washington D.C. C'est là que se trouvait l'ancien quartier général du Parti démocrate national, où eut lieu juste avant les élections de 1972 un cambriolage qui provoqua un scandale. Ce dernier conduisit à la démission du président républicain Richard Nixon.

Whitewater : scandale financier lié à des événements datant des années 1980, à l'époque où Bill Clinton était gouverneur de l'Arkansas. Il se rapporte à des investissements effectués par la famille Clinton dans une société d'entrepreneurs de l'Arkansas nommée la Whitewater Development Corporation. Le procureur indépendant chargé d'enquêter sur l'affaire Whitewater fut dans un premier temps Robert Fiske, nommé en 1994 ; il fut remplacé en août de la même année par Kenneth Starr, un républicain souvent considéré comme davantage conservateur et partisan. Il élargit ses investigations en 1998 pour s'intéresser aux allégations de Paula Jones, qui affirmait avoir été harcelée sexuellement par le président Clinton.

Sources : dictionnaires *Oxford, Webster's* et *Merriam-Webster's*, Encyclopaedia Britannica, Hutchinson Encyclopedia *(Helicon Publishing)*.

Cet ouvrage a été réalisé par la
SOCIÉTÉ NOUVELLE FIRMIN-DIDOT
Mesnil-sur-l'Estrée
pour le compte des Presses de la Cité
12, avenue d'Italie, 75013 Paris
en février 1999

Imprimé en France
Dépôt légal : mars 1999
N° d'édition : 4728 – N° d'impression : 45975